JN108258

超実践

Google流 資料作成術 ワークショップ

Storytelling
with Data:
Let's Practice!

コール・ヌッスバウマー・ナフリック
村井瑞枝 訳

日本実業出版社

STORYTELLING WITH DATA: LET'S PRACTICE!
by
Cole Nussbaumer Knaflic

This translation published under license with the original publisher
John Wiley & Sons International Rights, Inc.
through the English Agency (Japan) Ltd.

contents

イントロダクション

前著『Google流 資料作成術』(日本実業出版社)の読者や、ワークショップに参加した人たちから、よくメールをもらいます。私たちの取り組みへの励ましや応援のメッセージもあれば、たくさんの質問やリクエストも届きます。

とくにうれしいのは、成功体験が寄せられたときです。例えば、プレゼンが重要な意思決定につながった、予算会議をうまくまとめられた、組織に大きな利益をもたらすアクションを促した、といった報告です。

最も心に響くのは、誰かの成長や評価につながったという知らせです。ある読者は、「『データをもとにストーリーを語る』の原則を活かして採用面接に臨んだおかげで、希望の職に就けた」と感謝の言葉を送ってくれました。こうした成功談は、さまざまな業種や役職の人たちが、たくさんの時間をかけて、自分たちのデータコミュニケーション能力を高める努力をしてきた結果です。

ほかにも、もっと学びたいというリクエストもよく届きます。そうした人たちは、前著を読んで、データをもとにストーリーを語る力を理解したものの、仕事上での実践に苦労しています。彼らは、新たな疑問を持っていたり、複雑な状況のもとで望んだ成果が出せなかったりしています。多くの人が、データをもとにストーリーを語るスキルをもっと成長させるために、さらなる学びや練習を求めているのです。

メールをくれる人のなかには、前著の内容を教えている(または教えたいと思っている)人たちもいます。例えば、大学の講師や(前著は何と世界中の100以上の大学でテキストとして使われています!)、企業で研修プログラムなどを作っている人材開発担当者です。ほかには、自分のチームのスキルを高めたい、よいフィードバックをしたいと考えているリーダーやマネジャー、プレイヤーもいます。

この本は、そうした講師、人材開発担当者、リーダー、マネジャー、プレイヤーなどすべての人のニーズに応えるものです。実践的な例題や、解説つきの練習問題、自分で取り組むエクササイズなどでインサイトを共有し、自信と確信を持って「データをもとにストーリーを語る」ことができるように、または人に教えられるように、サポートします。

「データをもとにストーリーを語る」スキルを磨く３ステップ

各章の初めに、前著で紹介した内容の簡単な復習をします。そのあとは、つぎの３つのステップで構成します。

一緒に練習：実例にもとづくエクササイズを紹介します。まず自分で考え、答えを出してください。そのあとにステップ・バイ・ステップの図解と説明が続きます。

１人で練習：１人で取り組むエクササイズと質問を用意しました。解答例は示していません。

職場で実践：ここで学んだことを仕事で活かすために、「いつ、どのようにフィードバックをもらうべきか」「仕事の出来を『よい』から『すばらしい』にランクアップさせるために何をすべきか」といった実践的なアドバイスとエクササイズを紹介します。

この本の内容の多くは、私たちのワークショップからインスパイアされたものです。ワークショップは幅広い業種をカバーしているので、私が使う例も多岐にわたります。デジタルマーケティングからペットの譲渡会、店員研修まで、いろいろなトピックを取り上げ、バラエティに富んだシチュエーションでデータをもとにストーリーを語るスキルを磨いていきます。

この本はただ座って読む本ではありません。最大限に活用するには、この本の内容に真剣に取り組む必要があります。マーカーで線を引いたり、付箋を貼ったり、余白にメモを書き込んだりしてください。説明や例題を何度も読み返してください。図を描いたり、誰かと話し合ったり、ツールで練習してください。この本を、ボロボロになるまで活用してください。

前著と合わせたこの本の使い方

この本は、前著と合わせて使うと、とても効果的です。前著では、レッスンをくわしく解説していますが、この本にはより多くの質問と例題を取り入れ、実践的なエクササイズに力を入れています。

この本の章立ては、図0.1に示したように前著とほぼ同じですが、いくつかの違いがあります。第7章から9章までは総合的なエクササイズで、よりくわしいアドバイスつきの、前著とこの本全体のレッスンを応用した練習問題から構成しています。

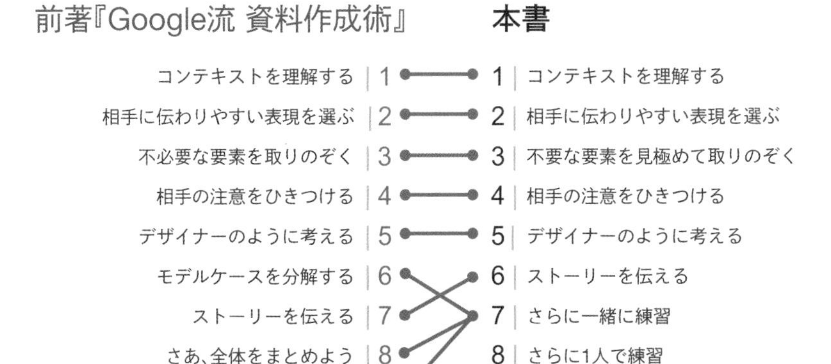

図0.1　前著の各章との対応

前著とこの本の両方が手元にあるなら、使い方はいくつか考えられます。

1つは、まず前著を初めから終わりまで読み、全体像をつかんでから特定のレッスンについての理解を深めていく方法です。前著を読み終えたら、どのレッスンを練習したいかを決め、この本の該当する箇所に取り組むとよいでしょう。

もう1つは、前著を1章読むごとに、この本の該当する章のエクササイズをする方法です。

もしすでに前著を読んでいるなら、この本の内容にもなじみがあるでしょうから、自由に始めてください。

もちろん、この本を読むだけでも、基礎が十分にわかる内容になっています。もっとくわしい説明がほしい場合は、前著を入手するか、storytellingwithdata.

comにたくさんのリソースがありますので、チェックしてみてください。

自分のために学ぶ場合、人に教えるために学ぶ場合

本書では、効果的なデータコミュニケーションという目標に向かう、2つの読者グループを念頭に書きました。大まかにいうとつぎのとおりです。

1. より効果的なデータコミュニケーションの方法を学びたい人
2. より効果的なデータコミュニケーションの方法をほかの人に教えたい人、フィードバックしたいと考えている人

この本はどちらのグループにも適した内容になっていますが、効果的に使う方法には、ほんの少し違いがあります。この本を読む目的に応じて、つぎに説明する方法で使えば、最大の効果が得られるでしょう。

より効果的なデータコミュニケーションの方法を学びたい人

この本では、前に書かれた内容やエクササイズが、あとで参照されていたり、出てくる内容のベースになっていたりするので、第1章からスタートして順番通りに読み進めましょう。そのあとで、関心のある章に戻り、自分の目的ややりたいことに合わせて練習してください。

まず、該当する章の初めにある、復習部分を読んでください。もし前著を持っているなら、よくわからない箇所のくわしい説明を読みましょう。

それから、「**一緒に練習**」のエクササイズへ進みます。まず1つずつ自分の力で取り組みましょう。すぐに答えを見てはいけません（それでは勉強になりません）。誰かと一緒に取り組む際には、グループディスカッションのよい材料になるでしょう。このエクササイズは必ずしも順番通りにやる必要はありませんが、前後のエクササイズが関連しているケースもあります。

きちんと時間をかけて1つのエクササイズを終えてから（頭のなかだけでなく、実際に文章を書いたり、グラフを描いたり、ツールで作ってみたりすることを強くおすすめします）、答えを読みます。その答えとあなたの答えの共通点や

相違点をよく観察しましょう。「正解」が1つだけということはほぼありません。ある方法がほかの方法よりもよいことはありますが、問題を解く方法はほかにもたくさんあります。私の解答例は、前著で取り上げたレッスンを応用した1つの方法を示しているにすぎません。また、答えはすべて必ず隅々まで読んでください。そのなかから、役に立つ、示唆に富んだアドバイスやヒントが得られるでしょう。

「一緒に練習」のエクササイズを終えたら、「**1人で練習**」のセクションでさらにエクササイズを続けます。このセクションの問題は「一緒に練習」のセクションのものと似ていますが、答えは用意されていません。グループで取り組んでいるなら、各自が個別にエクササイズに取り組んだあとで、集まって答えを発表し話し合うとよいでしょう。エクササイズに取り組む方法は人によって必ず違いますから、お互いに共有することで多くを学べます。また、ほかの人に話すのも、自分のデザインの選び方をくわしく説明するよい機会になります。考えがより明確になり、その後の改善につながるでしょう。自分1人またはグループでの取り組みが終わったら、フィードバックをもらいましょう。そうすれば、あなたの提案がよいかどうか、もっと効果を高めるにはどこを変えればよいかを知ることができます。

もし、各章のレッスンのどれかが仕事ですぐに役立ちそうなら、その章の「**職場で実践**」のセクションを見てみましょう。そこには、実務に直接応用できる、エクササイズとくわしい説明があります。この本で学ぶレッスンを、仕事で実践すればするほど、習慣となって身につくでしょう。

各章の最後には、そのレッスンに関連したディスカッションのための質問を挙げています。パートナーとの話し合いや、あるいは読書会などで議論のきっかけとして使ってもよいでしょう。

各章のエクササイズのセクションは、おもにその章のレッスンを応用することが目的ですが、第7章から9章は「データをもとにストーリーを語る」プロセス全体を応用する、総合的なエクササイズになっています。**第7章さらに一緒に練習**では、まず本格的なケーススタディに挑戦してもらい、つぎに私がその問題に取り組み、完成させるまでの思考プロセスを説明します。**第8章さらに1人で練**

習では、また別のケーススタディと豊富な例を挙げ、自分で答えを出すプロセスを練習していきます。**第9章さらに職場で実践**では、仕事に「データをもとにストーリーを語る」プロセスを取り入れるアドバイス、グループ学習を進行するガイド、自分が作成したグラフやスライドを評価したりほかの人からフィードバックをもらったりするときに使う評価表などを紹介します。

自分のために学ぶうえでは、具体的な目標も欠かせません。その目標を、友人、同僚、上司などに伝えましょう。くわしくは第9章を参考にしてください。

つぎは、効果的なデータコミュニケーションの方法をほかの人に教えることに関心のある人に向けて、この本の使い方を説明します。

ほかの人にフィードバックしたり、教えたりしたい人

あなたは、チームのメンバーが作るグラフやプレゼンに、よいフィードバックをしたいと考えているマネジャーやリーダーでしょうか。または人材開発担当者で、効果的なデータコミュニケーションの方法に関する研修プログラムを開発中でしょうか。あるいは大学の講師でこの重要なスキルについて教えているのかもしれません。いずれの状況であっても、まず章の初めにある「振り返ってみましょう」のセクションを見て、レッスンの概要をつかんでください。そのあとの、「1人で練習」と「職場で実践」があなたには最も役立つでしょう。各章の最後にある、ディスカッションのための質問は、課題やテストの問題、グループでの話し合いに使えます。

各章の「**1人で練習**」のセクションでは、その章のレッスンを練習するエクササイズを紹介しています。これらは実践練習や課題として使うこともできるでしょう。グループで取り組むプロジェクトに適したものもあります。これらの問題には答えが用意されていませんが、このセクションの問題はひな形として使うこともできます。データやグラフをほかのものと入れ替えれば、独自のエクササイズを作るフォーマットとして利用できます。

「**職場で実践**」の解説つきのエクササイズは、実際の仕事の現場でもすぐに活かせるものになっており、人材開発プログラムなどにも役立つでしょう。課題として出して、完成したらグループやクラスでディスカッションするのもよいでしょう。あなたがマネジャーで、チームのスキルを高めたいと考えているなら、仕事やプロジェクトのなかで特定のエクササイズに取り組んでもらったり、1人ひとりの目標設定やキャリアアップのプロセスの一部として使ったりしてもよいでしょう。教える立場にある人には、第9章にも「職場で実践」のエクササイズが用意されており、進行役のためのガイドや評価表も入れてあるので活用してください。

ツールについてひと言

データのビジュアル化に使えるツールはたくさんあります。すでにエクセルやGoogle スプレッドシートといった表計算アプリを使っている人もいるでしょう。Datawrapper、Flourish、Infogramといったグラフ作成サービスや、Tableau、Power BIといったデータをビジュアル化するソフトウェアにくわしい人もいるでしょう。R言語やPythonなどでコードを書いたり、D3.jsといったJavaScriptのライブラリを活用したりしている人もいるかもしれません。どのツールを選ぶにしても、できるかぎりそのツールのことをよく知り、ツールそのものがデータコミュニケーションの足かせにならないようにしましょう。ツール自体にはどれも優劣はなく、たいていは使い手次第です。

この本のエクササイズでデータをビジュアル化する際は、どんなツールを使ってもかまいません。現在使っているものでもよいですし、使い方を覚えたいと思っているものでもよいでしょう。「一緒に練習」の答えにあるグラフは、どれもマイクロソフトのエクセルを使って作りました。エクセル以外のツールもぜひ使ってみてください。ウェブサイトのライブラリでは、ほかのツールで作ったグラフもありますので、参考にしてください。

この本を読むときにぜひ手元に置いておいてほしいツールがあります。まずは、ペンと紙です。エクササイズ用のノートを用意するのもよいでしょう。エクササイズには、文章を書いたり、図を描いたりする指示がたくさん出てきます。これから実際に練習していきますが、アナログな方法で描いたり、やり直したりすることには大きな利点があり、デジタルツールでの作業効率もかえってよくなります。

どこでデータを手に入れるか

この本で扱うデータと、「一緒に練習」のエクササイズの答えで示しているグラフは、すべてつぎのURLからダウンロードできます。

日本語　https://www.njg.co.jp/c/5826google.zip（日本実業出版社サイト）
英　語　storytellingwithdata.com/letspractice/downloads（著者サイト）

さあ、始めましょう

有史以来、現在ほど多くの人がこんなにも多くのデータにアクセスできた時代はありません。しかし、私たちがグラフやデータとともにストーリーを語る力は、その進歩に追いついていません。一歩先を行くためには、こうしたスキルは人が生まれながらに持っているものではなく、育てるために投資が必要だと理解する必要があります。真剣に取り組めば誰でも、データをもとに、相手にやる気を与え、行動を起こさせるストーリーを語ることができるのです。

さあ、データをもとにストーリーを語る力を、ワンランク上のレベルに引き上げましょう。

それでは練習していきましょう！

第1章

コンテキストを理解する

事前によく準備しておくと、コミュニケーションは、より簡潔に効率よく進められます。私が主催するワークショップでは、最初にコンテキスト（文脈）について集中的に学びます。最近ではこのレッスンにますます力を入れています。参加者のみなさんは、データビジュアライゼーションのコツが知りたくてやってきますが、コミュニケーションの準備に時間を割くので驚きます。
「プレゼンの相手に、どのようなメッセージを、どのような構成で伝えるか？」を事前によく考えておけば、早い段階でフィードバックをもらえて、相手も自分も納得のいくグラフやデータ、プレゼン資料を作成できます。

この章のエクササイズでは、準備段階で大切なポイントを3つ紹介します。

1. **相手について検討する**：コミュニケーションの相手は誰か、何を求めているのか、どうすればその相手をよく知ることができるのかを明らかにします。その相手を念頭に置いて、コミュニケーションの方法を考えます。

2. **メインとなるメッセージを練る**：前著『Google流 資料作成術』（日本実業出版社）で「ビッグアイデア」を紹介しています。この章ではビッグアイデアについてさらに理解を深めるための演習をします。初めは私のサポートつきで、そのあとは自分1人でやってみましょう。

3. **コンテンツの計画を立てる**：前著では、「ストーリーボード（絵コンテ）」も紹介しました。この章では、さらに多くの例で、何を取り入れ、どうまとめるかを学びます。

さあ、コンテキストを理解するための練習を始めましょう！
まずは前著第1章の復習からです。

Google流
資料作成術
第1章

振り返ってみましょう

コンテキストを理解する

分析のタイプ

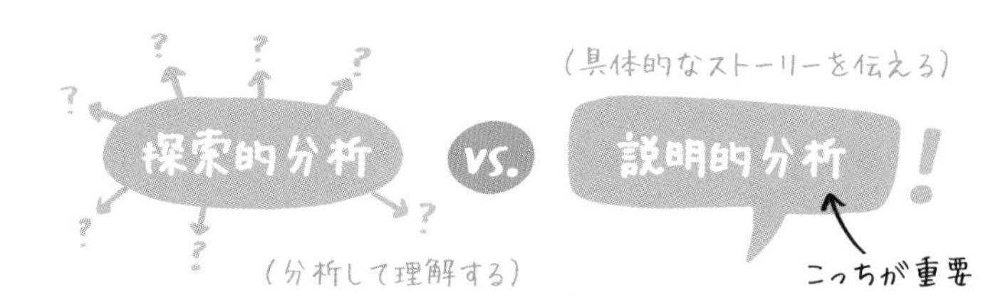

どこから始める？

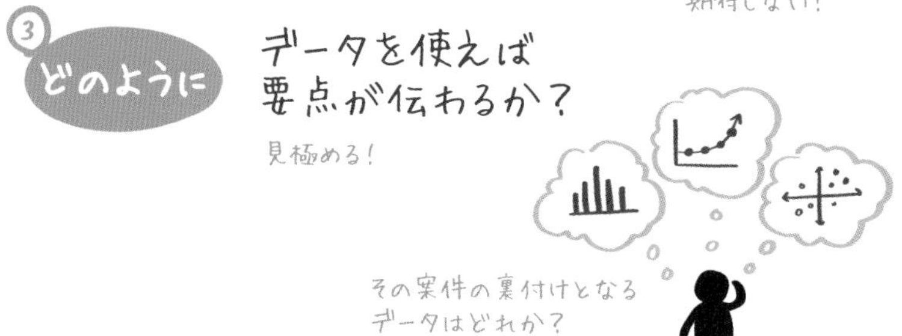

3分
ストーリー

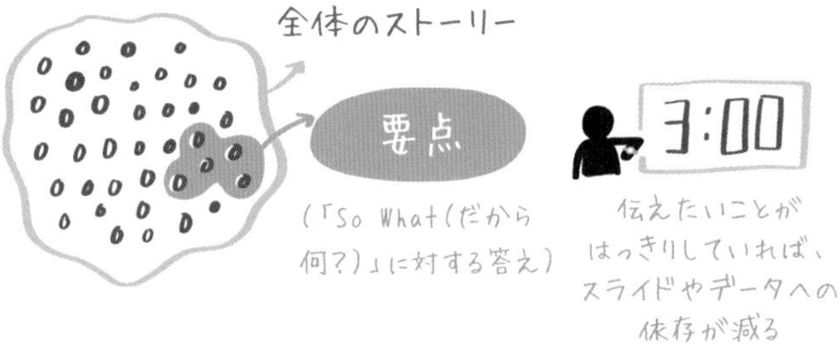

全体のストーリー

要点

（「So What（だから何？）」に対する答え）

3:00

伝えたいことがはっきりしていれば、スライドやデータへの依存が減る

ビッグ
アイデア*

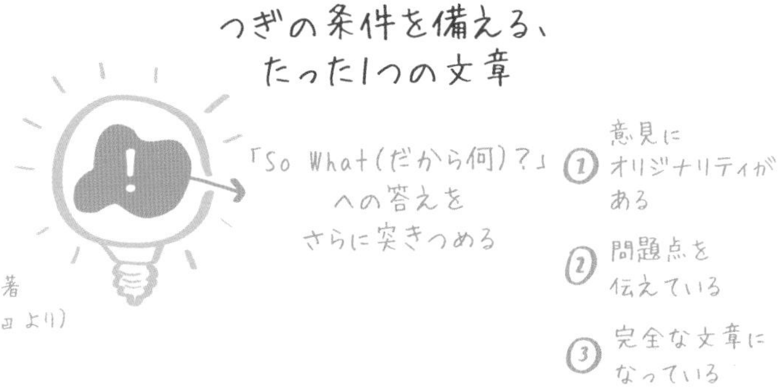

*（ナンシー・デュアルテ著『ザ・プレゼンテーション』より）

つぎの条件を備える、たった1つの文章

「So What（だから何）？」への答えをさらに突きつめる

① 意見にオリジナリティがある
② 問題点を伝えている
③ 完全な文章になっている

ストーリー
ボード

骨格を作るための事前準備

付箋を使えば……

パソコンでの作業へのこだわりがなくなる

内容が明瞭・簡潔になる

流れを修正しやすい

① ブレインストーミングをする
② 編集する
③ フィードバックをもらう

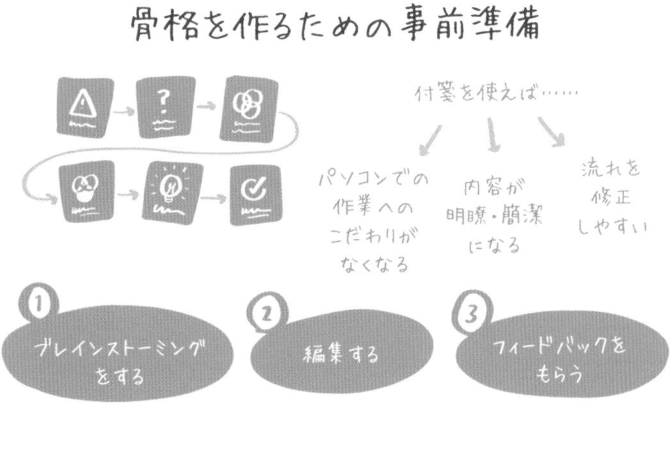

一緒に練習

1.1 相手を知る

1.2 ターゲットを絞り込む

1.3 「ビッグアイデア・ワークシート」に記入する

1.4 表現を変えてみる

1.5 「ビッグアイデア・ワークシート」に記入する(2回目)

1.6 ビッグアイデアにフィードバックする

1.7 ストーリーボードを作る

1.8 ストーリーボードを作る(2回目)

1人で練習

1.9 相手を知る

1.10 ターゲットを絞り込む

1.11 表現を変えてみる

1.12 ビッグアイデアを作る

1.13 ビッグアイデアを作る(2回目)

1.14 どの順番で伝えるか

1.15 ストーリーボードを作る

1.16 ストーリーボードを作る(2回目)

職場で実践

1.17 相手を知る

1.18 ターゲットを絞り込む

1.19 目的とする行動をはっきりさせる

1.20 「ビッグアイデア・ワークシート」に記入する

1.21 ビッグアイデアへのフィードバックを求める

1.22 チームでビッグアイデアを作る

1.23 頭のなかのアイデアを絞り出す

1.24 ストーリーボードをまとめる

1.25 ストーリーボードへのフィードバックを求める

1.26 意見を交換する

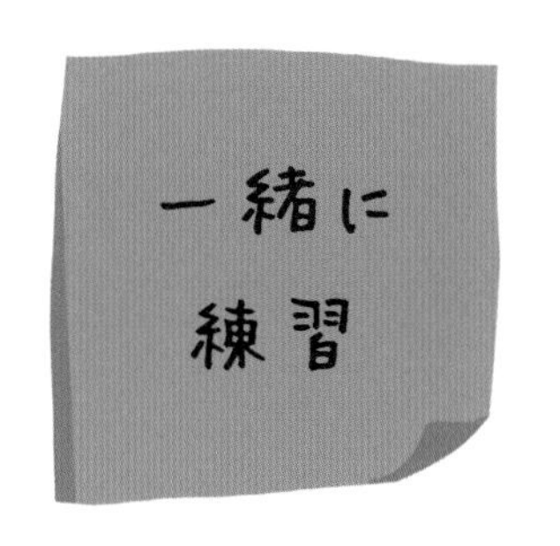

データを使ったコミュニケーションは、自分ではなく相手のことを考えて作る必要があります。ここで紹介するエクササイズで、相手のことを考え、メッセージを練り、内容を作り、わかりやすく伝える方法を身につけましょう。

エクササイズ 1.1：相手を知る

相手は誰？　その相手は何に関心があるのだろう？　こう考えるのは当たり前のようですが、実際はほとんどの人ができていません。相手の関心を知り、望みや、やる気にさせるものを理解することは、データを使ったコミュニケーションを成功させる重要な第一歩です。

どうすれば、相手をよく知ることができるのでしょうか。

あなたは、ある中堅企業の人事アナリストです。そこへ、外部から新しい人事部長が就任することになりました。あなたの上司の上司にあたる人です。この人事部長から、会社のさまざまな面を把握するために、人事の視点からデータと概要をまとめるよう依頼されました。これには面接や採用の指標、社内各部署の社員数、離職者数とその理由に関するデータなどが必要です。人事部の別の同僚は、すでに新部長とのあいさつを済ませ、各報告を終えています。あなたの直属の上司も、つい最近、新部長とランチをしたようです。

こうした状況で、あなたはどうすれば相手（新しい人事部長）についてより深く知ることができるでしょうか？　**部長の知りたいことに最も的確に答えるにはどうすればよいでしょうか。できそうなことを3つ挙げてみましょう。**部長のニーズに応えるためには、どうすればよいか考えてみましょう。ペンと紙を用意して、実際に答えを書き出してみましょう。

答え 1.1：相手を知る

今回は、相手に「何に関心がありますか？」と直接聞けないので、少し工夫が必要です。相手と、その最大の関心事を知るためにできそうなことは、つぎの3つです。

1. **すでに新しい部長と会った同僚に話を聞く。**部長と話した人たちに、「どんなふうに話が進んだのか」「新しい部長の関心事や優先順位について、何かインサイトはあったか」「自分の参考になることはないか」などを聞いてみます。

2. **上司からインサイトを得る。**上司は新しい部長とすでにランチをしたので、部長の最優先課題について何かインサイトを得たかもしれません。上司があなたの報告で何が重要だと考えているのかも理解しておきたいところです。

3. **データとコンテキスト、デザインの優れた資料を作成する。**人事アナリストのあなたは、新しく組織に加わる人が興味を持つトピックや、それに必要なデータを把握しているはずです。資料を戦略的に組み立てておけば、さまざまな要望にも対応しやすくなります。最初に、最も重要なポイントをまとめた1枚を見せ、詳細はトピックごとにまとめれば、新しい部長がいちばん知りたい情報をすぐに伝えられます。

エクササイズ 1.2：ターゲットを絞り込む

情報を伝えるときには、特定の相手を念頭に置くとわかりやすくなります。さまざまな相手のさまざまなニーズに応えようとすると、結局どのニーズにもうまく応えられません。初めにターゲットを想定しておくと、ニーズに応えやすくなります。

ここでは、対象を絞り込むプロセスを学びましょう。まずは、どんな相手がいるかを幅広く考え、いろいろな方法で絞り込んでいきます。つぎの質問を読んで、あなたならどうするか、書き出してみてください。「ターゲットを絞り込む」方法を読んで、理解を深めましょう。

あなたはアパレルショップを全国展開する企業の社員です。自社や競合他社の店舗を利用する顧客に「新学期準備の買い物に関するアンケート」を行ない、データ分析を担当しました。その結果、自社の優れている部分と、改善の余地のある部分が判明しました。この分析結果について発表する日が迫っています。

質問1：データに興味を持ちそうな関係者が社内外にたくさんいます。直近の新学期シーズンの店舗の業績に関心がありそうなのは誰でしょうか？　思いつくかぎり幅広く挙げてみてください。**どれぐらい思いつきましたか？　リストに書き出してみましょう。**

質問2：もっと絞り込んでいきましょう。分析したところ、店舗により「顧客の満足度」が異なることがわかりました。**この分析結果に関心を持ちそうなのは誰でしょうか？　再びリストアップしてみましょう。**先ほどのリストより増えましたか、減りましたか？「顧客の満足度」をふまえて書き足した関係者はいますか？

質問3：さらに絞り込みます。あなたは、先述の「店舗による満足度の違い」に加えて、満足度の低さに「店員の接客が関連していること」を発見します。対応策として、全店舗の接客の質を一定の水準に向上させるため、店員研修を提案することにします。**提案すべき相手は誰でしょうか？　このデータに関心を持つのは誰でしょうか？　最も重視すべき人を挙げてください。**この件の意思決定者は誰でしょうか？

答え 1.2：ターゲットを絞り込む

質問1：「新学期準備の買い物に関するアンケート」のデータに関心を持ちそうな関係者は数多くいます。これは私が作ったリストの一部です。

- 経営上層部
- バイヤー
- 商品担当者
- 営業部
- 店長

- 店員
- カスタマーサービス担当者
- 競合企業
- 顧客

この調子で書き出していくと、リストはどんどん長くなっていくので、いったん手を止めて、情報を伝える相手を絞り込んでいきます。

ターゲットとする相手を絞り込む方法はたくさんあります。例えば、伝える内容を明確にする、提案したい行動を具体的にする、意思決定者に焦点を当てる、などです。つぎの質問2と質問3に対する答えをもとに、ターゲットを絞り込んでいきましょう。

質問2：店舗間での接客水準の違いに対して、最も関心を持ちそうな関係者はつぎのような人たちが考えられます。

- 経営上層部
- 店長
- 店員
- カスタマーサービス担当者

質問3：店員研修を実施する場合、「この研修の計画、運営を担当するのは誰か？」「費用はどれくらいかかるか？」なども検討する必要があります。これをふまえると、新たな関係者が浮かんできます。

- 経営上層部
- 人事部
- 経理部
- 店長
- 店員
- カスタマーサービス担当者

最終的には、リストに挙げた関係者全員がこの情報を知ることになるでしょう。

店員研修を提案するとなると、この研修の計画・運営を内部で行なうか、または外部に委託するかは、人事部も交えて検討する必要があります。さらに、経理部が予算を算出し、研修費用をどこから捻出するかを検討することになるでしょう。各店舗の店長には、店員の研修参加を承諾してもらう必要があります。店員やカスタマーサービス担当者には、接客態度を改める必要性を自覚してもらい、真面目に研修を受けて、質の高いサービスを提供できるようになってもらわなければなりません。

しかし、その全員がいま伝えるべき相手というわけではありません。もっとあとの段階で伝えればよい人も含まれています。

さらにターゲットを絞り込むために、いま何が必要でしょうか。研修の詳細を検討する前に、店員研修が正しい対策であると承認してもらう必要があります。今回の例では、「よし、リソースを投入して実施しよう」または「いや、問題とは言えないので、いままで通りでいこう」と決める最終的な意思決定者は、上層部の特定の人物、つまり営業部長です。

このエクササイズでは、情報を伝える相手を絞り込む方法を学びました。

1. データからわかったことを明確にする
2. 提案する行動をはっきりさせる
3. いま何が必要かを考える
4. 意思決定者を見極める

この方法を、実際の職場でどのように活かせるかを考えてみましょう。「職場で実践」編のエクササイズ1.18がよいヒントとなるでしょう。その前に、もう少し一緒にエクササイズを続けましょう。つぎに紹介するのは、「ビッグアイデア・ワークシート」です。

エクササイズ 1.3：
「ビッグアイデア・ワークシート」に記入する

「**ビッグアイデア**」とは、相手に理解してもらいたいメインメッセージを、明瞭、かつ簡潔に表現するためのコンセプトです。ビッグアイデアは、2012年に出版された『ザ・プレゼンテーション』（中西真雄美訳、ダイヤモンド社）で著者のナンシー・デュアルテが紹介したもので、(1) 意見にオリジナリティがある、(2) 問題点を伝えている、(3) 完全な文章である、とされています。この3つを事前に考えておけば、相手に伝えたいことが簡潔になり、プレゼン内容もスムーズに構成できます。

私のワークショップでは、ビッグアイデアを練るために、「**ビッグアイデア・ワークシート**」を利用します。参加者には、シンプルで役に立つと好評です。それでは例をもとに、エクササイズに取り組んでみましょう。ここでも17ページのアパレルショップの例を使います。

エクササイズ1.2で絞り込んだターゲットは、営業部長でした。**このシナリオにもとづいて、次ページのビッグアイデア・ワークシートに取り組んでみましょう**。必要に応じて、状況を自由に想定してください。

ビッグアイデア・ワークシート

storytelling with data®

データを使ってプレゼンする、進行中のプロジェクト名を記入してください。
つぎの項目を検討し、答えを書き込みましょう。

プロジェクト名 ____________________

相手は誰ですか？

(1)最優先で情報を伝えるべき部署や担当者をリストアップしましょう。

(2)(1)のリストから1人を選ぶとしたら誰ですか？

(3)その人は何を重視していますか？

(4)その人にとってほしい行動は何ですか？

問題点は何か

相手があなたの提案する行動をとった場合のベネフィットは何ですか？

相手があなたの提案する行動をとらなかった場合のリスクは何ですか？

ビッグアイデアの作成

つぎの3つの条件を満たした一文を作りましょう。

(1)意見にオリジナリティがある

(2)問題点を伝えている

(3)完全な文章である

図 1.3a　ビッグアイデア・ワークシート

答え 1.3：
「ビッグアイデア・ワークシート」に記入する

ビッグアイデア・ワークシート

storytelling with data

データを使ってプレゼンする、進行中のプロジェクト名を記入してください。
つぎの項目を検討し、答えを書き込みましょう。

プロジェクト名　新学期準備シーズンの改善点

相手は誰ですか？

(1)最優先で情報を伝えるべき部署や担当者をリストアップしましょう。

上層部

(2) (1)のリストから1人を選ぶとしたら誰ですか？

営業部長

(3)その人は何を重視していますか？

- 新学期準備シーズンに売上を上げること
- 顧客満足度の向上。満足度が高いほど売上につながるため
- 競合に勝つこと

(4)その人にとってほしい行動は何ですか？

接客水準のばらつきへの対応策として研修を行なうことに賛成し、実現に必要なリソース(費用、時間、人員)の投入を承認すること

問題点は何か

相手があなたの提案する行動をとった場合のベネフィットは何ですか？

- 接客水準の向上=顧客満足度の向上
- 顧客満足度の向上が、売上アップや来店頻度の向上につながり、プラスの口コミが広がる

相手があなたの提案する行動をとらなかった場合のリスクは何ですか？

- マイナスの口コミが広がるおそれ
- 競合店への顧客の流出
- 風評リスク
- 売上の低下

ビッグアイデアの作成

つぎの3つの条件を満たした一文を作りましょう。

(1)意見にオリジナリティがある
(2)問題点を伝えている
(3)完全な文章である

店舗での接客を改善するために、店員研修に投資し、次回の新学期準備シーズンは過去最高売上を達成しましょう！

図 1.3b　ビッグアイデア・ワークシートの記入例

エクササイズ 1.4：表現を変えてみる

エクササイズ1.3であなたが考えたビッグアイデアと、答え1.3で私が考えた例を比べて、つぎの質問に答えてみましょう。

質問1：比べてみましょう。共通点はありますか？　どのような違いがありますか？　どちらがより伝わると思いますか？　それはなぜですか？

質問2：どのような表現にしましたか？　あなたが考えたビッグアイデアを見てみましょう。ポジティブな表現でしょうか、ネガティブな表現でしょうか？　あなたのビッグアイデアで述べているベネフィット（得られる成果）またはリスクは何ですか？　逆の表現で書き換えると、どうなりますか？

質問3：解答例ではどのような表現になっていますか？　答え1.3のビッグアイデアをもう一度見てください。ポジティブな表現でしょうか、ネガティブな表現でしょうか？　このビッグアイデアで述べているベネフィットまたはリスクは何ですか？　逆の表現で書き換えると、どうなりますか？　ほかに改善する点はありますか？

答え 1.4：表現を変えてみる

あなたのビッグアイデアを見ることはできないので、ここでは私のビッグアイデアを検証します。私のビッグアイデアを再掲します。

店舗での接客を改善するために、店員研修に投資し、次回の新学期準備シーズンは過去最高売上を達成しましょう！

どのような表現になっていますか？　ベネフィットまたはリスクは何だと述べていますか？　現状ではポジティブな表現になっており、店員研修に投資すれば売上が伸びるという成果に焦点を当てています。

逆の表現で書き換えると、どうなるでしょうか？　ネガティブな表現に書き換えるには、同じ問題点（つまり売上）に焦点を当てたまま、行動しなければ顧客流出や売上低下といった損失につながることを強調します。

接客水準の向上に向けた店員研修に投資しなければ、顧客を失い、つぎの新学期準備シーズンには売上が低下するでしょう。

しかし、売上だけが問題点とはかぎりません。もし、営業部長が競合他社と比べてどうかを重視していると私が知っていたらどうでしょう？　その場合は、このように書くかもしれません。

接客という重要な点で、わが社は競合に後れをとっています。店員研修に投資して、全店舗の顧客対応を改善しなければ、挽回は難しいでしょう。

このビッグアイデアをさらにブラッシュアップするにはどうしたらよいでしょうか？　この問いに決まった答えはありません。さまざまなベネフィット（顧客満足度の向上、売上の増加、競合に勝つこと）と、リスク（顧客の不満、売上の低下、競合に負けること、マイナスの口コミ、風評被害）があり、相手が何を最も重視しているかによって、ビッグアイデアの表現や焦点を当てるものが変わってきます。

実際の場面では、できるかぎり相手のことを知って、相手が重視しているポイントを外さないようにしなければなりません。「職場で実践」のエクササイズ1.17では、相手を知る方法を紹介しています。つぎは別のビッグアイデア・ワークシートに取り組んでみましょう。

エクササイズ 1.5：
「ビッグアイデア・ワークシート」に記入する（2回目）

「ビッグアイデア・ワークシート」を使って、別のエクササイズをしましょう。

あなたは、あるNPO団体が運営する動物保護施設でボランティアをしています。このNPOの活動目的は、動物医療、里親譲渡会、啓発活動を通じて、動物たちの生活の質を向上させることです。あなたは毎月開催される譲渡会の運営を手伝っています。このNPOは今年、里親への譲渡成立数を20%増やすという目標を立てています。

これまで土曜日の午前中に、公園や遊歩道など屋外で譲渡会を開催していました。先月は、悪天候のため屋内に場所を移し、ペット用品店の店内で開催しました。譲渡会の終了後、あなたは興味深い点に気づいて驚きます。これまでに比べて、何と2倍近い数のペットが里親を見つけていたのです。

この増加の理由がいくつか頭に浮かんだあなたは、今後もっとこのペット用品店で譲渡会を開催してみる価値があるのではないかと考えます。それを実証するために、3か月のあいだ、試験的にペット用品店での譲渡会を開催したいと考えました。そのためには、保護施設にいる広報ボランティアに譲渡会の宣伝を手伝ってもらう必要があります。ひと月ごとの予算は、印刷費用として合計500ドルと見積もりました。翌月のミーティングで譲渡会の実行委員会に実験の承認をもらうため、プレゼンの準備をしています。

このシナリオにもとづき、必要に応じて状況を想定しながら、ビッグアイデア・ワークシート（21ページ）を完成させてみてください。

答え 1.5：
「ビッグアイデア・ワークシート」に記入する（2回目）

このシナリオにもとづいて記入したワークシートの例です。

ビッグアイデア・ワークシート

storytelling with data®

データを使ってプレゼンする、進行中のプロジェクト名を記入してください。
つぎの項目を検討し、答えを書き込みましょう。

プロジェクト名　新たな譲渡会場での試験的開催

相手は誰ですか？

(1)最優先で情報を伝えるべき部署や担当者をリストアップしましょう。

保護施設の譲渡会実行委員会
（議決は多数決による）

(2)(1)のリストから1人を選ぶとしたら誰ですか？

ジェーン・ハーパー
委員会で最も影響力があり、彼女の意見が結果に影響するため

(3)その人は何を重視していますか？

譲渡成立数の増加。今年は20％増の目標。達成すれば資金調達力の向上にもつながるため。
委員会はコスト意識が強いので、低予算の案が支持されやすい

(4)その人にとってほしい行動は何ですか？

3か月のあいだ、譲渡会を地元のペット用品店で実験的に開催し、追加のマーケティングリソース投入を承認する
（内訳：ポスターの印刷代、広報ボランティア1名のひと月あたり3時間分の仕事）

問題点は何か

相手があなたの提案する行動をとった場合のベネフィットは何ですか？

譲渡成立数の増加（殺処分数の減少）により20％目標達成の足がかりとし、今後の資金調達につなげる

相手があなたの提案する行動をとらなかった場合のリスクは何ですか？

- 譲渡数増加の機会を逃す
- 里親の見つからない動物が増える
- 殺処分数が増加し、その費用も増える
- 20％目標が達成できない

ビッグアイデアの作成

つぎの3つの条件を満たした一文を作りましょう。

(1)意見にオリジナリティがある
(2)問題点を伝えている
(3)完全な文章である

譲渡成立数を大幅に増やし、今後の資金調達機会の増加が見込める、低予算の実験的な譲渡会開催を承認してください

図 1.5　ビッグアイデア・ワークシートの記入例

エクササイズ 1.6：ビッグアイデアにフィードバックする

自分自身のビッグアイデアを見直すときや、誰かと一緒に取り組む場合には、上手にフィードバックするスキルが重要です。そこで、ビッグアイデアにフィードバックする練習をしましょう。

あなたはある地域の医療施設の職員で、最近のワクチン接種率を分析しています。インフルエンザワクチンの接種率アップに取り組んできた同僚が、つぎの報告会に向けてビッグアイデアを作成し、フィードバックを求めてきました。

「我々の担当地域のインフルエンザワクチンの接種率は前年と比べ上昇しているものの、全国平均と並ぶにはあと2%のアップが必要」

このビッグアイデアをふまえて、つぎの質問への答えを書いてみてください。

質問1：この同僚にどんな質問をしますか？
質問2：このビッグアイデアにどんなフィードバックをしますか？

答え 1.6：ビッグアイデアにフィードバックする

質問1：私なら同僚に真っ先に、報告会の相手について質問します。「ターゲットは誰ですか？」「何に関心がありそうですか？」といった質問です。

質問2：ビッグアイデアにフィードバックをするときには、まずビッグアイデアの条件に立ち返りましょう。それは（1）意見にオリジナリティがある、（2）問題点を伝えている、（3）完全な文章である、です。同僚のビッグアイデアについて、これらの観点から検証してみましょう。

1. **意見にオリジナリティがある**。このビッグアイデアの視点は、ワクチン接種率が全国平均と比べて低く、上昇させる必要があるということです。

2. **問題点を伝えている**。これについては、現状では伝わってきません。相手にとって何が問題なのかよくわかるように具体的にしたいところです。

3. **完全な文章である**。この点はよくできています。主張を一文にまとめるのは難しいものです。ただ、この文章には、問題点をもっとくわしくはっきりと伝える言葉が必要そうです。

まとめると、このビッグアイデアには「何を（What）」にあたるものはありますが（ワクチン接種率の向上）、「なぜ（Why）」は見あたりません（さらに「どのように（How）」にも触れていません。もっとも一文に盛り込めるものはかぎられているので、これは補足コンテンツとして書くとよいでしょう）。

「なぜ」については、「接種率が全国平均より低いから」と説明できそうですが、それでは説得力が弱いかもしれません。相手は、全国平均との比較に興味を持っているでしょうか。そもそも全国平均値を目指すのが正しいのでしょうか？　それは十分高い目標と言えるでしょうか？　もしくは目標として高すぎたりしないでしょうか？　相手に最も響くものが何かをもっと考えれば、より説得力のある理由が見つかるはずです。

同僚が、インフルエンザワクチンの接種率を高めるべきだと考えていることはわかります。でも、なぜ相手もその問題に関心を持つべきかは、よくわかりません。その問題は相手にとってどんな意味があるのでしょうか？

競争心を駆り立てるものでしょうか？　その場合、隣町の医療施設と比べて、または地域全体や州、あるいは国全体の平均と比べて劣っていることを示すのも、正しい方法かもしれません。だとすると、相手にもう少し具体的に訴えかける切り口はないでしょうか。

あるいは、相手は社会貢献に関心があるかもしれません。その場合はワクチン接種率の向上によって、地域の人たちが得られる健康上の利益や、地域全体へのメリットを強調するとよいでしょう。また、ポジティブな表現とネガティブな表現のどちらがよいでしょうか？

このような質問をすると、同僚は自分自身の思考プロセスや前提条件、相手について知っていることなどについて振り返ることができます。こうしてフィードバックを重ねていけば、ビッグアイデアを磨くことができると同時に、実際にプレゼンをする準備ができていきます。同僚の成功を祈りましょう！

エクササイズ 1.7：ストーリーボードを作る

「ストーリーボードは、準備段階でいちばん重要なものです。これを作っておけば、無駄な作業が減り、やり直しを避け、的を絞った資料が作れます」。これは、私がいつも言っている言葉です。あまりに言いすぎて、同じことを繰り返す壊れたレコードのような気がしてくるほどです。

ストーリーボードは、内容のアウトラインを視覚的に示すもので、プレゼンの内容を作り込む前に、アナログな方法で作ります。私はよく付箋を活用します。付箋は小さいので、考えを簡潔に書くことができ、ストーリーの流れをあれこれ検討するときにも、順番を簡単に入れ替えられて便利です。ストーリーボードは、「ブレインストーミングをする」「編集する」「フィードバックを取り入れる」の3ステップで作ります。

いくつかストーリーボードを作る練習をして、感覚をつかみましょう。エクササイズ1.2～1.4のアパレルショップの例を使います。背景の情報を振り返っておきましょう（17ページ）。

エクササイズ1.3で作ったビッグアイデアを振り返ってみてください（作らなかった人は、答え1.3と1.4のビッグアイデアのどちらかを選んでください）。そのビッグアイデアを念頭に置いて、つぎのステップに進んでください。

ステップ1：ブレインストーミングをする。プレゼンにどんな内容を盛り込みたいですか？　紙か付箋にアイデアを書き出してください。少なくとも20個を目指しましょう。

ステップ2：編集する。ほかの人に伝わるようにするには、ステップ1のアイデアをどんな順番で並べればよいでしょうか？　どれとどれをまとめますか？　捨ててもよい（重要ではない）アイデアはどれですか？　データはいつどのように使いますか？　どの時点でビッグアイデアを登場させますか？　ストーリーボード、またはアウトラインを作成してください（ここではぜひ付箋を使ってください）。

ステップ3：フィードバックを取り入れる。パートナーを見つけて、このエクササイズをしてもらい、互いの結果を見せ合って意見を交わしましょう。お互いのストーリーボードに共通点はありますか？　違う点はどこですか？　一緒にエクササイズができるパートナーがいない場合は、誰かにわかりやすく説明してみてください。人と意見を交わしたあと、自分のストーリーボードをどう変更しますか？　このプロセスで何か気づきはありましたか？

答え 1.7：ストーリーボードを作る

エクササイズ1.3で、私はつぎのようなビッグアイデアを考えました。

店舗での接客を改善するために、店員研修に投資し、次回の新学期準備シーズンは過去最高売上を達成しましょう！

これを念頭に、ストーリーボード作りをステップごとに取り組んでいきます。

ステップ1：ブレインストーミングで私が最初に思いついたトピックや内容はつぎのものです。

1. 背景情報；新学期準備シーズンは重要
2. 解決したい問題；これまではデータにもとづいていなかった
3. 問題解決のために模索したさまざまな方法
4. 実施した活動；アンケート調査
5. アンケート調査；調査対象とした顧客グループ、全体の人口統計学的属性、回答率
6. アンケート調査；比較した競合店の詳細
7. アンケート調査；質問項目、調査期間
8. データ；さまざまな項目に対する当社店舗の状況
9. データ；店舗・地域ごとの詳細
10. データ；競合店との比較
11. データ；店舗・地域ごとの競合店との比較
12. よい発見；高評価を得た点や、競合より優れている部分（店舗ごとの内訳とともに）
13. 悪い発見；低い評価を受けた点や、競合より劣っている部分（店舗ご

との内訳とともに）
14. 改善点
15. 対応策の候補
16. 活動方針の提案；店員研修への投資
17. 必要なリソース（人員、予算）
18. これによって解決すること
19. スケジュールの予測
20. 必要な議論／下すべき決断

ステップ2：図1.7は、私がステップ1のリストを取捨選択してストーリーボードに配置したものです。

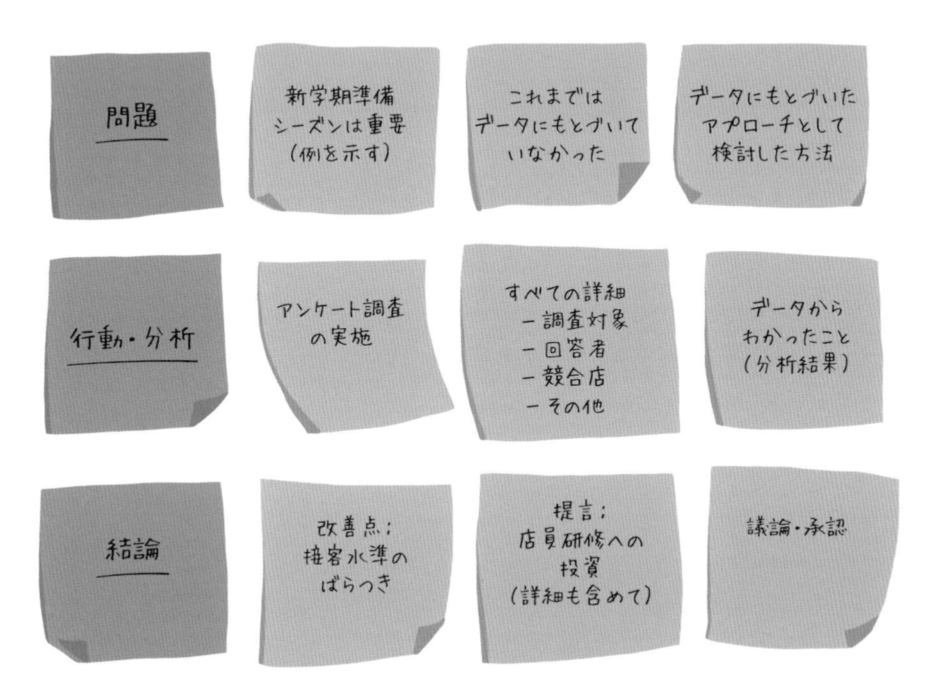

図 1.7　新学期準備の買い物：ストーリーボードの一例

図1.7が「正しい」答えというわけではありません。いつもこのようにきれいな格子状に付箋を並べるのは難しいでしょう。あなたは違う並べ方をしたでしょうし、私がこれを変更する可能性もあります。あとでまたこのシナリオに戻って、このストーリーボードをさらにブラッシュアップする方法を検討します。ですが当面はこのストーリーボードを例として、ステップ3に進みましょう。

ステップ3：このストーリーボードについて、私にどんなフィードバックをしますか？　あなたのストーリーボードと共通点はどこですか？　違うところはどこですか？　このアプローチを、現在取り組んでいるプロジェクトにどう応用できるか考えてみてください。「職場で実践」のエクササイズ1.23～1.25が参考になるでしょう。その前に、もう少し一緒にストーリーボード作りを練習しましょう。

エクササイズ1.8：ストーリーボードを作る（2回目）

今回は、エクササイズ1.5で登場したペット譲渡会の例でストーリーボードを作っていきます。背景情報を振り返っておきましょう（25ページ）。

エクササイズ1.5で作ったビッグアイデアを振り返ってください（作らなかった人は、答え1.5のビッグアイデアを見てください）。そのビッグアイデアを念頭に置いて、つぎのステップに進んでください。

ステップ1：ブレインストーミングをする。まず、最終的なプレゼンにどのような項目が必要かブレインストーミングをします。紙か付箋を用意して、アイデアを書き出してください。少なくとも20個を目指しましょう。このプロセスでは、つぎの点を考えてみましょう。「この団体はこれまでに試験的譲渡会を行なったことはあるのか？」「実行委員会はこの実験のリスクとベネフィットを理解する必要があるか？」「実行委員会の反応は好意的なものとなりそうか？　否定的なものになりそうか？」「公園などで開催したときの譲渡数に関する過去のデータはあるか？」「ほかの保護団体が同様の実験で成功したことはないか？」「3か月の実験結果を、どのように測定し、評価するか？」「どんな結果になれば成功と言えるか？」

ステップ2：編集する。ステップ1で出したアイデアを吟味します。つぎに、それらをどのように使うか考えます。候補のうち、必要なものと、切り捨ててよいものを選別します。プレゼンに向けてストーリーボードを作ります。編集し、構成を検討する際には、つぎの点を考えてみましょう。「ステップ1で予想した委員会の反応をふまえると、ビッグアイデアは最初に伝えるべきか、それともあとで伝えるべきか？」「委員会は、直近の譲渡会での成果を知っているか？　今回の提案の背景を一から伝えるべきか、すでに十分伝わっているのか？」「ほかに相手が知らない情報で、説明に時間やデータが必要になりそうなものはあるか？」「提案は承認されそうか？　それとも説得が必要か？　どうすればうまく説得できるか？」

ステップ3：フィードバックを取り入れる。パートナーを見つけて、このエクササイズをしてもらい、互いの結果を見せ合って意見を交わしましょう。お互いのストーリーボードに共通点はありますか？　違う点はどこですか？　一緒にエクササイズができるパートナーがいない場合は、誰でもよいのであなたのプランをわかりやすく説明してみてください。人と意見を交わしたあと、自分のストーリーボードをどう変更しますか？　このプロセスで何か気づきはありましたか？

答え1.8：ストーリーボードを作る（2回目）

エクササイズ1.5での私のビッグアイデアはつぎのようなものでした。

譲渡成立数を大幅に増やし、今後の資金調達機会の増加が見込める、低予算の試験的な譲渡会開催を承認してください。

これを念頭に置いて、ストーリーボードを作るステップに取り組んでいきます。

ステップ1：ブレインストーミングのプロセスで私が思いついたトピックの候補です。

1. 背景情報；譲渡会をずっと屋外の公共スペースで開催してきた
2. 現在の状況；これまでの方法の利点とひと月の譲渡数を振り返る
3. 20%の増加目標と現在の譲渡数の関係性について
4. 先月の譲渡会を屋内で開催することになった背景
5. 結果；譲渡成立数が2倍に増加
6. 要因；増加につながったと思われる理由
7. 要因；同じ条件で試せば、同様の結果が続くと考えられる理由
8. 譲渡数増加の機会；3か月の試験を実施
9. 分析；試験のベネフィットとリスク
10. 必要なリソース；宣伝費用としての追加予算500ドルについて説明
11. 必要なリソース；広告ボランティア1名に3時間手伝ってもらう必要
12. そのほかの必要条件；ペット用品店の店長の許可、店員への周知
13. そのほかの必要条件；店内でのセッティングに必要な設備
14. データ；ほかの動物保護施設の成果
15. 提言；この試験を承認してほしい
16. 考察；20%の増加目標達成に向けた取り組み方法
17. スケジュールと予定開催日
18. 3か月の経過測定と評価方法
19. 資金集めへの示唆
20. 討議と決定

ステップ2：図1.8は、私が前出のリストを取捨選択してストーリーボードに配置してみたものです。

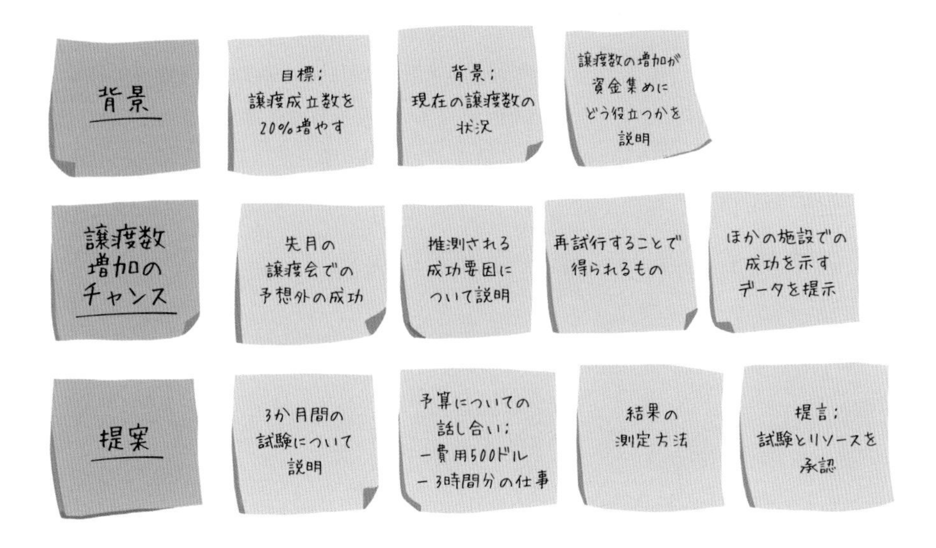

図 1.8　ペット譲渡会の試験開催：ストーリーボードの一例

ステップ3：私の作ったストーリーボードにどんなフィードバックをしますか？　あなたのストーリーボードと似ている部分はどこですか？　違うところはどこですか？　このアプローチを、現在取り組んでいるプロジェクトにどう応用できそうですか？　職場でのストーリーボードの作り方については、エクササイズ1.23～1.25を参考にしてください。

　ここまで、ターゲットを絞り込む方法、ビッグアイデアの作り方、ストーリーボードの作成方法について一緒に練習してきました。つぎは、1人で挑戦するエクササイズを紹介します。

練習をすればするほど、相手をよく知ること、アナログな準備をすることの効果が実感でき、習慣となっていくでしょう。さらにエクササイズに挑戦し、よい習慣を身につけていきましょう。

エクササイズ 1.9：相手を知る

あなたはあるコンサルティング会社の社員です。有名なペットフード会社のマーケティング部長が新たにクライアントになりました。あなたはそのクライアントと直接やりとりするのではなく、分析結果やレポートを上司に提出し、上司がこれをクライアントにプレゼンして議論します。フィードバックや必要なことがあれば上司があなたに伝えます。

この場合、どうすればこのマーケティング部長をよく知ることができるでしょうか？　**相手のこと、相手が何に関心を持っているかを知るためにできそうなことを3つ挙げてください**。上司があいだにいることで、複雑になりそうでしょうか？　このことを有利に利用する方法はあるでしょうか？　このシナリオでは、ほかにどんな点を考慮したほうがよいでしょうか？

これらの質問への答えを書いてみましょう。

エクササイズ1.10：ターゲットを絞り込む

続いて、ターゲットを絞り込む練習をします。つぎの文章を読んで、質問に答えてください。さまざまな想定を立てつつ、プレゼンの相手を絞り込んでいきましょう。

あなたはある地域の医療グループに勤務しています。最近、あなたと同僚はXYZという製品分野を扱うサプライヤーのA社、B社、C社、D社を評価しました。その分析のなかで、各施設で過去に支払った金額、患者と医師の満足度、今後の費用予測について検討しました。こうした情報をもとに、プレゼン用の資料を作成します。

質問1：職場の内外を含め、このデータに興味を持ちそうな関係者が複数います。過去の使用歴、患者と医師の満足度、各サプライヤーの費用予測と比較に関心を示しそうな関係者は誰ですか？　思いつくかぎり幅広く候補を挙げてみてください。**この情報に興味を持ちそうな関係者をすべてリストアップしてみましょう。**

質問2：もっと絞り込みましょう。データ分析の結果、医療施設によってサプライヤーの過去の使用歴が大きく異なることがわかりました。ある施設はおもにB社を利用し、別の施設はD社という具合です（A社とC社の利用はごくわずかでした）。また、満足度が最も高いのはB社でした。**このことに関心を持ちそうなのは誰でしょうか？　リストアップしてください。**この新たな情報をふまえて追加した関係者はいますか？

質問3：さらにデータを分析したところ、1、2社と契約すれば支出を大幅に削減できそうです。しかしその方法を採用すると、これまで利用していたサプライヤーを変更しなければならない医療施設もありそうです。この状況で戦略的にうまく事を進めるためには、意思決定を仰ぐ必要があります。**その場合、相手は誰になるでしょうか？　このデータに関心を持つのは誰でしょうか？　最も重視すべき人物を挙げてください。**意思決定者は誰でしょうか？

エクササイズ1.11：表現を変えてみる

ビッグアイデアの条件の1つは、「問題点を伝えている」ことです。ここまで見てきたように、これは「ベネフィット」として表現することもできれば（あなたが提案したように行動すれば相手は何を得られるのか）、「リスク」として表現することもできます（提案を受け入れなければ相手は何を失うのか）。ポジティブな表現とネガティブな表現の両方を考え、その状況でどちらが最も効果的かを検討してみる方法も有効です。

つぎの3つのビッグアイデアを読んで、質問に答えてください。それぞれがどのように表現されているかを判断し、言い換える練習です。

ビッグアイデア1：「メールによる顧客アンケートへの回答インセンティブを高めて、質の高いデータを収集し、顧客の不満をしっかりと把握するべき」
(A) このビッグアイデアの表現はポジティブですか、ネガティブですか？
(B) ビッグアイデアで提示されているベネフィットまたはリスクは何ですか？
(C) 逆の表現に書き換えるにはどうすればよいですか？

ビッグアイデア2：「既存の事業部門の収益が横ばいとなっているいま、新興市場へリソースを割かなければ、目標とするEPS（1株あたりの当期純利益）は達成できないだろう」
(A) このビッグアイデアの表現はポジティブですか、ネガティブですか？
(B) ビッグアイデアで提示されているベネフィットまたはリスクは何ですか？
(C) 逆の表現に書き換えるにはどうすればよいですか？

ビッグアイデア3：「前四半期に実施したデジタルマーケティングのキャンペーンでは、予想通りウェブのアクセス数と売上が増加した。今年の売上目標を達成するためには、当キャンペーンの現在の予算水準を維持するべきだ」
(A) このビッグアイデアの表現はポジティブですか、ネガティブですか？
(B) ビッグアイデアで提示されているベネフィットまたはリスクは何ですか？
(C) 逆の表現に書き換えるにはどうすればよいですか？

エクササイズ 1.12：ビッグアイデアを作る

ビッグアイデア・ワークシートに慣れるためにエクササイズをして、記入例も見てきました（エクササイズ1.3と1.5を参照）。この先のエクササイズでも、シナリオに沿ってビッグアイデア・ワークシートに記入していきます。しかし、この先は解答例はありません。自分で作ったものを見直し、ブラッシュアップしてみてください。

あなたは小売店を全国展開する企業の最高財務責任者（CFO）です。自社の財務の健全性を監督し、財務上の強みや脆弱性を分析して報告すること、是正措置を提案することなどが任務です。このほど、財務アナリストのチームが第1四半期のレビューを行なったところ、売上高と営業費用が最新の予測通りとなれば、今年度末は4,500万ドルの損失を計上する見込みとなることがわかりました。

近頃の景気停滞のせいで売上高は伸びそうもありません。そのためあなたは、損失を抑えるには営業費用を管理するほかないと考え、経営陣はすぐさまコスト管理方針（「コスト管理計画ABC」）を実施すべきと考えました。つぎの取締役会で第1四半期の決算報告をすることになっており、役員たちに向けたプレゼン（財務成績の概要説明と提言）の準備をしています。

プレゼンの目標は2つです。

1. 取締役会で、決算が純損失となることの長期的影響を理解してもらう
2. 経営幹部（CEOや執行役員たち）から「コスト管理計画ABC」をすぐ実行に移すための承認を得る

このシナリオにもとづいて、ビッグアイデア・ワークシートを作ってみてください（21ページ）。また、必要に応じて、このエクササイズに沿った想定を立てて進めてください。

エクササイズ 1.13：ビッグアイデアを作る（2回目）

別の例で、もう一度ビッグアイデア・ワークシートに挑戦してみましょう。

あなたは前途有望な大学4年生で、学生自治会の委員を務めています。自治会は有意義な学生生活を送るための環境実現を目標に、全学生を代表して教職員に意見を伝えたり、各学部から代表者を選出したりしています。あなたは過去3年にわたり自治会の委員を務め、今年予定されている選挙の準備にも携わっています。昨年は、投票者数がそれまでに比べて30％低下し、学生全体の自治会に対する関心の低下がうかがわれました。あなたと委員会の仲間は、ほかの大学の実態を調査し、高い投票率を誇っている大学では、非常に実行力がある学生自治会が活動していることがわかりました。そこで、学生に向けた宣伝キャンペーンを実施して学生自治会への関心を高めれば、今年の選挙での投票率が向上するのではないかと考えました。まもなく学生自治会の会長と財務委員会とのミーティングが控えており、あなたはそこで発表する予定です。

あなたの最終的な目標は、選挙に投票する意義を周知する宣伝キャンペーンを行なうための1,000ドルの予算を獲得することです。

ステップ1：この状況をふまえて、ビッグアイデア・ワークシートを作成してください（21ページ）。必要に応じて、状況を想定して進めてください（ステップ2と3は先に見ないようにしてください）。

ステップ2：プレゼン相手だった会長が、スケジュールの都合でミーティングに出席できなくなったことを、あなたはついさっき知りました。会長の代わりに副会長が予算要求について判断することになりました。この状況をふまえて、つぎの質問に答えてください。

(A) あなたは副会長のことをあまり知りません。もっと副会長を知るにはどうすればよいでしょうか？　ミーティング前にすぐできることを1つ考えてください。もう1つ、今後のやりとりに備えて副会長の関心事を知っておくために、委員会での任期中にできることを考えてください。

(B) 作ったビッグアイデアについて再考してみましょう。ポジティブな表現でしょうか、ネガティブな表現でしょうか？　プレゼン相手の変更によって、逆の表現に書き換えるとしたら、どんな理由があるでしょうか？

ステップ3：作ったビッグアイデアに対するフィードバックがほしくなりました。フィードバックをくれそうな2人のうち、どちらに頼もうかを考えています。1人はルームメイト、もう1人は自治会のメンバーです。つぎの質問に答えてください。

(A) それぞれの対象者に聞くとよい点、悪い点は何ですか？
(B) それぞれのフィードバックにはどのような違いがあると思いますか？
(C) 最終的に誰にフィードバックを頼むことにしますか？　その理由は？

エクササイズ 1.14：どの順番で伝えるか

プレゼンの内容を整理し、構成する方法はたくさんありますが、ストーリーボードを使うと、伝える相手や達成したい目的によって、説明すべき順番を効率よく検討できます。図1.14を見て、そのあとの質問に答えてください。

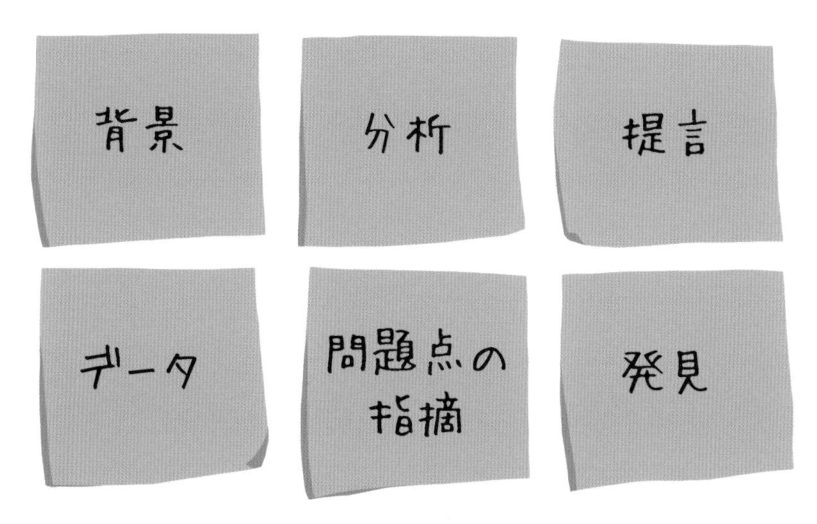

図 1.14　ストーリーボードに並べる予定の要素

質問1：これらの要素をどんな順番で並べますか？　何から始めて、何を最後に持ってきますか？　そのあいだの順番はどうしますか？　その順番に決めた理由は何ですか？

質問2：分析の過程で、データについて仮説を立てたとします。それはどこに入れますか？　それはなぜですか？

質問3：プレゼンの相手が専門知識の豊富な人物で、データとあなたの分析に対して多くの質問と議論が予想されるとします。その場合は順番を変更しますか？付け加えたい要素や、削除したい要素はありますか？

質問4：その場の全員が全体像を理解するために、プレゼンの最中に相手からインプットをもらうべき情報があるとします。その場合、順番にどのような影響が出ますか？　プレゼンの流れのどこで、どのようにインプットをもらいますか？加える要素や、削除する要素はありますか？

質問5：これは経営上層部へのプレゼンだとします。もらえる時間はわずかです（もしかしたら進行表の予定時間より短くなるかもしれません）。この場合、プレゼン内容の順番を変更しますか？　変更する理由、またはしない理由はなぜですか？

エクササイズ1.15：ストーリーボードを作る

ここでは、エクササイズ1.12に登場した最高財務責任者（CFO）による第1四半期の財務報告の例を利用して、ストーリーボードを作成します。背景を振り返っておきましょう（39ページ）。

ここで、エクササイズ1.12で作ったビッグアイデアを振り返ってみてください（作らなかった人は、少し時間をとっていま作りましょう）。そのビッグアイデアを念頭に置いて、つぎのステップを進んでください。

ステップ1：ブレインストーミングをする。まず、最終的なプレゼンに組み込む可能性のある項目をどんどん出していきます。白い紙か付箋を用意して、アイデアを書き出してください。少なくとも20個を目指しましょう。ヒントとして、つぎの点について考えてみてください。「この相手にビッグアイデアを伝えるのは初めてか？」「相手の反応は、好意的なものになりそうか？　否定的なものになりそうか？」「相手は、プレゼンで使うデータにどの程度なじみがあるのか？　これは定例報告なのか、それとも用語や方法論について説明する必要があるのか？」「提言について、意思決定者の賛同が必要か？　その場合、どんなデータを取り上げる必要があるのか？」

ステップ2：編集する。ステップ1で考えたアイデアを吟味します。必要なものと、切り捨ててよいものを選り分けます。プレゼンに向けてストーリーボードを作ります。編集し、構成を検討する際に、つぎの点を考えてみてください。「ステップ1で予想した相手の反応をふまえて、ビッグアイデアは最初に示すのがよいのか、または徐々に展開して最後に示すほうがよいのか？」「相手が内容をよく知っていて省略できそうな項目はどれか？」「相手にとって新しい情報で、説明のための時間や、背景データが必要になりそうなものはどれか？」「まとめられる項目はないか？」

ステップ3：フィードバックを取り入れる。パートナーを見つけて、このエクササイズをしてもらい、互いの結果をつき合わせて意見を交わしましょう。お互いのストーリーボードに共通点はありますか？　違う点はどこですか？　一緒にエクササイズができるパートナーがいない場合は、誰でもよいのであなたのプランをわかりやすく説明してみてください。人と意見を交わしたあと、ストーリーボードをどう変更するでしょうか？　このプロセスで何か気づきはありましたか？

エクササイズ1.16：ストーリーボードを作る（2回目）

ここでは、エクササイズ1.13で登場した、学生自治会の選挙の例で、ストーリーボードの修正をします。背景を振り返っておきましょう（40ページ）。

質問1：自治会の仲間が、プレゼンのためにストーリーボードを作成し（図1.16）、あなたにフィードバックを求めてきました。つぎの質問を念頭に置いて、ストーリーボードを見直してください。

(A) 現在はどのような順番に並んでいるか？（時系列、ビッグアイデアから始まっている、など）
(B) まとめられる項目はあるか？　何を加え、何を取りのぞくべきか？
(C) どのようにストーリーボードを変更するように提案するか？

図 1.16　自治会選挙について仲間によるストーリーボード

質問2：つぎのミーティングでは副会長が議長を務めることになり、1,000ドルの宣伝キャンペーンへの承認を決断するのも副会長であることを、あなたはつい先ほど知りました。以前この副会長にプレゼンをしたことがある学生たちの話では、副会長は多忙で、プレゼンの最中はとても集中して話を聞いてくれるものの、予定が詰まっているためミーティングを早めに切り上げることがよくあるそうです。いちばん重要な相手が変わったという状況をふまえて、質問1(C)で修正したストーリーボードをもう一度見直してください。順番を変えるとしたら、その理由は何でしょうか？　また、加えたり、削除したりする要素はありますか？

質問3：質問1（C）で修正したストーリーボードを見返して、つぎの質問に答えてください。

(A) 相手への具体的提案や要求を現在の位置に置いたのはなぜですか？
(B) このストーリーボードを作成するとき、PCでなく付箋を使ったことによって何か効果はありましたか？
(C) このストーリーボードを作成して、どんな利点がありましたか？

ここまで、私と一緒に、そしてあなた自身で練習を重ねてきました。つぎは、いままで学んできたことをあなたの職場で活かす方法について見ていきましょう。

職場で
実践

ここまで学んだ準備プロセスを、実践していきましょう。前段階で時間をかけておけば、やり直しが減り、仕事の効率が上がります。現在進行中のプロジェクトを念頭に置いて、この先のエクササイズに取り組んでみてください。

エクササイズ1.17：相手を知る

プレゼンをするときは、まずいちばん重要な相手を見極め、その人が何を重視するかよく考えてみましょう。相手のことを知らなくても、重視するものを知る方法はあります。

その相手に、質問することはできますか？　相手となる人物と共通点がある人はいませんか？　その相手に対するプレゼンで成功した（または失敗した）ことのある同僚から、アドバイスをもらえないでしょうか？　相手の関心事や、動機、または先入観についてどんな予測が立てられますか？　相手がデータを重視する場合、どのデータにどのような反応をすると思いますか？

これらの点をはっきりさせておけば、余裕を持って効果的にプレゼンできます。

もし、それぞれに違った関心を持つグループや人々を相手にプレゼンする場合、共通点を持つ人のグループをいくつか作り、各グループに対してこのエクササイズを行なうとよいでしょう。グループ間でニーズが重なる部分を特定できれば、そこを起点として情報を伝えられます。

相手に対して何らかの前提を置いて考える場合、同僚とよく話し合ってみてください。同僚はあなたに賛成してくれるでしょうか？　その前提を客観視できるように手伝ってもらったり、批判したりしてもらってください。あえて反対の立場をとってもらえば、それに対応する練習ができます。うまくいかない状況を想定して、練習し、準備したぶんだけ、本番は楽になるでしょう。

誰かに何かをプレゼンする必要のある、進行中のプロジェクトを1つ挙げてください。**相手についてよく知り、相手にとって重要なものを理解するために、あなたができる具体的な行動を考えてみましょう**。このとき、相手についてどのようなことを前提に考えていますか？　もしその前提が異なっていたら、どんな事態になるでしょうか？　プレゼンの相手に対する準備として、ほかに何ができるでしょうか？　具体的な行動をリストにして、実行しましょう！

エクササイズ 1.18：ターゲットを絞り込む

これまで見てきたように、プレゼンをするときは、特定の相手を念頭に置くと効果的です。そうすれば、プレゼンのターゲットが明確になります。つぎのエクササイズは、プレゼンのターゲットを絞り込むときに役立ちます。

ステップ1：データをもとにプレゼンする必要がある現在進行中のプロジェクトについて考えてください。それは何のプロジェクトですか？

ステップ2：まずは幅広く考えてみましょう。あなたが伝えようとしていることに**関心を持ちそうな人をすべて挙げてください**。何人思いつきましたか？

ステップ3：それで全員ですか？　もっといるはずです。リストに加えるべき人がまだいないか考えてみてください。

ステップ4：ここから絞り込んでいきます。つぎの質問を読み、各項目の内容に照らして、最も関心を持ちそうな相手を挙げてください。

(A) データから判明したことは何ですか？　これに関心を持ちそうなのは誰ですか？
(B) 提案しようとしているのはどんなことですか？　行動する必要があるのは誰ですか？
(C) いまはプロセスのどの段階ですか？　そこに関わってくるのは誰ですか？
(D) 最終的に意思決定を下すのは誰、またはどのグループですか？
(E) AからDのすべてを考慮すると、あなたが情報を伝えるべきいちばん重要な相手は誰、またはどのグループですか？

エクササイズ 1.19：目的とする行動をはっきりさせる

説明を目的とするプレゼンの場合には、つねに相手にとってもらいたい行動があるはずです。とはいえ、「Xを発見しました。だからYをしてください」という簡単な話にはまずなりません。それよりも、相手につぎにしてもらいたい行動について、全体のニュアンスを考慮しながら、どの程度はっきり伝えるべきかを決める必要があります。ある状況では、適切な行動指針を決めるために、相手からのインプットが必要になることもあります。また、つぎにやるべきことを相手自身に見つけ出してもらう必要のあるケースもあります。いずれにしても、情報を伝える側として、私たちは目的とする行動がどのようなものかを明確にしておくことが不可欠です。

現在進行中のプロジェクトを思い浮かべてください。あなたがプレゼンするデータにもとづいて、相手がとりうる行動を挙げてみてください。相手にどんな行動をいちばんとってほしいですか？　つぎの文章に具体的な言葉を入れてみましょう。

「プレゼンを聞いたあとに、相手にとってほしい行動は○○です」

思いつかない場合は、つぎのリストに目を通してみてください。当てはまりそうな言葉がないか、じっくり考えてみてください。

承諾する｜同意する｜承認する｜始める｜信じる｜予算をつける｜買う｜支持する｜変更する｜協力する｜着手する｜考慮する｜継続する｜貢献する｜作成する｜議論する｜決定する｜守る｜願う｜決断する｜専念する｜差別化する｜討議する｜分配する｜分離する｜行なう｜共感する｜権限を与える｜奨励する｜従事する｜確立する｜調べる｜促進する｜習熟する｜形成する｜解放する｜実行する｜含める｜増やす｜影響をおよぼす｜投資する｜活性化する｜保持する｜知る｜学ぶ｜好む｜維持する｜動員する｜動く｜提携する｜支払う｜説得する｜計画する｜調達する｜宣伝する｜追求する｜再配分する｜受け取る｜推薦する｜再検討する｜削減する｜反映する｜覚える｜報告する｜対応する｜再利用する｜もとに戻す｜見直す｜確保する｜共有する｜方向転換する｜サポートする｜簡素化する｜開始する｜試す｜理解する｜有効にする｜検証する

エクササイズ 1.20：
「ビッグアイデア・ワークシート」に記入する

データを使ってプレゼンする、進行中のプロジェクトを1つ挙げてください。それについてよく考え、ワークシートに記入してみましょう（21ページ）。

エクササイズ 1.21：
ビッグアイデアへのフィードバックを求める

ビッグアイデアを作ったら、つぎの重要なステップは、それを誰かと話し合うことです。

必要なものは、パートナー、記入したビッグアイデア・ワークシート、そして10分間です。もしパートナーがビッグアイデアのコンセプトをよく知らなければ、先に前著の関連する箇所を読んでもらうか、ビッグアイデアの3つの条件（意見にオリジナリティがあること、問題点を伝えていること、完全な文章であること）を簡単に説明しましょう。プレゼン相手に伝えるメインメッセージをよりよくするために、遠慮のない意見を言ってくれるように頼みます。質問もたくさんしてもらいましょう。そして、伝えたい内容を理解してもらい、その内容をよりよく伝えられる言葉を一緒に見つけていきます。

まずはあなたのビッグアイデアをパートナーに聞いてもらいましょう。そこから自由に会話を始めます。行き詰まったときは、つぎの質問を参考にしてみてください。

- 最終的な目標は何ですか？　どうなれば成功と言えますか？

- プレゼンの相手は誰ですか？

- 相手がよく知らない、説明が必要な専門用語（単語、言い回し、略語など）はないですか？

- 目的とする行動は明確ですか？

- 相手に起こしてほしい行動は、自分の視点から書かれていますか？　それとも相手の視点から書かれていますか？　自分の視点からの場合、どのように相手の視点に書き換えますか？

- 問題点は何ですか？　相手にとって説得力のあるものですか？　もし違っていれば、どう書き換えますか？　これについては、「So What（だから何）？」という問いかけが有効です。なぜ相手が気にする必要があるのでしょうか？　相手にとって何が問題となるのでしょうか？

- もっとポイントが伝わりやすくなる言葉や表現はないですか？

- パートナーに自分の言葉で、あなたのメッセージを言い換えてもらうことはできますか？

- パートナーに「なぜ？」と問いかけ続けてもらうのがよい方法かもしれません。あなたのロジックがクリアになり、ビッグアイデアが改善されるまで問いかけてもらいましょう。

パートナーと会話しながら、または会話が終わったあとで、ビッグアイデアを修正します。まだ焦点がぼやけているとか、もっと別の視点がほしいと感じるなら、このエクササイズをほかの人とも繰り返してみましょう。

グループでこの作業を行なう場合のファシリテーター（進行役）へのアドバイスについては、第9章のエクササイズ9.7を参照してください。つぎは、チームで進めているプロジェクトで、どのようにビッグアイデアが使えるかを見ていきましょう。

エクササイズ 1.22：チームでビッグアイデアを作る

チームでプロジェクトを進める場合は、これから紹介するエクササイズが有効です。この演習は、プロジェクトのチーム全員が足並みを揃えて、同じ目標に向けて取り組んでいくうえで大変役立ちます。

1. 全員にビッグアイデア・ワークシートを配付します。そして現在進行中のプロジェクトを念頭に置いて、それぞれにワークシートを完成させ、ビッグアイデアを作ってもらいます。

2. 会議室に集まり、ホワイトボードを用意するか、オンラインの共有ドキュメントを作成して、それぞれのビッグアイデアを書き出します。1人ひとりに自分のビッグアイデアを読み上げてもらいます。

3. ビッグアイデアについて話し合います。それぞれのビッグアイデアに共通部分はありますか？　方向性がずれていそうな人がいますか？　どの言葉、または表現が、伝えたい内容を最もよくとらえていますか？

4. それぞれのビッグアイデアを総合し、必要ならば言葉を補ったり、改善を施したりして、最終的なビッグアイデアを完成させます。

このエクササイズでは、全員で考えを共有し、1人ひとりの意見が最終的なビッグアイデアに集約されるので全員の納得感を得られます。チーム内で議論して、目的とする行動が明確になり確信を持てるようになるでしょう。

エクササイズ 1.23：頭のなかのアイデアを絞り出す

それではつぎに、ストーリーボード作成の第1段階である、ブレインストーミングを行なってみましょう。現在進行中のプロジェクトについて考えてみてください。付箋と筆記用具を用意します。そして大きなテーブルかホワイトボードがある静かな作業場所に移動します。タイマーを10分間にセットし、出せるだけのアイデアを頭から絞り出し、付箋に書いていきます。この付箋は、どれもあなたがこの先作るスライドのアイデア候補です。ここでアイデアをふるいにかけてはいけません。このプロセスでは全部出し切ってください（この段階では悪いアイデアなどありません）。順番やアイデアのまとめ方も気にする必要はありません。決められた時間内にできるだけ多くの付箋を書くことに集中してください。

アドバイス：このアナログなエクササイズをするのは、十分時間をかけてデータを検討し、伝えたいことがはっきりしたあとにしましょう。そして必ずPCでスライドを作る前に行ないます。また、このエクササイズは、ビッグアイデアを作り、フィードバックをもらって修正したあとにするのがいちばん効果的です(エクササイズ1.20と1.21を参照してください)。

タイマーが鳴ってもまだアイデアが湧いてくるなら、時間を延長してもかまいません。このエクササイズが終わったら、つぎのエクササイズ1.24に進んでください。

エクササイズ 1.24：ストーリーボードをまとめる

エクササイズ1.23でアイデアを付箋に書き終えたら、それをまとめていきます。全体をどのように構成すれば、ほかの人に伝わるかを考えてみましょう。アイデアをまとめる際に、トピックやテーマに関する付箋を追加するのもありです。どのアイデアがまとめられそうでしょうか？　どのアイデアをボツにしますか？

却下するときには、ボツ案置き場を作りましょう。1枚1枚の付箋について、「これはビッグアイデアを伝えるのに役立つだろうか？」と考えてみてください。もし残す理由が浮かばなければ、ボツ案置き場に移動します。

最もよい順番に並べるために、つぎの点を検討してみましょう。

- どのような形式で相手に伝えますか？　プレゼンでしょうか、電話やオンラインでしょうか、それとも資料を相手に渡すのでしょうか？

- 内容をよりわかりやすく伝えるにはどの順番がよいでしょうか？　相手にとってほしい行動を伝えるのはいつがよいでしょうか？　最初か、最後か、それとも途中がよいでしょうか？

- 重要なコンテキストは何でしょうか？　先に伝えるほうがよいでしょうか？あとのほうがよいでしょうか？　「So What（だから何）？」に答えるのはいつがよいでしょうか？

- あなたはすでに相手の信用を得ていますか？　これからでしょうか？　後者の場合、どのように信用を得ますか？

- 作業の過程で立てた前提はありますか？　いつどのようにそれを説明しますか？　もしその前提が間違っていたらどうしますか？　それによってメッセージが大幅に変わりますか？

- 相手からのインプットは必要ですか？　どの時点でどのようにインプットをもらうのが最も適切ですか？

- データはどの箇所で提示するのがよいですか？　データは予想を裏付けるものですか？　またはその逆ですか？　どんなデータや例を、どこに入れますか？

- どうすれば最もうまく意見を一致させ、賛同を得て、行動を促すことができるでしょうか？

決まった正しいやり方はありませんが、これらの質問を事前に検討しておけば、その状況にあったさまざまな選択肢を見つけ出せるでしょう。メッセージにあまり関係のないものの、削ることはできないデータや内容がある場合は、目立たせないように配慮します。資料の最後に別表などとして入れるか、視覚的に目立たないようにして、伝えるべき重要な要素を引き立たせましょう。

内容の順番に関するそのほかの戦略については、第6章で「ストーリー」について検討する際にも見ていきます。それでは、エクササイズ1.25に進んで、ストーリーボードへのフィードバックをもらいましょう。

エクササイズ 1.25：
ストーリーボードへのフィードバックを求める

ストーリーボードを作成したら、誰かとそれについてとことん話し合ってみましょう。これには、いくつかの利点があります。まず単純に、他人にくわしく説明すると、必然的に自分の思考プロセスが明確になり、別のアプローチも見えてきます。つぎに、人に伝えることで、新しい視点やアイデアを取り入れ、ストーリーボードを改善できる可能性があります。

決まった形はありません。ストーリーボードを作成したら、とにかくそれについて誰かと話し合いましょう。気の向くままに質問や会話を続けましょう。もし行き詰まったときや、手近にパートナーが見つからないけれども、このエクササイズをしたいというときは、つぎの質問を活用してみましょう。

- どのように相手にプレゼンしますか？　資料を送って相手が自分たちで検討するのでしょうか？　それともあなた（または別の誰か）が資料について説明するのでしょうか？

- 全体の順番や流れはわかりやすいですか？

- ビッグアイデアは何ですか？　どこでそれを登場させますか？

- 相手はストーリーボードの項目すべてに関心を持つでしょうか？

- 相手はあまり関心を持たないだろうけれども、入れておくべき項目がある場合、相手の注意を失わないようにするにはどうしたらよいでしょうか？

- うまくいかない可能性がある箇所はどこですか？　それにどう備えますか？

- あるトピックまたはアイデアから、つぎの話にはどのように展開しますか？

- 削除してもよい箇所はありますか？　補充する箇所や並べ替えたほうがよい箇所はありますか？

この段階でステークホルダー（関係者）や上司からのフィードバックをもらえるのであれば、ぜひそうしましょう。資料を作成する前に方向性が合っているかを確認し、修正が必要なことがわかれば、早い段階で方向転換できます。

事前に時間をとって、相手を絞り込み、その相手を知る努力をし、メインメッセージとストーリーボードを作ることは、戦略を立てるようなものです。これをしておけば、作業のやり直しを避け、的を絞って情報を伝えられます。最終的に完成する資料は、このステップで進めなかった場合に比べて、短くなる傾向があります。短い分、内容（スライドやグラフ）のクオリティに、より時間を割くことができます。つぎの章ではこの点について見ていきます。

エクササイズ 1.26：意見を交換する

第1章で学んだことに関してつぎの質問について考えてみてください。パートナーと一緒に、またはグループで意見を交換しましょう。

1. 日常的に報告やプレゼンしているのはどんな相手ですか？　彼らに共通している点は何ですか？　異なる点はどこですか？　情報を伝えるときに、相手のニーズにどのように配慮すべきですか？

2. 異なるタイプの相手にプレゼンすることがありますか？　そのなかで主要なグループはどれですか？　一度に全員に情報を伝える必要がありますか？　情報を伝えるうえで、ターゲットを絞れますか？　どうすればうまくいきますか？　同じような経験や、共有できるノウハウを持つ人はいますか？

3. ビッグアイデアや、自分のメッセージを1つの文章にまとめ上げる練習を振り返ってください。この章でのエクササイズについてどう思いましたか？　仕事のなかでは、ビッグアイデアを作るために時間をとれそうですか？　実際の業務で試してみましたか？　効果がありましたか？　難しい点はありましたか？

4. ストーリーボードの作成に付箋が適しているのはなぜですか？　プレゼンの内容を準備するのに、ほかに便利な方法やおすすめの方法はありますか？

5. この章で紹介した効果的に情報を伝えるための準備プロセスのなかで、いちばんためになると思ったアドバイスやエクササイズはどれですか？　実際に使った方法はどれですか？　うまくいきましたか？　学んだことのなかで、この先実際に試したいと思っていることは何ですか？

6. この章のなかで、ピンとこなかったもの、自分のチームや組織ではうまくいかないと思ったものはありますか？　それはなぜですか？　ほかの人も同意見でしょうか、反対でしょうか？

7. プレゼンの準備プロセスで、自分のグループやチームでは違う方法をとったほうがよいと思ったものはありますか？　その場合は、どのような方法をとりますか？　どのような課題があり、どうすれば克服できると思いますか？

8. この章で述べてきた方法に関して、自分や自分のチームにとって具体的な目標を1つ立てるとしたらどんなことですか？　どうしたら自分（またはチーム）はそれを達成できるでしょうか？　誰にフィードバックを求めますか？

第2章

相手に伝わりやすい表現を選ぶ

第1章では、時間をかけてコンテキストを理解し、アナログなやり方でプレゼンを準備する方法を学びました。第2章では、「データを相手にどうわかりやすく伝えるか」について見ていきましょう。

データをビジュアル化する方法の「正解」は1つではありません。データをグラフにする方法は無数にあるため、試行錯誤が必要です。まずはデータを1つの角度から眺め、つぎは別の角度から、そしてさらにまた別の角度から……この作業の繰り返しです。グラフがうまくできたときは「アハ体験」のようなひらめきの感覚があります。

ここでは、さまざまな角度からグラフを描くエクササイズを用意しました。たくさんの種類のグラフを作成し、評価し、それぞれのグラフの利点や制約を学びましょう。おなじみの折れ線グラフや棒グラフのほか、前著『Google流 資料作成術』で紹介したひねりのあるグラフの例も見ていきます。

さあ、**相手に伝わりやすい表現を選ぶ**練習を始めましょう！

まずは前著第2章のレッスンの復習からです。

Google流
資料作成術
第2章

振り返ってみましょう

相手に伝わりやすい表現を選ぶ

単純なテキスト

すべての数字にグラフが
必要とはかぎりません！

表

強調すべき点は
どれだろう？

	A	B	C
カテゴリー1	15%	22%	42%
カテゴリー2	40%	36%	20%
カテゴリー3	35%	17%	39%
カテゴリー4	30%	29%	58%

もっとよい方法で
表現できるはず

プレゼンで表は使わない。
相手が話を聞かずに
表を読み始めてしまう

ヒートマップ

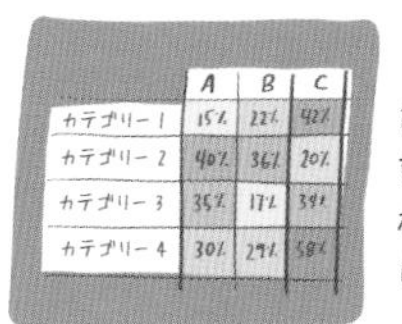

	A	B	C
カテゴリー1	15%	22%	42%
カテゴリー2	40%	36%	20%
カテゴリー3	35%	17%	39%
カテゴリー4	30%	29%	58%

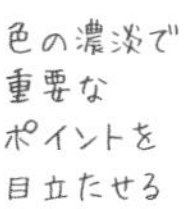

データの分析過程で
どこを深掘りすべきか
決めるときに効果的

散布図

データを縦と横の2軸で
表現できるので、
関係性を示すときに有効

折れ線グラフ

同じカテゴリーに属する点を結ぶ！
時間など、連続するデータを
表すときに効果的

スロープグラフ

点が2つしかない
線グラフの呼び方

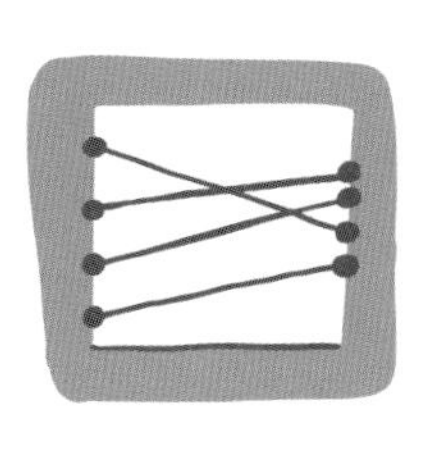

2つの期間や
グループ間の変化を
見せるときに便利

棒グラフ

カテゴリーごとのデータを
表すのに有効

基準線に並んでいるので
高さを比べやすい

基準線は必ず
ゼロからスタートさせる

縦棒グラフ

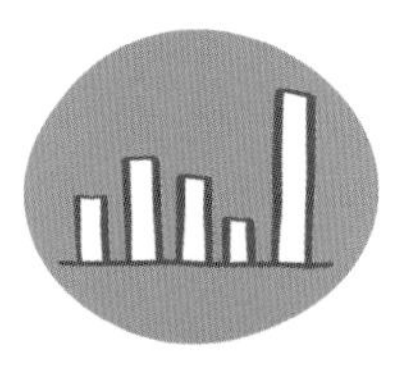

横棒グラフ

カテゴリー名が
長いときに便利

積み上げ棒グラフ

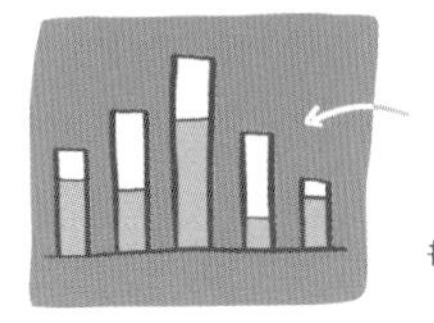

誤った使い方が
多いグラフ。
合計値と基準線に
接しているセグメントは
比較しやすいが、
積み上げた部分は
比較しづらい

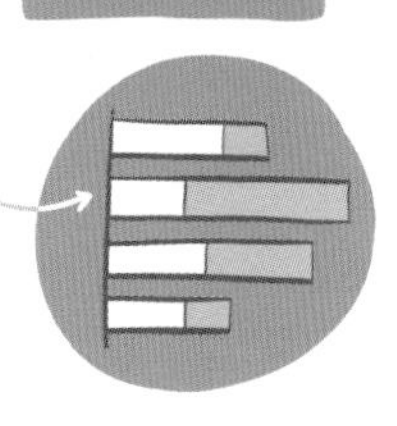

100%積み上げ棒グラフ

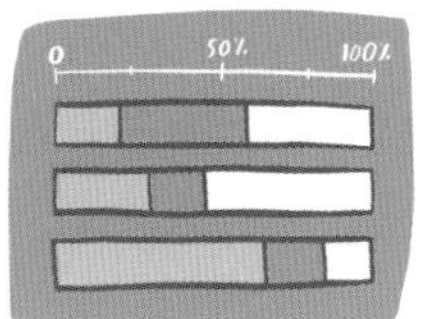

両端に基準線が
あるため比較しやすい

ウォーターフォールグラフ（滝グラフ）

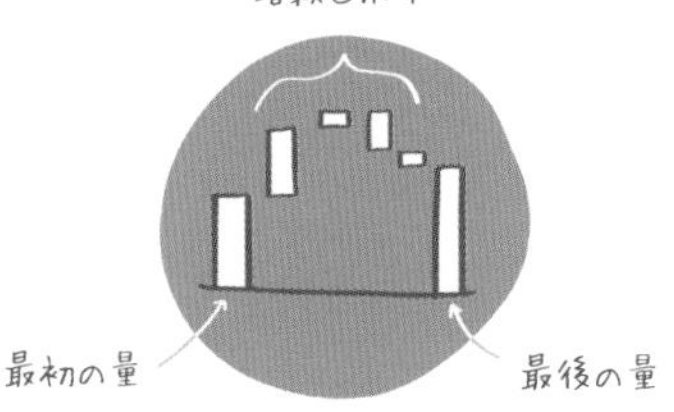

財務関連で予算の変動などを
示すときによく使う

面積グラフ（ワッフルグラフ）

人の目は面積を大きく
見積もりがちなので、
グリッドが重要

大きく異なる数値を表現するときや
円グラフの代わりに使える

一緒に練習

2.1 表を改良する

2.2 ビジュアル化する

2.3 グラフを描いてみる

2.4 ツールで練習する

2.5 データをどう見せるか？

2.6 天気をビジュアル化する

2.7 批評する

2.8 このグラフのどこが悪いのか？

1人で練習

2.9 グラフを描いてみる

2.10 ツールで練習する

2.11 グラフを改良する

2.12 どのグラフがよいか？

2.13 このグラフのどこが悪いのか？

2.14 ビジュアル化と試行錯誤

2.15 例から学ぶ

2.16 #SWDchallengeに参加する

職場で実践

2.17 グラフを描いてみる

2.18 ツールで試す

2.19 自問自答する

2.20 声に出す

2.21 フィードバックをもらう

2.22 データライブラリーを作る

2.23 ほかのリソースを探す

2.24 意見を交換する

グラフを使うと、データの内容をひと目で把握できます。また、見せ方を変えると、読み取れることも変わります。ここでは、基本的な表からスタートし、デザインの選び方も見ていきます。

エクササイズ2.1：表を改良する

データをまとめるとき、まずは表を使うことが多いでしょう。表は、行と列によってデータを整理し、数値を比較します。つぎの表をどのように改良できるか、どのようにグラフ化できるかの2点を検討しましょう。

図2.1aは、過去1年間の新規顧客数を顧客層ごとに示しています。この表を使って、つぎのステップを見てみましょう。

新規顧客層の分布

顧客層	人数	人数の構成比(%)	収益(百万ドル)	収益の構成比(%)
A	77	7.08%	$4.68	25%
A+	19	1.75%	$3.93	21%
B	338	31.07%	$5.98	32%
C	425	39.06%	$2.81	15%
D	24	2.21%	$0.37	2%

図2.1a　もとの表

ステップ1：図2.1aのデータを見て、どんなことに気がつきますか？　データを解釈するのに何か前提を置く必要はありますか？　どんな疑問が浮かびますか？

ステップ2：図2.1aのレイアウトを考えてみましょう。表を使ってこの情報を伝える必要があると仮定します。データの表示方法や、表全体のデザインで変更したい箇所はありますか？　実際にデータをダウンロードして、表を改良してみましょう。

ステップ3：顧客の分布状況と収益の分布状況とを比較したいとき、どのようにビジュアル化しますか？　表以外のビジュアルに変更してかまいません。好きなツールでグラフを作成してみましょう。

答え 2.1：表を改良する

ステップ1：私が図2.1aの表を読むときには、まず行と列をそれぞれ見ます。顧客層BとCが人数の大部分を占めている点、また顧客層AとA+は、人数（とその構成比）は大きくないものの、収益では大きな割合を占めている点に気づくでしょう。顧客層の並びがこれで正しいのかも気になります。A+ならAより上位になりそうですが、この表の順番はそうなっていないからです（アルファベット順で並べ替えたからかもしれません）。

さらに、表のいちばん下に「合計」がありません。合計がないと、つい検算したくなります。実際に足してみると、中央の列（人数の構成比）の数字は、人数の合計に対する割合だと思っていましたが、全部足しても81.17%にしかなりません。

それから、右端の列（収益の構成比）は、収益の合計に対する割合だと思って全部足してみると95%でした。こうなると、何の数字かわからなくなってしまいます。もし合計に対する割合なら、「その他」のカテゴリーも表に加える必要があります。

数字そのものに注目しましょう。小数点以下の2桁は、人数の規模からすると細かすぎです。データを示す際は、どこまで詳細を見せるかを、よく考える必要があります。無意味に数字の桁数を増やすのは避けましょう。数字を解釈したり記憶したりしづらくなり、ミスリードになりかねないからです。7.08%と7.09%の違いに意味はあるでしょうか？　意味がないなら、1桁分は四捨五入しましょう。数字の大きさと各数字の差をふまえ、私なら右から2列目の収益の数字以外は、小数点以下を四捨五入して整数にします。収益については、すでに100万ドルの単位にまで省略されており、さらに四捨五入して整数にすると、重要な差が見えなくなる可能性があるので、四捨五入は小数第1位までとします。

これらをふまえて改良した表が図2.1bです。

新規顧客層の分布

顧客層	人数	人数の構成比(%)	収益(百万ドル)	収益の構成比(%)
A+	19	2%	$3.9	21%
A	77	7%	$4.7	25%
B	338	31%	$6.0	32%
C	425	39%	$2.8	15%
D	24	2%	$0.4	2%
その他	205	19%	$0.9	5%
合計	1,088	100%	$18.7	100%

図 2.1b　やや改良した表

ステップ2：この表にはまだ改良の余地があります。よくできた表は、デザインそのものは目立たず、数字に集中でき、理解しやすくなっています。

1行おきに色をつけるのをやめ、適度な余白（または最小限の罫線）で列や行を区切りましょう。私は基本的に、グラフの文字は中央揃えにはせず、左か右に揃えます（中央揃えは、文字が宙ぶらりんになり、左右がデコボコして見えるからです）。しかし表では、列の間隔を空けるために、ときどき中央揃えにします（ほかに、ぱっと見て数字を比較しやすいのは、右揃えと小数点での位置揃えなどです）。そして、顧客に関する列と、収益に関する列をそれぞれまとめ、1つの大項目とします（数とパーセンテージは小項目とします）。余計な項目名を省けば、空いたスペースに各列の内容をより具体的に示せます。幅も狭められるので、表全体の大きさも小さくできます。

さらに、改善のヒントをいくつか紹介します。ジグザグの「Z」の形と、視線の位置について考えてみましょう。

ジグザグの「Z」：ほとんどの人は左上からジグザグの「Z」の形に視線を動かして情報を読み取ります。これをふまえ、データ全体のコンテキストと矛盾しないようであれば、最も重要なデータはいちばん上の左側に置くとよいでしょう。つまり、各要素を優先順位をふまえた並び順にするのです。この例では、顧客層を上位のものから並べ（今回はA+）、下位のものを配置しました。左から右の並びはこのままでよいでしょう。顧客層の人数と構成比は、関連する数字なので隣り合わせにします。収益のほうが顧客の情報よりも重要であれば左へ入れ替えてもよいのですが、別の方法でこのままの位置に視線を集めることもできます。つぎはこれについて説明しましょう。

視線の位置：グラフで情報の強弱をつけることができるのと同様に、表も視線を集める工夫をすれば、データに優先順位をつけられます（第4章でくわしく紹介します）。例えば、いちばん重要な情報を左や上に配置できない場合でも、相対的な重要性を表すことができるのです。

前ページの図2.1bを見てください。どこに視線がいきますか？　私の場合は、「顧客層」「人数」などの項目名がある1行目に目がいきます。これではデータとはいえません！　無駄にインクを使うのではなく、データの注目を集めたいポイントに、見る人の視線をひきつける工夫をしましょう。例えば、重要でない箇所は色を使わない、特定のセルや行を縁取る、データの一部にだけ視覚的な要素を追加するなど、いろいろな方法があります。色や図形を賢く利用し、意図的に視線を集める工夫をしましょう。

収益に対する人数の構成比の分布状況をいちばん見てもらいたいのであれば、その2列だけにヒートマップ（色の濃淡で相対的な重要性を示す方法）を適用できます。図2.1cを見てください。

新規顧客層の分布

顧客層	顧客		収益	
	人数	構成比(%)	百万ドル	構成比(%)
A+	19	2%	$3.9	21%
A	77	7%	$4.7	25%
B	338	31%	$6.0	32%
C	425	39%	$2.8	15%
D	24	2%	$0.4	2%
その他	205	19%	$0.9	5%
合計	1,088	100%	$18.7	100%

図 2.1c　ヒートマップを使った表

別の方法としては、ヒートマップの代わりに横棒グラフも使えます。図2.1dを見てください。両者の分布状況の違いをわかりやすく表現しています。しかし、同じ基準線に並んでいないため、特定の顧客層の人数の構成比と収益の構成比は比べづらくなります。エクセルなら、条件付き書式を利用したヒートマップや、表に埋め込まれた横棒グラフを簡単に作成できます。

新規顧客層の分布

顧客層	顧客		収益	
	人数	構成比(%)	百万ドル	構成比(%)
A+	19		$3.9	
A	77		$4.7	
B	338		$6.0	
C	425		$2.8	
D	24		$0.4	
その他	205		$0.9	
合計	1,088	100%	$18.7	100%

図 2.1d　横棒グラフを使った表

ステップ3：図2.1dのデータに着目し、グラフ化するほかの方法を考えてみましょう。構成比は全体の一部というイメージからか、円グラフが使われることがよくあります。この例では、人数の構成比と収益の構成比の両方が重要なので、これらを2つの円グラフで表すこともできます。図2.1eを見てください。

新規顧客層の分布

人数の構成比(%)

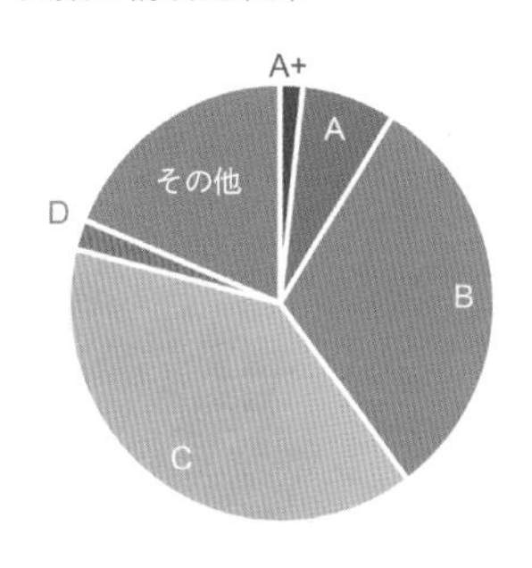

収益の構成比(%)

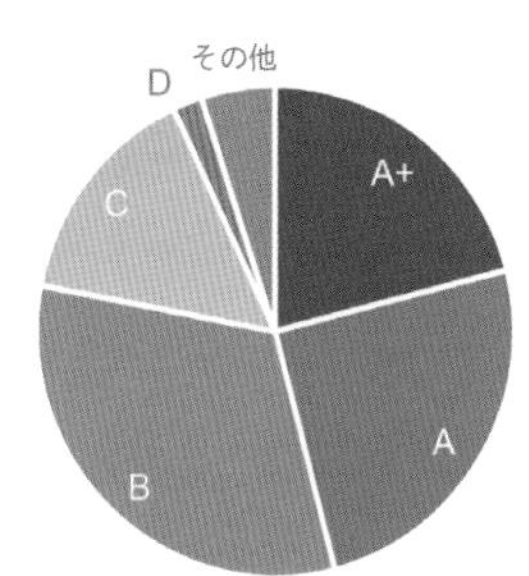

図 2.1e 2 つの円グラフ

じつは、私は円グラフがあまり好きではありません。ときどき冗談で「円グラフを1つ描くよりもひどいことはただ1つ。円グラフを2つ描くこと！」と言ったりします。

たしかに、データ全体の一部分の割合だけが非常に小さい、もしくは非常に大きいことを強調したい場合には、円グラフが伝わりやすいこともあります。問題は、円グラフでは違いがひと目でわかりにくく、詳細を説明しづらいことです。人間の目は面積を正確に目測したり、比較したりできないため、区分けされた部分がほぼ同じサイズだと、どちらがどのくらい大きいかを見分けられません。細かい比較が重要な場合は、別の表現方法を探しましょう。

この例でいちばん見比べてもらいたいのは、左右の円グラフの各セグメントです。しかし、ここでも問題が2つあります。1つ目は先ほどの面積の問題、もう1つは、2つの円グラフの位置関係です。内訳のデータが異なるため、円グラフのセグメントの位置が左右でずれてしまいます。

2つの円グラフの元データが異なる場合（ほとんどの場合そうなるはずですが)、すべてのセグメントの位置がずれてしまい、見にくくなるのです。一般的には、いちばん比較してほしいものを物理的に近くに配置し、同じ基準線に並べて、比較しやすくしたほうがよいでしょう。

それぞれの値を基準線に揃えてみましょう。見た目は先ほどの表の横棒グラフのようになります。図2.1fを見てください。

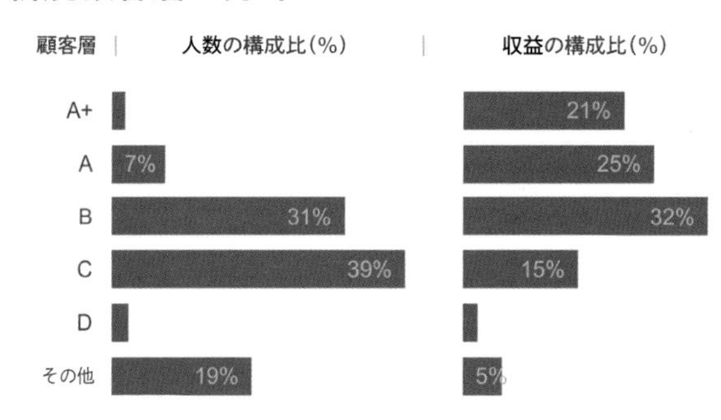

図 2.1f　2 つの横棒グラフ

図2.1fでは、顧客層ごとの人数の構成比が比較しやすくなりました。収益の構成比も比べやすくなっています。ただ、顧客層ごとに人数に対する収益を比べようとすると、同じ基準線に並んでいないので、まだ比べにくい感じがします。このような場合は、2つのグラフを1つにまとめる方法があります。図2.1gを見てください。

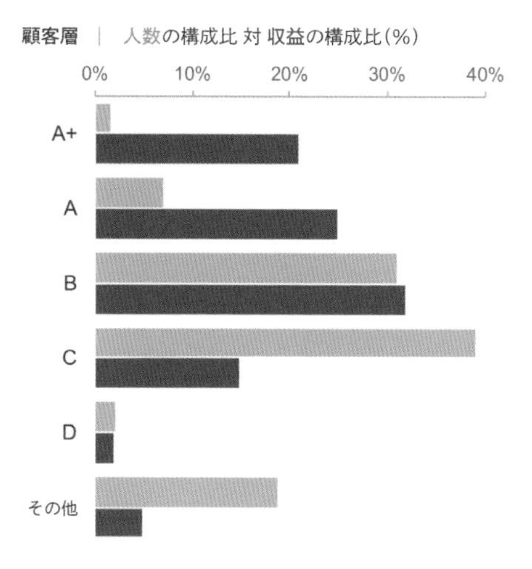

図 2.1g　横棒グラフ（2 系列）

図2.1gのアレンジのおかげで、顧客層の人数の構成比と収益の構成比を、比較しやすくなりました。比べたい2つの要素が近くにあり、同じ基準線に並んでいるためです。

グラフの向きをぐるりと変えて、縦棒グラフにすることもできます。次ページの図2.1hを見てください。

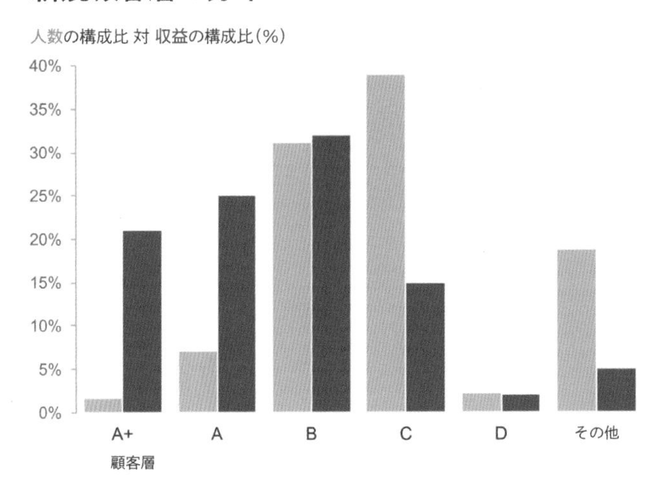

図 2.1h　縦棒グラフ

この方法でデータを表示すると、隣り合う棒同士の差と、基準線までの差に目がいきます。この比較をより際立たせるため、線を引いてみましょう。図2.1iを見てください。

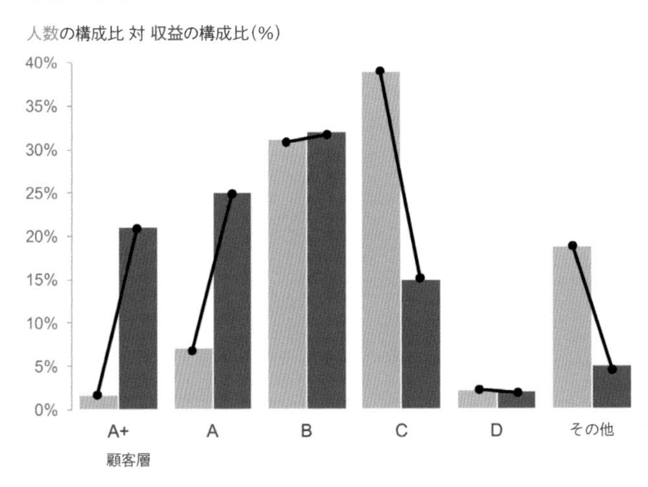

図 2.1i 線を引いてみる

線を引いたので、棒グラフは省略できます。図2.1jでは棒グラフを削除しました。

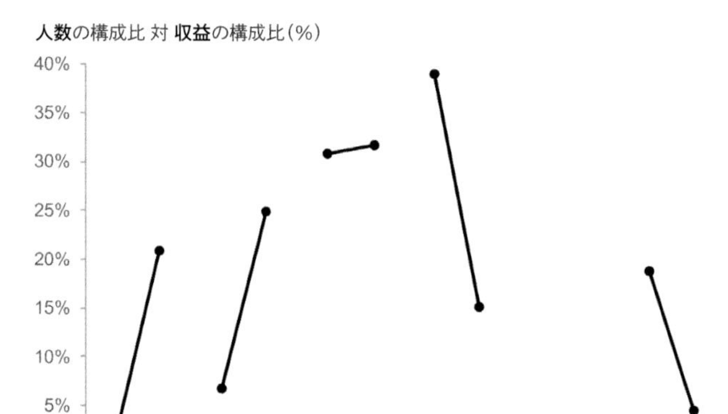

図 2.1j　棒を削除

線をまとめ、データラベルをつけたのが図2.1kのスロープグラフです。

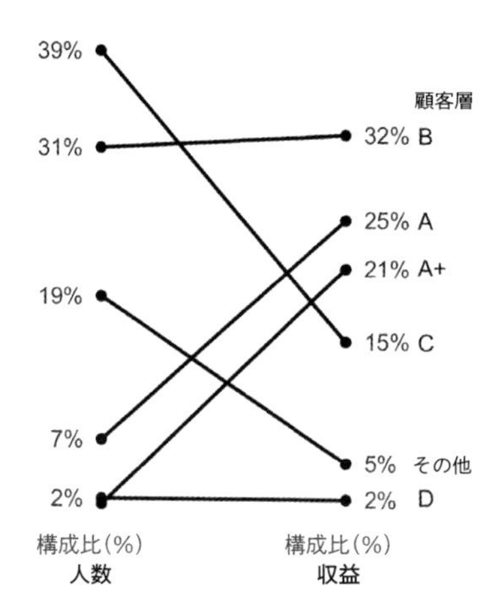

図 2.1k　スロープグラフ

スロープグラフとは、2点を結んだだけの線グラフです。顧客層の人数の構成比と、収益の構成比を線で結ぶと、値の違いがひと目でわかります。顧客層Cと「その他」の収益全体に占める割合は、かなり低くなっています（スロープが右下がりであることからわかります）。一方、顧客層A+とAではその割合がかなり高くなっています。言い換えると、顧客層A+とAでは、人数の構成比は両者を足しても9%と低いですが、収益の構成比は合わせて50%近くを占めることがわかります。

ここまで、1つのデータをビジュアル化するさまざまな方法を見てきました。どの方法がわかりやすく、どれがわかりづらいかなど、気づいたことがあると思います。ここまで紹介してきた方法がすべてではありません。例えば、散布図を追加する、顧客1人あたりの収益を計算してビジュアル化する、などもできるでしょう。しかし、すべてのグラフを試す必要はありません。もし、絶対値と構成比の両方が重要なのであれば、結局のところ表がいちばんわかりやすいかもしれません。比較したいポイントや、強調したいポイントを絞ることができれば、それに合った見せ方を選べます。

どんなデータも、グラフにする方法は数かぎりなくあります。このエクササイズでは、データの表現方法を変えると、どのように見え方が変わるのかを確認しました。ここはプレゼン準備の重要な分岐点です。残りのエクササイズも、時間をとっていろいろ試しながら、練習してみてください。

エクササイズ2.2：ビジュアル化する

この表は、ある会社の社会貢献プログラムで提供した食事の数を、年ごとに示しています。データをよく見てください。何か興味深い点はありますか？

食事提供数の推移

実施した年	食事提供数
2010	40,139
2011	127,020
2012	168,193
2013	153,115
2014	202,102
2015	232,897
2016	277,912
2017	205,350
2018	233,389
2019	232,797

図2.2a　食事提供数の推移を示した表

このように並んだ数字を頭で処理するには、労力が必要です。表は、数字を表す簡単な方法ですが、そのデータを読み取るには想像以上に頭を使います。私はこの表の数字を見て、2010年から2011年と、2013年から2014年のあいだに数字が大きく増えているのに気づきました。おそらくあなたもそうでしょう。これに気づいたということは、表のいちばん上から見始めて、上下の数字を見比べながら、1つずつ下に向かってデータを読んでいったはずです。

このデータをビジュアル化して、データを読み取る負荷を軽減しましょう。まずこのデータをダウンロードしてください。そして、あなたの好きなツールで、つぎのグラフを作成してみましょう。

ステップ1：2列目の数値に**ヒートマップを適用する**。
ステップ2：**棒グラフを作る**。
ステップ3：**折れ線グラフを作る**。
ステップ4：**作ったグラフのうち、いちばん気に入ったものを選ぶ**。ほかにグラフ化する方法がないかを考える。

答え 2.2：ビジュアル化する

図2.2aの表のデータは、どのような形であれビジュアル化したほうがわかりやすくなるでしょう。どんな方法があるか、実際に見ていきましょう。

ステップ1：まず、**ヒートマップ**を試してみましょう。多くのグラフアプリケーションでは、ヒートマップを簡単に作れます。色を選び、データにどのように適用するかを選択するだけです。例えば図2.2bの表は、エクセルで右列の数値に条件付き書式を適用しました。3色スケールを指定して、最小値は白、中間値は薄い緑、最大値は緑としました。凡例をつけて、色の意味合いを示してもよいでしょう。この例では、色が濃くなるほど数値が大きくなるというだいたいの感じを示したいと考えました。ざっと見るだけで、数字と色合いの濃淡の関係性が直感的につかめます。

食事提供数の推移

実施した年	食事提供数
2010	40,139
2011	127,020
2012	168,193
2013	153,115
2014	202,102
2015	232,897
2016	277,912
2017	205,350
2018	233,389
2019	232,797

図 2.2b　ヒートマップを使った表

図2.2bでは、2010年の食事提供数がずいぶん低いことが目立ちます。そこだけ色が真っ白で、つぎに小さい2011年の数字の3分の1以下です。また、数字を読まなくても2016年がいちばん食事提供数の多い年だったことがわかります。色の濃さで、相対的な量がわかりやすくなっています。

これと関連して、人間の目は、大きな濃淡の違いはすぐに気づきますが、わずかな違いを見分けるのは難しい、ということを覚えておきましょう。この表の薄緑の部分の数字に何か興味深い点があったとしても、この方法ではすぐに気づけません。そのため、細かい数値をより明確にビジュアル化する方法を見つけたいところです。つぎはそれをやってみましょう。

ステップ2：図2.2cは、同じデータをもとに作った**棒グラフ**です。縦軸の数字は残してあります。見た瞬間に、それぞれの棒のだいたいの高さがわかります。このグラフでは、デフォルトの設定よりも棒を太くし、さらに間隔を狭くしているので、各棒の先端を目で追いやすく、比較しやすくなっています。横軸の時間軸は年の単位に設定し、年ごとの区切りもはっきりさせました。

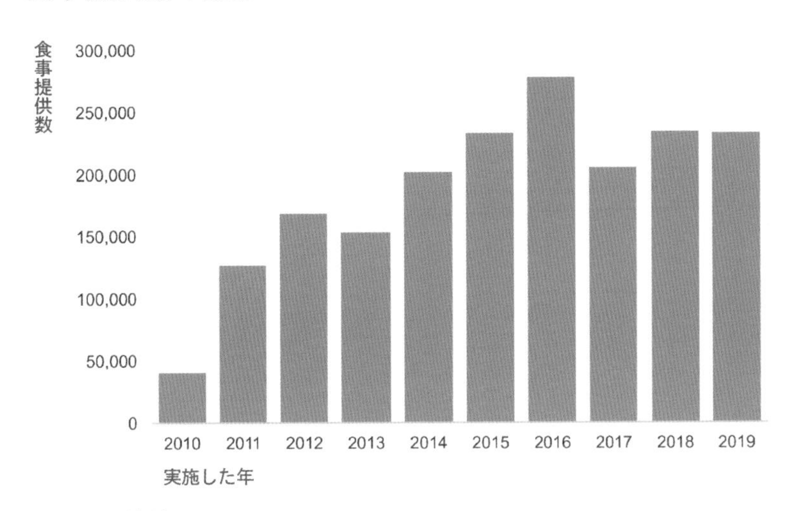

図 2.2c　棒グラフ

ステップ3：このデータは**折れ線グラフ**で表すこともできます。次ページの図2.2dを見てください。縦軸をなくし、代わりに初めと終わりのデータポイントにだけ数値ラベルをつけました。これによって、2010年と2019年の食事提供数の比較が簡単かつ明確になります。しかし、残りの数値は目測する必要があります。もしほかに注目させたいポイントがあれば（例えば2016年のいちばん高い箇所など）、そこにデータマーカーと数値ラベルを追加するのもよいでしょう。

縦軸を外すときは、サブタイトルの位置に軸ラベルをつけることが多いです。このグラフでは、サブタイトルはくどくて不要だと感じるかもしれませんが、見る人が疑問を持たないようにするためです。とはいえ、ほかの人が、また別の理由で違った判断をするかもしれません。

このエクササイズでは折れ線とデータラベルに緑色を使いました。私は普段よく青を選びますが、図表に使える色は青だけではありません。色については、第4章のエクササイズでくわしく説明します。

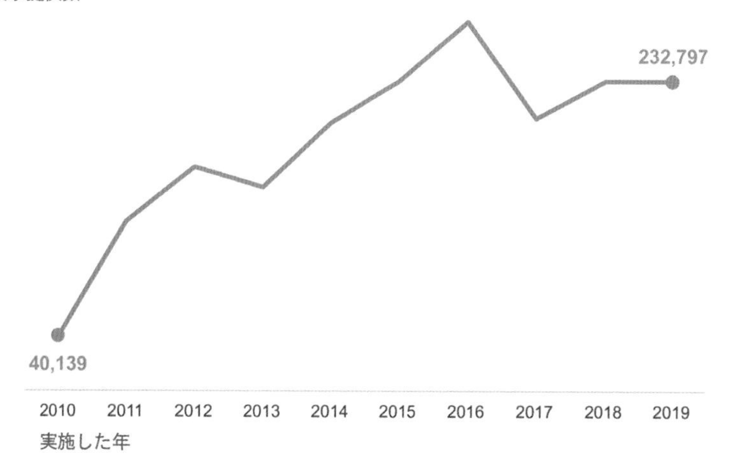

図 2.2d　折れ線グラフ

あなたの作ったヒートマップ、棒グラフ、折れ線グラフは、私のグラフとは違うデザインになっていると思いますが、まったく問題ありません。この例にかぎらず、本書で紹介しているグラフはあくまで例であって、規定の形ではありません。デザインについては、第5章でよりくわしく見ていきます。

ステップ4：どの図表がいちばん気に入りましたか？ 私は作っているときには、折れ線グラフがよいと思っていました。すっきりしていて、見やすいからです。でもコンテキストを考慮しながらすべてを見比べてみると、棒グラフ（図2.2c）がよいという結論に至りました。毎年の実施期間に、はっきりとした開始と終了があるならば、年ごとの絶対数がわかりやすいこのセグメント化された棒グラフを選ぶでしょう。とはいえ、全体的な傾向は折れ線グラフのほうがわかりやすいと思います。グラフ上にテキストで注釈をつけたい場合は、やはりスペースに余裕がある折れ線グラフを選ぶでしょう。

答え2.1と同じく、これもデータのビジュアル化に正解は1つではないという一例です。同じデータのビジュアル化に取り組む人が2人いれば、2通りのやり方があるでしょう。いちばん大切なのは、グラフを見る人に何を見せたいかを明確にし、それが最もわかりやすい見せ方を選ぶことです。

エクササイズ2.3：グラフを描いてみる

データをビジュアル化するときに、誰でもすぐに使える最高のツールは白い紙です。私は、行き詰まったときや、クリエイティブな解決方法を見つけたいときに、まっさらな紙を1枚取り出してスケッチします。上手に描けなくても、大丈夫です。スケッチしているときは、ツールの制約や習得度から自由になれます。紙ならアイデアをどんどん書き出せます。そして何より、目の前の紙の空白スペースには、ひらめきを生み出す何かがあるのです。

それでは紙を使って、簡単なエクササイズをしてみましょう。次ページのグラフ（図2.3a）は、あるプロジェクトの作業時間数で表した、ニーズとキャパシティの推移を示しています。横棒グラフが使われていますが、データを示す方法はこれだけでしょうか？

紙を用意して、タイマーを10分間にセットしましょう。このデータをビジュアル化する方法をいくつ思いつくでしょうか？　さあ、描いてみましょう！　細かい点を正確にプロットする必要はありません。全体的なイメージがつかめればよいので、すばやくさっと描いてみましょう。タイマーが鳴ったら、スケッチを見てみましょう。どれが気に入りましたか？　それはなぜですか？

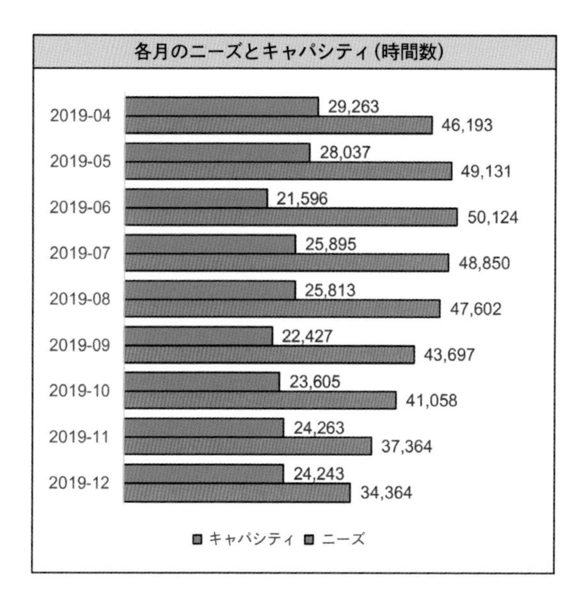

図 2.3a　データをグラフにしてみよう

答え 2.3：グラフを描いてみる

10分後、私の紙には6つのグラフが並びました。図2.3bを見てください。

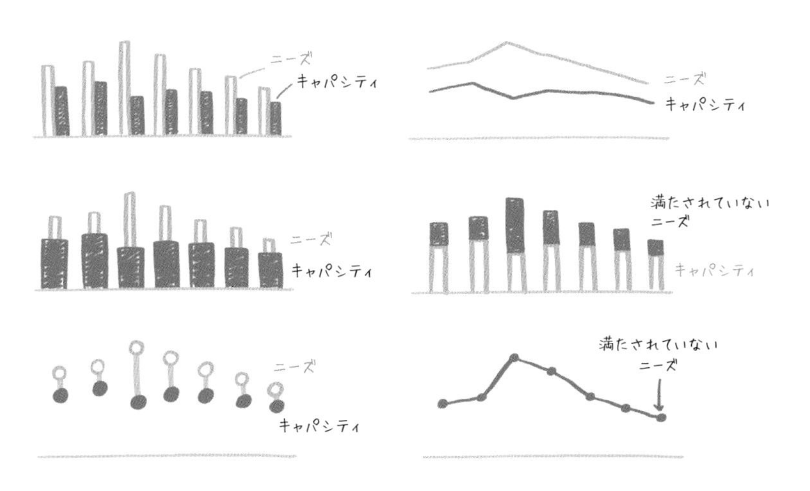

図 2.3b　私が描いたスケッチ

左上のグラフは、横棒グラフを単純に縦にしたものです。時間の経過を横軸に沿って左から右へと感覚的にとらえやすくしました。つぎの右上のグラフは、棒を折れ線に変更し、両者の差に注目しやすくしました。棒グラフでもっといろいろ試したものが3つ目（左中）のグラフです。ニーズを示す棒を細くし、キャパシティを示す棒の背面に置いたのは、どれだけニーズを満たしているのかを表現するためです。さらにひとひねりして、右中のような積み上げ棒グラフにもできます。積み上げられているほうの系列は、「満たされていないニーズ」です（積み上げバージョンは、つねにニーズがキャパシティを上回っているか、同等の場合です。ニーズがキャパシティを下回るときは注意が必要です）。左下のグラフは、棒を点に変え、さらに差に注目してもらうために、2点を線でつなぎました（この場合、ニーズがキャパシティを下回っていても、両者を示す点をはっきり区別しておけば問題ありません。色を変えてもよいでしょう）。最後の右下の図では、満たされていないニーズの動向のみをプロットしました。この図では、全体的なニーズとキャパシティの大きさというコンテキストが失われてしまいますが、目的によってはこれでもかまわないでしょう。

私が気に入ったのは、積み上げ棒グラフ（右中）です。ただし今回のデータのように、ニーズがつねにキャパシティを上回っていることが条件となります。とはいえ、どのグラフも使える可能性はあるでしょう。また、データを表現する方法はほかにもあります。あなたのスケッチと私のスケッチを比べてみましょう。同じようなグラフはありましたか？　どの点が違いますか？　私とあなたが描いたグラフのなかで、いちばんよいと思うものはどれでしょうか？

このデータを使ってエクササイズを続け、実際にツールでグラフにしてみましょう。では、エクササイズ2.4へ進みましょう。

エクササイズ 2.4：ツールで練習する

前のエクササイズで登場したグラフを振り返って（あなたが描いたものと私が描いたものの両方）、1つ（がんばりたければそれ以上）選びましょう。データをダウンロードし、好きなツールでグラフを作成してみましょう。

答え 2.4：ツールで練習する

がんばって、スケッチしたグラフ全部をエクセルで作成してみました。図2.4a～2.4fを見てください。

ベーシックな棒グラフ　まずは基本の縦棒グラフです。図2.4aを見てください。キャパシティの棒は色をつけ、ニーズの棒は枠線のみとしました。これは、ニーズに応えられている部分とそうでない部分に視覚的な差をつけるためです。スケッチしたときほどには、このグラフは気に入りませんでした。ニーズを示すのに枠線だけを用いるアイデアはよいですが、白抜きの部分が視覚的にうるさく感じます。また、ニーズとキャパシティの差がこのデータの重要なポイントです。しかし、ここで紹介するグラフのなかで、いちばんそのポイントに目が向かないのがこのグラフです。

このグラフでは、サブタイトルに凡例を置きました。データに直接ラベルをつけるスペースがないときは、よくこうします。最初か最後の棒のセットにラベルを直接つけてもよいでしょう。

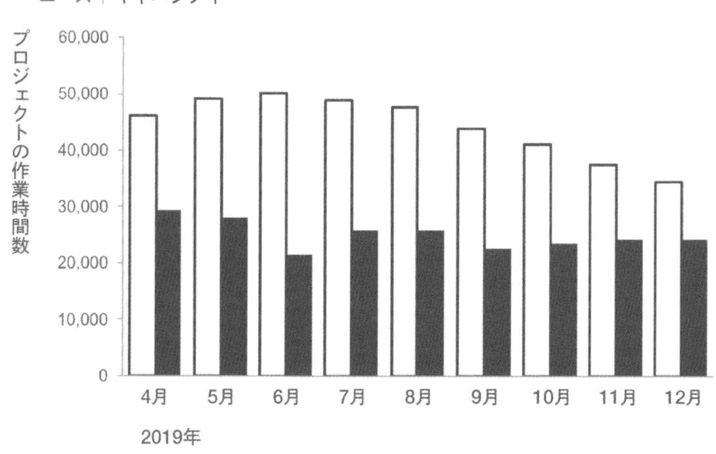

図 2.4a　ベーシックな棒グラフ

折れ線グラフ　折れ線グラフは、棒グラフに比べると見た目がすっきりしています。理由は単純で、インクの使用量が少ないからです。折れ線の端にラベル（データラベルも）をつけ、どれが何を示しているのかを明確にして、凡例とデータを見比べる労力を抑えました。折れ線グラフでは、ニーズとキャパシティのどちらもわかりやすく、簡単に比較できます。2本の線の開きを見ると、どこで差が広がり、どこで縮まっているのかがすぐにわかります。このグラフでは、キャパシティの線を太くしていちばん目立たせ、つぎにニーズに目がいくようにしました。図2.4bを見てください。

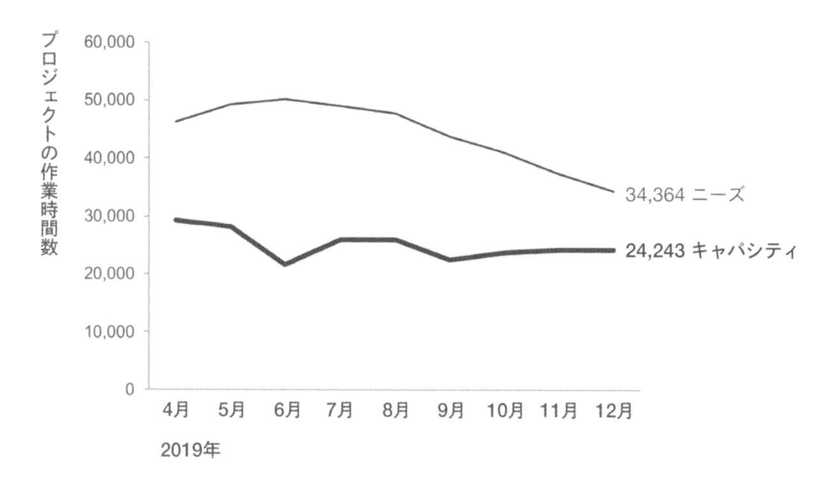

図 2.4b　折れ線グラフ

重ね棒グラフ　次ページの図2.4cでは再び棒グラフです。ここでは棒を重ねる変則的な方法を試みています。キャパシティを示す棒を透かし、ニーズの棒が見えるように工夫しました。ニーズのグラフもゼロから始まっていることがわかるので、積み上げ棒グラフではないことは明確です。

このパターンは、スケッチで予想していたときよりも気に入りました。しかし、一般的な棒グラフではないので、見る人がとまどったり、違和感を覚えたりする可能性もありそうです。このグラフを使いたいときは、ほかの人に見てもらって、違和感がないか、うまく伝わりそうか、フィードバックをもらうとよいでしょう。

ニーズとキャパシティの推移

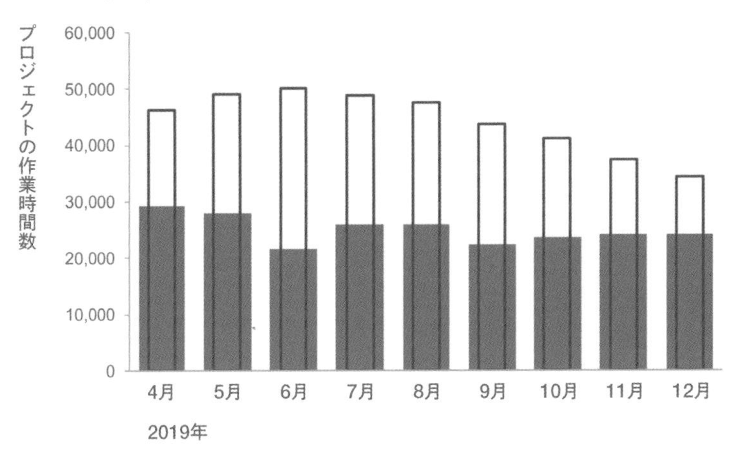

図 2.4c　重ね棒グラフ

積み上げ棒グラフ 積み上げ棒グラフでも、キャパシティを基準線にプロットしましたが、第2系列は、上に積み上げているため「満たされていないニーズ」と変更しました。「満たされていないニーズ」を強調するために青で色をつけ、キャパシティは薄いグレーにしました。これはなかなかよい表現です。

ニーズとキャパシティの推移

キャパシティ | 満たされていないニーズ

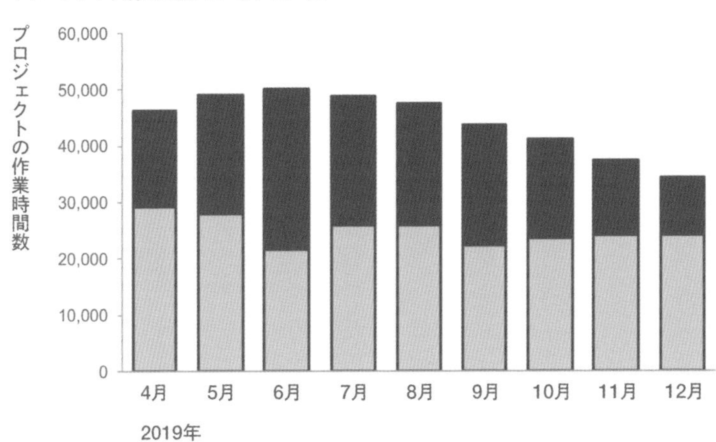

図 2.4d　積み上げ棒グラフ

ドットプロット　見る人を驚かせそうなグラフです。グラフを作った本人は、データが何を表し、何を伝えたいのかをわかっているので、どんなグラフでも伝わるだろうと思いがちです。でも、見る人にははっきりと伝わらないかもしれません。誰かにグラフを見てもらい、フィードバックをもらうのがよいでしょう。

このグラフが気に入ったかと聞かれると自信はありませんが、これを作ったエクセルの機能には感心しました。円の部分は、2本の折れ線グラフ（1本はニーズ、もう1本はキャパシティ）のデータマーカーです。グラフの線は表示せず、データマーカーを大きくし、その中にデータラベルをつけました。ドットを結ぶ薄いブルーの部分は「満たされていないニーズ」を示しています。これは、積み上げ棒グラフの、キャパシティの系列の上に積み上げられている第2の系列にあたります（キャパシティを示す下の系列は、見えないように色をつけていません）。これぞエクセルを使った技の極みです。

ニーズとキャパシティの推移

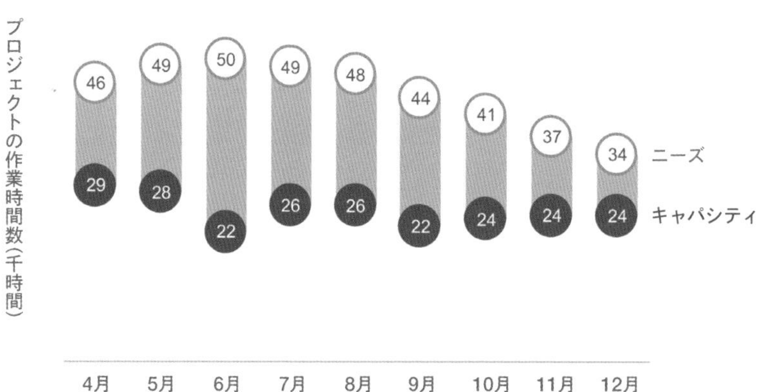

図 2.4e　ドットプロット

差分のグラフ化　最後は「満たされていないニーズ（＝ニーズ－キャパシティ）」をプロットしたシンプルな折れ線グラフです。2つのデータ系列からその差分だけをプロットすると、あまりに多くのコンテキストが省略されてしまうので、これは気に入りませんでした（単純な棒グラフと並ぶ最下位と言ってもよいかもしれません）。図2.4fを見てください。

満たされていないニーズの推移

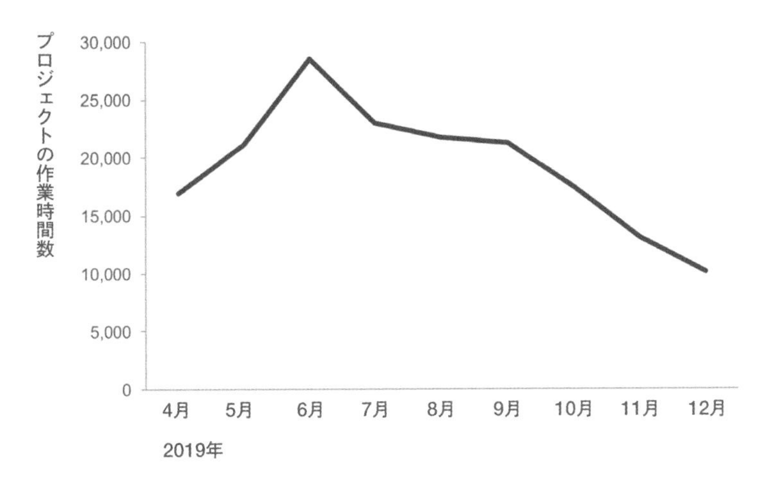

図 2.4f　差分のグラフ化

あなたのグラフはどうでしたか？　いちばん気に入ったのはどれですか？　それはなぜですか？

とくにコンテキストがなければ、私は図2.4dの積み上げ棒グラフを選ぶでしょう。時間の経過につれて、満たされていないニーズとキャパシティが変化する様子がわかりやすく、満たされていないニーズの減少に目がいきやすいからです。

このデータは、第6章でまた登場します。

エクササイズ2.5：データをどう見せるか？

つぎの表は、ある企業で10年間実施した新入社員教育プログラム参加者の離職率を示しています。表をよく見て、質問に答えてください。

年	離職率
2019	9.1%
2018	8.2%
2017	4.5%
2016	12.3%
2015	5.6%
2014	15.1%
2013	7.0%
2012	1.0%
2011	2.0%
2010	9.7%
平均	7.5%

図 2.5a　離職率の推移

質問1：このデータをグラフにする方法がいくつ思い浮かびますか？　紙に描くか、好きなツールで作成してみましょう。

質問2：作成したそれぞれのグラフで、平均値はどのように表示しますか？

質問3：どのグラフがいちばん気に入りましたか？　それはなぜですか？

答え 2.5：データをどう見せるか？

質問1・2：相手と目的によって、このデータを見せるたくさんの方法があります。私は、平均値を入れた、6通りのグラフを思いつきました。それぞれ説明していきます。

単純なテキスト　数字があるからといって、いつもグラフが必要なわけではありません。シンプルに数字を見せればよい場合もあります。

例えば、このデータは「過去10年間のプログラム参加者の離職率は、平均7.5%でした」と要約できます。しかし、この要約では期間がいつからいつまでなのか、何と比較した数値なのかがわからず、相手と目的によっては簡略化しすぎかもしれません。期間と離職率の関係が重要であれば、「過去10年間の参加者の離職率は1%から15%の幅で変化しており、2019年の参加者の離職率は9.1%でした」としてもよいでしょう。もしくは、より重要な最近のデータにフォーカスし、「ここ数年でプログラム参加者の離職率は高まっており、2017年の4.5%に対し、2019年は9.1%となりました」と言うこともできるでしょう。

データをビジュアル化する際には、「So What（だから何）？」を明確にしましょう（エクササイズ6.2、6.7、6.11、7.5、7.6でさらに練習していきます）。一文で明確に答えられるなら、グラフを作る必要はそもそもないかもしれません。伝える必要のあるデータがもっとある場合は、どんなコンテキストで、どのようにビジュアル化できるかを考えてみてください。

つぎは、データをグラフにする方法を見ていきましょう。

点グラフ　縦軸を参加者の離職率、横軸を年とし、点を使ってグラフにします。グラフのなかに線を引いて平均値を示しているので、どの年に平均を上回り、どの年に下回ったかが簡単にわかります。図2.5bを見てください。

離職率の推移

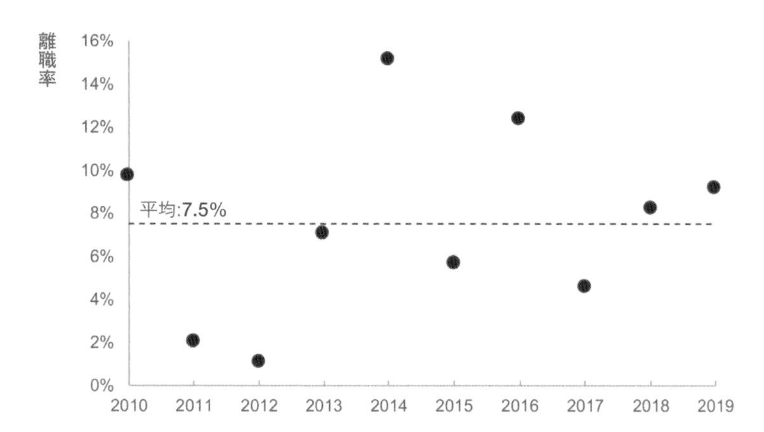

図 2.5b　点グラフ

折れ線グラフ　点だけで表すより、点を結んで線で表すほうが、推移が見やすくなります。図2.5cは、平均値を示す細い点線はそのままですが、新しいレイアウトに合わせて移動しました。また、データの最後のポイントにデータマーカーと数値ラベルをつけました。こうすれば、最新のデータと平均値が比較しやすくなります。

離職率の推移

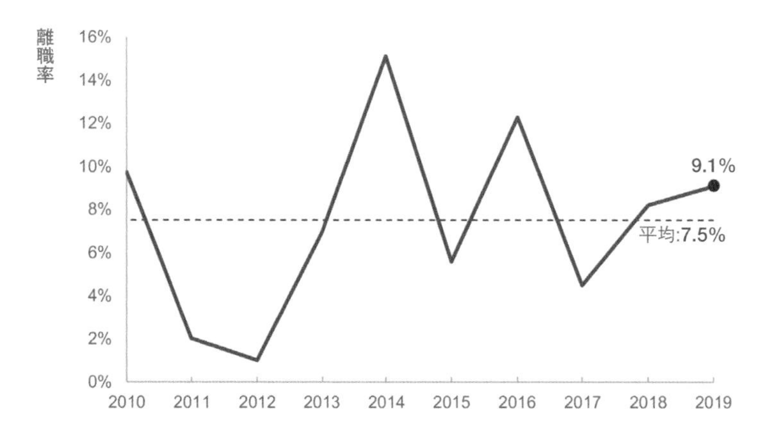

図 2.5c　折れ線グラフ

もう1つ作った図2.5dの折れ線グラフでは、平均値を示すのに点線ではなく背景色を使いました。図2.5cの折れ線グラフのほうが好きですが、異なるコンテキストの別のデータでは、こちらを使う場合もあるでしょう。

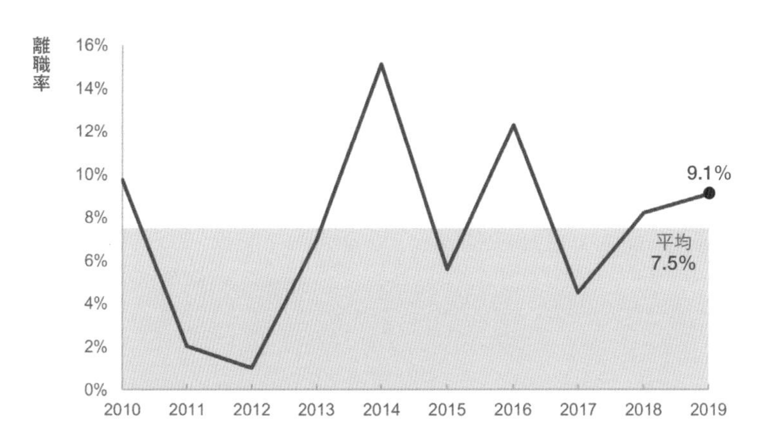

図 2.5d　平均値を背景色で示した折れ線グラフ

面積グラフ　今度は折れ線グラフを面積グラフに変更し、平均値を再び点線に戻してみました。図2.5eを見てください。平均値を示す線には明るいブルーを選び、白い背景や参加者の離職率を示す面の部分と重なっても見えやすくしました。ここまでの例では、グラフのスペースと形状に合わせて、平均値のラベルのつけ方を変えています。グラフの種類を変えたら、こうしたデザインを変えることも検討しましょう。

このグラフはあまり気に入っていません。必要以上にインクを使いますし、折れ線の下の部分に何か重要な意味があるように見えてしまうからです。私は、面積グラフを使うことはほとんどありません。

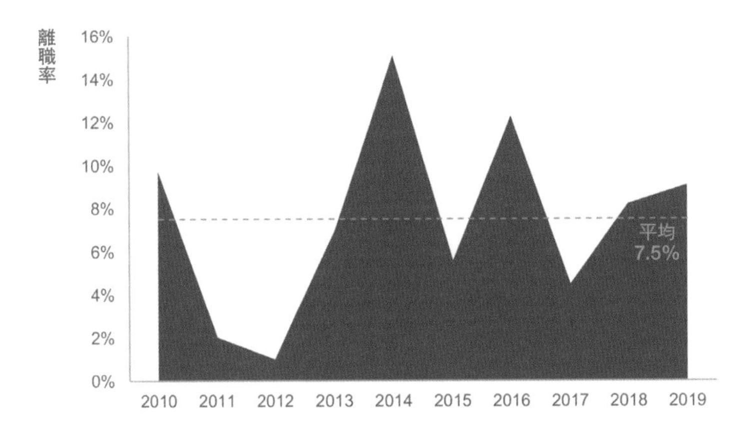

図 2.5e　面積グラフ

棒グラフ　最後は棒グラフです。図2.5fを見てください。平均値は点線のままとし、全体のレイアウトを考えて、再びラベルの位置を変更しました。

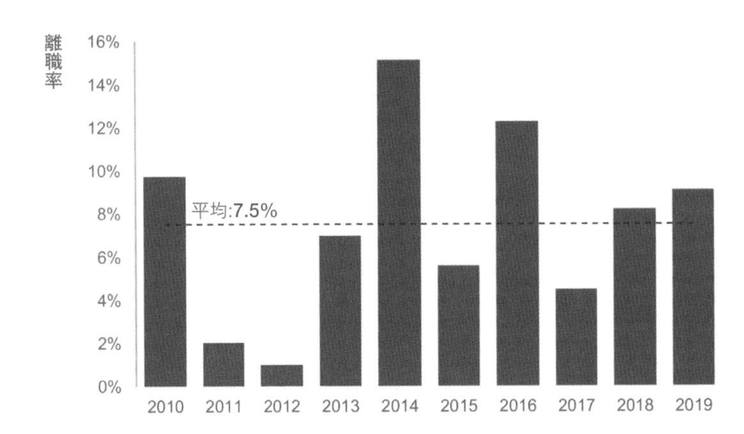

図 2.5f　棒グラフ

質問3：どれがいちばん気に入ったか？　この棒グラフもよいですが、私は図2.5cの折れ線グラフが気に入りました。点を結んで線にしておけば、離職率の推移がわかりやすくなり、平均値との比較もしやすくなるからです。さらに、空いているスペースも大きいので、必要に応じて注釈を入れられるからです。

エクササイズ2.6：天気をビジュアル化する

私は棒グラフが大好きです。棒グラフは、読み取るのが簡単です。人間の目と脳は、同じ線上に並んだものの長さを比較するのが得意です。棒同士の高さや、基準線からの高さを見比べて、いちばん高いのはどこで、差はどれくらいかなど、簡単に読み取ることができます。また、見慣れているので、グラフを読み解く必要がなく、データそのものに頭を使うことができるからです。

図2.6aを見てください。これから先6日間の予想最高気温を華氏温度（°F）で示したものです。

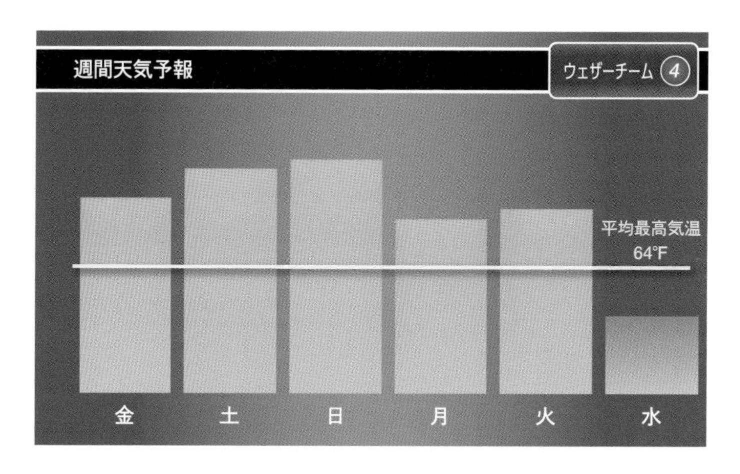

図 2.6a　天気予報

質問1：あなたは日曜日の午後、公園で過ごす予定です。このグラフを見ると、日曜日の最高気温は何度になると予想しますか？

質問2：あなたは翌週子どもに着せる服の準備をしながら、週の半ばにどんな上着を着せようか考えています。水曜日の最高気温は何度になると予想しますか？

質問3：ほかにどんなことに気がつきますか？

答え 2.6：天気をビジュアル化する

図からは、日曜日は90°F(32℃) 以上、水曜日は40°F(4℃) 以下に見えますが、実際はそうでなはいようです。くわしく見てみましょう。

実際には、日曜日は74°F(23℃)、水曜日は58°F(14℃) でした。どうしてこうなるのでしょうか？　原因は、図2.6aのグラフの縦軸がゼロから始まっていないためです。なんと50°Fから始まっています。そのせいでデータが歪んでしまい、曜日ごとの気温を正しく比べられなくなっています。図2.6bには、図2.6aのグラフに縦軸とデータラベルを追加しています。

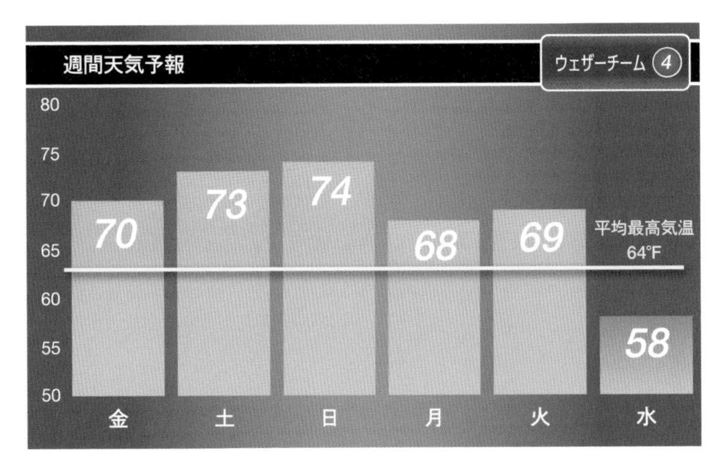

図 2.6b　棒グラフの基準線はゼロにする！

縦軸がゼロから始まるようにデザインを変更しましょう。図2.6cで2つのグラフを並べてみました。縦軸がゼロから始まると、このデータへの理解がどう変わるかに注目してください。

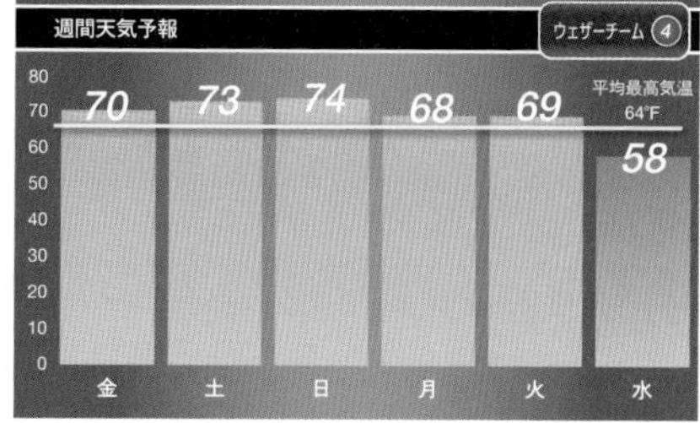

図 2.6c　2 つのグラフを比べてみましょう

図2.6cの左のグラフでは、平均値とずいぶん差があるように見えた箇所が、右のグラフではそれほどでもないように見えます。これを見ると水曜日に子どもに着せる予定の上着も変わってきそうです。

データのビジュアル化には、厳密なルールはそれほど多くはありません。しかしここでは、その数少ないルールの1つが破られたのです。「棒グラフの基準線はゼロにする」というルールです。

人の目は、基準線からの棒の高さを見比べます。正しく比較するためには、棒グラフは全体が表示されていることが暗黙の了解なのです。これに例外はありません。

しかし、このルールはすべての種類のグラフに適用されるわけではありません。

棒グラフの場合は、棒同士の高さや、基準線からの高さを比較するので、一部をカットしたり拡大したりすることはできません。

しかし、点（散布図やドットプロット）や線（折れ線グラフやスロープグラフ）を使う場合、注目するのは点同士の相対的な位置や、点をつなぐ線の相対的な傾きです。拡大したとしても、位置関係や傾きは数学的には変化しません。もちろん、サイズを変えて、小さな変化や違いを大きく見せることは避けたほうがよいでしょう。しかし、小さな変化や違いが重要な意味を持つ場合は、棒グラフではなく、縦軸の基準線の値を変えることのできる点グラフや線グラフを活用するのがよいでしょう。

温度はマイナスになることもあるから、天気予報で基準線をゼロにするのは意味がない、とくに気温ではゼロで始める必要性がない、という意見もあります。

先ほどの短期間の天気予報の場合は、基準線をゼロにしても、曜日ごとの予想気温を正確に比べられるので棒グラフがよいでしょう。

しかし、気候変動のデータなどのケースでは、気温の2、3度の変化が重要な意味を持ち、基準線をゼロにした棒グラフを使うと、その差はほとんど見えなくなってしまいます。だからと言って、棒グラフの基準線をゼロにしなくてもよいということではなく、こうしたデータを示すときには、棒グラフを使用しないほうがよいという話です。折れ線グラフや、（気温の絶対値ではなく）気温の変化自体を示すグラフにすれば、小さいけれど重要な違いを見せることができます。

繰り返しになりますが、あなたが伝えたいことは何なのかをじっくり考え、それを的確に伝えることができる、適切なグラフを選ぶことが大切なのです。

エクササイズ 2.7：批評する

前のエクササイズでも触れた、点グラフを見ていきましょう。ここでは、わかりにくいグラフの例を批評していきます。

図2.7aを見てください。国内の銀行に関するインデックスの推移を示すドットプロットです。あなたはファイナンシャル・セービングス銀行に勤務しているとします。

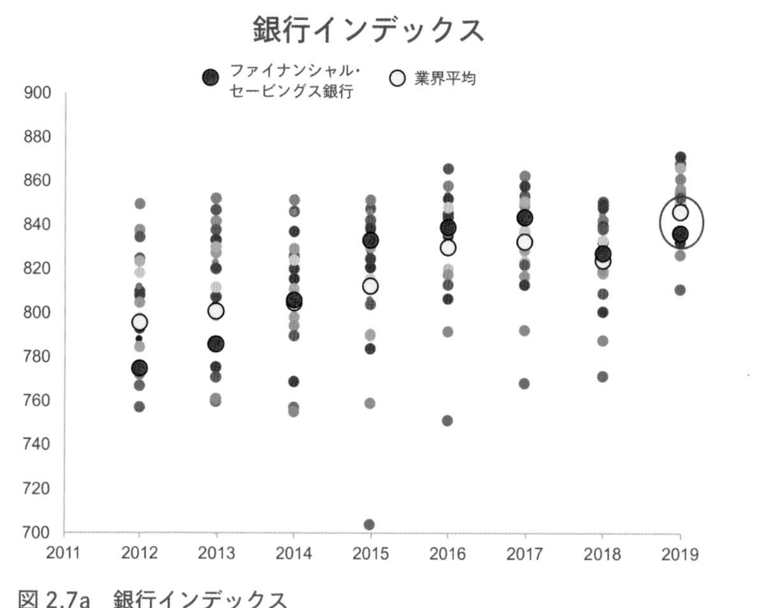

図 2.7a　銀行インデックス

質問1：データについてどんな疑問が浮かびますか？

質問2：グラフのデザインを任されたら、これをどう変更しますか？　このデータをどのようにビジュアル化しますか？

答え 2.7：批評する

質問1：このグラフを見ると、内容を読み取る以前にたくさんの疑問が浮かんできます。最初の疑問は、何の数値をプロットしているのかということです。仮に「銀行インデックス」が顧客満足度のようなものだとすると、数値が高いほどよいと考えることもできます。しかし、実際は窓口業務のミスを示すものだったらどうでしょう？　データの解釈がまったく変わってきます。

つぎに浮かんだ疑問は、このグラフ内のデータはすべて必要なのかという点です。グラフの上にある赤と黄色のデータポイントは、自社（ファイナンシャル・セービングス銀行）と業界平均を示していることがわかります（変わった色の選択ですが、グラフ内にたくさん色があるので、目立つ色を選んだのでしょう）。平均値は、色とりどりの点がまとめられた値だと思われます（はたしてそれが正しいのかは不明ですが）。

さらには、ファイナンシャル・セービングス銀行と業界平均のデータがあるのだから、個別のデータポイントはすべて必要だろうか？という疑問が浮かんできます。データを取りのぞくか検討するときには、そのデータを捨てるとどのようなコンテキストが失われるかを十分に考える必要があります。この例では、平均値に集約すると、競争相手の分布状況が見えなくなってしまいます。しかし、それが問題かどうかはコミュニケーションの目的によって変わってくるでしょう。

そのほかの疑問としては、2019年の赤い丸囲みが何を強調しているのか、よくわかりません。グラフを作った人は、「相手にここを見てほしい」と考え、赤い丸で囲んだのでしょう。それはよい試みですが、いくつか問題があります。まず、グラフのなかの色とりどりの点が、見る者の注意を引いているため、赤の囲みに気づかない可能性があります。2つ目に、気づいたとしても、それが何を言いたいのか、見ただけではわからない点です。

最後の疑問は「So What（だから何）？」です。このデータは何を伝えたいのでしょうか？　ストーリーは何でしょうか？

質問2：つぎは、このデータの表現方法をどう変更したらよいかを考えてみましょう。このグラフが示しているのは支店の満足度で、高い数値は満足度の高さを表すものだとわかりました。そして、ここでいちばん重要なのは、ファイナンシャル・セービングス銀行が、業界平均と比べてどうかだと仮定します。そうと決まれば、グラフから余計なものを取りのぞき、ファイナンシャル・セービングス銀行と業界平均のデータポイントに集中できます。

データポイントについてもう少し考えてみましょう。このデータは時間における推移を表しています。点でプロットしてもよいですが、私なら、点をつないで折れ線グラフで表現します。折れ線グラフは時間経過による変化がわかりやすく、2本の線の関係性を明らかにします。例えば、もし一方の線がつねにもう一方を上回る場合は、線グラフがその差がどれくらいかを明確に伝えます。2本の線が交差する場合は、なぜそうなったのか、どんな意味があるのかなどの示唆を与えてくれます。

図2.7bは、私が改良したグラフです。

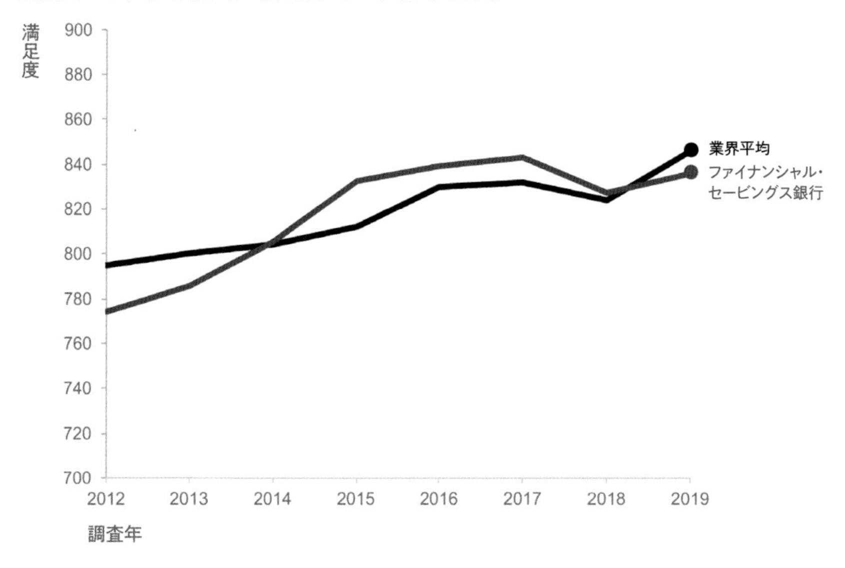

図 2.7b　改良後のグラフ

余計なものを取りのぞき、折れ線グラフに変更したので、データに集中しやすくなりました。具体的なグラフタイトルをつけたので、推測したり、データの解釈に悩んだりする必要はありません。「So What（だから何）？」の答えはタイトルスペースに入れました。

もし自社と業界の満足度の変動要因がわかってきたら、もう少し細かい工夫ができます。自分が直接説明できる会議やプレゼンなら、それぞれの線や時期を順番に見せていき、相手の注意を引きつけながら、関連するコンテキストを伝えます。一方、資料を渡すだけの場合は、グラフにテキストをつけて、変化の原因を注記することもできます。こうした戦略を、これからたくさん紹介します。この例は第4章で再び取り上げ、元データの情報をすべてグラフにしたシナリオも紹介します。

それでは、つぎのエクササイズを見てみましょう。

エクササイズ 2.8：このグラフのどこが悪いのか？

うまく工夫したつもりのグラフも、相手にはかえってわかりづらいことがあります。つぎは、そうしたグラフの例です。どうすれば改良できるか考えてみましょう。

引き続き、舞台は銀行です。あなたは消費者信用リスク管理のアナリストです。ローンを組む人のなかには、返済の滞る人が一部います。滞納されているローンは、30日超過、60日超過と、各段階に分けられます。そして、支払期限を180日過ぎると「不良債権」に分類されます。この段階までくると、どんな努力をしても、ほとんどの場合は回収が進まず、損失となります。銀行は、この潜在的な損失のために貸倒引当金を備えておかなければなりません。

さて、信用リスクの基礎知識を学んだところで、データの話に戻りましょう。あなたは、貸倒引当金と不良債権の推移をグラフにするように指示されました。図2.8aを見てください。**このグラフを読むときに、自分の目がどのような動きをするか意識してみましょう。わかりづらい点はどこですか？　どうすれば改善できますか？**

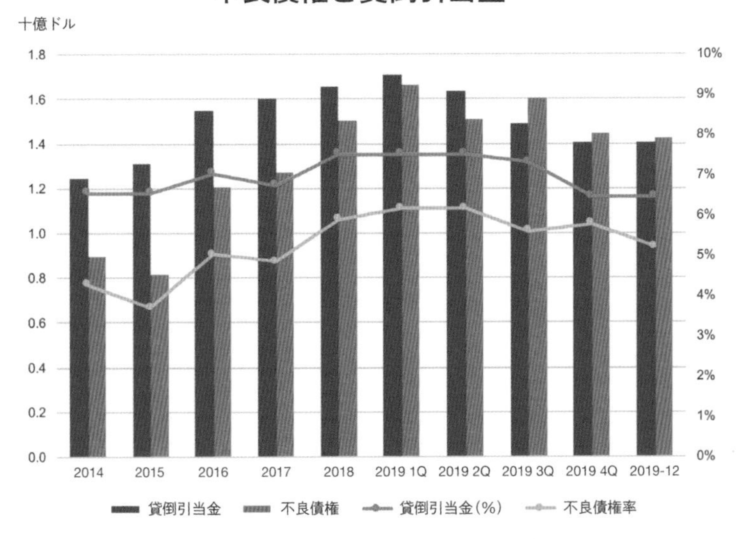

図 2.8a　このグラフのわかりづらい点はどこ？

答え 2.8：このグラフのどこが悪いのか？

私はこのグラフを見たときに、まず、データを解釈するために、棒グラフと折れ線グラフ、そして下の凡例の間を行ったり来たり目で追いました。つぎに、両側の縦軸が何を示しているかを確認しました。グラフを眺め、しばらく考えてから、2本の折れ線グラフ（貸倒引当金（%）と不良債権率）は、右側の第2縦軸に対応しているとわかりました。それによって、棒グラフ（貸倒引当金と不良債権）は左側の第1縦軸に対応していることがわかります。これは必要以上に複雑そうなグラフです。

貸倒引当金（%）と不良債権率について考えてみましょう。まず、何を基準に割り出したのかよくわかりません。おそらく貸出債権の合計かと思いますが、不要な推測をしなくて済むように、内容を明確にしたほうがよいでしょう。また、折れ線グラフは、何も新しい情報を伝えておらず、何の役に立っているのかが不明です。ほかに考慮すべきコンテキストがあるならともかく、そうでないのなら金額部分に集中し、わざわざ割合を示して混乱を招くことは避けたほうがよいでしょう。そうすれば、第2縦軸も必要なくなります（基本的に縦軸を2本使うことをすすめません。第2縦軸に代わる方法は、前著の第2章を参考にしてください）。

それでは、横軸を見ていきましょう。ここで最大の問題に気がつきました。**時間の間隔が一定でない**のです。まず（その後もしばらく――もしかしたら気づかない人もいるかもしれませんが）、横軸を見て1年単位であることを確認し、同じように続くものと思いました。しかし、1つひとつラベルを見ていくと、2018年のつぎから間隔が四半期ごとになり、第4四半期のつぎは12月だけが抜き出されています。これはひどいです！

こうなるに至った思考プロセスは理解できます。おそらく12月が直近の月なのでしょう。過去のことを示すには、年度ごとのデータ表示が妥当ですが、直近の期間は、四半期や月ごとなど、より細かい単位で見せたほうが親切だと考えたのではないでしょうか。

ある期間のデータが存在しない、不定期に発生する事象など、示したいデータの時間が一定間隔でない場合もあります。その場合は、相手が明確にそうだとわかるように示す必要があります。年度と四半期のデータを、同じ棒グラフや折れ線グラフで表現するのは、誤った解釈や見解につながってしまうので、避けたほうがよいでしょう。

この問題を解決しましょう。もしすべての年度の四半期データがあるなら、すべてプロットしてみましょう。棒グラフだと、たくさんの棒が並ぶのでごちゃごちゃしがちです。しかし、もともと折れ線で示されていた2つのデータ系列は使わないことにしたので、棒ではなく折れ線で金額を表すこともできます。または、何らかの理由により四半期データを表示したくない、もしくは表示できない場合でも、すべてを1つのグラフにまとめる方法があります。

1つ目の方法は、横軸の年度の間隔と、4四半期ぶんを合計した幅を同じにするやり方です。この場合、2019年度は四半期のデータで表示されるので、重複しないように外しておきましょう。

2つ目の方法は、このデータを2つのグラフに分けるやり方です。1つは2014年から2019年の年度ごとのデータ、もう1つは2019年度のみの四半期データの内訳とします。そうすれば、それぞれにタイトルが明記できるので、時間の間隔が異なることがはっきりします。また、四半期データの幅を年度データの幅よりも圧縮して、時間的な短さを視覚的に強調することもできます。こうして変更したものが図2.8bです。

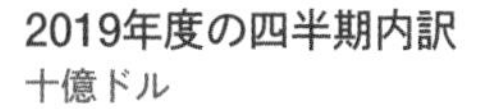

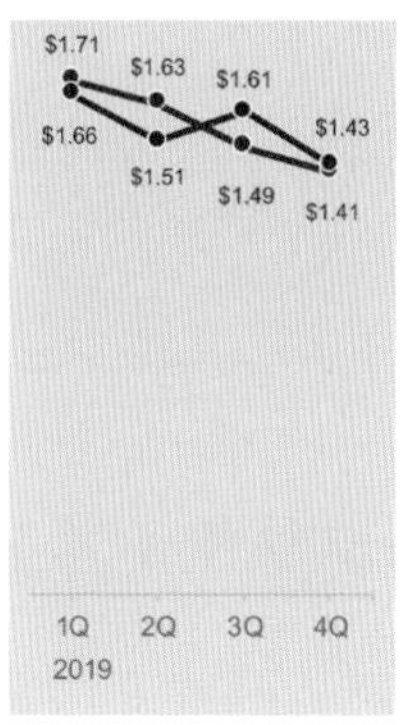

図 2.8b　変更後のグラフ

ここでは縦軸を省き、不良債権と引当金の金額を比較できるように、データに直接ラベルをつけました。高さの違う2つのデータポイントに同じ数字がこないように、少数点以下は2桁まで表示しました（例えば、引当金の左から3番目と4番目のポイントは、四捨五入するとどちらも16億ドルですが、グラフでは高さが違うため、混乱を招く可能性があります）。これによって、四半期の数字についても、小さいけれど重要な違いがはっきりとします。そして、左のグラフの最後のデータポイント（2019年度）と2019年度の四半期の内訳部分に同じ背景色を使い、関連があることを強調しました。データの見せ方で大切なのは、2つのグラフの縦軸の最小値と最大値を同じになるよう設定することです。そうすれば、見る人は四半期のグラフと年度のグラフのデータポイントの高さを比較できます。

このグラフでは、最初のグラフにあった余計なものをたくさん省いています。その結果、グラフを読み取る労力が軽減され、データに集中できるようになりました。このグラフを見ると、不良債権と貸倒引当金の差額が、時間の経過とともに狭まってきたことが明らかです。2018年度に両方とも金額が増加しましたが、2019年度には減少しています。また、2019年度には、初めて不良債権の金額が貸倒引当金の額を上回りました。四半期ベースで見ると、それが起きたのは第3、第4四半期です。これは非常に重要な問題ですから、対策をとるべきでしょう！

ここまで一緒に練習してきましたが、つぎは1人で課題に取り組んでみましょう。

紙とペンを用意しましょう！　ここからのエクササイズでは、さらに、わかりにくいデータを伝わりやすいグラフに改良していきます。ここで使うデータとグラフは9ページのURLからダウンロードできます。

エクササイズ2.9：グラフを描いてみる

エクササイズ2.3で説明したように、データの見せ方を考えるとき最も役に立つのは、紙とペンです。では実際に、練習してみましょう。

つぎのデータは、ある企業の4つの製品について、対面販売チームと非対面販売チームが、契約成立に要した平均日数を示したものです。

紙を用意して、タイマーを10分間にセットしましょう。このデータをビジュアル化する方法をいくつ思いつくでしょうか？　描いてみましょう！（データポイントを正確にプロットする必要はありません。全体的なイメージがつかめればよいので、すばやく描いてみましょう）タイマーが鳴ったら、スケッチを見てみましょう。どれがよさそうでしょうか？　また、それはなぜでしょうか？

契約成立までの平均所要日数

製品	対面販売	非対面販売	全体
A	83	145	128
B	54	131	127
C	89	122	107
D	90	129	118

図 2.9a　契約成立までの平均所要日数

作業する過程で、データについてどのような推測をしましたか？　ほかにどのような情報があればよいでしょうか？

エクササイズ 2.10：ツールで練習する

ステップ1：エクササイズ2.9のスケッチから、1つ（がんばりたければそれ以上）を選んで、データをダウンロードし、好きなグラフを作成してみましょう。

ステップ2：グラフを作ったら、つぎの点について考えてみましょう。

質問1：スケッチしてみて、役に立った点は何ですか？

質問2：スケッチの過程で、何か困ったこと、もどかしい点などがありましたか？

質問3：スケッチをしてからツールでグラフを作ってみて、いつもと違う点はありましたか？

質問4：このアプローチ（いくつか選択肢をスケッチしてからツールで作成する方法）を今後使ってみようと思いますか？　どんなときにそうしてみようと思いますか？

これらの質問への考えを、文章でまとめてみましょう。

エクササイズ2.11：グラフを改良する

あなたは地域の医療施設に勤務しています。管轄下の複数の医療センターでの、最近のインフルエンザワクチンの摂種状況を評価するところです。

関連する数値が報告されたダッシュボード（計測表）があり、そこから同僚がつぎのグラフを作りました。図2.11を見て、質問に答えてください。

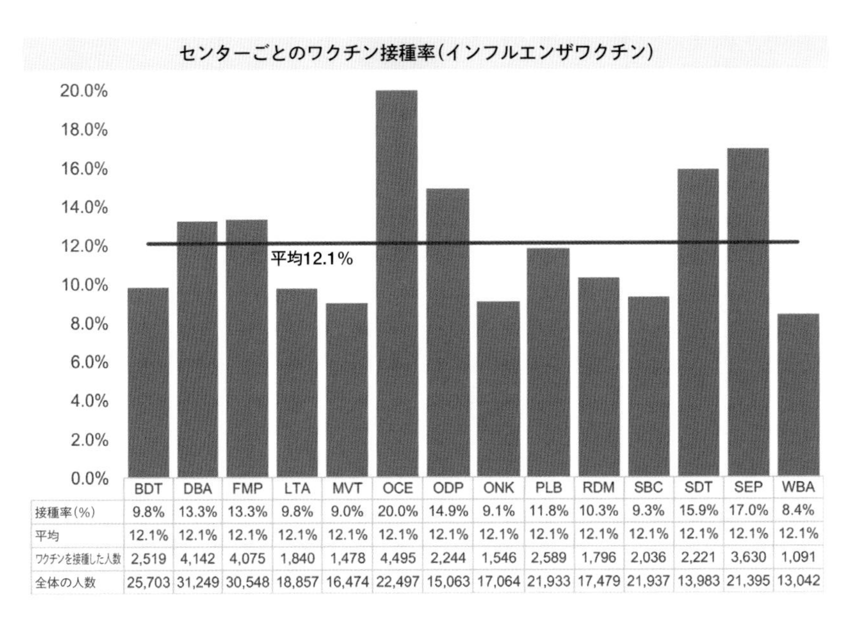

	BDT	DBA	FMP	LTA	MVT	OCE	ODP	ONK	PLB	RDM	SBC	SDT	SEP	WBA
接種率(%)	9.8%	13.3%	13.3%	9.8%	9.0%	20.0%	14.9%	9.1%	11.8%	10.3%	9.3%	15.9%	17.0%	8.4%
平均	12.1%	12.1%	12.1%	12.1%	12.1%	12.1%	12.1%	12.1%	12.1%	12.1%	12.1%	12.1%	12.1%	12.1%
ワクチンを接種した人数	2,519	4,142	4,075	1,840	1,478	4,495	2,244	1,546	2,589	1,796	2,036	2,221	3,630	1,091
全体の人数	25,703	31,249	30,548	18,857	16,474	22,497	15,063	17,064	21,933	17,479	21,937	13,983	21,395	13,042

図2.11　ダッシュボードをもとにしたグラフ

質問1：このデータはどのように並んでいますか？　ほかにどのような並べ方がありますか？　どんな状況であれば、データの並び順を変えようと思いますか？

質問2：このグラフでは1本の横線で平均値を示していますが、それについてどう思いますか？　ほかにどのような表示方法がありますか？

質問3：目標値があるとしたら、どのようにグラフに取り入れますか？　さらにその数値が10%だとしたら、どう表示しますか？　25%のときはどうでしょうか？　表示する内容や方法は変化しますか？

質問4：このグラフには表がついています。これはわかりやすいでしょうか？　グラフに表をつけることの、よい点と悪い点は何ですか？　このケースでは、このまま残すべきでしょうか？　それとも外すべきでしょうか？

質問5：グラフは、ワクチンを接種した人の割合を示しています。未接種の人の割合に注目したい場合は、どう表現しますか？

質問6：このデータをどんなグラフにしますか？　データをダウンロードし、好きなツールでいちばんよいと思うグラフを作成してみましょう。

エクササイズ2.12：どのグラフがよいか？

どんなデータでもグラフ化する方法はたくさんあり、その方法次第でグラフからわかることも変わってきます。ここでは、同じデータをいろいろな方法でプロットした具体例を見ていきましょう。

あなたは従業員アンケートの結果をグラフにしようとしています。「1年後もここで働いていると思う」という定着率に関する質問の回答を、今年と前年で比較したいと考えています。図2.12aから図2.12dは、同じデータを4つの方法でグラフにしたものです。それぞれを見て、質問に答えてください。

オプションA:円グラフ

「1年後もここで働いていると思う」

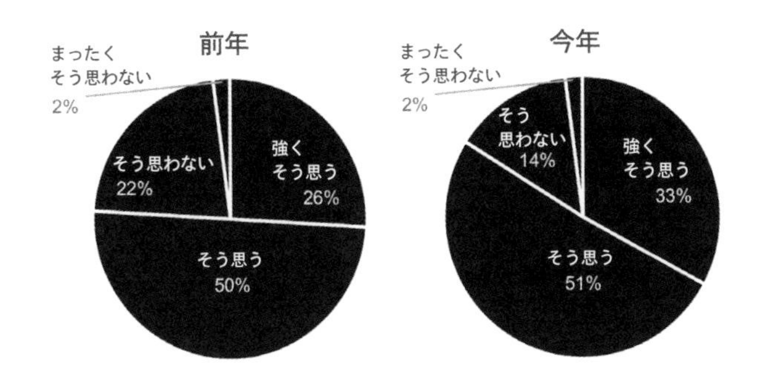

図2.12a　円グラフ

オプションB:棒グラフ

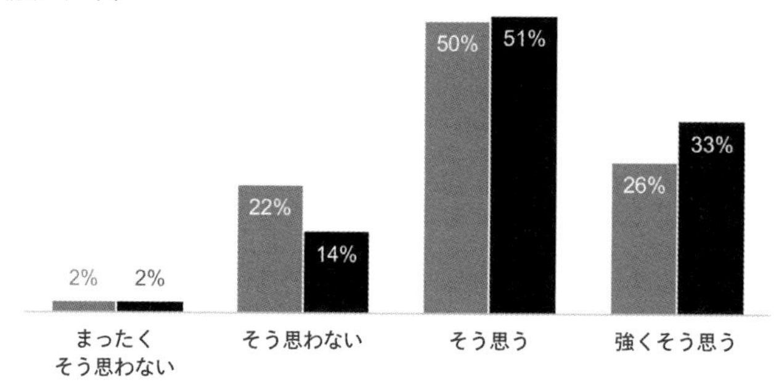

図 2.12b　棒グラフ

オプションC:積み上げ棒グラフ

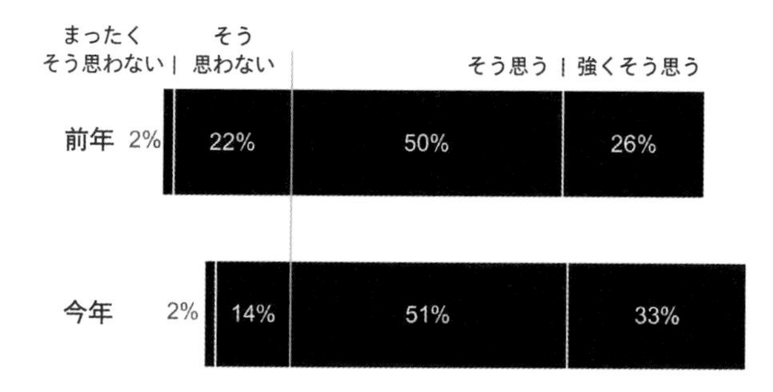

図 2.12c　積み上げ棒グラフ

オプションD:スロープグラフ

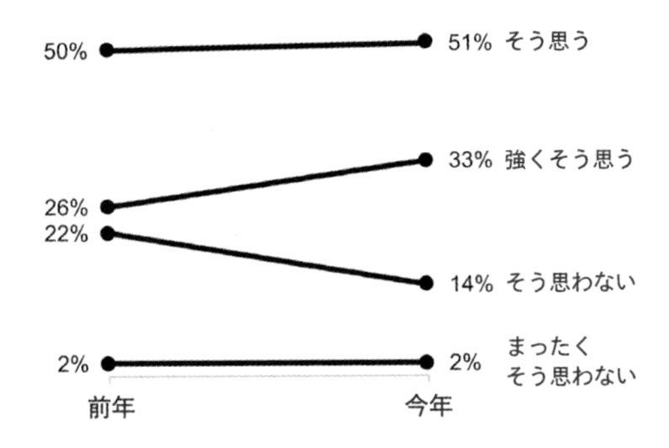

図 2.12d　スロープグラフ

質問1：各グラフのよい点はどこですか？　それぞれのグラフで何がわかりやすいですか？

質問2：各グラフのわかりづらい点はどこですか？　それぞれ問題点や、注意すべき点がありましたか？

質問3：どのグラフを選びますか？　それはなぜですか？

質問4：友人や同僚と、これらのオプションについて話し合ってみましょう。あなたが選んだグラフに賛成でしたか？　別の意見でしたか？　意見交換によって、1人では気づかなかった興味深い点が見つかりましたか？

エクササイズ 2.13：このグラフのどこが悪いのか？

図2.13を見てください。これはメールの受信者がアンケートに回答する方式で行なった、マーケティング活動への回答率とアンケートの完成率を示したものです。

ステップ1：グラフのよくない点を3つ挙げてください。問題点は何でしょうか？

ステップ2：ステップ1の問題点について、改善方法を挙げてください。

ステップ3：データをダウンロードして、ステップ2の改善方法を実際に適用してみましょう。

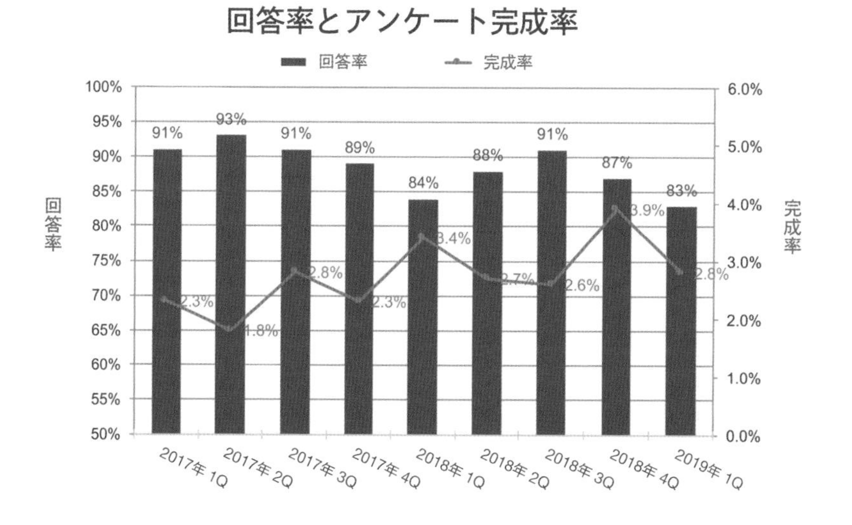

図 2.13　このグラフのどこが悪いのか？

エクササイズ2.14：ビジュアル化と試行錯誤

よくできたグラフは「アハ体験」のようなひらめきの感覚を相手にもたらします。そのためには、あらゆる角度からデータを眺め、データのニュアンスや強調したい点をよく理解し、多くの選択肢を検討する必要があります。それでは試行錯誤しながらグラフを作り上げる練習をしましょう。

あなたは医療機器メーカーの社員です。ある機器が稼動しているときと休止しているときの、患者が訴える痛みのレベルを示すデータを見ています。そのデータが図2.14です。

痛みに関する患者の報告

	機器の状態	
痛みのレベル	稼動	休止
改善した	58%	36%
変化なし	32%	45%
悪化した	10%	19%
合計	100%	100%

図 2.14　ビジュアル化と試行錯誤

ステップ1：このデータをビジュアル化する方法をリストにしてください。どのグラフがよさそうですか？　できるだけたくさんリストアップしましょう。

ステップ2：リストのなかから、4つ以上を選んでグラフにしてみましょう（紙に描くか、好きなツールを使ってください）。

ステップ3：つぎの質問に答えましょう。

質問1：各グラフのどこが気に入っていますか？　何が比較しやすいですか？

質問2：各グラフにおいて、どんな注意点や制約がありますか？

質問3：あなたが担当者だとしたら、どのグラフを使いますか？

エクササイズ 2.15：例から学ぶ

ほかの人が作ったグラフからは、よい点やそうでない点など、たくさんのことが学べます。よくできたグラフを目にする機会があれば、なぜそれがわかりやすいのかを考えてみましょう。自分でも活かせるポイントはありますか？　わかりにくいグラフを見たときも同じです。何が問題で、どうすれば自分も同じミスを回避できるか考えてみましょう。では、例から学んでいきましょう。

新聞やウェブ上から、よくできたグラフと、それほどよくできていないグラフを探してみましょう。それぞれについて、つぎの質問に答えてください。

質問1：どこが気に入りましたか？　なぜわかりやすいのでしょう？　よい点をリストアップしましょう。

質問2：気に入らないところは、どこですか？　なぜわかりづらいのでしょう？あなたならどうしますか？

質問3：この作業から得た、今後に役立つ学びはどのようなものでしょうか？

エクササイズ 2.16：#SWDchallenge に参加する

最良の学びは実際にやってみることです。#SWDchallengeは、私のブログの読者が、データビジュアライゼーションや、ストーリーを語るスキルなど、毎月出される課題に挑戦する場です。ぜひ、参加してみてください。新しいツールやテクニックを、ノーリスクでチャレンジできる場所です。経歴、経験値、ツールを問わず、誰でも大歓迎です。

storytellingwithdata.com（英語）では、毎月初めに新しいテーマを発表します。参加者には、期間中にデータを見つけて、グラフを作成し、説明とともにシェアしてもらいます。これまでさまざまな種類のグラフにフォーカスしてきましたが、ときにはコツを伝授したり、特定のテーマに内容を変えることもあります。これは、スキルを磨いたり、作品をシェアして楽しんでもらうためです。

期限までに提出されたものは、月の後半にまとめ記事で紹介されます。毎月の課題とまとめ記事はこちらにアーカイブされています。
https://community.storytellingwithdata.com/challenges（英語）

この課題に関連して、チャレンジできるエクササイズがたくさんあります。storytellingwithdata.comで、ぜひ挑戦してみましょう。

- **参加しよう！**　現在出題されている課題に挑戦して、あなたのグラフをシェアしましょう。もしくは、過去の課題から作品を選んで、インスピレーションを得るのもよいかもしれません。1人で、パートナーと一緒に、または少人数のチームでの参加もできます。SNSでシェアしましょう。#SWDchallenge

- **真似しよう！**　アーカイブからまとめ記事を1つ選び、過去の投稿作を見てみましょう。気に入ったグラフを選び、自分のツールで同じものを再現してみましょう。オリジナルの作品と変えた点はありますか？

- **批評しよう！**　アーカイブからまとめ記事を1つ選び、過去の投稿作を見比べてみましょう。よいと思うグラフを3つ選び、どこがよいかを言語化してみましょう。どの点が自分にも活かせそうですか？　つぎに、改良の必要なグラフを3つ選び、問題点と改善方法について考えましょう。自分に共通する課題や改善方法はありますか？

- **仲間と課題を出し合おう！**　同僚や仲間と集まって、過去の課題（またはオリジナルの課題）を1つ用意し、投稿作を募りましょう。一定の期間でそれぞれがデータを見つけ、グラフを作り、お互いにシェアします。意見を交換し、グラフを見せ合い、全員でフィードバックし合いましょう。このプロセスから、今後の仕事に活かせそうな学びは何かを考えてみましょう。エクササイズ9.4では、こうしたプロセスが、互いにフィードバックを与え合う文化を形成するために、どう役立つかをくわしく見ていきます。

職場で実践

つぎは、この章で学んだことを、職場でどのように活かせるのかを見ていきましょう。自分自身への質問、フィードバックをもらう方法などにも触れていきます。
実際のプロジェクトを念頭に置いて、エクササイズをはじめましょう。

エクササイズ 2.17：グラフを描いてみる

現在進行中のプロジェクトを思い浮かべてください。紙とペンを用意します。10分間にタイマーをセットし、手元のデータをビジュアル化する方法を、思いつくかぎりスケッチしましょう。

タイマーが鳴ったら、自分の描いたものを客観的に見返してみましょう。どのスケッチがいちばん気に入りましたか？　それはなぜでしょうか？

描いたものを誰かに見せて、あなたが伝えたいことを説明しましょう。相手はどれがいちばんよいと言うでしょうか？　それはなぜですか？

行き詰まったり、新しいアプローチが思いつかなかったりしたときは、アイデア豊富な同僚をつかまえて、ホワイトボードのある会議室へ行きましょう。伝えたいデータについて説明し、グラフをたくさん描いてみましょう。さまざまな種類のグラフを描きながら意見を交わしましょう。どれがうまくいきそうでしょうか？　足りないものは何でしょうか？　実際に作る価値があるのはどのグラフでしょうか？　自分で作れそうでしょうか？　無理なら、手伝ってくれる人はいるでしょうか？

エクササイズ2.18：ツールで試す

時間をかけ、あれこれと違う方法でデータをグラフにしてみると、小さな違いがより深く理解できるようになります。そしてグラフを見た相手に、「アハ体験」のような感覚を与えるには、どのグラフがよいのかわかるようになるでしょう。

ビジュアル化したいデータを用意してください。好きなグラフ作成ツールを立ち上げて、いろいろなグラフを作ってみましょう。いくつ方法を思いつきますか。タイマーを30分間にセットして、ツールでさまざまなデータの見せ方を試してみてください。

タイマーが鳴ったら、評価してみましょう。よい点、悪い点はどこですか？ 相手に注目してほしいものは何でしょうか？　どのグラフならうまく伝わりそうですか？　確信が持てない場合は、エクササイズ2.21を見てみましょう。フィードバックをもらうためのヒントを紹介しています。

エクササイズ2.19：自問自答する

グラフを作ったとき、自分がわかりやすく感じるのは当たり前です。すでにどこを見ればよくて、何が重要なのかを知っているからです。しかし、相手は必ずしもそうではないことを心得ておく必要があります。グラフを作ったら、さらにブラッシュアップする必要があるかを判断するために、つぎの質問を自分に問いかけてみましょう。

- **何を見せたいのか？**　見る人に何をしてほしいですか？　作ったグラフはその目的を果たせそうですか？　わかりやすい点は何ですか？　比較しやすい箇所はどこですか？　理解や比較がしづらい部分はありませんか？

- **どれぐらい重要なのか？**　これは重要な問題でしょうか、それともただ興味深いと思ってもらえればよいものですか？　何が問題となっているのでしょうか？　ざっと説明すればよいシナリオでしょうか？　どのぐらいの完璧さが求められていますか？　どのぐらいの正確さが必要ですか？

- **見る人は誰か？**　相手はそのデータを見たことがありますか、それとも初めて見ますか？　相手の考えと一致するものでしょうか、反するものでしょうか？　相手はデータが特定の方法で提示されるものと思っていますか？　新しい方法とこれまで通りの方法で、よい点と悪い点はそれぞれ何でしょうか？　データを見て、相手はどんな疑問を持つでしょうか？　それを予測し、スムーズに対応できるよう準備するにはどうすればよいでしょうか？

- **見る人になじみのあるグラフか？**　相手になじみの薄いグラフを使うときは、注意が必要です。グラフの読み方を説明し、時間をかけて理解してもらうか、自分で読み解いてもらわなければなりません。目新しいものを使うときは、それなりの理由が必要です。そのグラフを使えば、ほかの方法ではわかりにくいことが明らかになるのでしょうか？　また、グラフの説明にどれくらい時間をかけるべきでしょうか？　相手に、グラフについて理解するのと、グラフのデータが示すものについて理解するのの、どちらに頭を使ってほしいでしょうか？

- **どのようにプレゼンするか？**　そのデータは、あなたがプレゼンし、その場で内容や背景情報を説明し、質問に答えられるのでしょうか？　それとも資料として渡し、それを読んで理解してもらうのでしょうか？　資料のみの場合は、グラフが何を示しているのか、どうグラフを読んだらよいのか、どう理解してほしいのかなどが、相手にしっかり伝わるように意識して対策をとりましょう。

エクササイズ 2.20：声に出す

グラフやスライドを作ったら、声に出して説明をする練習をしましょう。会議やプレゼンなど、人前でデータを紹介する予定であれば、大きな画面に映し、会議でするように質疑応答の練習もしましょう。資料を相手に送って読んでもらう場合でも、言葉で説明することには大きなメリットがあります。

まず、どのようにグラフを読むのか、何のグラフか、それぞれの軸は何を示しているかを説明します。続いてデータが表す内容と、そこから読み取れる大事なポイントを詳細に説明します。説明の途中で、修正すべき箇所がわかるかもしれません。もし「これは重要じゃありません」とか「これは無視してください」などと口に出していたら、その要素は目立たないように変更するか、削除してもよいということです。同様に、データを説明する際、自分が相手の注意を引こうとする箇所を意識し、それをグラフのデザインにどう反映できるか考えてみましょう。

データのプレゼンをする場合は、事前に声に出して練習しておくと、本番はよりスムーズにプレゼンを行なえます。まず初めは1人で練習します。大丈夫だと思えたら、今度は誰かの前で実演して、フィードバックをもらいましょう。つぎのエクササイズでは、フィードバックをもらうためのヒントを見ていきます。

もっと声に出して練習することのベネフィットを知りたい場合は、ポッドキャスト「Storytelling with data（データをもとにストーリーを語る）」のエピソード6を聞いてみてください（storytellingwithdata.com/podcast、英語）。

エクササイズ2.21：フィードバックをもらう

グラフを作り、自分ではとてもよくできたと思ったとします。注意しなければいけないのは、あなたは自分のグラフについておそらく誰よりもよく知っているということです。あなたがグラフを作ったのだから、自分が作ったグラフをわかりやすいと思うのは当然です。しかし、相手も同じようにわかってくれるでしょうか？

また、何通りものグラフを実際に作ってみたものの、どれがいちばんよくできたか自信を持って決められない場合はどうしたらよいでしょうか？

どちらのケースも、フィードバックをもらうことをおすすめします。

グラフを作ったら、頼りになる友人か同僚を見つけましょう。背景知識のまったくない人でもかまいません。その人に、グラフの情報を解釈したときの思考プロセスを、つぎの点を含めて説明してもらいましょう。

- どこに注意を向けたか？

- どんな疑問を抱いたか？
- どんなことに気づいたか？

その会話を通して、グラフが意図した目的を果たしているかどうかがわかります。目的を果たせていない場合、作り直すときにどこに注意すればよいか、ヒントをもらえます。グラフのデザイン選びについても意見を聞き、データにくわしくない人から見たときに、どこがうまくいっていて、どこがわかりづらかったかを確認しましょう。いろいろな視点のフィードバックをもらえます。まったく違う立場の人からフィードバックをもらうことも検討してみましょう。

また、相手の最初の表情に注目しましょう。人は初期反応を隠してしまう前に、ほんの一瞬だけ見せる表情があります。眉間にしわを寄せるとか、口をすぼめるといった、顔を歪ませる表情は、何かがうまくいっていないときのサインです。こうしたサインに注意して、グラフの改善に取り組みましょう。同僚や友人がグラフを理解するのに手間取っているとしたら、それは彼らのせいではありません。グラフの情報を理解しやすくするために、何ができるかを考えてみましょう。例えば、タイトルやラベルをもっとわかりやすいものにしたり、重要でない箇所には控えめな色を使ったり、違う種類のグラフに変更すれば、より明確に伝えることができるかもしれません。

効果的にフィードバックをする方法、もらう方法については、エクササイズ9.3でさらに説明しています。

エクササイズ 2.22：データライブラリーを作る

職場で作成され、使用されている、わかりやすいデータビジュアライゼーションの例を集め、ライブラリーを作りましょう。自分自身のためにはもちろん、チームや組織にとってもきわめて有効な取り組みです。検索しやすいように、コンテンツのまとめ方をよく考えましょう（グラフの種類別、テーマ別、ツール別など）。ファイルをダウンロードできるようにして、ほかの人がグラフの具体的な作り方を見たり、自分の仕事に活用できるようにしましょう。各メディアやブログ、#SWDchallengeなどの外部から見つけてきた、お手本となる例を加えてもよいでしょう。

チームで、わかりやすいデータビジュアライゼーションを目標にしましょう。そして、そのことを忘れないように、実際に自分や同僚が作ったよい事例を推薦する、簡単なコンテストを定期的に開催してはどうでしょう。毎月または四半期ごとに優勝者を選び、その作品をライブラリーに収めていきます。これはすばらしいアイデアの宝庫になります。誰かが困ったときには、そのライブラリーを見れば、よいアイデアをもらえるでしょう。また新入社員にとっては、自分の職場でのよい実例を学べる優れたアーカイブになり、自分の仕事の目標を正しく設定できるようになります。

エクササイズ2.23：ほかのリソースを探す

わかりやすいグラフを選んだり、ほかの人のグラフからインスピレーションを得たいとき、参考にできるリソースはたくさんあります。もちろん、練習の積み重ねやフィードバックをもらうこと、試行錯誤を繰り返すことが成功には欠かせません。とはいえそれだけではなく、ニーズに合ったグラフを見つけるのに役立つ外部サイトもありますので、いくつか紹介します（すべて英語サイト）。

- **Chart Chooser**（Juice Analytics, labs.juiceanalytics.com/chartchooser）：目的に合わせて適切なグラフの種類を絞り込み、エクセルかパワーポイントのテンプレートをダウンロードして、自分のデータを入力できる。

- **The Chartmaker Directory**（Visualizing Data, chartmaker.visualisingdata.com）：ツール別にグラフの種類で分けられた表のなかの丸をクリックすると、グラフの例や作成方法を見られる。

- **Graphic Continuum**（PolicyViz, policyviz.com/?s=graphic+continuum）：6つのカテゴリーに分類された90種類のグラフのポスターを販売。関連した「Match It Game and Cards」も要チェック。

- **Interactive Chart Chooser**（Depict Data Studio, depictdatastudio.com/charts）：条件で絞り込み、目的に合うグラフを探せる。

ほかの人のグラフからインスピレーションを得るには、つぎのサイトをチェックしてみましょう。どんな点が優れているのか（または、よくないか）、自分も同じような点を活用できないか（または避けるべきか）検討しましょう。

- Information Is Beautiful Awards（informationisbeautifulawards.com）：優れたデータビジュアライゼーション、インフォグラフィック、インタラクティブデザイン、インフォマティブ・アートなどに毎年賞を贈っている。アーカイブには数多くのデータビジュアライゼーションが収められている。

- Reddit: Data Is Beautiful（reddit.com/r/dataisbeautiful）：グラフ、図表、地図などさまざまなデータのビジュアル表現が集まっている。

- Tableau Public Gallery（public.tableau.com/s/gallery）：Tableau Publicで作成された魅力的なデータビジュアライゼーションの例をウェブ上で見られる。

- The R Graph Gallery（r-graph-gallery.com）：R言語を使った500種類の特徴的なグラフィックを見ることができ、コードも参照可能。インスピレーションやヒントをもらえる。

- Xenographics（xeno.graphics）：新しく、画期的で、実験的なビジュアライゼーションを集めたサイト。見る人にインスピレーションを与え、新たなタイプのグラフを広める内容。

エクササイズ2.24：意見を交換する

第2章で学んだことやエクササイズに関するつぎの質問について考えてみてください。パートナーと一緒に、またはグループで意見を交換しましょう。

1. 表とグラフでは読み取り方はどのように異なりますか？　表形式でデータを提示する場合の、よい点と悪い点は何ですか？　表がよいのはどんなときですか？　表を避けたほうがよいのはどんなときですか？

2. データをグラフ化するとき、タイトルとラベルを縦軸につけるか、もしくは縦軸をなくしてグラフ内に直接つけるかを決めます。そのときに、どんなことを考慮する必要がありますか？

3. データをグラフ化する際に、基準線をゼロにしなくてよいのはどんな場合ですか？

4. グラフ作りで、紙がよいツールとなるのはなぜでしょうか？　本章のスケッチのエクササイズは役に立ちましたか？　今後もこの方法を実際の場面で使ってみようと思いますか？　イエスの場合もノーの場合も、それはなぜですか？

5. 1つのデータを何通りもの方法でグラフにする目的は何ですか？　データの見せ方をあれこれ試すのが大切な理由は何でしょうか？　今後どんなときにその方法を試しますか？　そうする必要がないのはどんな場合でしょうか？

6. 本書と前著で紹介している例の多くは、折れ線グラフや棒グラフといった基本的なグラフです。どういう状況なら、もっと目新しいグラフを使ってもよいでしょうか？　相手がいままでに見たことのないタイプのグラフを使うことの、よい点と悪い点は何ですか？　新しいタイプのグラフを使う場合には、どんな対策をとるとよいでしょうか？

7. あなたの所属するチームや組織で、グラフ化の決まったルールがある場合、ルールを変えたほうがよいと思ったことはありますか？　ルールの変更を実現するにはどうしますか？　どんな抵抗や反発があると思いますか？　それにどう対応しますか？

8. この章で紹介した方法に関して、自分や自分のチームの具体的な目標を1つ立てるとしたらどんなことですか？　どうしたら自分（またはチーム）はそれを達成できるでしょうか？　誰にフィードバックを求めますか？

第3章

不要な要素を見極めて取りのぞく

グラフやスライドに1つ要素を加えるごとに、相手が理解するための負荷（**認知的負荷**、cognitive burden）が増えます。載せる価値のない要素は取りのぞきましょう。

「必要のないものは取りのぞく」。このレッスンはシンプルながらも効果は絶大です。その効果を、この章のエクササイズを通して体験してください。

それでは、**不要な要素を見極めて取りのぞく**練習をしていきましょう！

まずは、前著『Google流 資料作成術』第3章のレッスンの復習からです。

Google流
資料作成術
第3章

振り返ってみましょう

不必要な要素を取りのぞく

スペースを取るだけで、
理解に役立たないビジュアル要素のこと

認知的負荷

新しい情報を理解するのに必要な
脳の働き

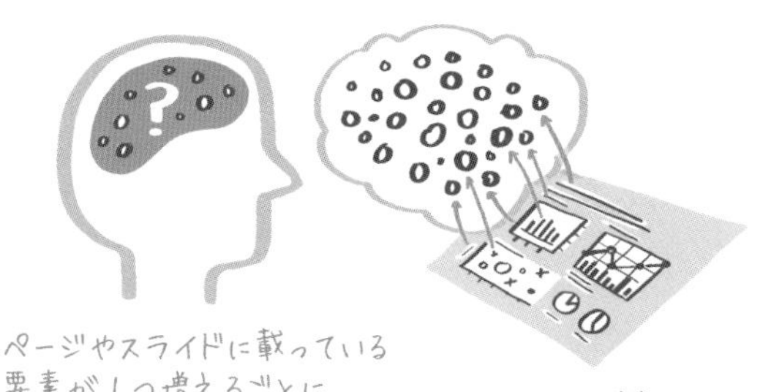

ページやスライドに載っている
要素が1つ増えるごとに
認知的負荷も増える

役立たない情報は
載せないように注意する

視覚的秩序の欠如
（クラターの一種）

ホワイトスペースの
有効活用と要素の整列

各要素は横方向、
または縦方向にきれいに並べ、
斜めの配置は避けましょう

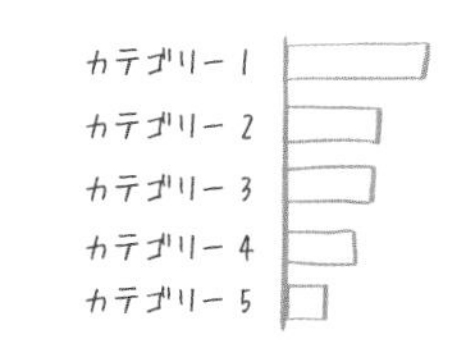

意図的なコントラストの使用

明確なコントラストは、
目印となり、見るべきところを目立たせる

あちこちにコントラストをつけると、
重要なところがわからなくなる

ゲシュタルトの法則

目で見たものに、
潜在意識下でどう秩序を見出すか

人のものの見方に関する法則を利用して、
クラターを見極め、取りのぞく

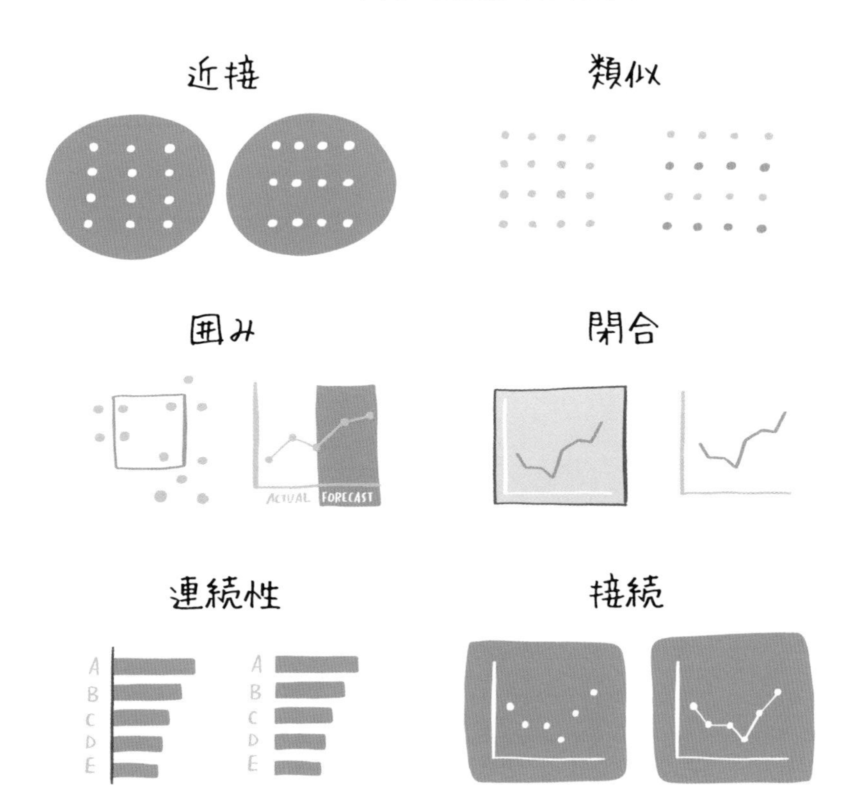

一緒に練習

3.1
どのゲシュタルトの
法則を利用
しているか？

3.2
テキストとグラフを
どう関連
づけるか？

3.3
整列と
ホワイトスペースを
利用する

3.4
クラターを
取りのぞく

1人で練習

3.5
どのゲシュタルトの
法則を利用
しているか？

3.6
伝わりやすい
グラフを探す

3.7
整列と
ホワイトスペース
を利用する

3.8
クラターを
取りのぞく

3.9
クラターを
取りのぞく
（2回目）

3.10
クラターを
取りのぞく
（3回目）

職場で実践

3.11
1枚の紙から
始める

3.12
それは本当に
必要？

3.13
意見を
交換する

「視覚認知のゲシュタルトの法則（Gestalt Principles of Visual Perception）」について学びます。この法則にもとづいて、クラターを取りのぞき、より伝わりやすいビジュアルにする方法を見ていきましょう。

エクササイズ3.1：どのゲシュタルトの法則を利用しているか？

「**ゲシュタルトの法則**」とは、人が目で見たものから潜在意識下で秩序を見出す仕組みを説明したものです。前著では、「**近接**」「**類似**」「**囲み**」「**閉合**」「**連続性**」「**接続**」という6つの法則を紹介しました。ゲシュタルトの法則を活用すれば、ビジュアルに載せた要素のつながりをはっきりと示すことができ、内容が伝わりやすくなります（この法則をよく知らず、前著が手元になくても大丈夫です。この先のエクササイズで、くわしく説明していきます）。

つぎのグラフを見てください。このグラフは、ある医薬品の市場規模（売上総額）に関するこれまでの実績と予測の推移を示したものです。**6つのゲシュタルトの法則のうち、どの法則を、どこでどのように利用していますか？**

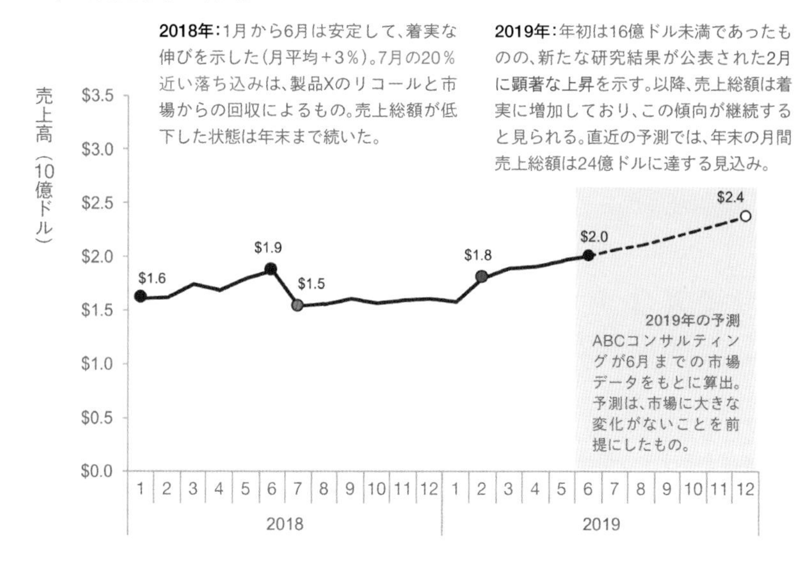

図 3.1　どのゲシュタルトの法則を利用しているか？

答え 3.1：どのゲシュタルトの法則を利用しているか？

図3.1では、6つのゲシュタルトの法則をすべて利用しています。簡単に説明しましょう。

近接：近接の法則はいろいろなところに利用されています。縦軸のタイトルとラベルを近づけて、一緒に理解しやすくしました。データラベルとデータマーカーも近くにあるので、つながりが明確になっています。

類似：色の類似（オレンジと青）が、上部の一部のテキストと、その言葉が示しているグラフのデータポイントを視覚的に結びつけています。

囲み：グラフ右部分の薄いグレーの背景色に囲みの法則を利用し、現在までのデータと予測の部分を区別し、注釈との関連性を示しています。横軸の2018年と2019年のあいだに引いた線も囲みの働きをしています。

閉合：全体の見た目に閉合の法則を利用しています。グラフを囲う線を入れなかったのは、その必要がないからです。閉合の法則によって、人は無意識に個々の要素を1つの集合体として認識します。そのため、このグラフは1つにまとまって見えるのです。テキストボックスについても同じことが言えます。

連続性：グラフ右部分の予測を表す点線に、連続性の法則を利用しています。実線との違いを見せつつ、この部分が連続した線の一部だとわかるのは、連続性の法則のおかげです。ただし、点線はそれ自体がクラターなので（実線と比べ、複数の短い線からできているため）、この例のように、不確定なものを示す場合だけに使うことをおすすめします。

接続：接続の法則は折れ線グラフそのものに利用されています。各月のデータポイントがつながれ、全体の傾向をわかりやすく示しています。2本の軸にもこの法則が活きています。縦軸には金額、横軸には時間の単位が、視覚的に結びつけられています。

ここで説明したもののほかにも、法則が働いているかもしれません。あなたはいくつ気がつきましたか？　今後、この法則をどのように活かしてみますか？　ゲシュタルトの法則を利用した例は、この章で後述するエクササイズや、それ以降でも見ていきます。

前著の第3章では、コントラスト、整列、ホワイトスペースの利用法についても取り上げました。図3.1のグラフで、この3つの要素がどう活かされているかも考えてみましょう。これらは、すぐあとのエクササイズでもくわしく説明します。その前に、ゲシュタルトの法則を利用してテキストとデータを関連づける方法を見ていきましょう。

エクササイズ 3.2：
テキストとグラフをどう関連づけるか？

データをもとに説明する場合、最終的にはスライドを作成します。その際、各ページにはテキストとグラフの両方を使います。クライアントの例でよく目にするのは、ページの左右のどちらかにグラフがあって反対側にテキストがあるもの、あるいはページの上のほうにテキストがあって下のほうにグラフがあるものです。テキストはコンテキストや説明を伝え、グラフはそれを図で見せてくれるため、テキストもグラフも重要です。

問題は、たいていの場合、読み手に負荷を与えていることです。テキストを読んでも、そのエビデンスがグラフのどこにあるか、解読しないとわかりません。こうした解読作業を相手にさせてはいけません。それはスライドを作成する人がやるべきことです。

ゲシュタルトの法則を利用すれば、テキストとデータを視覚的に関連づけられます。早速、練習をしていきましょう。つぎのグラフを見てください。**右側のテキストと左側のグラフを結びつけるには、どのゲシュタルトの法則を利用するとよいでしょうか？**　リストにして、それぞれの利用方法を文章で説明するか、図に描いてみましょう。このデータにどの法則を使いますか？

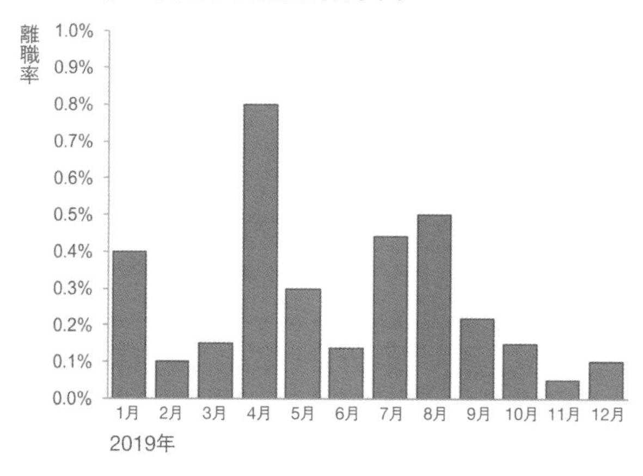

図 3.2a　テキストとグラフをどう視覚的に関連づけるか？

答え 3.2：テキストとグラフをどう関連づけるか？

図3.2aでは、右側のテキストが、グラフのどこを説明しているのか、ひと目見るだけではよくわかりません。相手はテキストを読み、考えながらグラフの該当箇所を探すことになります。このグラフは単純ですから、少し時間をかければ解読できるでしょう。でも、相手に解読させてはいけません。グラフが読み手に強いる負荷を突きとめて、その負荷を最小限にするようにしましょう。そこで、ゲシュタルトの法則を利用して、関連する要素を結びつけます。

私は4つの法則「近接」「類似」「囲み」「接続」を利用してデータとテキストを関連づけました。それぞれの法則を1つずつ説明していきます。

近接　テキストを、対応するデータの近くに置きます。データを読み取る邪魔にならないかぎりは、よい方法といえるでしょう。図3.2bを見てください。

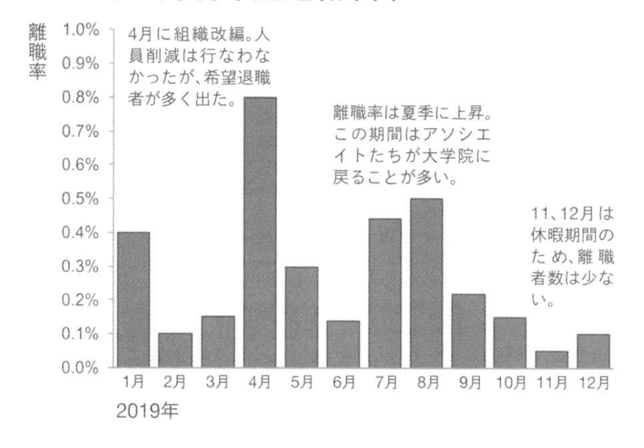

図 3.2b　近接

テキストと、それに対応するデータが近くにあるので、少し読み取りやすくなりました。とはいえ、まだ推測したり、横軸を確認したりしなくては、テキストがどのデータポイントについて説明しているのかわかりません。ひと目でわかるように、それぞれのデータポイントを何らかの方法で目立たせてもよいでしょう。図3.2cを見てください。

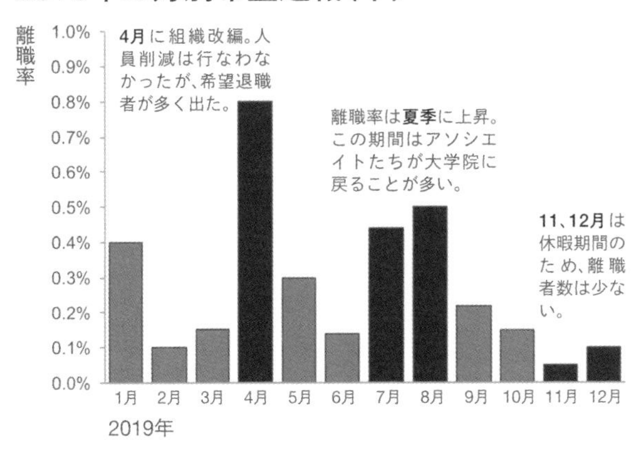

図 3.2c　近接に「強調」を追加

図3.2cでは、データポイントを濃いグレーにして、テキストを一部太字にしました。これで、要点がすぐわかるようになりました。しかし、グラフに直接テキストを置くと、データが読み取りづらくなることがあります。そんなときは、つぎの解決方法を試しましょう。

類似　色で言葉とグラフを結びつけます。図3.2dを見てください。

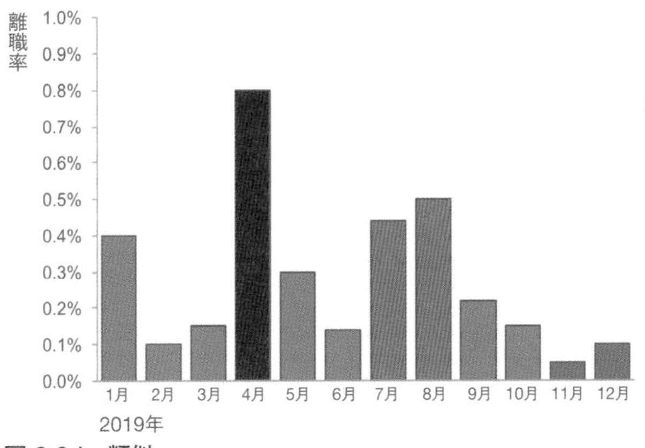

図 3.2d　類似

図3.2dの情報を処理するとき、視線はつぎのように流れます。まず左上から右に向かい、赤い棒に目を留め、ついで右側の最初のテキストに移動して、赤い「4月」の文字を読みます。そして下に読み進み、オレンジ色の「夏季」に行き当たると、今度は左のオレンジの棒に目が移ります。最後に青い棒に目を留め、それについて説明しているテキストを読むという具合です。この目の流れは自然ですが、もう少しほかの方法も見てみましょう。

囲み　データと、それを説明しているテキストを囲む方法です。図3.2eを見てください。

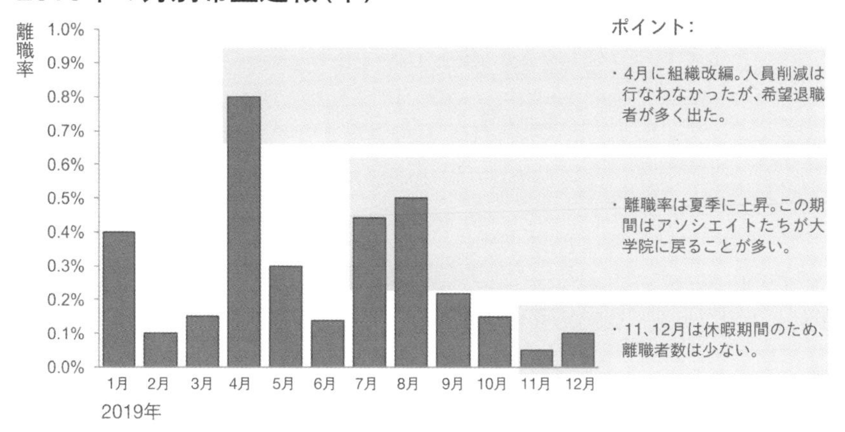

図 3.2e　囲み

図3.2eでは、背景を薄いグレーにして、データポイントとテキストを関連づけています。データの形が違うと、この方法がうまくいかないこともあります。例えば、9月の数値が0.8%だったらどうでしょうか。1つ目と2つ目のグレーの範囲に重なってしまうので、まったく無関係なのに、どちらかのテキストと関連があるのかと読み手を混乱させてしまいます。

この見せ方もよいと思いますが、色の類似を利用した図3.2dと比べるともう1つ欠点があります。データについてプレゼンするときには、「赤い棒を見てください、これが示すのは……」「青い棒が示しているのは……」などと説明できると便利ですが、その目印がありません。背景のグレーを別の色にしましょう。図3.2fを見てください。

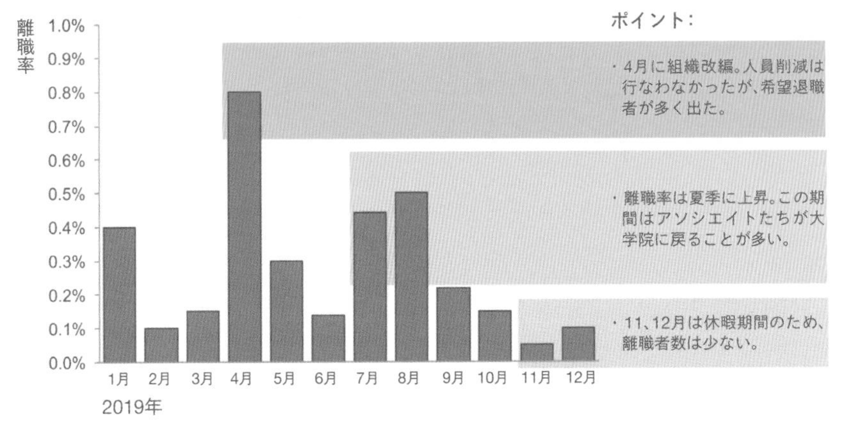

図 3.2f　囲みに「色の区別」を追加

さらに、データとテキストに色の類似を利用すると、どの言葉とどのデータポイントが関連しているかがはっきりします。図3.2gを見てください。

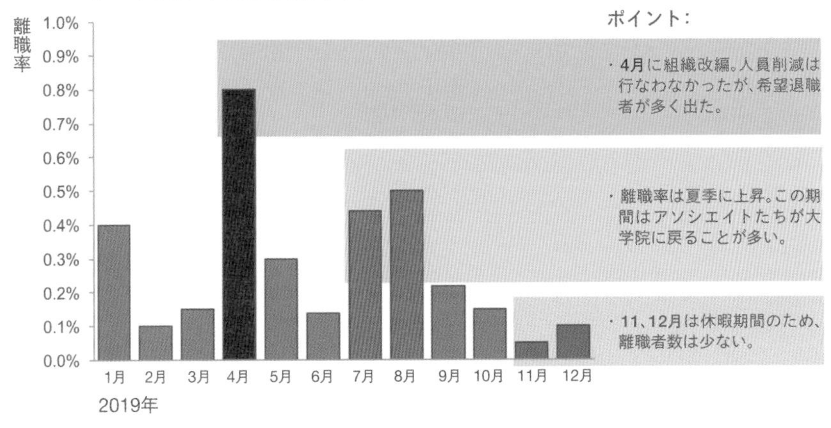

図 3.2g　囲みに「色の類似」を追加

接続　テキストとデータを関連づけるもう1つの方法は、両者を結ぶことです。図3.2hを見てください。

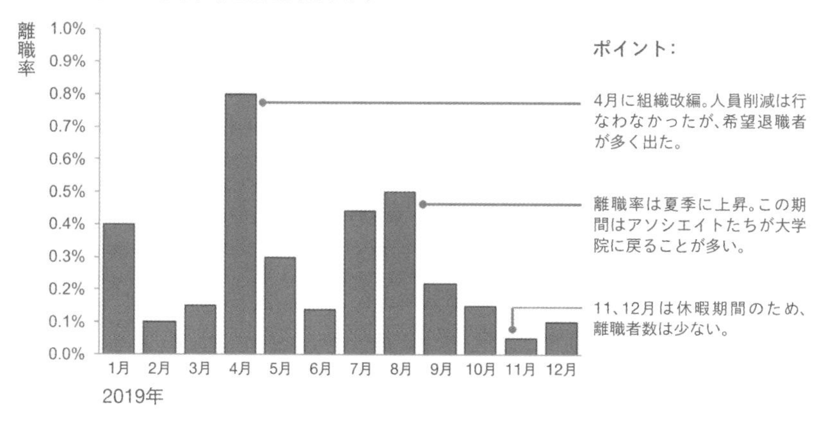

図3.2h　接続

この例では、データのレイアウトと棒の高さが違うのでうまくいきました。線の数が少なく、水平に描ける場合は、この方法がいちばんすっきり見えます（斜めの線は乱雑に見え、無駄に注意をひいてしまいます。斜めの線になりそうな場合は、接続よりも類似の法則を利用したほうがよいでしょう）。線そのものが目立つ必要はありません。薄く細く、接続の役割だけをして、データの邪魔をしないようにします。

しかし図3.2hでは、まだ相手が解読する必要があります。中段のテキストを読まないと、その内容が8月だけでなく7月にも触れていることがわかりません。下段のテキストと12月も同様です。色の類似も合わせて利用すれば相手の負担を減らせます。図3.2iを見てください。

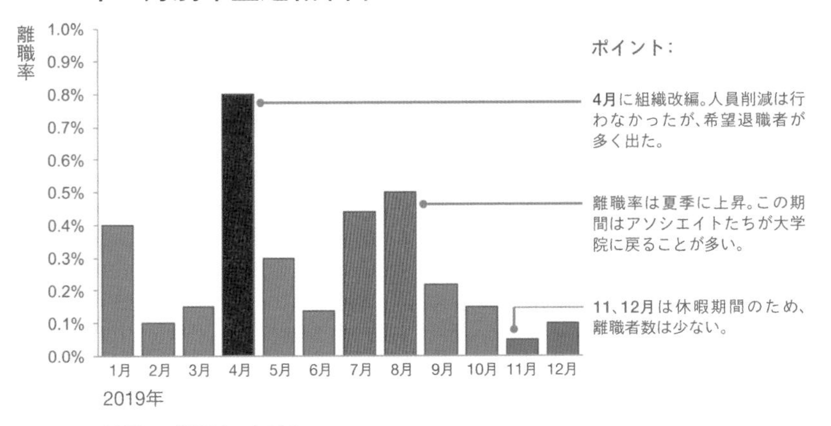

図 3.2i　接続に「類似」を追加

図3.2iでは接続と類似の法則のおかげで、どのテキストがどのデータを説明しているか、はっきりわかります。

ここまでに挙げたグラフのなかから選ぶなら（ほかの方法を思いついた人もきっといると思いますが）、図3.2dのシンプルな色の類似を利用したグラフを私は選びます。図3.2iが僅差で2位です。あなたが考えた方法と私の方法は、似ていましたか、違っていましたか？　私の説明を読んで、あなたが選ぶ見せ方は変わりましたか？

この例も、正解は1つではありません。人によって選ぶ方法は違うでしょう。いちばん大切なのは相手に負担をかけないことです。テキストとデータを一緒に見てもらう場合、テキストを読んでいるときは、そのエビデンスとなるデータはどこなのか、データを見ているときには、その詳細を知るためのテキストはどこなのかが、見てすぐわかるようにしましょう。ゲシュタルトの法則を活用してください。

エクササイズ 3.3：
整列とホワイトスペースを利用する

人が目にしたものに秩序を見出す方法として、ゲシュタルトの法則を見てきました。ほかにも、**クラター**（ごちゃごちゃしたもの）を取りのぞく必要があります。グラフやスライドで各要素が整列しておらず、ホワイトスペースが少ないと、ごちゃごちゃ混み合った印象を受けます。基本的な考え方は、散らかった部屋の片づけと同じです。すべての物をあるべき場所に収納すると、物の量は変わらないのに、整とんされている印象を受けます。

どうすればグラフでも同じことができるのか、簡単なエクササイズで見ていきましょう。クラターやホワイトスペースなどの細部が、ビジュアルデザインの全体的な見た目や印象を大きく左右し、相手の負担を減らします。

次ページの図3.3aを見てください。これは3つのタイプのプロモーション（A、B、C）をうけて、ある医薬品（製品X）の処方箋を書いた医師（処方者）のデータを示すスライドです。このスロープグラフは、左側のリピート処方者（以前にも製品Xを処方したことのある医師）と右側の新規処方者（初めて処方した医師）との間で、3つのタイプのプロモーションでの割合を比較したものです。この例では、細かい点は重要ではありません。このグラフの形が適切かどうかはいったん置いておいて、ここでは、いまある要素をもっとうまく並べるにはどうすればよいかに注目してみましょう。

整列とホワイトスペースについて考えたとき、このグラフをどのように変更しますか？ ほかにも変えたほうがよい点はありますか？ 書き出してみてください。

グラフをダウンロードして、実際に変更してみてもよいでしょう。

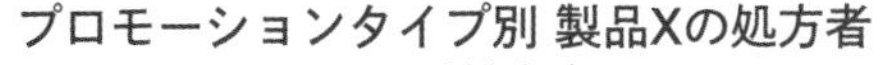

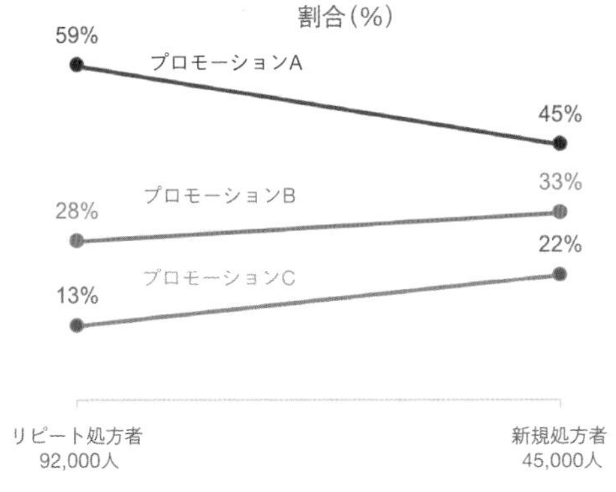

図 3.3a　整列とホワイトスペースを有効活用するには？

答え 3.3：整列とホワイトスペースを利用する

図3.3aのグラフは、各要素をスライド上にただ置いただけのように見え、いいかげんな印象を与えます。ほんの数分かけて、並びを整えてホワイトスペースをつくるだけで、整った印象になり、情報も伝わりやすくなります。

まずは整列させましょう。現状では、テキストがすべて中央揃えになっていますが、宙ぶらりんな印象を与えるので避けましょう。複数行のテキストの両端がギザギザになり、ごちゃごちゃして見えます。

右揃えか左揃えにして、縦横を揃えてすっきり並べましょう。ゲシュタルトの「閉合」の法則が利用でき、スライド上の各要素がまとまって見えます。

この例では、見出し、グラフタイトル、左側の横軸ラベル（リピート処方者、92,000人）を左揃えにします。そしてグラフ内のデータラベルを、リピート処方者については左側に、新規処方者については右側につけるようにします。また、グラフの中ほどにあるプロモーションA、B、C、の表示を右側に移し、それぞれのデータラベルと水平に並べます。最後に、右側のテキストを左揃えにします。

これで、ほとんどのテキストを左寄せしました（横軸の「新規処方者」と

「45,000人」については、グラフの右縁をつくるために右寄せにしました)。右揃えにするか左揃えにするか(まれなケースとして中央揃えにするか)は、ページ上のほかの要素のレイアウトによります。ポイントは、縦と横のきれいなラインを作ることです。テキストを右寄せにしてもうまくいく場合もあり、その例が本書にもたくさんあります。ここでは、テキストをページの右側に揃えるとページの中ほどにギザギザの空間ができてしまうので、左揃えにしました。

もう1つ、ホワイトスペースも変えてみました。グラフタイトルを上にずらして、グラフとの間に少しスペースを空けました。そしてグラフ自体の幅を狭めて、データにラベルをつける余裕を設け、さらにデータラベルと右端のテキストボックスとの間も少し空けました。いちばん簡単で、効果の大きい変更は、右側の文章を1行ずつ空けたことです。これで読みやすく、見た目も少しよくなりました。

これらをすべて変更したのが図3.3bです。

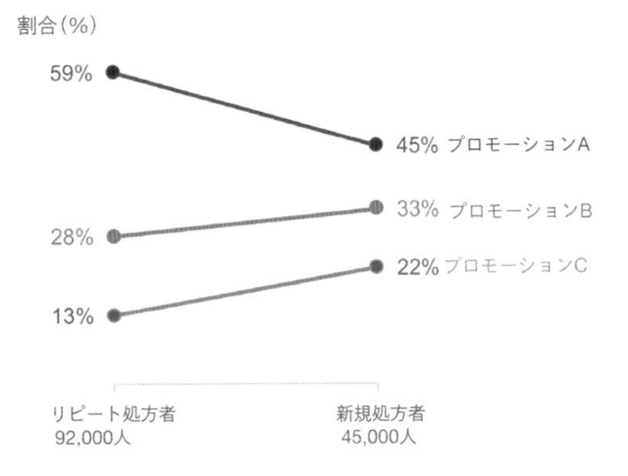

図 3.3b 整列とホワイトスペースの有効活用

図3.3bを図3.3aと見比べてみてください。

もとのグラフに比べて、修正後のグラフをどう感じますか？　もとのグラフより、整然とした印象になりました。

あなたはこれとは違う修正をしたかもしれませんが、それはそれでよいのです。大切なのは、整列とホワイトスペースをうまく使うことです。こうした些細な点が、見やすさに大きな影響を与えることを忘れないでください。

ビジュアルデザインにおいて、細かい点に注意を払うことの効果については、第5章で見ていきます。

エクササイズ 3.4：クラターを取りのぞく

グラフやスライドに、目盛線やデータマーカーなどの不要な要素があると、相手にごちゃごちゃした印象を与えます。必要以上に複雑に見え、相手に負担をかけてしまうのです。不要なものをなくせば、データがよりはっきりと見えます。クラターを取りのぞくと、どんなメリットがあるのでしょうか。

図3.4aを見てください。これは、対面営業チームと非対面営業チームの契約成立までに要する日数の推移を示したものです。

このグラフからどんな要素を取りのぞきますか？ ほかに、表示する内容や方法をどう変えれば、認知的負荷を減らせますか？ 少し考えて、思いついたものを書き出してください。何か所変更しますか？

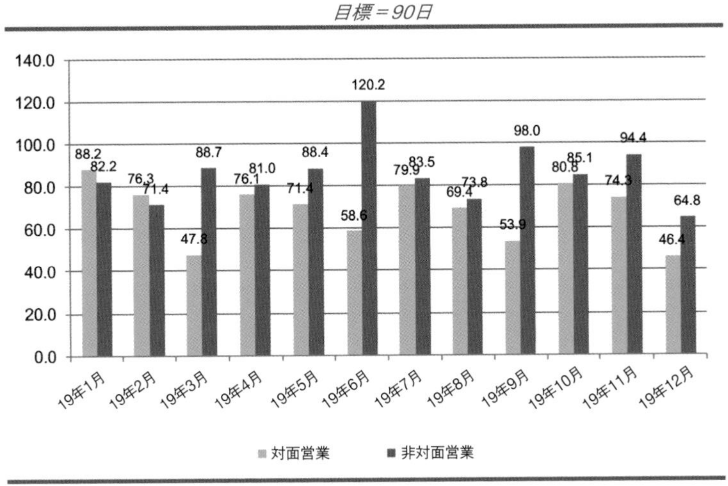

図 3.4a クラターを取りのぞく

答え3.4：クラターを取りのぞく

このグラフで私が変えたいと思った点は15か所ありました。あなたが考えた数がこれより少なければ、つぎに進む前にもう一度、図3.4aに戻って、ほかに変更できる箇所がないか少し考えてみてください。

準備はいいですか？　それでは私のアイデアを1つずつ、背景となる思考プロセスと一緒に紹介していきます。

1. 太い線を取りのぞく。タイトルとグラフのあいだの太い線と、グラフの下部の太い線は不要です。「閉合」の法則で、すでにグラフはひとまとまりに見えているので、必要ありません。線を取りのぞいて生まれたホワイトスペースを活かして、タイトルとグラフをほかの要素から少し離しましょう。

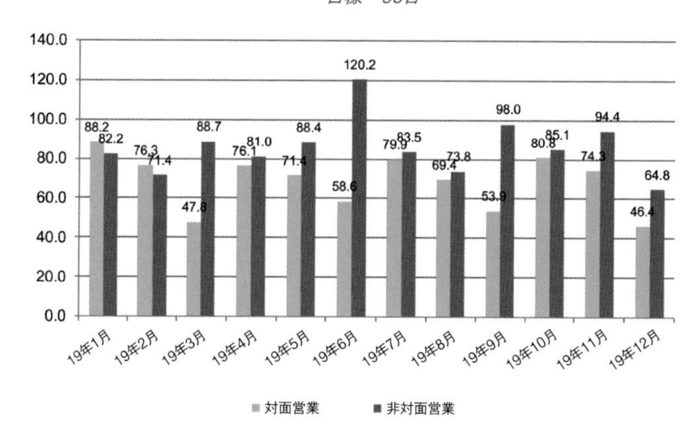

図3.4b　太い線を取りのぞく

2. 目盛線を取りのぞく。目盛線は無駄です。グラフを囲む枠線と目盛線をなくすだけで、驚くほどデータがはっきり見えるようになります。

図3.4cを見てください。

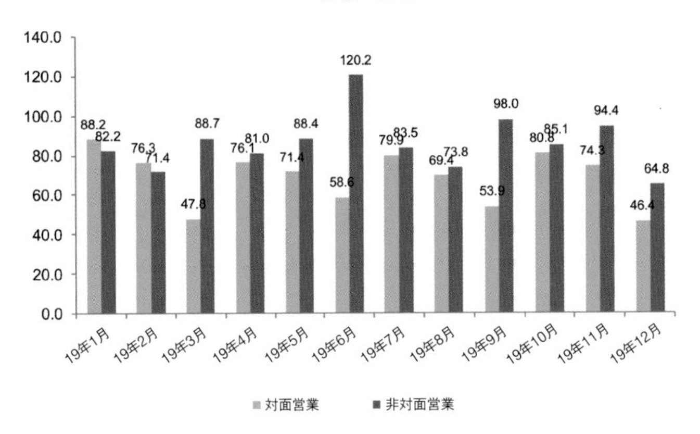

図 3.4c　目盛線を取りのぞく

3. 縦軸の目盛のゼロを取る。縦軸の小数「.0」は何も伝えていないので、取りましょう。目盛の幅も変更します。日数なので、30日ごと（約1か月分）がより合理的でしょう。30日で試したところ、間延びして見えたので、15日刻みとしました。軸タイトルも入れて、何を示しているのかわかりやすくしましょう。縦横の軸は直接タイトルをつけると、データを読み解きやすくなります。

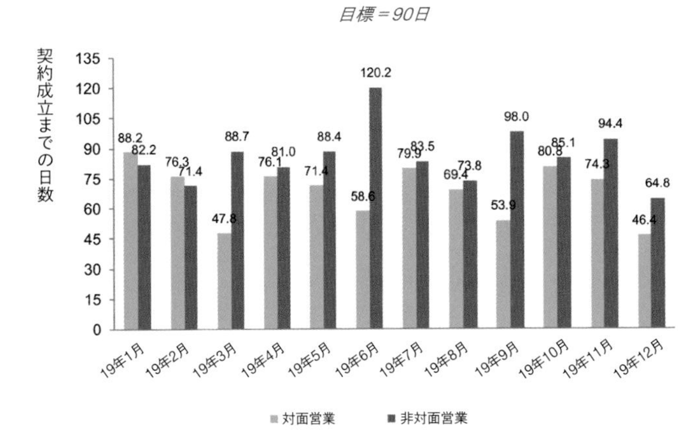

図 3.4d　縦軸の目盛のゼロをとる

4. 横軸の斜めテキストを取る。斜めのテキストは乱雑に見えます。それ以上に、研究によると、横方向のテキストより読むのに時間がかかります。わかりやすく情報を伝えるためには、できるかぎりテキストは水平に配置してください。

斜めのテキストは横軸でよく目にします。すべての日付に年を入れようとすると、スペースの都合で日付を斜めにせざるを得ません。横軸には月だけを入れ、年は横軸の上位カテゴリーとするか、横軸のタイトルを年にしてもよいでしょう。この例では、横軸のタイトルを年（2019年）にして、期間を明確にしました。

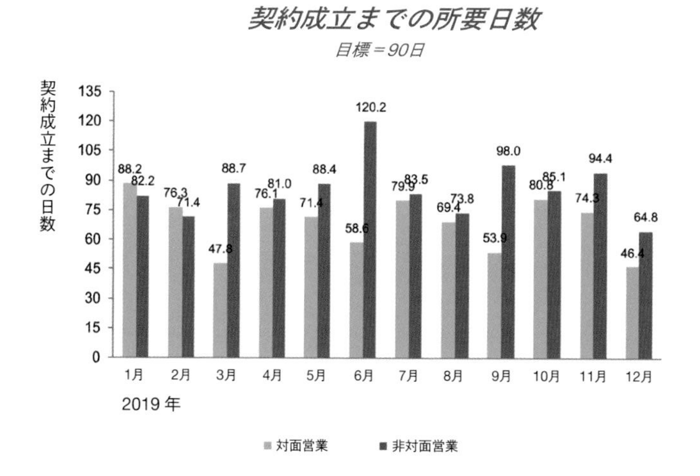

図 3.4e　横軸の斜めテキストを取る

5. 棒を太くする。棒グラフのあいだのホワイトスペースが棒自体の幅より広いと見にくくなります。棒を太くしましょう。そうすれば棒同士の間隔が狭くなって、ゲシュタルト「接続」の法則が利用でき、目が自然と棒と棒のあいだを線で結ぼうとします（もしあなたが、棒グラフから折れ線グラフに変更したほうがよいと考えたなら、このあとすぐ触れるので、ご心配なく！）。

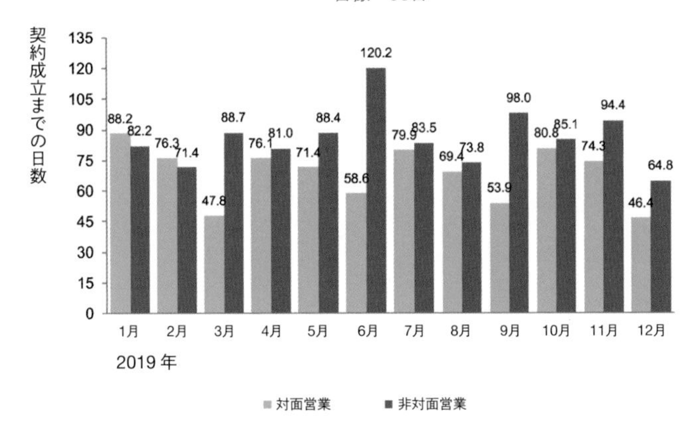

図 3.4f　棒を太くする

6. データラベルを棒グラフ内に入れ込む。棒を太くしたので、データラベルを棒のなかに入れられます。これは目の錯覚を利用する方法です。図3.4fで、データラベルが棒の外側にあったときは、棒とラベルが2つの別の要素に見えていました。データラベルを棒のなかに入れ込むと、1つの要素に見えます。そのおかげで、見せているデータの量を減らすことなく、認知的負荷を減らせました。

変更前は各データラベルを小数第1位まで表示していました。コンテキストにもよりますが、今回のケースでは数字の単位を考えると、そこまでの精度は必要ありません（前にも触れたように、小数点以下の表示を増やすと、ミスリードになりかねません）。小数点以下をなくすと、棒のなかにラベルがうまく収まります。ラベルの色は、黒から白に変更しました。これは単に、背景と白い文字とのコントラストがきれいに見えるからです。図3.4gを見てください。

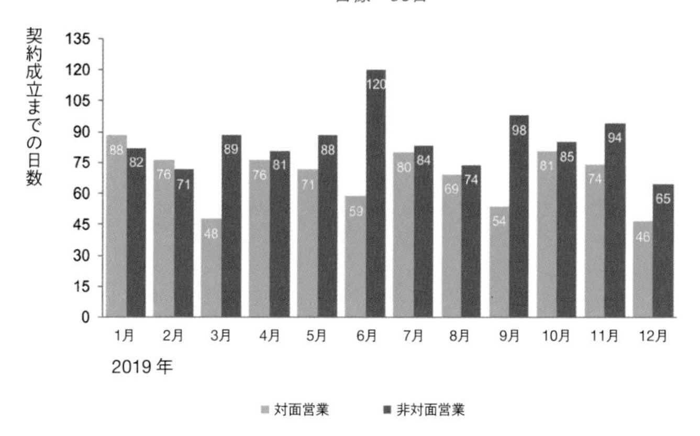

図 3.4g データラベルを棒の先端に入れ込む

7. データラベルを削除する。 ステップ6で、データラベルの小数点以下を四捨五入して、棒グラフに入れ込みました。でも、縦軸があればすべてのデータポイントにラベルをつける必要はなく、どちらかで十分です。グラフを作るとき、縦軸を残すのか、データに直接ラベルをつけるのか、両方を取り入れるのかは、いつも悩ましいところです。詳細な数値が必要かどうかを考えましょう。もし、「対面営業の契約成立までの所要日数が、11月時点の74日から12月時点の46日に変化した」というように、正確な数字を知らせることが重要ならば、データに直接ラベルをつけ、縦軸を削除してもよいでしょう。それとは反対に、データの形、あるいは全体の傾向や関係性に注目してほしい場合は、縦軸を残しておき、余計なデータラベルを取りのぞきましょう。

今回の例では、正確な数値よりもグラフの形や全体の傾向のほうがより重要だと考えました。そこで、縦軸を残してそれぞれの棒からデータラベルを取りのぞくことにしました。

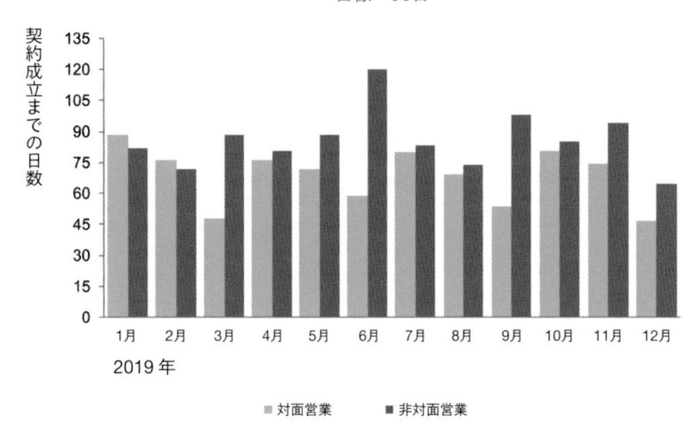

図 3.4h　データラベルを削除する

8. 折れ線グラフにする。「このデータは推移を示すものだから、折れ線グラフにするべきでは？」とあなたが思っていたなら、私も同じです。棒グラフから折れ線グラフに変更した場合どうなるかを見てみましょう。使う色の量が少ないので、デザインが全体的にすっきりします。24本もあった棒が、たった2本の線になったので、認知的負荷も大きく軽減されます。

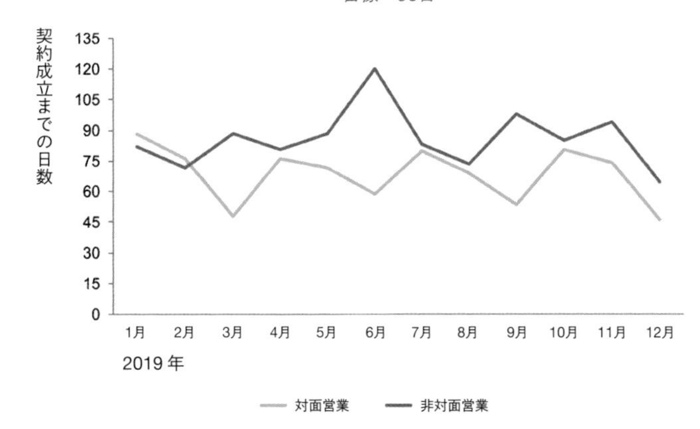

図 3.4i　折れ線グラフにする

9. データに直接ラベルをつける。図3.4iで、凡例はどこにありますか？　見つけるのに少し手間取りませんでしたか？　これが「余計な作業」です。ここまでのステップで、認知的負荷のもとになる要素を減らしてきたので、ちょっとした負担を与えるものに気づきやすくなったのではないでしょうか。こうした負担こそ、情報のデザイナーである自分が気づいて片づけておき、相手に解読を強いることのないようにしたいものです。

ゲシュタルトの「近接」の法則を利用して、データのすぐ隣にラベルを置けば、凡例を探す手間もなくなります。

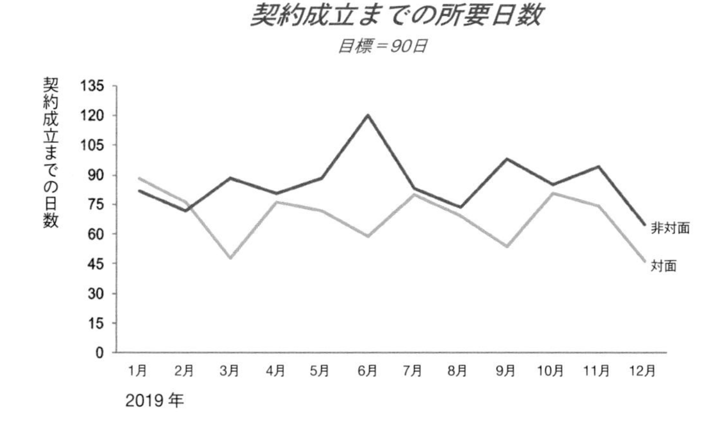

図 3.4j　データに直接ラベルをつける

10. データラベルとデータの色を揃える。1つ前で、データラベルをデータのすぐ隣に置いて「近接」の法則を利用しました。今度は「類似」の法則を利用して、データラベルの色をデータの色と揃えてみましょう。そうすれば、両者の関連性を示すもう1つの目印になります。

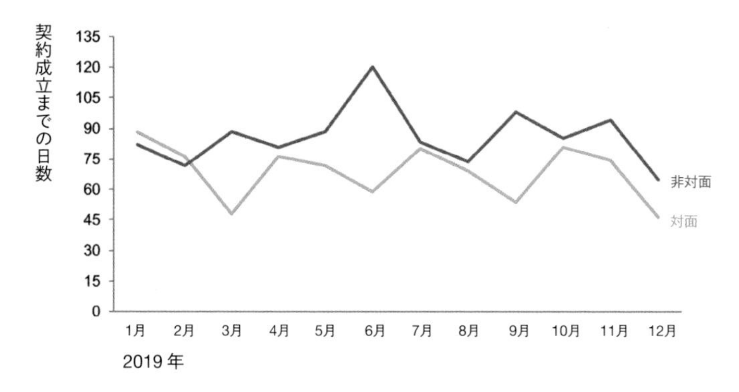

図3.4k　データラベルとデータの色を揃える

11. グラフタイトルを左上に寄せる。人はZの形にジグザグに目を動かして情報を読み込んでいきます。グラフや軸のタイトル、ラベルなどは左上に寄せましょう。そうすれば、相手はデータそのものを見る前に、データの内容を確認できます。エクササイズ3.3でも説明したように、テキストを中央揃えにするのは、宙ぶらりんな印象を与えるので避けましょう。（図3.4kのタイトルの位置を見てください）。また、テキストが複数行だと、両端がギザギザになり見にくくなります。ここではタイトルの位置を変更し、イタリックもやめました。

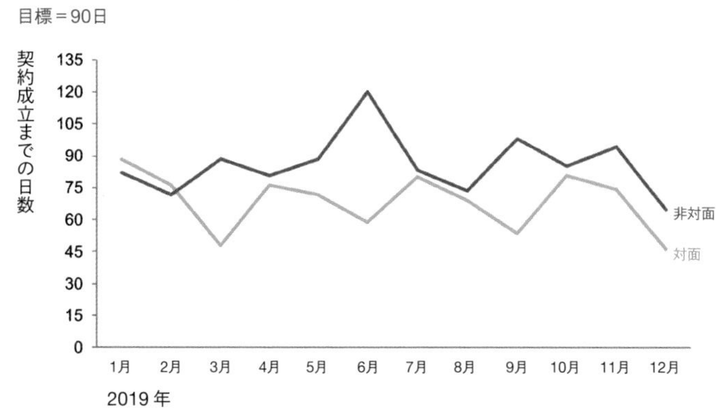

図3.4l　グラフタイトルを左上に寄せる

12. タイトルの色づけをやめる。ここまでグラフタイトルの色は青でした。そのせいでタイトルと非対面営業の折れ線に関連があると思いませんでしたか？　これは「類似」の法則によるもので、人は同じ色のものを関連づけようとするからです。この場合は、関連がないので、タイトルを黒に変更しましょう（この自然な関連づけを活かして、タイトルに色を使った別な方法を、すぐあとで試します）。

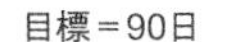

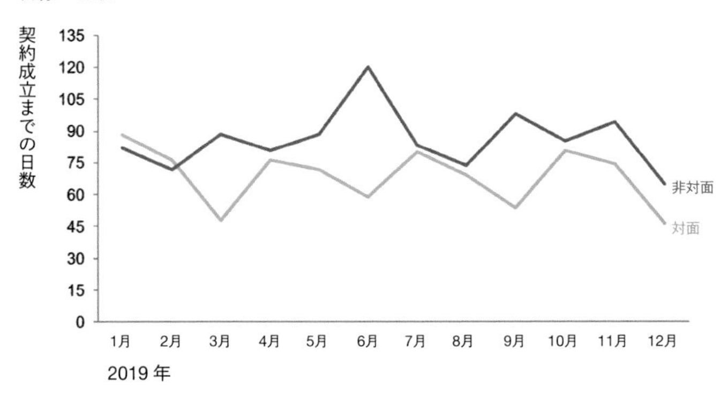

図 3.4m　タイトルの色づけをやめる

13. グラフに目標値を入れる。ここまで、契約成立に至る所要日数の目標値（90日）をサブタイトルで示していました。目標に達しているかどうかを、データを見てひと目で確認できるようにするなら、目標値を直接グラフに示したほうがよいでしょう。

契約成立までの所要日数

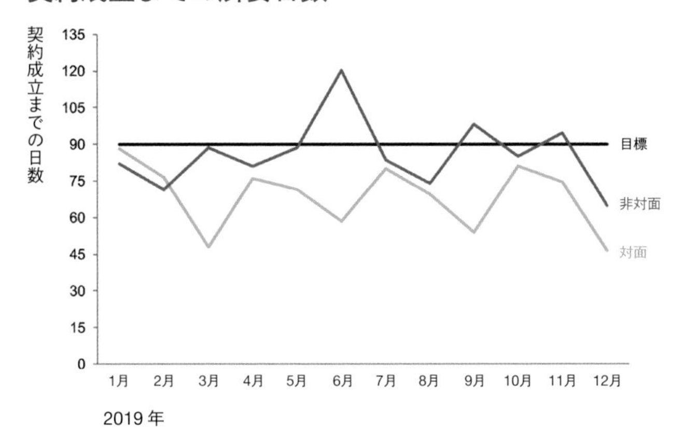

図 3.4n　グラフに目標値を入れる

14.「目標」を示す最適な方法を探す。図3.4nでは、目標値を示すラインが目立ちすぎています。もう少し別の見せ方を考えましょう。このように、グラフを作る過程のいろいろなポイントで試行錯誤してみましょう。私は目標を示すときによく点線を使いますが、太いと目立ちすぎるので細くします。そうすれば存在感が薄まり、過度に目をひくことがなくなります。また、GOAL（目標）などの短い英単語の場合は、大文字表記にします。読みやすいですし、文字全体がきれいな長方形になるからです（小文字が混ざると、aに比べてlの背が高いなど上のラインがきれいに揃いません）。

目標を示すさまざまなライン

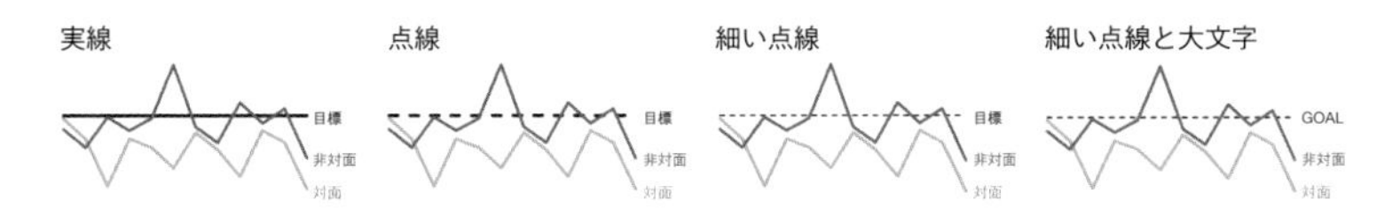

図 3.4o　試行錯誤：目標を示すさまざまなライン

3つ目の図を拡大してみましょう。

契約成立までの所要日数

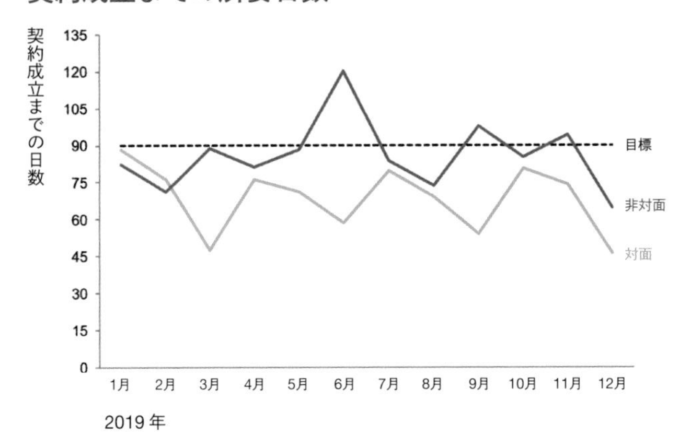

図 3.4p　私が選んだ「目標」のライン

15. 色を取る。 グラフ内の2本の折れ線の間には十分な間隔があります。これまでずっと色を使って2本の線を区別してきましたが、その必要はありません。すべてグレーにしてみましょう。注意をひきたい場合には、色がまた役に立ちます。つぎにそれを見てみましょう。

契約成立までの所要日数

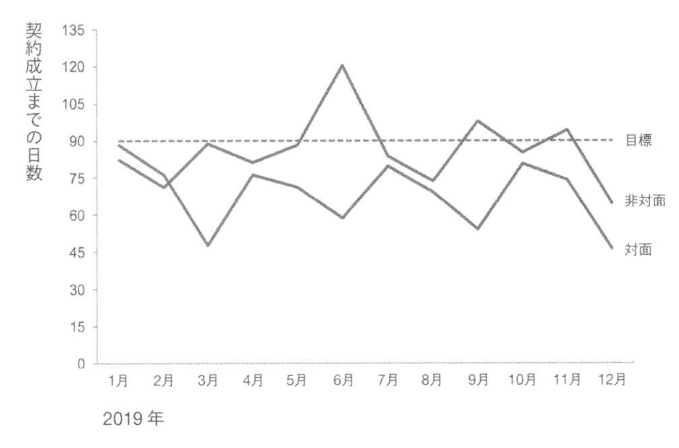

図 3.4q　色を取る

注意をひきつける。つぎの章のテーマに飛んでしまいますが、グラフを完成させましょう。ここからは通し番号をつけていません。もうクラターを取りのぞく作業は終わったからです。図3.4qでは全体をグレーにして、目立つ箇所をなくしました。そうすると、「どこに」「どのような」方法で相手の注意をひくべきか、一歩引いてよく考えられるようになります。ここでは、非対面営業のデータ系列に注意をひきたいと仮定します。

図3.4rはその一例です。

契約成立までの所要日数：非対面営業は時間経過とともに変化

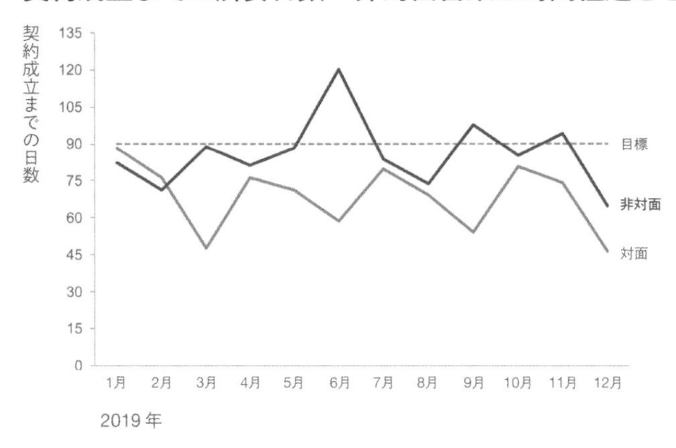

図3.4r　注意をひきつける

グラフ上部の文言と、グラフ内の非対面営業の系列に同じ色を使い、視覚的に関連づけている点に注目してください。最初のグラフで、青文字になっていたタイトルと青のデータ系列を関連づけそうになったのと似ていますが、今回は意図的にそうしたものです。グラフの上にある文字を読めば、相手はデータを見る前に、そこから何を探せばよいかが先にわかります。また、このグラフを見ると、色のついた言葉と線が注意をひくので、非対面営業の契約成立までの所要日数が変化しているという要点がすぐ読み取れます。

別の箇所に注意をひく。1つ前と同じように色を使い、さらにいくつかのデータポイントを目立たせれば、ほかの箇所にも注意をひくことができます。図3.4sを見てください。

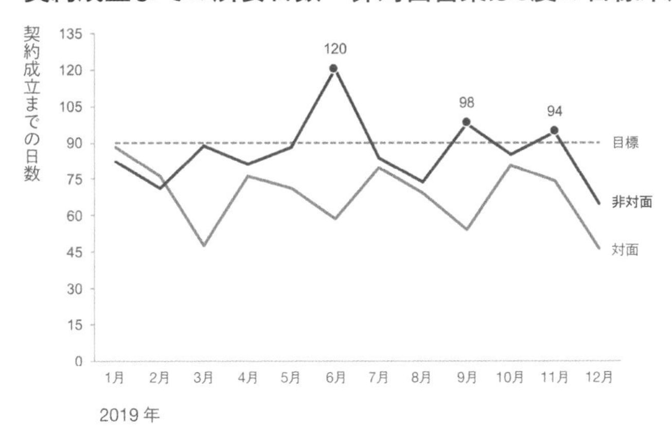

図 3.4s　別の箇所に注意をひく

確実に注意をひくために使う色を増やす。さらに、図3.4sにほかの色を加えます。私は、緑を「よい」こと、赤を「悪い」ことを示すのに使うのを避けるようにしています。色覚障害がある人には違いがわかりづらいからです。明るいオレンジ色なら赤と同じくネガティブな意味合いを表すこともでき、グラフで使っているほかの色との違いも目立ちます（この青はクライアントのブランドに合わせて選んだものです）。

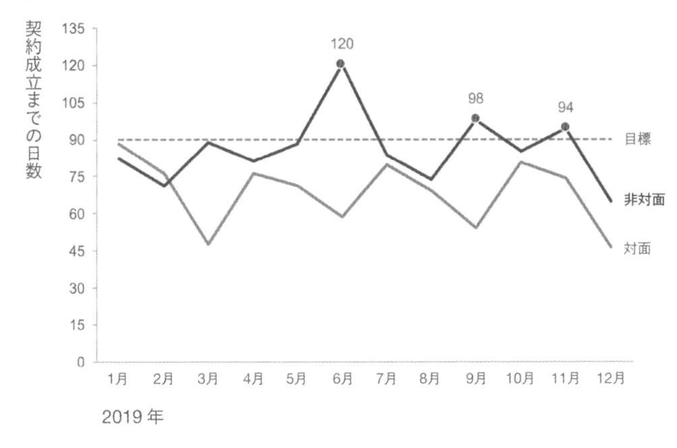

図 3.4t　確実に注意をひくために使う色を増やす

さらに別のポイントに注意をひく。もし目標未達の箇所が最も伝えたいポイントではない場合、二次的な情報に目を向けさせることもできます。つまり、非対面営業でも対面営業でも、ほとんどの期間で目標を達成していることです。言葉と色を使ってこのポイントをはっきりさせます。つぎのグラフでは、右端にデータマーカーとデータラベルをつけ、非対面営業と対面営業の契約成立までの所要日数の比較や、12月時点での目標との比較がしやすくなっています。

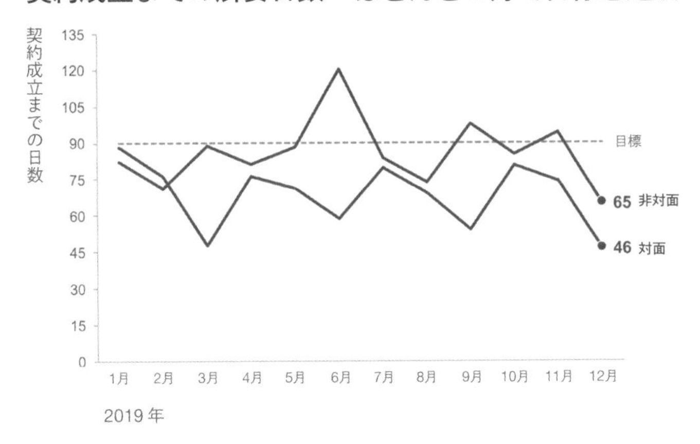

図3.4u　さらに別のポイントに注意をひく

注意をひくための戦略については、第4章でさらに見ていきます。

つぎは、あなた1人でいくつか練習をしてみましょう。

小さな改善も積み重なれば大きな効果があり、認知的負荷を減らして、ビジュアル表現をわかりやすいものにしてくれます。引き続き、不要な要素を見極めて取りのぞく練習をしていきましょう。

エクササイズ3.5：どのゲシュタルトの法則を利用しているか？

さまざまな例で見てきたように、ゲシュタルトの法則によって、私たちは見ているものから秩序を見出し、クラターを取りのぞいたり、各要素をいろいろな方法で関連づけたりできます。これまで見てきた「近接」「類似」「囲み」「閉合」「連続性」「接続」の6つの法則を念頭に置いて、つぎのグラフを見てみましょう。

図3.5ではどのゲシュタルトの法則を利用しているでしょうか？ どこで、どのように利用していますか？　それぞれ、どんな効果がありますか？

成長タイプ別顧客内シェア

成長タイプ	顧客数	シェア拡大機会(百万ドル)	シェア維持機会(百万ドル)
急成長	407	$1.20	$16.50
成長中	1,275	$8.10	$101.20
安定	3,785	**$34.40**	**$306.30**
下降中	1,467	**$6.50**	**$107.20**
急下降	623	$0.40	$27.70
合計	7,557	$50.60	$558.90
「安定」と「下降中」の合計：	全顧客の **69%**	シェア拡大機会の **81%**	シェア維持機会の **74%**

図 3.5　どのゲシュタルトの法則を利用しているか？

エクササイズ 3.6：伝わりやすいグラフを探す

これは伝わりやすいと思うグラフを1つ探してください。仕事で作成したものでも、ほかの誰かのものでも、メディアやstorytellingwithdata.comから見つけたものでも、何でもかまいません。**そのグラフはゲシュタルトの法則を利用していますか？** 必ず利用しているはずです。どの法則をどのように利用していますか？ リストアップしてみましょう。その法則は、どのように役立っていますか？ ほかにそのグラフで気に入った点はどこですか？ 伝わりやすいのはなぜでしょうか？

わかった点を文章にまとめましょう。つぎの図も参考にしてください。

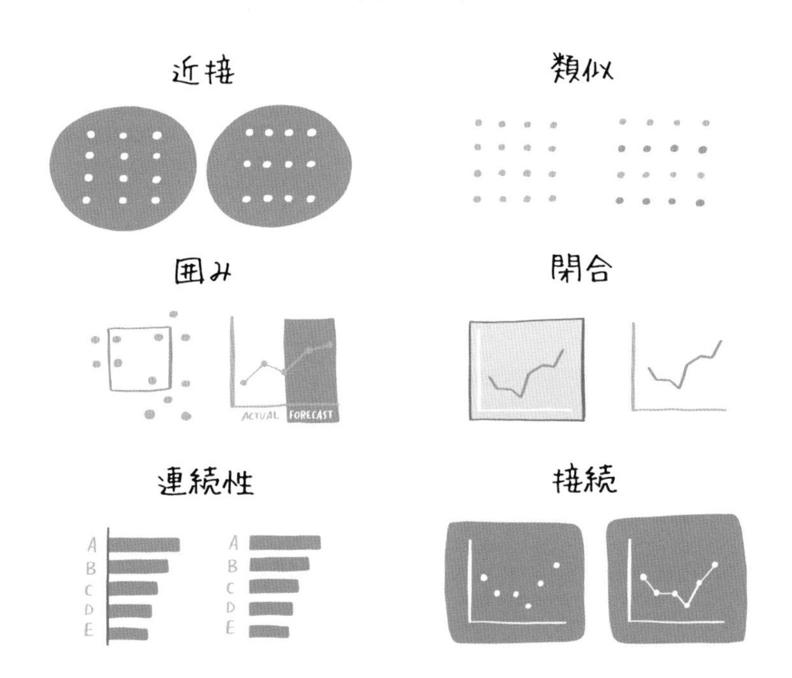

エクササイズ 3.7：整列とホワイトスペースを利用する

整列とホワイトスペースという2つのデザインの要素はうまく使うと、その存在に気づきません。でも逆の場合は、見た目にまとまりがなかったり、細部への注意が欠けていたりして、データやメッセージから注意がそれてしまうのです。

図3.7を見てください。ある食品メーカーが、飲料のプロダクトライン拡大のために、複数の飲料コンセプトについて実施したアンケート結果を示しています。つぎのエクササイズを行なってください。

ステップ1：整列とホワイトスペースをより効果的に使うとしたら、具体的にどうしますか？　リストアップしてみましょう。

ステップ2：この章で学んだことを振り返ってください（ゲシュタルトの法則の活用、クラターを取りのぞく方法、コントラストの利用など）。クラターを取りのぞいてこのグラフを改善するために、どんなことができますか？

ステップ3：データをダウンロードして、好きなツールで、あなたが考えたように変更してみてください。各要素をきれいに並べて、ホワイトスペースを有効利用し、クラターが何もないグラフを作ってみましょう。

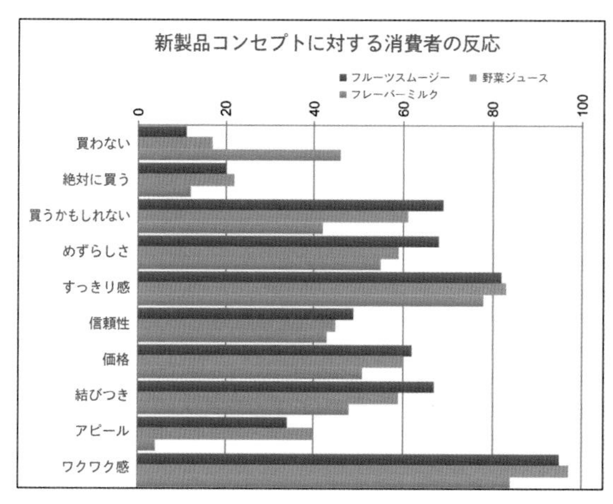

図 3.7　整列とホワイトスペースでこのグラフをどう改善するか？

エクササイズ 3.8：クラターを取りのぞく

ここまでの例で見てきたように、グラフから必要のないものを見つけて、取りのぞくことには大きな価値があります。1つ要素を取りのぞくごとにデータがより明確になり、スペースも空くので、大事な内容を加えることもできます。引き続き、クラターを見極め、取りのぞく練習をして、このスキルを身につけましょう。つづく3つのエクササイズで、さまざまなタイプのクラターを見つけ出していきます。

図3.8は、顧客満足度の推移を示しています。**不要なビジュアル要素はどれでしょうか？** 認知的負荷を減らすには、どのように変更しますか？ このグラフを変更してクラターを取りのぞく方法を書き出してください。

そのあと、データをダウンロードし、あなたが思うように変更してみてください。または、好きなツールにデータをインポートして、クラターがないグラフを作ってみましょう。

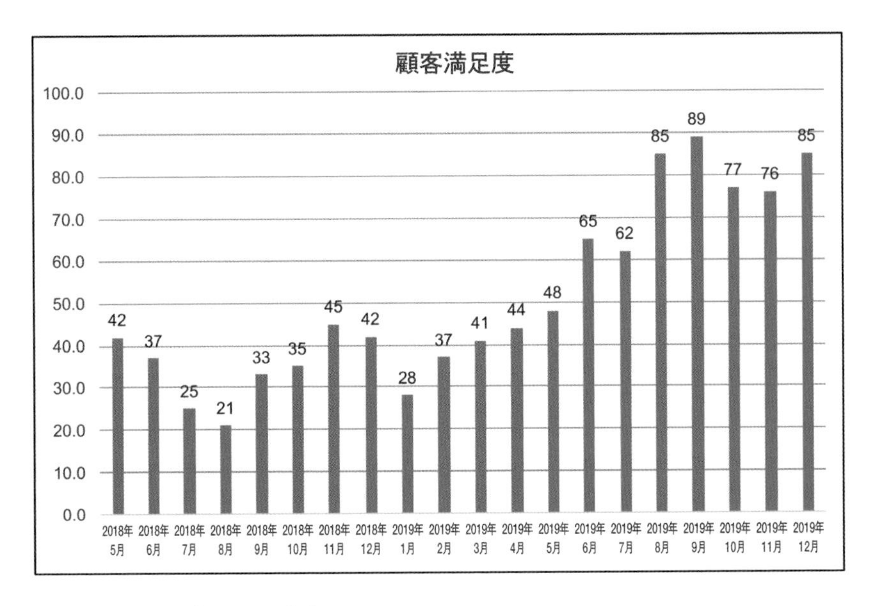

図 3.8 クラターを取りのぞく

エクササイズ3.9：クラターを取りのぞく（2回目）

クラターはいろいろな形で現れます。別のグラフを例に見ていきましょう。

図3.9を見てください。このグラフは全国チェーンのディーラーによる車の月別販売数を示したものです。**不要なビジュアル要素はどれでしょうか？** 認知的負荷を減らすには、どのように変更しますか？　このグラフを変更してクラターを取りのぞく方法を書き出してください。

つぎに、データをダウンロードし、あなたが思うように変更してみてください。または、好きなツールにデータをインポートして、クラターがないグラフを作ってみてください。

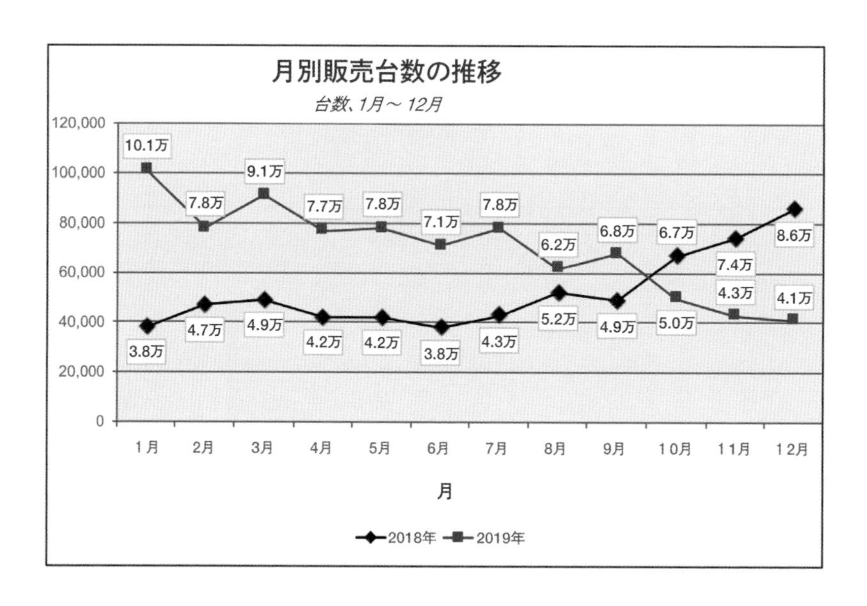

図 3.9　クラターを取りのぞく

エクササイズ3.10：クラターを取りのぞく（3回目）

さらにもう1つ、クラターを見極めて取りのぞくエクササイズをします。図3.10を見てください。ある銀行で自動送金を利用している顧客の割合を商品種別ごとに示したものです。**不要なビジュアル要素はどれでしょうか？** 認知的負荷を減らすには、どのように変更しますか？　このグラフを変更してクラターを取りのぞく方法を書き出してください。

つぎに、データをダウンロードし、あなたが思うように変更してみてください。または、好きなツールにデータをインポートして、クラターがないグラフを作ってみてください。

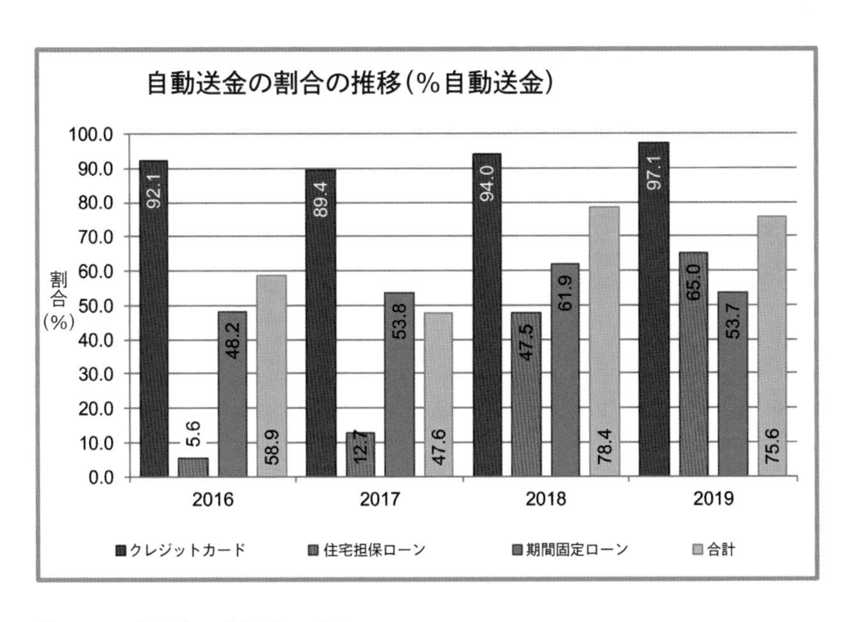

図3.10　クラターを取りのぞく

職場で
実践

今後に役立つヒントと、自分への質問リストで、クラターを取りのぞく練習を終わりにします。不要な要素を取りのぞき、伝わりやすいコミュニケーションを目指しましょう！

エクサイズ 3.11：1 枚の紙から始める

グラフにクラターが入り込むのは、使っているソフトウェアのせいだとも言えます。紙に描く場合は、線を1本引くにも労力が必要です。それなりの価値がなければ、わざわざ描こうとはしないので、無意味な要素が入りづらいのです。

第2章で、紙を使ってブレインストーミングや、データの見せ方を試行錯誤したように、クラターを取りのぞくうえでも、紙に描くことにはよい効果があります。

データコミュニケーションが必要な、進行中のプロジェクトを1つ考えてみてください。少し時間をかけて、そのデータと伝えたいポイントをよく検討します。そして**紙を用意し、グラフを描いてみましょう**。不要なものを描いていないかを考えてみてください。描けたら、あなたのアイデアを実現してくれるツール、もしくはフィードバックをくれるエキスパートを見つけましょう。

エクササイズ 3.12：それは本当に必要？

ひとたび時間をかけて何かを作ると、客観的に見直すことや、変えることが難しくなってしまいます。グラフを作ったあとは、ひと呼吸おいて、つぎの質問で確認してみてください。または、定期的に作成している報告書やダッシュボードから既存のグラフを取り出し、不要なものを取りのぞいて改善するにはどうすればよいかを、つぎの質問を通して考えてみてください。

- **どのクラターを取りのぞけるか？**　データやメッセージをわかりにくくする、不要な要素はないですか？　枠線や目盛線はたいてい削除できます。必要以上に複雑なものはありませんか？　どうすればシンプルにできますか？　何を負担に感じますか？　どう修正できるでしょうか？　認知的負荷を減らすために、ほかに変更できるところはないですか？

- **重複している情報はないか？**　わかりやすいタイトルやラベルをつけるのは大切ですが、重複している箇所はないでしょうか。例えば、グラフの軸とデータラベルの両方が、必要なことはあまりありません。どちらがより有効でしょうか？　単位は明確に示すべきですが、データポイント全部につける必要はありません。わかりやすくまとめて、整理しましょう。

- **表示しているデータは全部必要か？**　グラフや資料にあるデータを1つひとつ眺めて、それが必要か自問しましょう。データを取りのぞくときは、それによって失うことになるコンテキストを考えましょう。なくなっても大丈夫なことも多々あります。どのくらいの期間を表示すればよいのか、比較すべき重要なポイントはどこか、その優先順位はどうか、といった点も検討してください。データの集約の度合いや期間が適切かも考えましょう。例えば、日次データを週次に、月次データを四半期ごとにまとめれば、簡潔になり、全体的な傾向が見やすくなる場合もあります。

- **目立たなくてよいものはどれか？**　1つのグラフやページ上にある複数の要素が同じように重要というわけではありません。重要度が低く、グレーに変えて目立たなくしたほうがよいものはどれでしょうか？　逆にコントラストをつけて目立たせたい箇所はどこですか？

- **フィードバックをもらう**。作ったグラフを同僚に見てもらい、いろいろ質問をしてもらいましょう。もしあなたが「これは無視して」などと言ったり、明白だと思っていたポイントについて同僚が質問してきたりしたときは、それを手がかりにグラフを修正します。重要度が低い要素は目立たなくするか、完全に削除してしまいましょう。修正が終わったら、またほかの誰かと同じプロセスを繰り返します。フィードバックをもとに何度も作り直せば、「よい出来」から「すばらしい出来」にグレードアップできるでしょう。

エクササイズ3.13：意見を交換する

つぎは、第3章で学んだことやエクササイズについての質問です。これについて、パートナーやグループと意見を交換しましょう。

1. クラターを見極め、取りのぞくことがなぜ大事なのでしょうか？　今後あなたの作るビジュアルコミュニケーションでは、どんなタイプのクラターを取りのぞきますか？　クラターを取りのぞくのに時間をかけなくてよいのはどんなときでしょうか？

2. ゲシュタルトの法則を振り返ってみましょう。6つの法則のなかで、どれをいちばん活用したいですか？　どのように利用しますか？　よくわからない法則や、どこに活かせばよいかはっきりしない法則がありますか？

3. グラフアプリケーションがいつも勝手に付け加えてしまうクラターはありますか？　ツールを使いやすくするために、クラターを取りのぞくプロセスを効率化するにはどうすればよいですか？

4. データの推移を棒グラフでプロットした例がありました。クラターの観点から、このデータを折れ線グラフに変えるメリットは何ですか？　どんな場合に折れ線グラフが適切ですか？　棒グラフのほうがよいのはどのようなときですか？

5. この章で学んだことから、今後に活かそうと思うものを1つ挙げるならどれですか？　どこで、どのように使いますか？　例外として、その方法を使わないのはどんな場合ですか？

6. 要素を整列させ、ホワイトスペースを確保し、戦略的にコントラストを使うのは、グラフや資料をただきれいに見せるためだけですか？　ほかに理由がありますか？　こうした細部へのこだわりは重要ですか？　イエスの場合もノーの場合も、それはなぜですか？

7. クラターが必要な状況を想像できますか？　それはどんな場合で、なぜでしょうか？

8. この章で述べてきた方法に関して、自分や自分のチームにとって具体的な目標を1つ立てるとしたらどんなことですか？　どうすれば自分（またはチーム）はそれを達成できるでしょうか？　誰にフィードバックを求めますか？

第4章

相手の注意をひきつける

相手にいちばん見てもらいたいのはどこですか？　グラフやスライドを作るとき、このシンプルながらも大切な視点を忘れがちです。

ビジュアルコミュニケーションでは、相手がどんな順番で、どこに注目したらよいかを明確にわかるようにする必要があります。そこで、色、サイズ、位置などの**無意識的視覚情報**（無意識に認知される視覚情報、preattentive attributes）を戦略的に使います。同じデータを見ても、全員が同じものを見るとはかぎりません。しかし、デザインの工夫次第で、見てもらいたいポイントに注目を集めることができます。

さあ、**相手の注意をひきつける**練習をしていきましょう！

まずは前著『Google流 資料作成術』第4章のレッスンの復習からです。

Google流
資料作成術
第4章

振り返ってみましょう

相手の注意をひきつける

人は「脳」でものを見る

人がものを見る仕組み

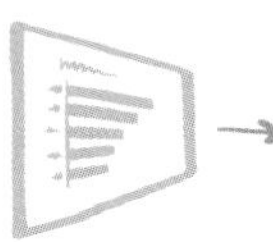

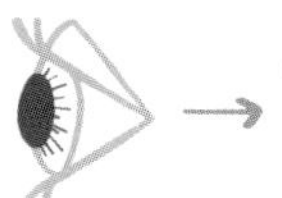

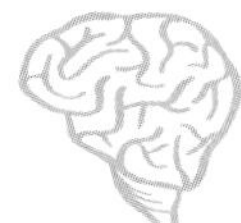

記憶の3つのタイプ

映像記憶*

情報を短期記憶に
転送する前の
ほんの一瞬の記憶

＊無意識的視覚情報
を検知

短期記憶

短期記憶に
とどめておける情報は
一度に4つぐらい

その後、
完全に忘れられるか、
長期記憶に送られる

長期記憶

プレゼンで
働きかけたい
記憶領域

ここで役立つのが
ストーリー。
くわしくはのちほど

無意識的視覚情報

視覚的な優先順位をつけて、
見るべきものを伝え、
情報を処理しやすくする

向き　形　線の長さ　線の幅

サイズ　湾曲　追加　囲み

色　濃さ　位置　動き

注目

覚えておくべき視覚情報

サイズ

相対的なサイズが
相対的な重要性を示す

色

うまく使うと、
相手の注意をひく
最強のツールになる

位置

とくに目印がなければ、
人は左上からZ形に
ジグザグに見ていく

この自然な流れに沿うように、
重要な情報を左上に配置する。
そうでなければ、
どの順番で見るかをはっきり示す

目をひかれるのはどこ？

無意識的視覚情報を
有効に使えているかを確認するテスト

目を閉じて…

…作ったスライドやグラフを見る…

…自分の視線がどこにいくかに注意…

ほかの人の視線も
同じ場所にいく
可能性が高い

試してみて、必要に応じて修正しましょう

一緒に練習

4.1
目を
ひかれるのは
どこ?

4.2
複数の
ポイントに
注意をひく

4.3
さまざまな方法で
注意をひく

4.4
「すべて」の
データを
ビジュアル化する

1人で練習

4.5
目を
ひかれるのは
どこ?

4.6
表データで
応用する

4.7
さまざまな方法で
注意をひく

4.8
ここに注意を
ひく方法は?

職場で実践

4.9
目を
ひかれるのは
どこ?

4.10
ツールを
習得する

4.11
注意をひくべき
箇所を
見極める

4.12
意見を
交換する

まず、数枚の写真を見て、どういうものが人の注意をひくのかを理解しましょう。つぎに、そこで気づいたことを活かして、見てもらいたい箇所を明確にし、意識的に相手の注意をひきつける練習をします。

エクササイズ 4.1：目をひかれるのはどこ？

自分が意図するところに相手の注意をひきつけられているかを確認するシンプルな方法があります。私は**「目をひかれるのはどこ？」テスト**と呼んでいます。やり方は簡単です。グラフやスライドを作ったら、一度目を閉じるか、グラフから目をそらします。そして再びグラフに目を戻し、最初に目がいくポイントを確認します。相手も同じ箇所を見るはずです。この方法で見てもらいたいところに注意をひけているかを確認し、必要に応じて調整してください。

それでは、画像を見て、データコミュニケーションに活かせるヒントを考えていきます。

まず、それぞれの写真を見る前に目を閉じてください。それから目を開き、写真を見ます。このとき、最初に目がいくのはどこですか？　そこに視線がいくのはなぜでしょうか？　このエクササイズから学べるのはどのようなことでしょうか？　どんな点をデータビジュアライゼーションに活かせるでしょうか？　それぞれの画像について、簡単に文章でまとめてみてください。

図 4.1a　目をひかれるのはどこ？

図 4.1b　目をひかれるのはどこ？

図 4.1c　目をひかれるのはどこ？

図 4.1d　目をひかれるのはどこ？

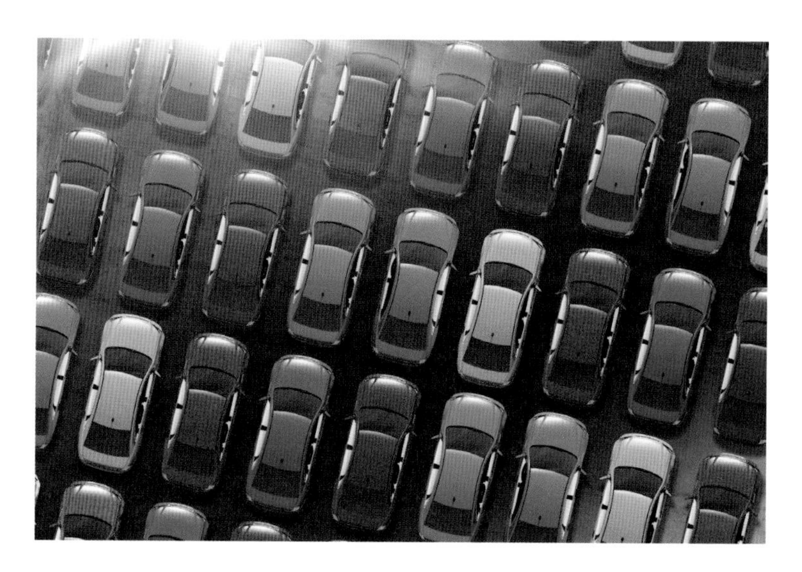

図 4.1e　目をひかれるのはどこ？

答え 4.1：目をひかれるのはどこ？

楽しいテストでしたね。身のまわりのどんなものが私たちの注意をひき、そこからどんなことを学べるかを考えるのは面白いものです。

それぞれの写真で、私が最初に注目した箇所と、それをデータコミュニケーションに活かすアイデアをまとめました。

図4.1a：この写真では真っ先に右の速度標識に目がいきました。これにはいくつか理由があります。標識の面積が、ほかの要素に比べて大きいこと。白地に大きく太く、黒で書かれた数字が目立つこと。標識の赤が強く目をひくこと。赤が目をひくのは、背景とまったく色が異なること、そして、警告を発する色だと認識していることによります。しかし、赤緑色覚障害のある人には、同じ効果はないでしょう。注意をひくためのシグナルを複数用意し、見せたいものを、誰でも間違いなく気づくようにしましょう。最後の理由は、標識に白い縁取りがあり、背景から浮き立って見えるからです。

これらの要素を、データビジュアライゼーションやスライド作成に応用する方法を考えましょう。サイズ、書体、色、囲みなどは、要所要所で控えめに使えば、情報の相対的な重要性を示し、相手にどこを見てほしいかを伝えられます。

図4.1b：私の視線はまず太陽にいき、つぎに車、そしてまた太陽に戻りました。太陽に注意を向けると、左に車が見えます。車に注意を向けても、視野の隅に明るい太陽が見えます。

この例のように、複数のものを同時に強調すると、注目すべき点がわかりにくくなるため注意が必要です。

図4.1c：最初に「Queens Bronx（クイーンズブロンクス）」と書かれた標識に目がいきました。これには理由があります。まず写真のぼんやり写っている部分に比べて、くっきり見えること。標識に陽が当たっていること。そしてほかの標識と比べて大きいこと。また、サイズの割に文字が少なく、余白が多いために、ごちゃごちゃした背景のなかで目立っています。この標識が、最初に目に飛び込んできて、そのあと、右側へ視線が移っていきました。また、太字、大文字、矢印、色（黄色）といったさまざまな無意識的視覚情報を標識自体を目立たせるために使っています。例えば、「Staten Island（スタテンアイランド）」の標識の「EXIT ONLY（出口専用）」と書かれた黄色の部分が目をひきます。

この写真にはいろいろなものが写っているため、全員に最初から同じものを見てもらうのは難しいかもしれません。それでも、ここから学べることはあります。

データをビジュアル化する際には、重要な要素を目立たせて、読み取りやすくしましょう。似たものが並んでいるときは、1つだけを戦略的に目立たせます。重要なものを大きくします（当然、重要度が同じならサイズを揃えます）。スライド上の要素をどう並べるかに注意し、見てもらいたい順番で相手に見てもらえるように工夫しましょう。

図4.1d：いちばん初めに目がいったのは黄色い車です。もう一度、図4.1dの写真を見て、最初に目がいく箇所と、そのつぎに目がいく箇所を意識してみてください。私はまず車、そして道路にそって左下へと目がいきました。人によっては、まず車、そして道なりに右上に目がいくかもしれません。左上や右下の林にはあまり目がいかないでしょう。

グラフやスライドでは、不用意に、相手の目線を、注目してほしい箇所からそらしてしまわないように気をつけましょう。

図4.1e：たくさんのカラフルな車が並んだこの写真では、どこにも目がとまりませんでした。青から黄、そして赤へと、視線が移ってしまいます。カーディーラーは、顧客の好みに応えるためにカラーバリエーションを見せたいのかもしれません。しかし、データをビジュアル化する際には、カラフルさは敵です。いろいろな色を使うと、無意識的視覚情報としての色の効果がなくなってしまいます。たくさんの色があると、注目を集めるためのコントラストを生み出しにくくなります。むしろ色数を抑えたほうが、視線を誘導しやすくなります。その証拠に、図4.1fを見てください。

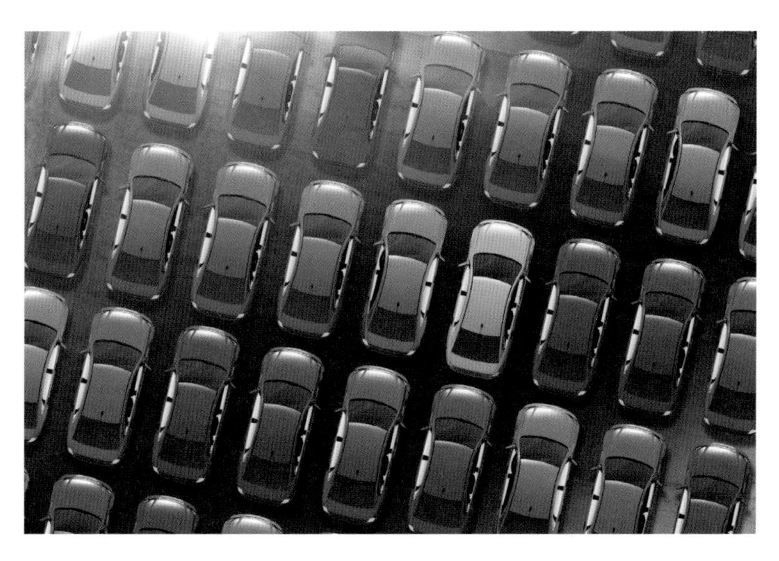

図 4.1f　目をひかれるのはどこ？

エクササイズ 4.2：複数のポイントに注意をひく

エクササイズ4.1で学んだことを応用しながら、相手の注意をひきつける方法を考えましょう。グラフで、強調したいポイントがいくつもある場合があります。そのときには、同じグラフを何回かに分けて見せ、異なるポイントを強調しながら説明する方法が便利です。そうすれば相手は、各ポイントの説明を聞いたり、対応するテキストを読んだりしながら、データのどこを見ればよいのかがはっきりわかります。具体的な例で、練習していきましょう。

つぎのグラフを見てください。これはあるペットフードメーカーが販売する、キャットフードの売上の前年比をパーセンテージで表しています。質問に答え、データをダウンロードして、あなたが考えた方法で、実際に作ってみましょう。

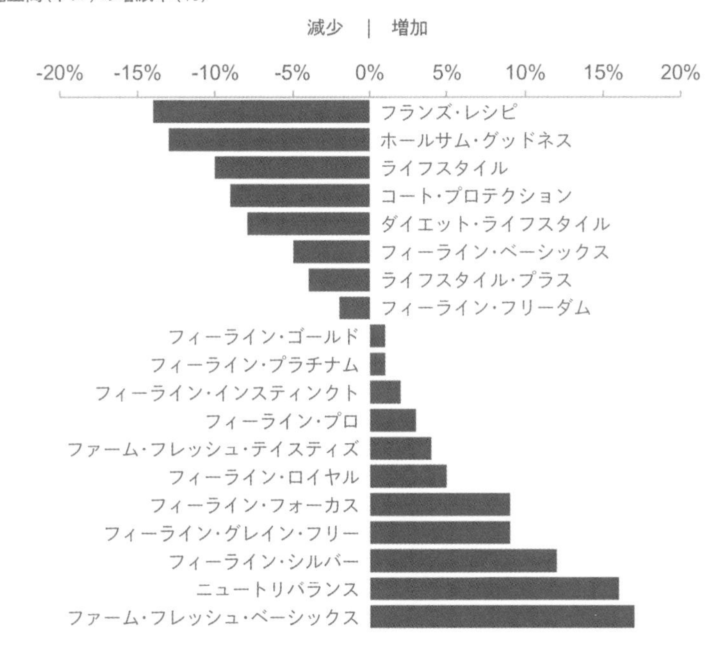

図 4.2a　このグラフに注目させる

質問1：このデータについてプレゼンします。まずライフスタイルシリーズの商品（ライフスタイル、ダイエット・ライフスタイル、ライフスタイル・プラス）に関する説明から始めます。注目してもらうには、どのように変更しますか？

質問2：つぎに、フィーラインシリーズの全商品（名前に「フィーライン」がついている商品）について説明します。このシリーズには、紫のロゴが使われています。どのように注意をひいたらよいでしょう？

質問3：続いて、売上が前年比で減少している商品について説明します。どうやって注意をひきますか？

質問4：売上が減少している商品のうち、とくに大きく減少している2つの商品、フランンズ・レシピとホールサム・グッドネスについて話します。注目を集めるにはどうしますか？

質問5：売上が前年比で増加している商品について話します。どうやって注意をひきますか？　売上が減少している商品を見せたときの方法と、共通しているのはどの点ですか？　何か違う方法で増加と減少を対比しますか？

質問6：最後に、それぞれの要点を強調した、まとめのグラフを作ります。ライフスタイルシリーズ、フィーラインシリーズ、売上が減少している商品（最も減少しているものを区別）、増加している商品（最も増加しているものを区別）、これらのポイントをすべて強調するにはどうしますか？　説明のテキストを加えるなら、テキストとデータの関連を明確にするにはどうしますか？

答え 4.2：複数のポイントに注意をひく

このエクササイズで、注意をひくために使える要素がいくつかあります。データそのもの、商品名を示すデータラベルなどです。今回は、色と太字を使った例を見ましょう。強調しているポイントをグラフタイトルで簡単に説明しています。もとのグラフでタイトルにあったテキストはそのすぐ下に移動しました。

質問1：ライフスタイルシリーズを強調するために、データポイントとラベルの色を黒にして、ラベルの文字を太字にしました。ほかの色を使ってもよいのですが、コンテキストの情報があまりないので、ニュートラルな表現を選びました。色を使う方法と注意点については、あとで説明します。

見せたいデータが目立つように、ほかのデータとラベルの黒を少し薄くしました。また、タイトルにも同じ黒の太字を使い、要点を簡潔に伝えています。

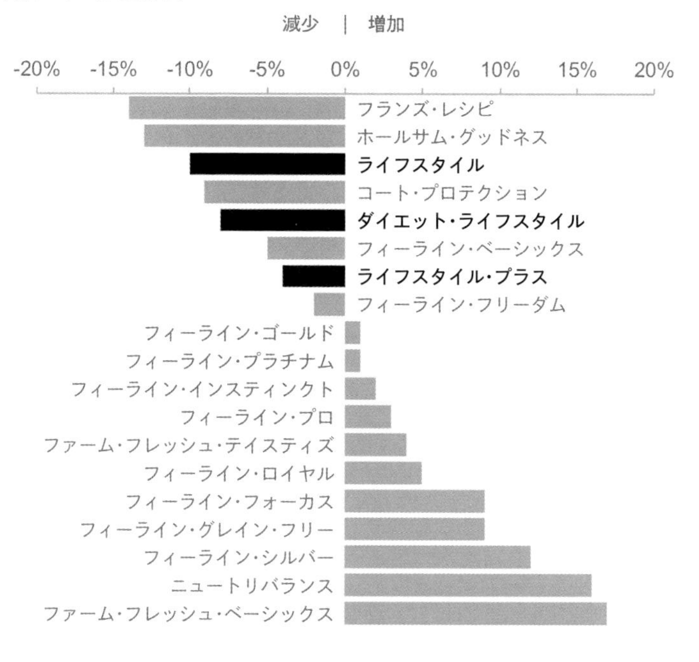

図 4.2b　ライフスタイルシリーズに注目させる

質問2：フィーラインシリーズを強調するために、ブランドカラーの紫を使いました。ラベルを太字にし、タイトルも内容に合わせました。ここでは注意をひくために、無意識的視覚情報である色を利用しています。ゲシュタルトの法則の「類似」によって、離れた位置にある要素を色で関連づけています。別のゲシュタルトの法則の「近接」を利用して、フィーラインシリーズの商品をすべてグラフの上部に集めてもよいかもしれませんが、そうすると現状の並び順が変わり、余計にわかりにくくなってしまうかもしれません。

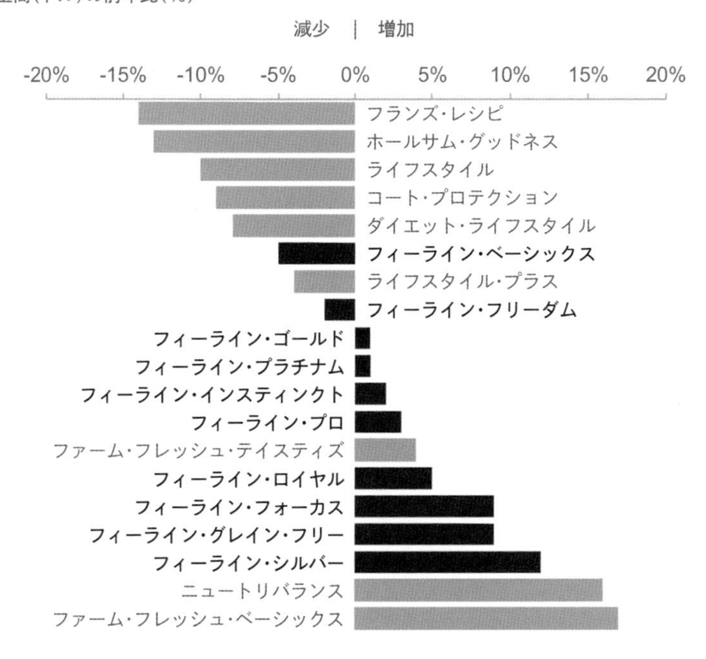

図 4.2c　フィーラインシリーズに注目させる

質問3：売上が前年比で減少している商品に注目させるには、ネガティブなことを強調する色を選んでもよいでしょう。前述したように、私は赤と緑で正負を示すのは避けています。色覚障害がある人には区別がつきにくい色だからです（赤緑色覚障害は色覚障害のなかでも最も多いタイプで、人口の10%近くに見られると言われています）。代わりに、悪いことにはオレンジを、よいことには青を使います。これも同様に、正負の意味を連想できるからです。図4.2dを見てください。売上が減少している商品をオレンジで強調しました。タイトル、データポイント、ラベルに加え、上にある「減少」の文字もオレンジにしています。データラベルは、今回は太字にしませんでした。オレンジ色で十分注意をひいており、やや過剰に感じたためです。

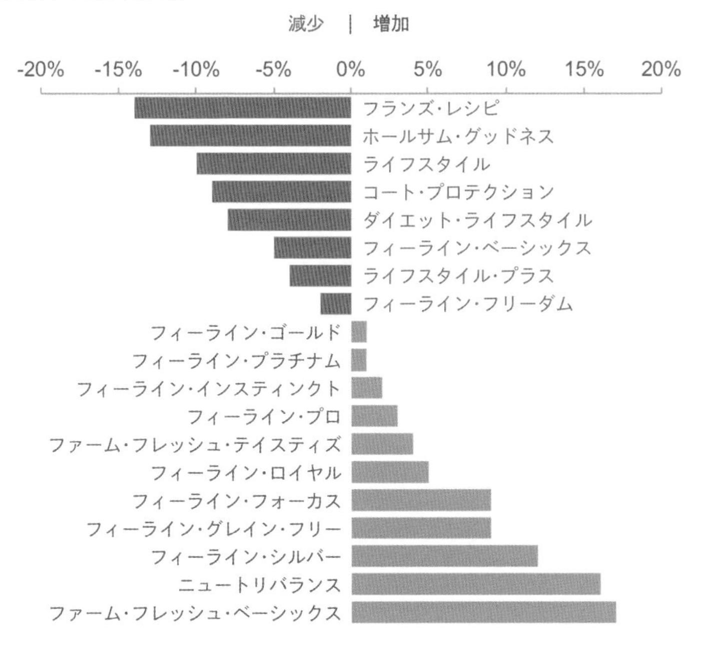

図4.2d　売上が減少している商品に注目させる

質問4：最も売上が減少した2商品に注目を集めるには、その2つをオレンジにして、残りをグレーにする方法があります。しかし、図4.2dのグラフの続きとしてこの話を進めるなら、売上が落ちている商品をすべてオレンジにしつつ、最も落ち込みの大きい2商品をもっと濃いオレンジにする方法もあります。図4.2eを見てください。

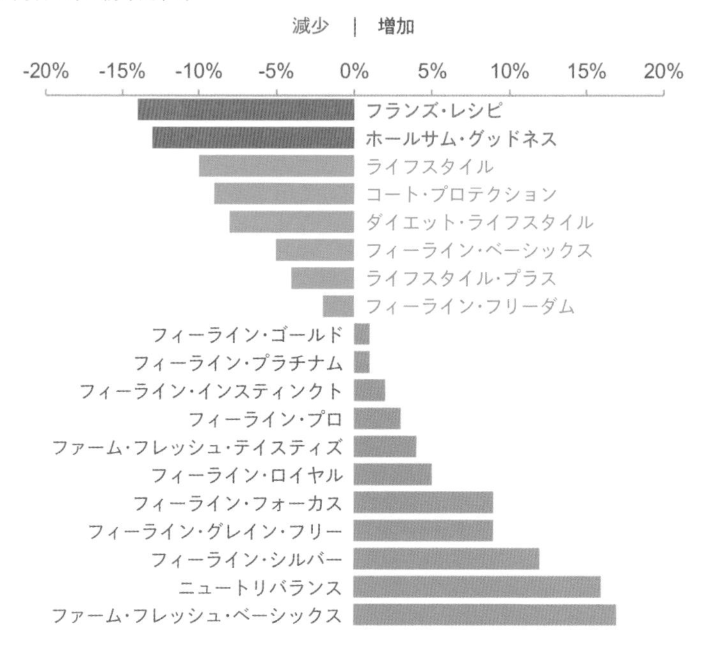

図4.2e　最も売上が落ちた商品に注目させる

質問5：ここでは、売上が増加した商品を目立たせるために青を使用しました。図4.2fを見てください。

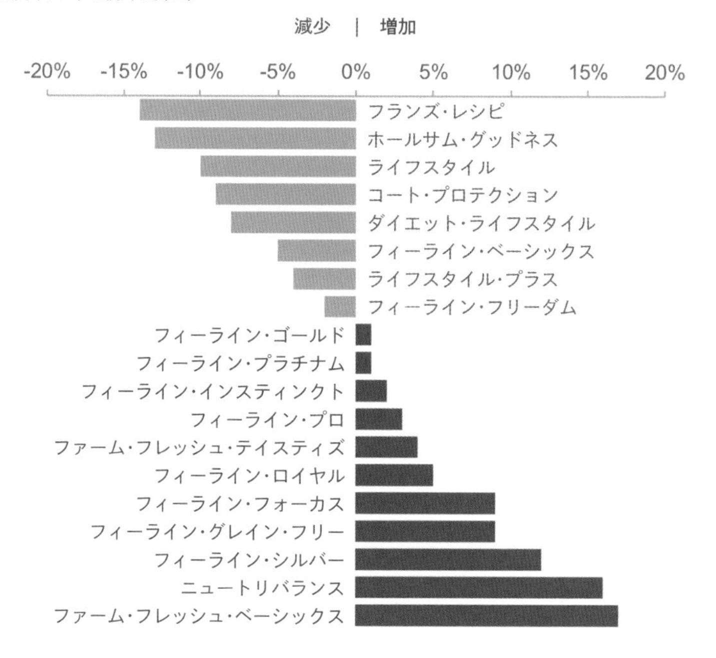

図 4.2f　売上が増加している商品に注目させる

質問6：最後に、ここまでのグラフをまとめるなら、私なら2枚のスライドに分けます。これなら自分で資料を読む人にも、プレゼンで見るのと同じ順番で理解してもらえます。ここで加えたテキストは、ほぼ状況説明（創作上の）です。理想的には、何が変化をもたらしたのか、原因となる背景、それに関連して共有すべき情報、強調すべきポイント、検討事項などを加えるとよいでしょう。

ここまで取り上げてきた要点を1枚のスライドにまとめるには情報が多すぎるので、2つのスライドに分けています。図4.2gと図4.2hを見てください。

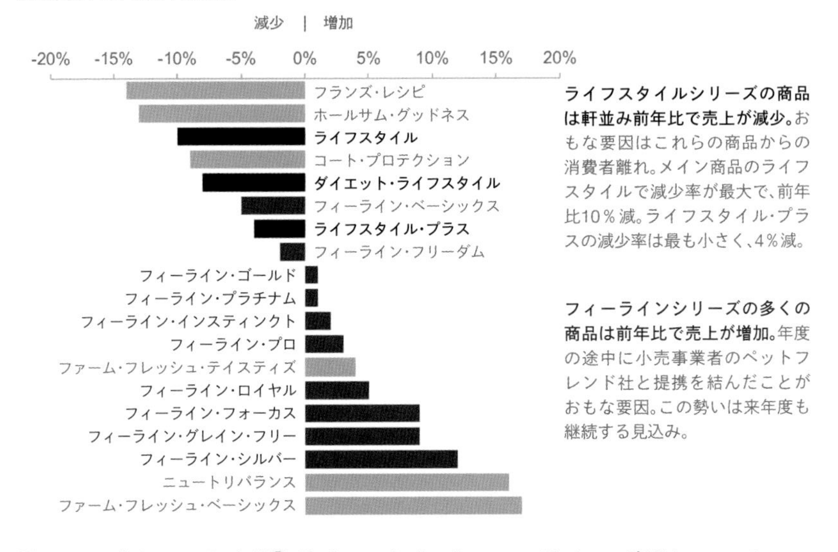

図 4.2g　まとめスライド① ライフスタイルとフィーラインの商品について

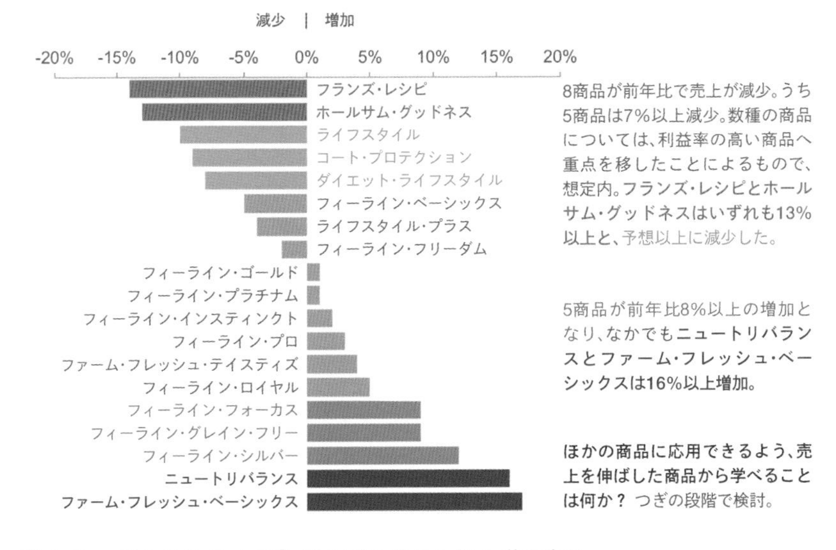

図 4.2h　まとめスライド② 売上減の商品と売上増の商品

エクササイズ 4.3：さまざまな方法で注意をひく

エクササイズ4.2では、色をうまく使い、意図した箇所に相手の注意をひきました。注意をひくには無意識的視覚情報がとても重要です。色のほかに、サイズ、位置、色の濃淡などをうまく使えば、コントラストを生み出し、相手の目をひくことができます。言い換えると、状況や制約に応じて、その選択肢を戦略的に使い分ける必要があるということです。具体的な例を見ていきましょう。

つぎのグラフを見てください。集客チャネルごとのコンバージョン率の推移を示したものです。ここでは相手の注意を「参照元サイト」の折れ線に集めたいとします。無意識的視覚情報をどう使えばよいでしょうか？　**相手の注意をひく方法をいくつ思いつきますか？**　リストアップしてみましょう。さらに一歩、リストアップした方法を好きなツールで試してみましょう。

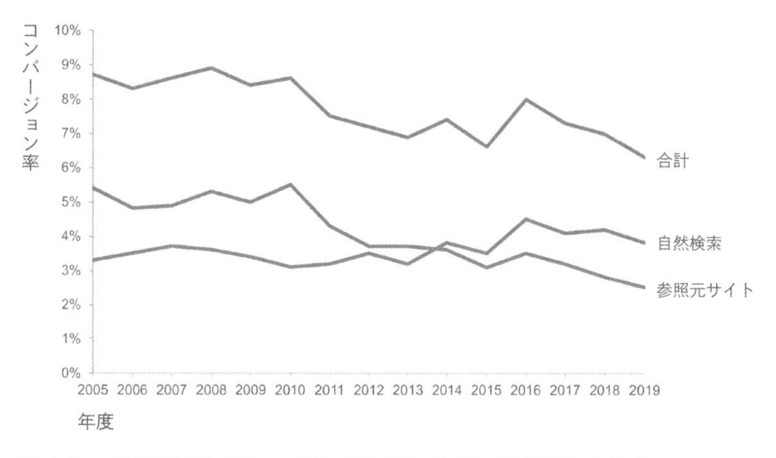

図 4.3a 「参照元サイト」の折れ線にどのように注意をひくか？

答え 4.3：さまざまな方法で注意をひく

これから「参照元サイト」の折れ線に注意をひく方法を、15通り紹介していきます。あなたはいくつ思いつきましたか？　もし15以下なら、もう少しアイデアが浮かばないかもう一度考えてみましょう。

準備はいいですか？　それでは注意をひく方法を紹介していきましょう。単純な方法から始め、少し手の込んだやり方へと進んでいきます。

1. 矢印　「ここを見て」と矢印で示す方法です。

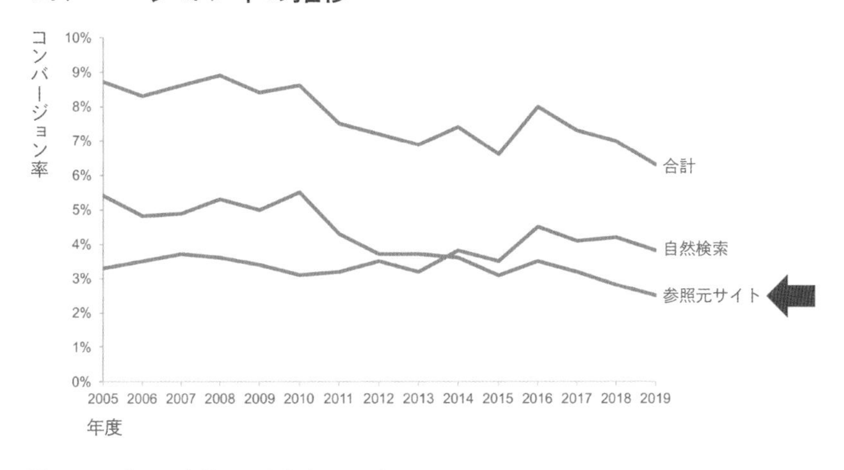

図 4.3b　「ここを見て」と矢印で示す

2. 丸囲み　折れ線を丸で囲む単純な方法です。矢印と丸囲みは、よくも悪くもあります。よい点は、「ここを見てほしい」と相手にはっきり伝えられることです。悪い点は、矢印や丸囲みなどの要素そのものには、何の情報価値もないことです。その意味では、クラターを増やすともいえます。それでも、まったく何もないよりは、相手に注目してほしい箇所を示すほうがよいでしょう。しかし、別の方法で強調できれば、なおよいでしょう。

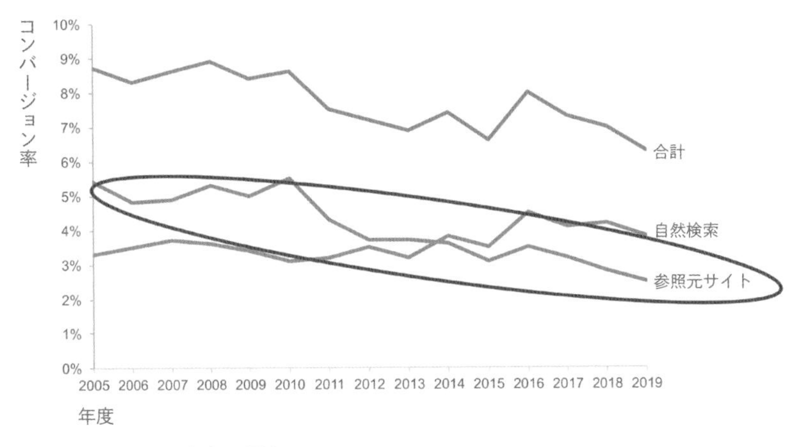

図 4.3c　データを丸で囲む

3. 半透明のテキストボックス　洗練された方法の前に、もう1つ単純な方法を紹介しましょう。この方法は、スクリーンショットなどの画像データで、デザインを変更できない場合に役立ちます。半透明のテキストボックスで、目立たせたくない部分全体を覆ってしまいます。そうすると、注意をひきたい部分の色の濃さはもとのままで、覆われた部分の色は薄くなります。図4.3dを見てください。

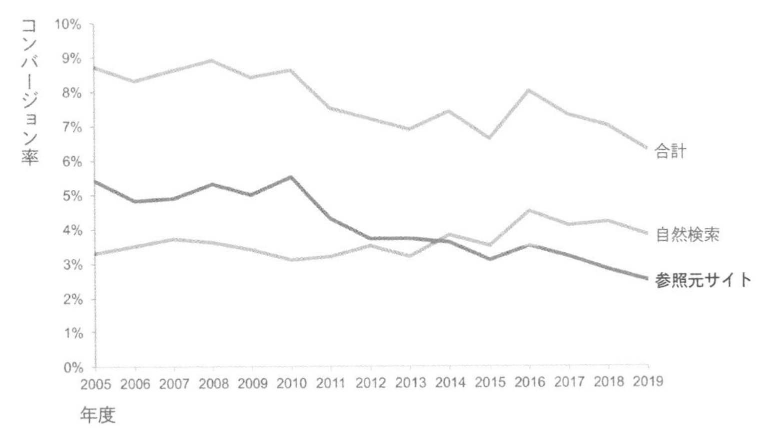

図 4.3d　半透明のテキストボックスで隠す

データの形によっては、完全に隠すにはたくさんボックスを使い、いろいろな形にする必要があるでしょう。図4.3dをよく見ると、グラフ中央の線が重なっている付近で、「自然検索」の線をきれいに隠せていません。図4.3eでは、私がどう作業したかわかるように、使用したいろいろな形のボックスを黒い枠線で囲んでみました（いくつかはデータの形に合うように傾けています）。

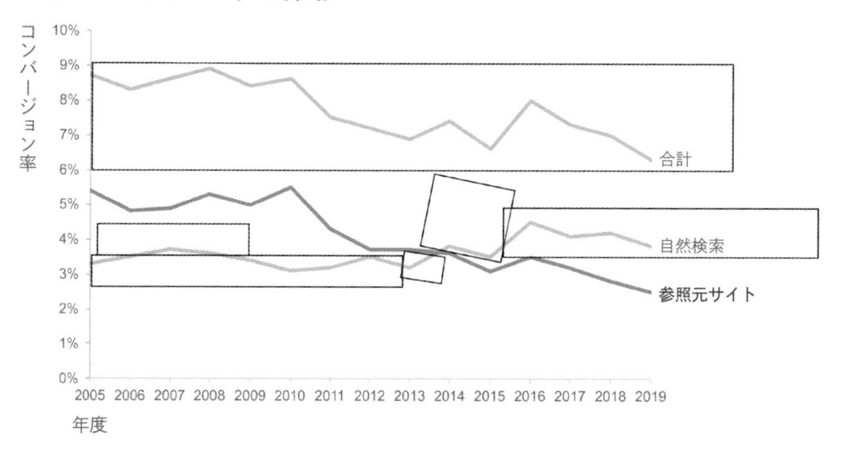

図 4.3e　枠線をつけた半透明のテキストボックス

これも荒技の1つですが、状況次第では役立つこともあります。つぎは、より洗練された方法を見ていきましょう。

4. 線を太くする　「参照元サイト」の折れ線を太くする、ほかの折れ線を細くする、またはその両方を組み合わせます。「参照元サイト」の文字に手を加えてもよいでしょう。この例では、太字にしました。図4.3fを見てください。

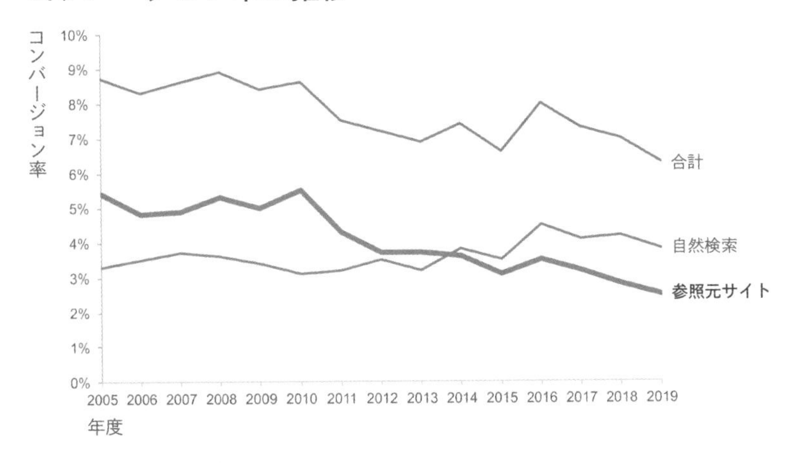

図 4.3f　線を太くする

5. 線のスタイルを変える　破線や点線は、実線と並べたときに、とても目をひきます。問題は、認知的負荷の観点からすると、1つの要素（線）を細かく切り離しているため、視覚的なノイズが増えることです。ですから破線や点線は、予測や目標といった不確実なものを表すときにだけ使うのがおすすめです。点線で不確実性を表現できるので、クラターとなるマイナス点が相殺されます。

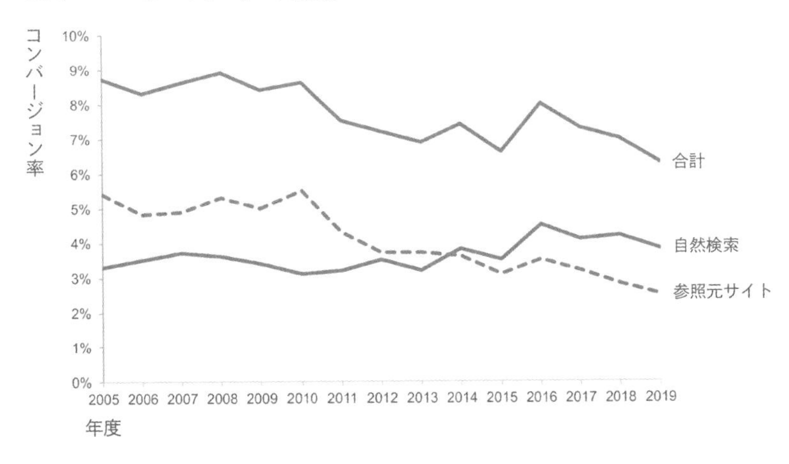

図 4.3g　線のスタイルを変える

6. 色の濃淡を使い分ける　強調したい線の色を濃くする方法です。図4.3hを見てください。

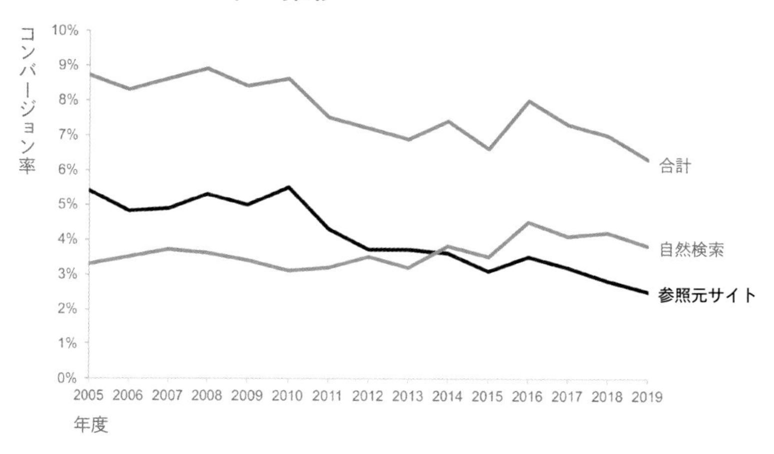

図4.3h　線を濃くする

7. ほかのデータの前面へ移動する　位置も無意識的視覚情報の1つです。折れ線グラフはデータそのものを示しているため、並び順を変えるわけにはいきません。しかし、目的の線がほかの線の後ろに隠れないようにすることはできます。図4.3hのグラフの真ん中近くで、「自然検索」のグレーの線が「参照元サイト」の線に重なっているところに注目してください。これを修正して、「参照元サイト」の線を前面に出します（この並びはたいていデータ系列の順序によって決まり、ほとんどのツールで変更できます）。図4.3iを見てください。

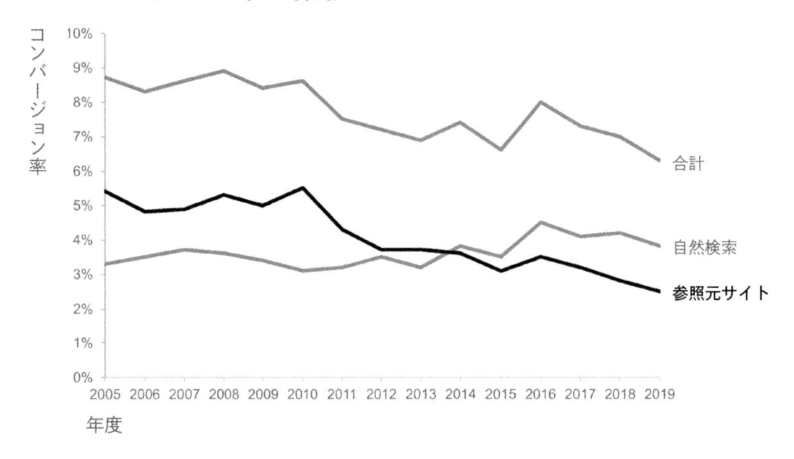

図 4.3i　ほかのデータの前面へ移動する

8. 色を変える　ほかの色はグレーのままで、注目してほしい線の色を変えます。図4.3jを見てください。

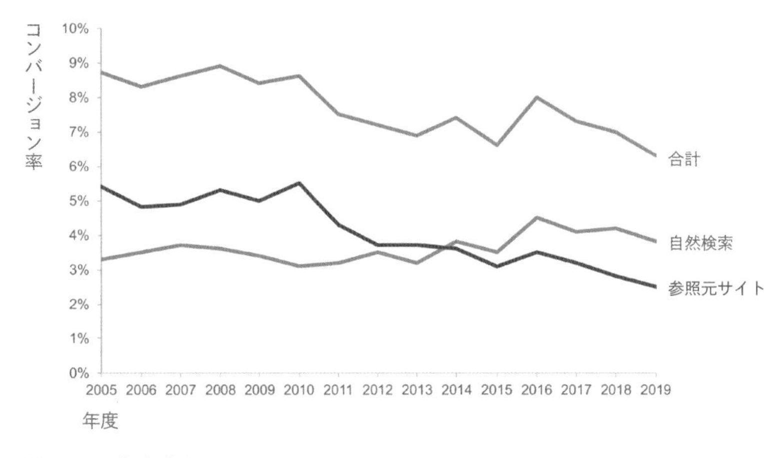

図 4.3j　色を変える

9. 言葉で要点を伝える　図4.3kでは、タイトルに「参照元サイト」のデータに関する要点を加えました。これを読めば、相手はすぐにグラフの「参照元サイト」の線を見るでしょう。要点を示すタイトル（テイクアウェイタイトル）については、第6章で取り上げます。

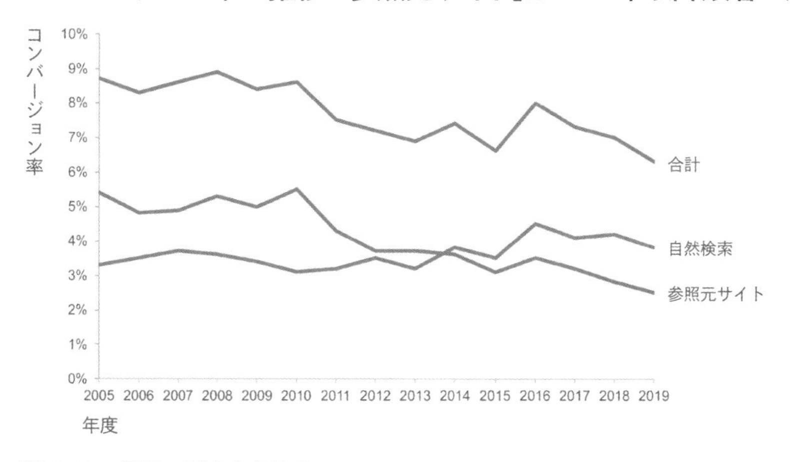

図 4.3k　言葉で要点を伝える

10. ほかのデータを取りのぞく　見せたいデータに注目させるために、ほかのデータをすべて取りのぞき、目的のデータだけを残す方法もあります。表示しているデータが全部必要か、つねに自問しましょう。しかし、データを削除する際には、どんなコンテキストを失うことになるのか、またその代償に見合うかも検討してください。

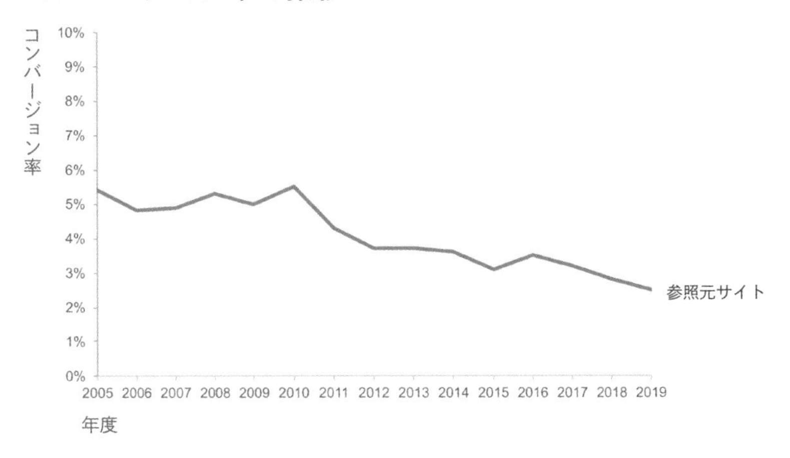

図 4.3l　ほかのデータを取りのぞく

11. アニメーションを使う　本で見せることはできないですが、動きは最も注目を集めやすい無意識的視覚情報です。スクリーンを使ってのプレゼンではとくに効果的です。まず縦軸と横軸しかない空っぽのグラフからスタートします。そしてコンバージョン率の合計を示す折れ線を表示し、説明します。つぎに「自然検索」のコンバージョン率を映し、それについて話します。最後に「参照元サイト」の折れ線を加えます。こうしてなかったものが姿を現すと、見る人の注意をひきつけます。

ただし、アニメーションはわずらわしくなりやすいので注意が必要です。使ってもよいのは、出す、消す、透明にするといった単純な機能だけです。飛んだり、跳ねたり、フェードさせたりする機能は必要ありません。こうした機能はクラターでしかありません。

12. データマーカーを加える　すべてのデータを表示していた状態に戻しましょう。注意をひくため線にデータマーカーを加えます。図4.3mを見てください。

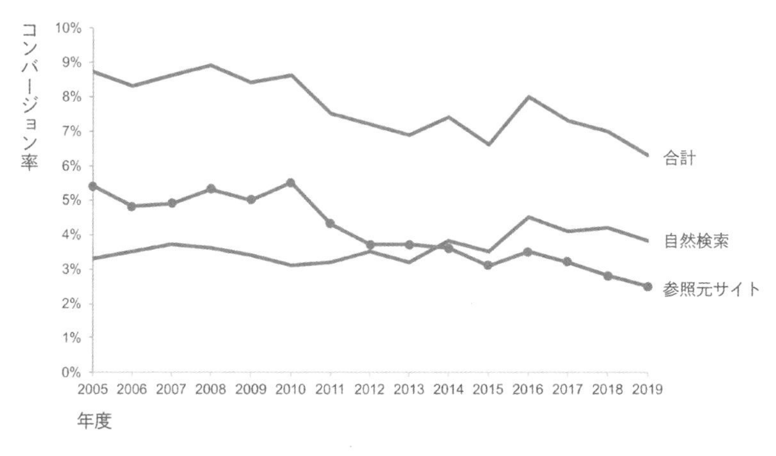

図 4.3m　データマーカーを加える

13. データラベルを加える　強調したい折れ線の各ポイントにデータラベルをつけます。これは相手に「見てください。このデータはとても重要なので、数字もつけてわかりやすくしましたよ」と言っているようなものです。図4.3nを見てください。注目してほしいデータについて、コンテキストや背景情報の説明をつけることも、同様の効果があります。

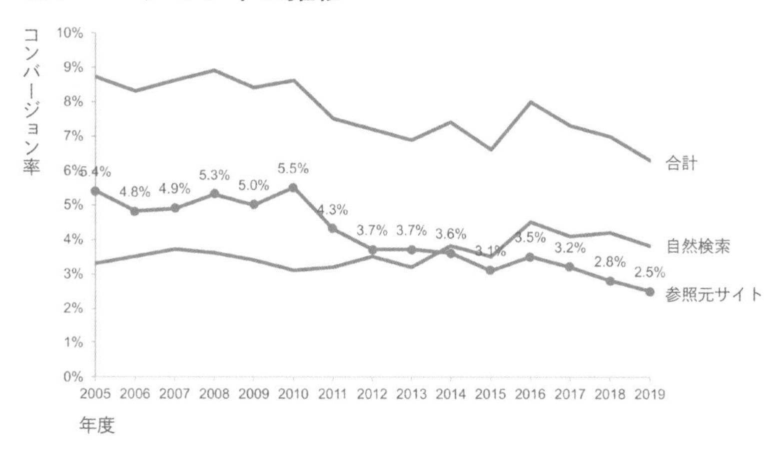

図 4.3n　データラベルを加える

図4.3nのように、すべてのデータポイントにデータマーカーやラベルをつけると、ごちゃごちゃしてしまいがちです。しかし、マーカーやラベルをつける箇所を絞れば、特定のポイントだけに注目してもらえます。つぎはこの例を見てみましょう。

14. データマーカーとラベルを右端につける　次ページ図4.3oのように、それぞれの折れ線の右端にデータマーカーとラベルをつければ、直近のデータポイントでの、それぞれのコンバージョン率が明瞭になります。この方法だと「参照元サイト」の折れ線にとくに注意をひくことにはなりませんが、その点はつぎのステップで対応します。

コンバージョン率の推移

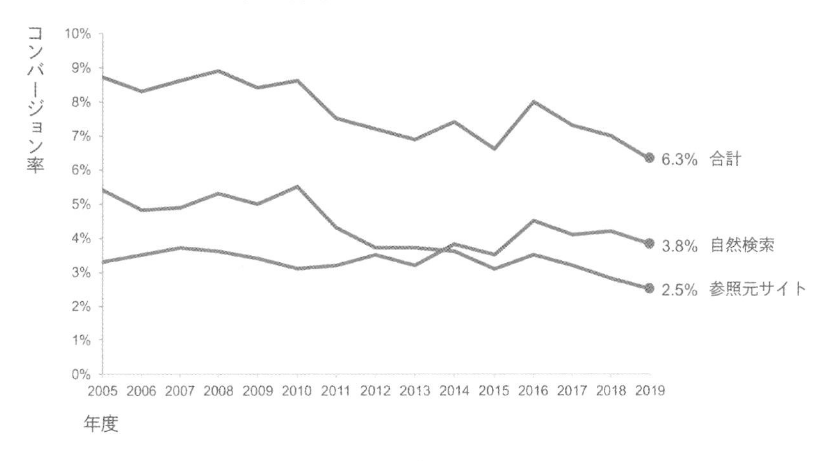

図 4.3o データマーカーとラベルを右端につける

15. 複数の無意識的視覚情報を組み合わせる 複数の無意識的視覚情報を使えば、相手に注目してほしい箇所を確実に伝えられます。図4.3pでは、グラフタイトルで要点を伝え（ゲシュタルトの「類似」の法則を利用して、データと同じ色にしています）、注目してほしい線を太くして色をつけ、データマーカーとラベルもつけました。さらに、注目させたいデータのコンテキストを説明します。

コンバージョン率の推移：「参照元サイト」は2010年以降顕著に減少

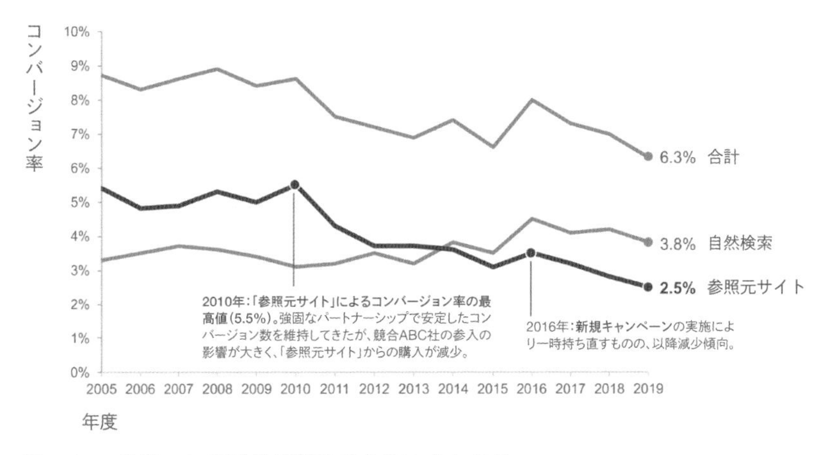

図 4.3p 複数の無意識的視覚情報を組み合わせる

図4.3pで、「目をひかれるのはどこ？」テストをしてみましょう。まずどこに目がいきますか？　つぎはどこですか？　そのつぎは？

閉じた目を開き、図4.3pを見たときに、私の目が最初にひかれたのは赤い見出しです。つぎに下に飛んで、グラフの赤い折れ線に目がいきました。そして右に移動し、「参照元サイト」、「自然検索」、「合計」の最新の値を示すデータポイント（2019年）をざっと見比べます。つぎに左に移動し、データの原因に関する追加情報を読みました。このように、無意識的視覚情報を利用して注意をひくと同時に、視覚的階層（視覚的な優先順位、visual hierarchy）ができあがり、グラフ全体がわかりやすくなりました。

エクササイズ4.4：「すべて」のデータをビジュアル化する

第2章の例をもう一度見てみましょう。あなたはファイナンシャル・セービングス銀行に勤務しており、自行と競合銀行のパフォーマンスを比較するというシナリオでした。データは、自行と競合の銀行インデックス（支店満足度）の推移に関するものです。もとのグラフは図4.4aのようなものでした。

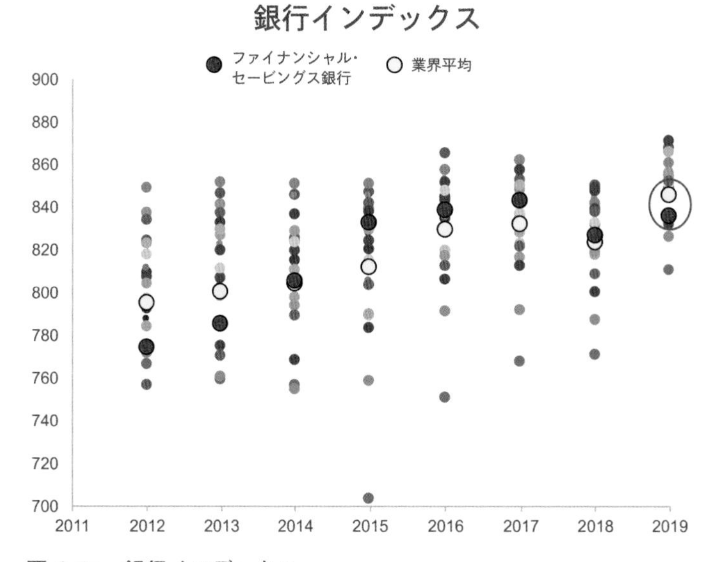

図 4.4a　銀行インデックス

前回の方法は、このドットプロットを折れ線グラフに変更し、ほかの競合銀行のデータは業界平均として集約するというものでした（答え2.7参照）。

でも、もしすべてのデータを表示するにはどうすればよいでしょうか？　見る人に圧迫感を与えずに、すべてのデータを見せられるでしょうか？　データをダウンロードして、グラフを作ってみましょう。

答え 4.4：「すべて」のデータをビジュアル化する

たくさんのデータを一度に見せるには、大部分のデータを目立たないようにすればよいのです。

ワークショップでは多くの参加者から、「グレーの威力に気づかされた」という感想をもらいます。グレーは、なくすことはできないけれども注意をひく必要のないもの（軸ラベル、軸タイトル、メッセージを持たないデータ）に使うときにぴったりです。グレーの戦略的な使い方を、図4.4bで見てみましょう。

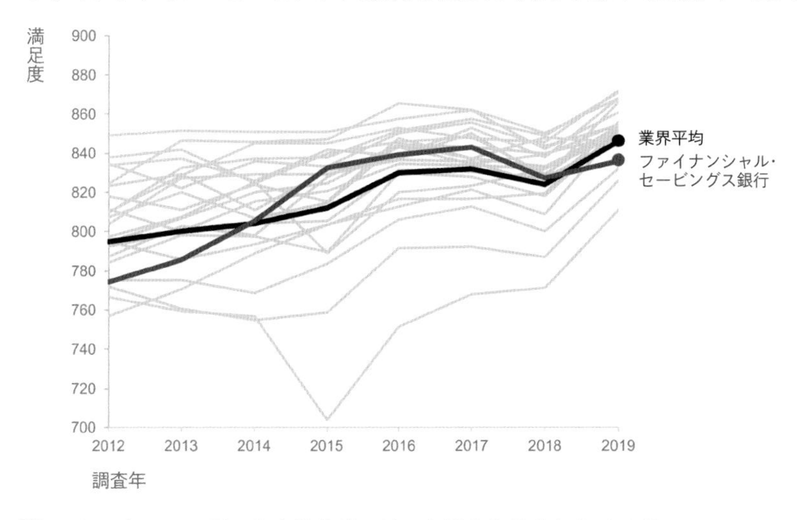

図 4.4b　すべてのデータを見せるには、大部分を目立たなくする

競合銀行の線をグレーにするのと同時に細くして目立たないようにしました。こうすれば、比較はできるものの、注意をひくことはありません。しかし、ほかの銀行を個別に特定することは難しくなります。ファイナンシャル・セービングス銀行と競争相手の比較が重要な場合は、このグラフの形は適していません。その場合は、各銀行の直近のデータポイントだけに注目して、横棒グラフとしてプロットしてもよいでしょう。

グラフの形を変えずに、もう少し見てみましょう。データをすべて表示し、業界平均とファイナンシャル・セービングス銀行に注意を向けつつ、別の色で直近1年間のデータを強調してみましょう。図4.4cを見てください。

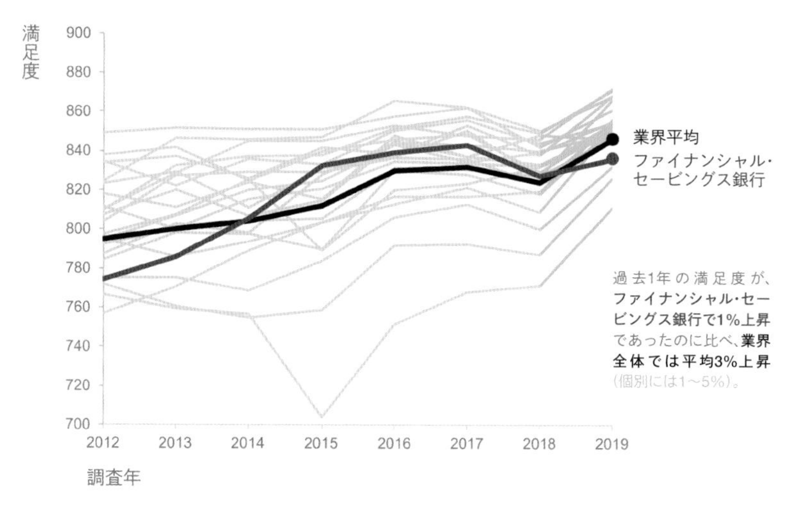

図 4.4c　最新の1年間に注目を集める

たくさんのデータを表示していても、特定のポイントのみを強調すれば、うまく目的の場所に注意をひくことができます。この方法をどう自分の仕事に利用できるか、考えてみてください。

ここまで一緒に相手の注意をひきつける練習を見てきました。つぎは1人で練習してみましょう。

さらに多くの写真を見て、見る人の注意をひくポイントを理解し、データコミュニケーションに活用する方法を考えましょう。さまざまなポイントをこのエクササイズで見ていきましょう。

エクササイズ 4.5：目をひかれるのはどこ？

グラフやスライドを見たときに、最初にどこに目がいくかに注意してみると、情報の優先順位をうまく表現できているかわかります。このシンプルなテストで、さらに追加のエクササイズをしてみましょう。

つぎの写真を見てください。**一度目を閉じるか、目をそらします。そして、ふたたび目を戻したとき、自分の目が初めにどこにいくかに注意してください。なぜそこに目がいったのでしょうか？** このエクササイズから、データコミュニケーションに活かせる学びは何でしょうか？ それぞれの写真について、質問に対する答えを短い文章で書いてみてください。

図 4.5a　目をひかれるのはどこ？

図 4.5b　目をひかれるのはどこ？

図 4.5c　目をひかれるのはどこ？

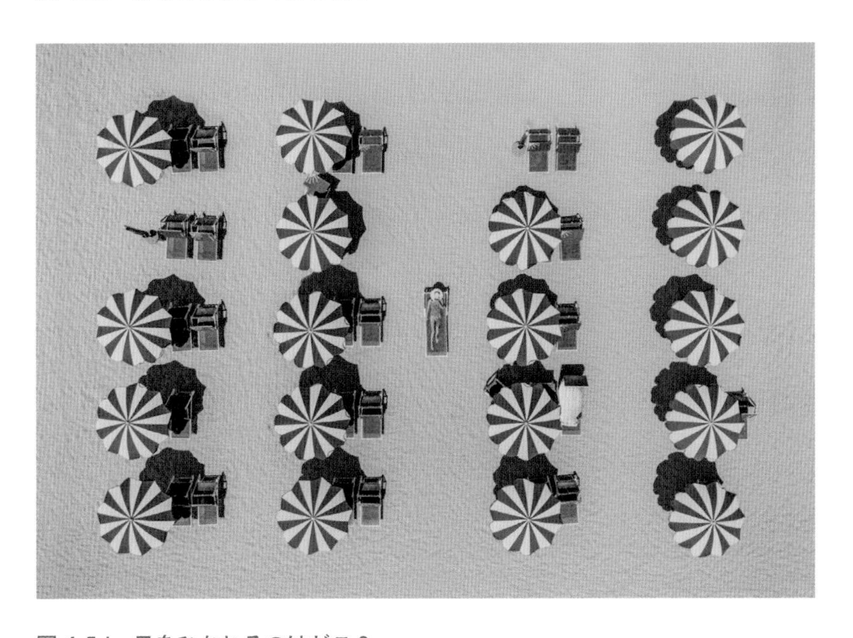

図 4.5d　目をひかれるのはどこ？

図 4.5e　目をひかれるのはどこ？

図 4.5f　目をひかれるのはどこ？

エクササイズ 4.6：表データで応用する

この章で見てきた例はどれも写真やグラフでしたが、無意識的視覚情報は、表でも使えます。

つぎの表は、あるコーヒーのブランドにおける上位顧客10社の直近4週間の売上データを示したものです。これを見て、あとの質問に答えてください。

ウェイクアップ・コーヒー
上位10社：1月31日までの4週間

顧客	売上	前期比（%）	UPCの平均数	ACV販売割合（%）	1ポンド当たりの価格
A	$15,753	3.60%	1.15	98	$10.43
B	$294,164	3.20%	1.75	83	$15.76
C	$21,856	-1.20%	1.00	84	$12.74
D	$547,265	5.60%	1.10	89	$9.45
E	$18,496	-4.70%	1.00	92	$14.85
F	$43,986	-2.40%	2.73	92	$12.86
G	$86,734	10.60%	1.00	100	$17.32
H	$11,645	37.90%	1.00	85	$11.43
I	$11,985	-0.70%	1.00	22	$20.82
J	$190,473	-8.70%	1.00	72	$11.24

UPC（Universal Product Code）：統一商品コード。バーコードで表示される。
ACV（All-Commodity Volume）：全商品量。0から100までのパーセンテージで測定される。

図 4.6　表で注意をひく練習

質問1：この表でいちばん重要なデータは売上とし、そのほかのデータはコンテキストを補足するもの、あるいは知りたい人のために残しているものだとします。重要なデータはすでに最初の列にありますが、そのほかに、このデータに注意をひいたり、読み取りやすくするためにできることは何でしょうか？

質問2：全顧客のなかで最も売上が大きいのは顧客Dです。それに気づくまでに少し時間がかかります。顧客Dにもっと早く注目させるにはどうすればよいですか？　この行を目立たせる方法を3つ挙げてください。3つのうちいちばんよいものはどれですか？　それはなぜですか？

質問3：同じく顧客Dについての質問です。顧客Dのデータのなかで、1ポンドあたりの価格が低いことを強調したい場合、どうしたらいいですか？

質問4：初めに戻って、つぎは1ポンドあたりの価格の違いに注意をひきたいとします。その場合、列の位置やデータの並び順を変更しますか？　ここに注目してほしいことを相手に示す方法を3つ考えてみましょう。

質問5：あなたが考えたとおりに表を変更してみましょう。データをダウンロードして、好きなツールで変更してみましょう。

エクササイズ 4.7：さまざまな方法で注意をひく

これまで見てきたように、データのどこに注目するべきかを相手に示す方法はたくさんあります。

つぎの例は、ある商品に関する市場シェアの推移を示しています。「当社製品」に相手の注意をひきたいとします。どの無意識的視覚情報を利用しますか？　**相手の注意をひく方法を何通り思いつきますか？**　リストアップしてみましょう。

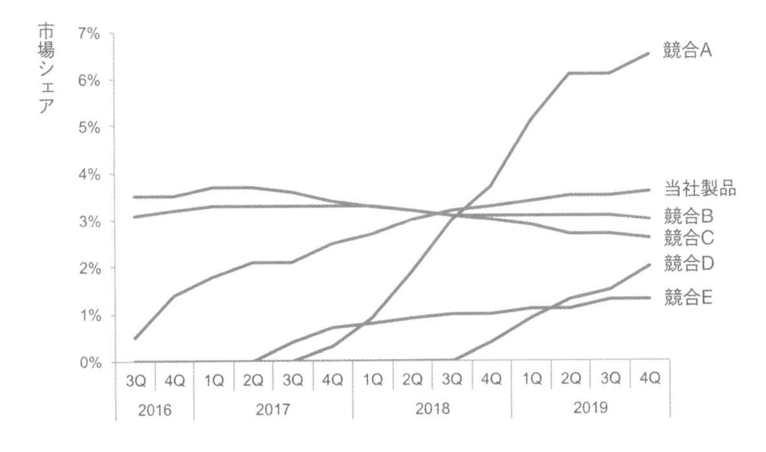

図 4.7　どうやって「当社製品」に注意をひくか？

データをダウンロードし、好きなツールで、あなたがリストに挙げた方法を試してみましょう。

エクササイズ 4.8：ここに注意をひく方法は？

ここまで、表と折れ線グラフで注意をひく方法を練習してきました。つぎは棒グラフでやってみましょう。

第2章の例を再び使いましょう。あなたは地域の医療施設に勤務しています。複数の医療センターで行なった、最近のインフルエンザワクチンの接種状況を評価するところです。図4.8は、第2章のグラフを少し変更したものです。

平均以上の成果を出している医療センターに注意をひきたいとします。どんな無意識的視覚情報を利用しますか？　**相手の注意をひくための方法を何通り思いつきますか？**　リストアップしてみましょう。

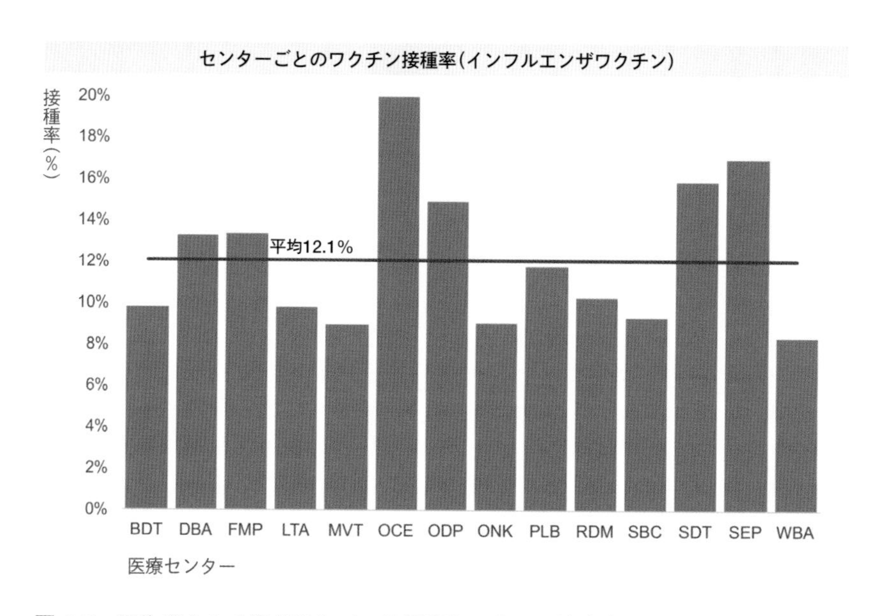

図 4.8　平均以上の成果を出している医療センターに注意をひくには？

データをダウンロードし、好きなツールで、あなたがリストに挙げた方法を試してみましょう。

職場で実践

相手の注意を上手にひくためにも、ツールでグラフを修正する方法を知っておきましょう。もちろん、どこに注意をひくべきかを理解していることが前提です。
つぎのエクササイズは、相手の注意をひきたいときに役立つでしょう。

エクササイズ 4.9：目をひかれるのはどこ？

目は、ビジュアル表現をチェックするいちばんのツールです。グラフやスライドを作ったら、一度目を閉じるか、グラフから目をそらしてみましょう。そしてまた見て、最初にどこに目がいったかに注意します。相手に真っ先に注目してほしい場所と同じですか？　もし違ったなら、どう修正すればよいでしょうか？注意をひき、情報に視覚的優先順位を作るために、無意識的視覚情報をどう利用するか考えてみてください。

グラフをデザインした本人は、データをよく知っているので特定の場所に目がいくかもしれません。でも、相手も同じ場所を見るとはかぎりません。そのため、自分で「目をひかれるのはどこ？」テストをし、必要な修正をしたら、ほかの人にもアドバイスをもらいましょう。グラフやスライドを友人や同僚に見てもらい、最初にどこに目がいったかを尋ねます。その場所はあなたが意図した通りでしたか？　その情報をもとに、必要に応じて修正しましょう。

また、最初に見た場所のほかに、情報をどう読み取っていったかを、友人や同僚に細かく教えてもらいましょう。まず注目したのはどこでしょうか？　つぎは？　そのつぎは？　どんな疑問を持ったでしょうか？　どんなことに気づいたでしょうか？　データや情報をくわしく知らない人から話を聞くと、うまくいっている点や改善点など、情報を伝えるうえでの重要なインサイトが得られるでしょう。

エクササイズ4.10：ツールを習得する

データをビジュアル化するツールはたくさんあります。どのツールにも得意、不得意があります。この本や前著で紹介した方法を含め、データをわかりやすくビジュアル化して伝えるには、ツールに関する知識が必要です。場合によっては、コードを書くことも必要もしれません。コードのよいところは、一度書けば、あとで再利用できるラインやチャンクができることです（これは便利です）。あるいは、使っているツールのドロップダウンメニューとその選択項目の適切な組み合わせを見つけておくのもよいでしょう（テンプレート化するか、毎回選択する必要がありますが、慣れればスピードも上がります）。

いずれにしても、ツールで何ができるか、確認しておきましょう。

自分で作ったグラフを1つ用意してください。手持ちがない場合は、どのエクササイズでもよいので、この本からデータを選んでダウンロードし、グラフを作成してください。折れ線グラフか棒グラフがよいでしょう。好きなツールで、つぎの作業を確認しましょう。

太字・太線にする：グラフにあるテキストの部分を太字にしましょう。折れ線グラフか棒グラフから1本選んで、ほかよりも太くしましょう。

色：まず全体をグレーにします。1本の線グラフまたは棒グラフの1系列を選んで青に変えましょう。別の線または棒グラフを選んで、あなたが所属する組織のブランドカラーに変えましょう。データポイントの1つ（折れ線の1点やデータ系列中の1本の棒）を選択し、そこだけ色を変えてみましょう。

位置：対象を動かす練習をします。棒グラフの場合は、棒の並び順を変更します。昇順、降順に並べ替えましょう。折れ線グラフの場合は、線の交差している箇所があれば、どちらか一方を前面や背面に移動させてみましょう。

点線または破線：点線や破線に変えられそうな線を見つけてください。折れ線グラフの場合は、どれか1本のスタイルを変更する方法を確認しましょう。棒グラフの場合は、1本または複数の棒の縁取り線のスタイルを変更する方法を確認しましょう。

濃さ：１つのデータの色の濃度をいちばん濃くし、ほかのデータの色を薄くしてみましょう。色を薄くするには、透明度を変えたり、パターンを適用したりする方法や、単に薄い色を選択する方法などがあります。データの書式を直接変更する方法のほかに、半透明のテキストボックスを使うなど、単純な方法でこの効果をもたらすことができないかも検討してみましょう。

データポイントにラベルをつける：まず、データ系列全体にラベルをつけてみましょう。つぎに、ラベルを別の場所に移動させる方法を確認します。折れ線グラフでは、まずラベルをデータ系列の上に、つぎは下につけてみます。棒グラフでは、まずラベルを棒の先に、つぎに棒の先の内側につけてみます。さらに、1つか2つのデータポイントだけにラベルをつける方法を確かめてください。グラフアプリケーションの場合は、ラベルを1つずつつけたり、個々のラベルを削除したりする単純な方法があります。簡易的なやり方としては、もう1つデータ系列を増やし、データ自体は透明にしてラベルの位置だけを利用するなどの方法もあります。

ほかにもツールでどんなことをできるようになりたいですか？　リストにして、それを実現するためには何が必要かを考えてみましょう（同僚、ウェブ検索、講座、個人レッスンなど）。どのツールも覚えるには時間がかかります。しかし、やった分だけの成果を得られるでしょう。ツールで自分のやりたいことが全部できたときの達成感は格別です。

エクササイズ 4.11：注意をひくべき箇所を見極める

前著でもこの本でも、共通の前提は、「あなた自身は、すでにデータを徹底的に分析していて、相手に伝えたいポイントがある」ことです。私は分析には探索的分析と説明的分析があると考えており、前者はすでに完了しているものとし、後者を教えることに重点を置いてきました。そうすると、「そもそも相手に注目してほしい場所をどうやって見極めるのか？」といった疑問が生まれるかもしれません。

これは教えるのが難しく、ここで説明的なコミュニケーションに注いでいるのと同じくらいの知識や技術を必要とします。私は、探索的、説明的とそれぞれの段階を分けていますが、実際は両者のあいだに明確な線引きはありません。たいていは、作業を進めていくなかで、両者のあいだを行ったり来たりするものです。「どこに焦点を当てればよいか？」を明確にするポイントがいくつかあります。

- データを集めるのはいつがよいですか？
- どのようにデータを分類するとよいですか？
- どのくらいの期間を対象にすればよいですか？　どれくらい前まで遡（さかのぼ）りますか？
- データを分けるには、どうするのが合理的ですか？　事業部門、地域、製品、在職期間などのカテゴリーごとにデータを見てみましょう。共通する部分、異なる部分はどこですか？　それはなぜですか？
- データの内容は予想通りでしょうか？　違うところはどこですか？
- 異なる要素はどう関連していますか？　何がどの原因になっていますか？
- 何と何を比較すると、新たなインサイトにつながりそうですか？

- どんなコンテキストがありそうでしょうか？　それについて、誰に聞けばよいでしょうか？

- このデータを見た人が疑問に思いそうなことは何でしょうか？

- どのような前提を置いていますか？　その前提が違った場合、どれぐらいの影響がありますか？

- 足りないものは何ですか？　データだけでストーリー全体が伝わることはあまりありません。不足している部分には、どう対処しますか？

- これまでの傾向が今後も続きそうですか？　または変化しそうですか？

エクササイズ 4.12：意見を交換する

第4章で学んだこととエクササイズに関するつぎの質問について考えてみてください。パートナーやグループで意見を交換しましょう。

1. データをビジュアル化して伝えるとき、相手の注意をひくために使えるデザイン要素には何がありますか？ どれがいちばん役に立つと思いますか？　それはなぜですか？

2. 「目をひかれるのはどこ？」テストとはどのようなものですか？　いつこれを使いますか？　それはなぜですか？

3. テキスト、表、ドットプロット、折れ線グラフ、棒グラフで、読み手の注意をひく方法は多くあります。相手に注目してほしい箇所を示す方法で、これらに共通するものはありますか？　グラフのタイプによって、その方法はどう違いますか？

4. グラフの色を選ぶ際に、重要なことは何ですか？　今後使いたい、または避けたい色の組み合わせはありますか？　それはなぜですか？

5. 説明的なコミュニケーションで対象を絞って強調することと、探索的目的のためのダッシュボード（計測表）をデザインすることはどう違いますか？　ダッシュボードでの色の使い方はどう異なりますか？

6. 視覚的階層とは何ですか？　データビジュアライゼーションやグラフのあるページを作成するのに、視覚的階層を作ることが役立つのはなぜですか？

7. 強調を控えめにしないと効果が出ないのはなぜですか？

8. この章で紹介した方法に関して、自分やチームにとって具体的な目標を1つ立てるとしたらどんなことですか？　どうすれば自分（またはチーム）はそれを達成できるでしょうか？　誰にフィードバックを求めますか？

第5章

デザイナーのように考える

前著『Google流 資料作成術』では、デザイナーのように考えるための4つのコンセプトとして「アフォーダンス」「審美性」「アクセシビリティ」「受容」を取り上げました。この章では、それぞれのコンセプトを使う練習をして、ほんの少しの違いが、いかにグラフの出来を左右するかを見ていきます。まず、4つのコンセプトをざっと振り返っておきましょう。

ビジュアルデザインでの**アフォーダンス**とは、対象をどのように読み取ればよいかをはっきり示すことです。これには、第3章と第4章で学んだことを利用します。つまり、関連したものを視覚的に結びつけること、重要度の低い要素は目立たないようにすること、大事な要素を前面に出すこと、見てほしいところに相手の注意を意図的にひきつけることです。

グラフやスライドの**審美性**を高めるために時間をかければ、そのぶん相手も見るために時間をかけてくれたり、問題点に寛容になってくれたりします。ここで重要なのは細部へのこだわりです。細かな要素が積み重なって、すばらしい出来になるか、残念な出来になるかを左右します。最高の出来を目指しましょう。

人間は1人ひとり違います。**アクセシビリティ**とは、それぞれに違ったスキルや能力を持つ人たちが理解しやすいデザインのことです。色覚障害についてはすでに触れましたが、アクセシビリティの一部にすぎません。このあとのエクササイズで、デザインについてもっと幅広く考える練習をします。アクセシビリティを高める最も簡単な方法の1つは、言葉を上手に使うことです。

最後に、私たちが作るビジュアルデザインは、相手に**受容**されなければ役に立ちません。その可能性を高めるためにできることを検討していきます。

それでは、**デザイナーのように考える**練習をしましょう！

まずは、前著第5章のレッスンの復習からです。

Google流
資料作成術
第5章

振り返ってみましょう

デザイナーのように考える

形式は機能に従う

その情報をもとに、
相手に何をして
ほしいのか？

どのように

どのようにビジュアル化
すれば、その行動を
促しやすいか？

アフォーダンス

使い方を明確に示すデザイン方法

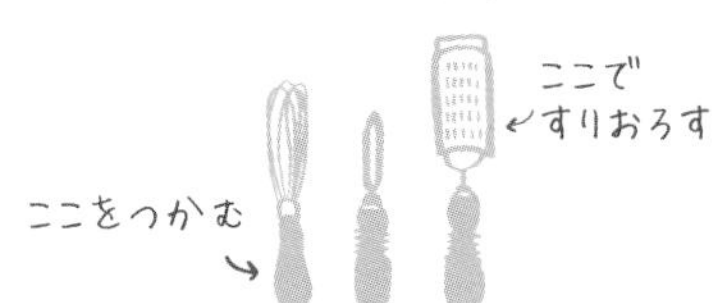

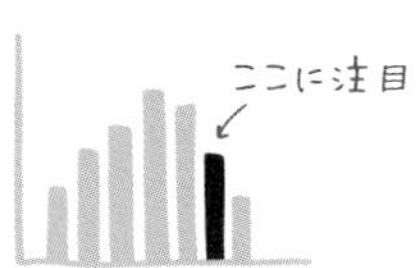

強調

重要な要素を強調し、
不要なものを取りのぞく
（強調するのはデザイン全体の10%まで）

グラフィックデザインの
アフォーダンス

太字 大文字 サイズ
斜体 書体 色
下線 反転

完璧がついに達成されるのは、
何も加えるものがなくなったとき
ではなく、何も削るものが
なくなったときである

アクセシビリティ

さまざまなスキルを持つ人たちが
理解しやすいデザイン

1. 読みやすくする
2. 整理する
3. 簡単な言葉を使う
4. 不必要に複雑な
情報は取りのぞく

審美性

デザインの見た目がよいほど、
使いやすいように見え、
受け入れてもらいやすくなる

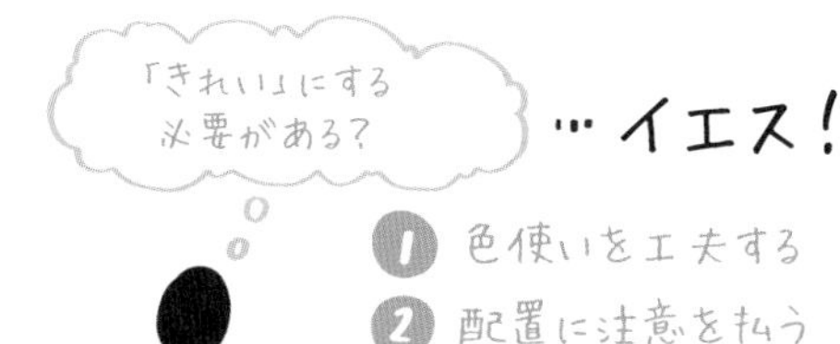

1. 色使いを工夫する
2. 配置に注意を払う
3. 空白を活用する

受容

デザインを効果的なものにするには、
相手に受け入れてもらう必要がある

1. メリットを明確に伝える
2. 並べて表示する
3. 選択肢を提示し
意見をもらう
4. 影響力のあるメンバーを
巻き込む

一緒に練習

5.1
言葉を
上手に使う

5.2
よりよい
ものにする

5.3
細部にこだわり、
直感的な
デザインにする

5.4
デザインの
スタイルを
取り入れる

1人で練習

5.5
観察して
真似する

5.6
小さな違いで
大きな効果を
生み出す

5.7
どう改善
できるか？

5.8
ブランドを
取り入れる

職場で実践

5.9
言葉でデータを
わかりやすくする

5.10
視覚的階層を
作る

5.11
細部に
こだわる

5.12
アクセシビリティの
高いデザインにする

5.13
デザインを
受け入れて
もらうために

5.14
意見を
交換する

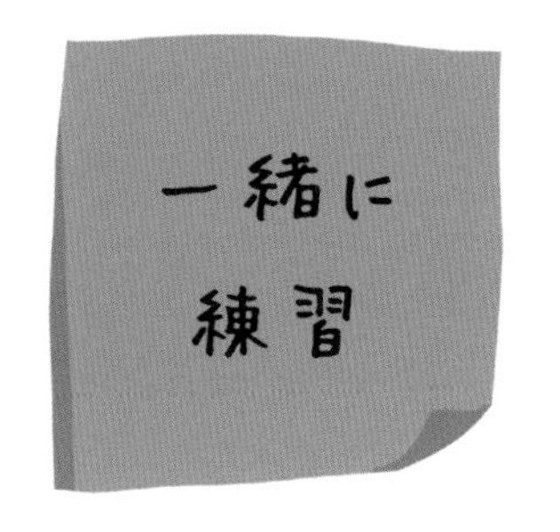

グラフに添える言葉は、わかりやすく伝えるうえで重要なものです。まずこの点に焦点を当てたエクササイズから始めましょう。つぎに、デザインの細部まで注意を払うこと、ブランドを取り入れることなど、ほかの視点についても検討し、グラフを改善していきます。

エクササイズ5.1：言葉を上手に使う

データコミュニケーションに言葉は必要ないとか、最小限にとどめるべきだという人がいますが、これは間違いです。データをわかりやすく伝えるうえで、言葉は重要な役割を果たすからです。グラフにテキストを添えると、相手は理解しやすくなり、そのデータについてどう考えればよいのか、はっきりとわかります。

言葉が重要だとわかる、簡単なエクササイズをしてみましょう。

図5.1aは4つの洗濯用洗剤の売上の推移を示しています。すでにグラフにはテキストが入っていますが、これで十分でしょうか？　言葉をもっとうまく使えないでしょうか？　これについて考えながら、あとの手順に進んでください。

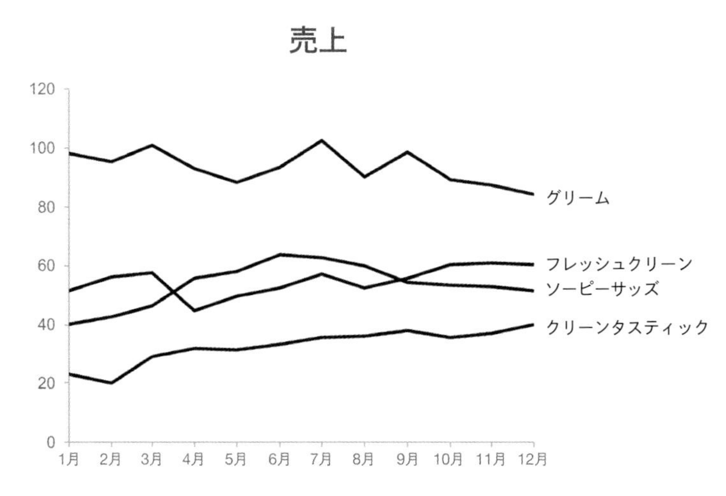

図5.1a　言葉をもっとうまく使うには？

ステップ1：図5.1aのデータを見てどんな疑問が浮かびましたか？　リストアップしてみましょう。このデータを解釈するためには、どんな想定が必要ですか？

ステップ2：ステップ1での疑問に答えるには、どんな言葉を加えればよいでしょうか？　グラフが示しているものがはっきりするように、タイトルやラベルを加えたり変更したりしてみましょう。

ステップ3：グラフに違う言葉を加えると、データの解釈はどのように変わるでしょうか？　グラフが示しているものの解釈を変えるには、軸タイトルやそのほかのテキストをどう変更しますか？　すべてのグラフに必要な言葉を推測できますか？　このエクササイズで学んだことを文章でまとめましょう。

ステップ4：実践練習として、図5.1aに言葉を書き込むか、データをダウンロードしてツール上でグラフに言葉を入れてください。言葉でうまく情報を伝える練習をしましょう。

答え5.1：言葉を上手に使う

グラフを作るとき、作っている本人は細かい点までよくわかっています。相手は、そうではありません。状況によっては、作った本人とは違う見解や期待を持っているかもしれません。データをわかりやすく説明するテキストがなければ、まさにこのエクササイズのように、相手は自分で推測せざるを得なくなります。そうなれば、必要以上に頭を使うだけでなく、間違った推測をしてしまうことにもなりかねません。

それでは、ここから、言葉によってデータの解釈がどれほど変わってくるかを見ていきます。

ステップ1：このデータについて、私は4つの疑問を持ちました。

- **縦軸は何を示しているのか？**　グラフタイトルを見れば、縦軸が売上だとわかりますが、説明が不十分です。販売数を表しているのでしょうか？　それとも千ドルや百万ポンドといった売上金額を示しているのでしょうか？

- **横軸は何を示しているのか？**　ラベルの表示が月なので、時間なのはわかりますが、これだけでは不十分です。過去の実績なのか、未来の予測なのか、その両方である可能性も考えられます。

- **この4商品は、どのようなコンテキストに位置づけられているのか？**　特定のウェブサイトや店舗で販売している商品なのでしょうか？　またはあるメーカーの主要4商品なのでしょうか？　あるいは複数ある商品のうちの、上位または下位4商品なのでしょうか？

- **このデータはどれくらいの範囲をカバーしているのか？**　とくに何も示されていなければ、全世界や全米での売上など幅広い地域をカバーしている、などと考えることもできます。もしくはもう少し小さい区分、都市や州、地域、または特定の製品シリーズ、特定のメーカー、ある小売チェーンなどに限定されているとも考えられます。

ここで挙げた疑問に対する答えによって、このデータの解釈はまったく変わってきます。もっとくわしく見ていきます。

ステップ2：図5.1bは、ステップ1の疑問をふまえて、テキストをグラフに加えたものです。

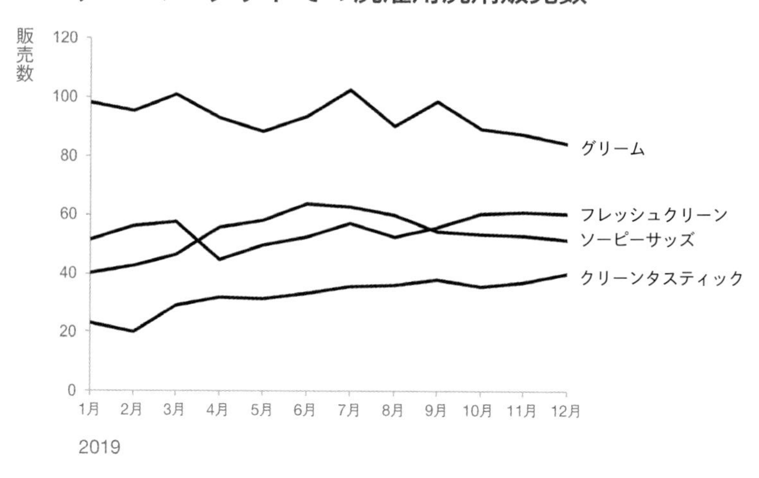

図 5.1b　明確なタイトルをつけると理解しやすくなる

図5.1bでは、このデータはあるスーパーマーケットで売られている、4種の洗濯用洗剤の販売数を表していると仮定しました。より具体的なグラフタイトルに変更し、縦軸と横軸には軸タイトルを加えています。

それでは、変更した点を見ていきましょう。テキストを加えるときには、デザイン上の工夫をしました。まずグラフタイトルを左揃えにしました。とくに目印などがないかぎり、人はグラフを左上から見始め、Zの形に目を動かして情報を読み取っていきます。グラフタイトルを左上に置いておけば、相手はデータを見る前に、おおよその内容がわかります。軸タイトルを、縦軸の場合は上、横軸の場合は左に寄せたのも同じ理由からです。

軸タイトルの並びについても、細部にまで注意を払います。縦軸のタイトルはいちばん上の軸ラベルに、横軸のタイトルは左端の軸ラベルに揃えました。また、軸タイトルで何を表す軸なのかをはっきり示しつつも、文字色をグレーにしてデータの邪魔にならないようにしました。

ステップ3：言葉を変えると、同じデータでもまったく異なる解釈になります。図5.1cを見てください。

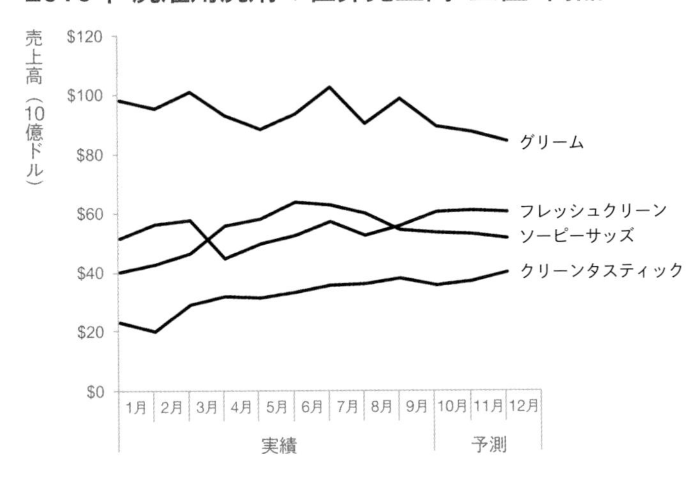

図 5.1c　テキストを変えるとまったく異なる解釈になる

このことから、グラフにどのような言葉をつければよいのかがわかります。

一般的なガイドラインを紹介しましょう。まずは、どんなグラフにもタイトルをつけることです。スライドで伝える場合は、グラフに説明的なタイトルをつけて、スライドには要点を示すタイトルをつけます（後者については第6章でくわしく説明します）。これが唯一の方法ではなく、この本のなかでも、グラフタイトルが説明的であると同時に要点を伝えるものになっている例もあります。ただ、同じレポートやプレゼンのなかでは、タイトルのつけ方に一貫性を持たせるようにしましょう。

それから、軸にも必ずタイトルをつけることです。例外はほとんどありません。明確なタイトルをつけて、相手が解読したり、推測したりしないですむようにしましょう。

言葉はグラフをわかりやすくします。ぜひ上手に使いましょう！

エクササイズ 5.2：よりよいものにする

データをビジュアル化するときに使うグラフアプリケーションは、さまざまなシナリオのニーズに対応するよう設計されています。言い換えると、デフォルトの設定が、特定のシナリオのニーズにぴったり合うことはほとんどありません。そこで人間の出番です。コンテキストやデザインを理解すれば、デフォルトの表示を大幅に改善して、情報をよりわかりやすく、美しく、相手が時間をかけて見るに値するものにできます。

ここからは具体的な例を見ていきましょう。デザインについて学んだことをどう活かせるかを考えながら、ツールのデフォルト表示を改善し、わかりやすいグラフを作ります。図5.2aは、ある地域でディーラーが販売した車の台数の推移を示しています。

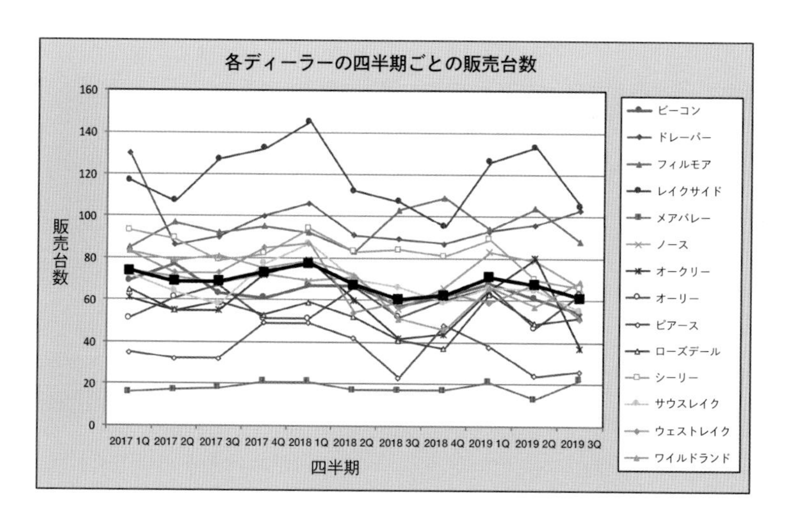

図 5.2a　ツールのデフォルト表示

ステップ1：まず単純に、このグラフを見てどんなことを感じましたか？　浮かんだ言葉をリストアップしてみましょう。

ステップ2：このグラフでデータを伝えなくてはならないとしたら、どのように変更しますか？　とくにつぎの点について考えてみてください。

- **言葉の使い方**：言葉でデータはわかりやすくなります。どんな言葉を使うかだけでなく、どこに言葉を置くかもよく考える必要があります。このグラフでは、各タイトルの言葉や位置をどのように変更しますか？　それはなぜですか？　ほかに言葉の使い方で改善すべき点はありますか？

- **視覚的階層**：強調する箇所を絞り、重要でない情報やメッセージを持たない要素は目立たせないようにすることはすでに学びました。この学びを活かして、グラフをどのように変えますか？　どの情報や要素を目立たせ、どれを目立たなくしたり、削除したりすればよいでしょうか？

- **全体のデザイン**：現状のデザインで邪魔なものはありますか？　整列機能や、ホワイトスペースをもっと効果的に使えないでしょうか？　このグラフの全体的なデザインを変えるとしたら、何を提案しますか？

ステップ3：データとグラフをダウンロードしてください。好きなツールを使い、あなたが考えた変更点を反映し、グラフを作り直してみてください。

ステップ4：このデータを使ったスライドを1枚作るよう指示されました。そのスライドは、ディーラーの経営陣が見る資料になるとします。その場合、スライドの内容や、見せ方は変わりますか？　状況に合わせて、どんな言葉を加えますか？　デザインについてほかにどんな工夫をしますか？　好きなツールで、このスライドを作ってみてください。

答え 5.2：よりよいものにする

ステップ1：このグラフを見て、わかりにくい、ごちゃごちゃしている、混乱している、複雑、などと私は感じました。こんな感想はもらいたくありません。

ステップ2：つぎに、情報をもっとうまく伝え、かつ見やすくなるように、このグラフをどのように作り直すかを説明します。

言葉の使い方：もとのグラフで、すべてにタイトルがついている点はよいのですが、グラフや軸のタイトルが中央揃えなのがイマイチです。タイトルはすべて左上に寄せ、相手が左上からグラフを見始めたとき、最初にグラフの見方がわかるようにします。横軸のタイトル「四半期」は、ラベルを見れば明白なので、削除します。また、横軸ラベルに年数が繰り返し表示されていて冗長なので、取り出して軸ラベルの上位カテゴリーにします。

視覚的階層：まずこのグラフのどこにフォーカスするのかを決める必要があります。もとのグラフでは目をひくものが多すぎて、注目すべき点がわかりにくくなっていました。ほかの線や色、形のせいでよくわからなくなっていますが、よく見ると「地域平均」の線が黒い太線で強調されています。この地域平均以外はすべて目立たなくします。グレーの背景、グリッド線、枠線を削除して邪魔なものを取りのぞきます。こうした情報価値のない要素を削除すると、データがより目立つようになり、ごちゃごちゃした印象が軽減されます。

全体のデザイン：右側のアルファベット順に並んだ凡例と、データのあいだで目を行ったり来たりさせるのが面倒です。これを避けるために、折れ線に直接ラベルをつけます。このグラフではたくさんの線が接近しているので難しいですが、少し工夫して挑戦してみます。このグラフは、特定のディーラーの状況を示すには不向きです。そうするにはグラフを分けるか、1つか2つずつ順に表示するしかありません。ですが、直近のデータの、成績上位、下位、中位ぐらいの区別を示すのであれば、グラフの右側にグループごとにラベルを加えましょう。

ステップ3：図5.2bはこうした変更点を修正したグラフです。

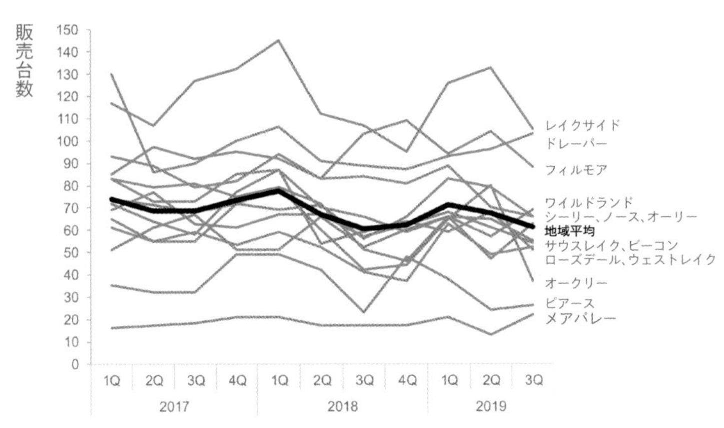

図 5.2b　修正後のグラフ

図5.2bなら、地域平均にすぐに目がいき、過去数年におけるディーラーの分布範囲や販売数の推移もおおよそつかむことができます。ですが、相手が特定のディーラーの状況をくわしく知りたいなら、このグラフは適していません。その場合は、このグラフに手を加えるのではなく、別のグラフを作ります。つぎで紹介します。

ステップ4：1枚のスライドでこの情報を伝えると想定してみましょう。私なら言葉を添えてもっとわかりやすくし、結論を明確にします。ホワイトスペースと整列を意識しながら、タイトルとテキストを利用して、ページの骨格を整えます。また、強調する箇所は少なめにして、視覚的階層を作り、情報を読み取りやすくします。そうすると関連する要素を結びつけやすくなり、情報を処理しやすくなります。図5.2cを見てください。

地域の販売台数：ディーラーごとに異なる結果

地域平均は全体的に減少

ディーラー全体での合計販売台数（未掲載）は2017年第1四半期の1,000台超から2019年第3四半期の857台へ減少（17％減）。ディーラーの平均販売台数も減少傾向。

ディーラーごとに顕著な違い

直近の四半期では、レイクサイド、ドレーパー、フィルモアの販売数が上位にあり（順に105、103、88台）、オークリー、ピアース、メアバレーが低迷（いずれも40台未満）。

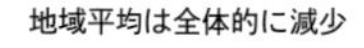

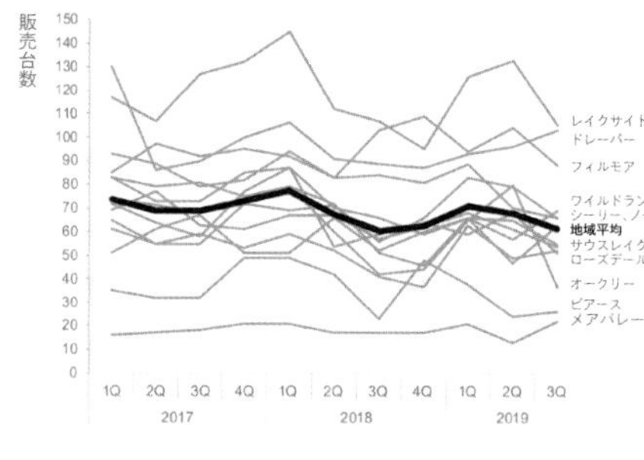

ディーラーごとの販売台数：2019年第3四半期

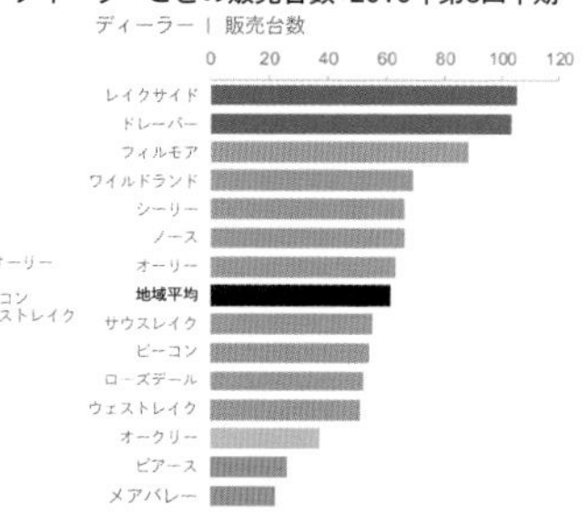

出所：売上データベース（2019年9月30日までの地域ディーラーにおける店頭販売台数を含む）

図 5.2c　1枚のスライドで示す場合

図5.2cでは2つ目のグラフとして横棒グラフを加え、直近の四半期における各ディーラーの販売台数の比較を示しました。これが最も重要で、各ディーラーの推移の全体像は必ずしも必要ではないと私は考えたからです（左のグラフでも高い部分と低い部分は比較的簡単に見ることができます。しかし、中間部分にある複数の線を区別するのは、いまのデザインでは不可能です）。

また、グラフまわりの文字数を増やし、簡単明瞭なタイトルと説明的なテキストで、ポイントをわかりやすく示しました。そして、グラフを2つ並べたレイアウトにするために、ホワイトスペースを利用し、並びを整えました。視点を整えて、相手がこの情報をどうやって処理するかを考えてみると、おそらく左上からスタートしてスライドタイトルを読み、下に移って「地域平均は全体的に減少」の見出しを読み、その下のグラフの黒い線を見るでしょう。そのあとは右側へ目を移し、「ディーラーごとに顕著な違い」の見出しか、青とオレンジのテキストに目を留めるはずです。最後にその下の右のグラフにたどり着き、黒い平均値は左側のグラフと、青とオレンジの棒は上の言葉と、色の類似によって関連していることがわかるでしょう。

じつは、図5.2cの左側のグラフを変更し、2019年第3四半期時点での上位、下位各3社のディーラーの折れ線を右のグラフと同じく、青とオレンジにしてみました。一貫性があってよかったのですが、左側のグラフの地域平均への注目が薄まってしまうと感じたので、色は右側のグラフだけに使いました。

ここで大切なポイントは、ページ全体の構成とデザインをよく検討することです。ツールのデフォルト設定に頼るだけではいけません。グラフを作ったあとにも、することはたくさんあります。よく考えてデザインすれば、グラフや資料は理解しやすくなり、プレゼンが成功する確率も高まります。

エクササイズ5.3：
細部にこだわり、直感的なデザインにする

つぎの例では、エクササイズ5.2の最後で取り上げた形式によく似た、グラフと表が2つ並んだ構成を見ていきます。ただ構成が明確であればよいわけではありません。わかりやすいグラフをデザインするうえで、細部まで注意を払うことが大切です。細部にこだわり、注意深くデザインすることで、どれだけ伝わりやすくなるかを見ていきましょう。

あなたは中小企業を対象に、オンデマンド印刷サービスを提供する会社の社員です。会社が注視している指標の1つがタッチポイント（社員が顧客と直接やりとりをした回数）です。タッチポイントの合計数と顧客ごとの回数について測定しています。おもなタッチポイントの形態は、電話、チャット、メールです。

あなたの同僚は、タッチポイント数の推移をつぎのスライドにまとめ、フィードバックを求めてきました。図5.3aをよく見て、つぎのステップに取り組んでみましょう。

タッチポイントの合計数と顧客ごとのタッチポイントは横ばい

タッチポイント合計数は50万回に向けわずかに増加
(前年比+3.8%)

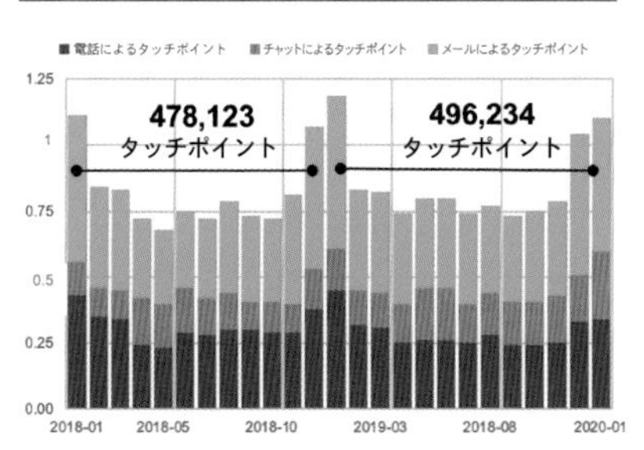

顧客ごとのタッチポイントは
過去3年でほぼ変化なし

	電話	チャット	メール	合計
2018年1月	0.43	0.13	0.55	1.11
2019年1月	0.45	0.16	0.58	1.19
2020/1	0.29	0.26	0.5	1.10

図 5.3a　同僚が作ったスライド

ステップ1：このスライドのデザインの細部について同僚にどんなフィードバックをしますか？　考えたことを書き出してください。「何を」変えればよいかだけでなく、「なぜ」かも考えてください。フィードバックの根拠として、これまでに学んだデザインの法則を利用しましょう。

ステップ2：全体を眺め、データのデザイン方法について考えてください。現状は左に積み上げ棒グラフ、右に表があり、そのなかにも数字があります。このデータの見せ方に変更したい点はありますか？　もっと直感的に理解できるようにするには、どうすればよいですか？　アイデアを書き出しましょう。

ステップ3：データともとのグラフをダウンロードしてください。好きなツールを使い、あなたのアイデアを取り入れて、スライドを作り直しましょう。

答え 5.3：細部にこだわり、直感的なデザインにする

ステップ1：ビジュアル表現では細部へのこだわりが非常に重要です。多くの場合、グラフやスライドは、データ分析のプロセスで唯一相手が実際に「目にする」部分です。そのため、それが正しいかは別として、実際に目にするグラフやデータから、あなたがこの仕事にどの程度注意を払ったかを判断します。ですから、データ分析のプロセス全体でよい仕事をした、と思ってもらえるようなグラフや資料にしましょう。

細部へのこだわりに関しては、私なら「一貫性」「整列」「直感的な軸ラベル」の3つに絞ってフィードバックします。それぞれについて見ていきましょう。

一貫性は、細部へのこだわりという点で重要です。何らかの理由でそうしないほうがよい場合以外は、一貫性を保つように心がけましょう。無計画にデザインを変更したり、一貫性を乱したりしてしまうと、目をひき、気を散らせ、だらしない印象を与えます。この例では、グラフの縦軸ラベルと表の下段のメールに関するセルで、小数点以下の表示が不揃いになっています。また、日付の表示方法が、グラフと表で、そして表のなかですら一貫していません。

つぎに**整列**です。前述したように、中央揃えのテキストは見苦しくなりがちです。中央揃えのテキストが複数の行にわたると、この例のグラフと表のタイトルのように、両端がギザギザになってしまいます。表の数字は中央揃えのままでよいですが（そもそも表が必要かどうかについては、あとで触れます）、縦位置の並びは揃えたほうがよいでしょう。現在の表では、日付は上詰め、数値は中央揃えになっているので、縦位置も中央に揃えます。また、ページ上の全体的な要素ももう少しきれいに並べることができます。表と、その上の線の並びがずれていますし、右端のオレンジの枠は、強調したいセルにぴったり合うようにサイズを変更したほうがよいでしょう。

最後は、グラフに**直感的な軸ラベル**をつけることです。現状では横軸のラベルが5か月間隔になっています。すべてのポイントにラベルをつけるだけのスペースがないからでしょう。とくにいまの長い年月表記では無理でしょう。解決方法の1つは、数か所にだけラベルをつけることですが、どんな間隔にするかは考え

る必要があります。表示しているデータを直感的にとらえやすい間隔にしましょう。例えば日次データなら、1週間（7日ごと）にラベルをつけるのがよいでしょう。または日付でなく週で表示するほうがわかりやすいかもしれません。月次のデータなら、3か月ごとか6か月ごとのほうが合理的でしょう。時間を示すスペースがかぎられているなら、四半期ごとまたは1年ごとのラベルにしてもよいでしょう。年度は取り出して上位カテゴリーとし、月名を短く表示してもよいでしょう。正解は1つではありません。直感的にとらえやすく、読み取りやすい軸ラベルにしましょう。

ほかには、グラフ各所のラベルから「タッチポイント」という言葉が冗長なので取りのぞいてスッキリさせます。データに直接ラベルをつけ、凡例とグラフのあいだで目を行ったり来たりさせる必要がないようにしましょう。この例では、明らかに色も変えたほうがよさそうですが、その問題はあとで全体のデザインを検討するときに取り上げます。

図5.3bは、私が挙げた変更点を取り入れて作り直したグラフです。

顧客ごとのタッチポイントの推移

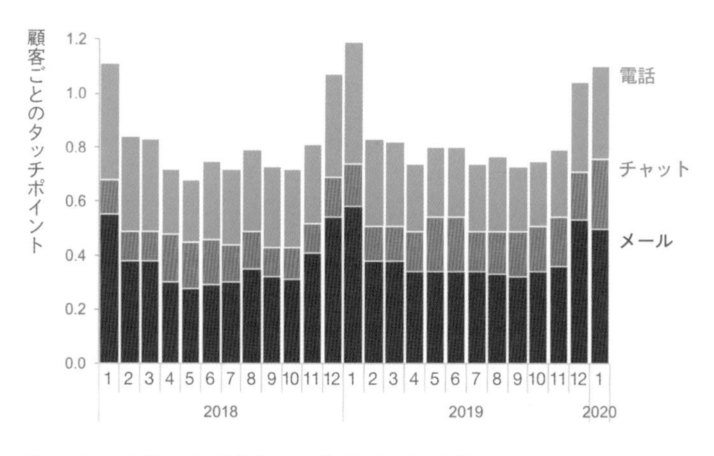

図 5.3b　細部に注意を払って作り直したグラフ

ステップ2：データをより合理的にデザインするという点では、もっと思い切った提案があります。つぎは、**データ自体をわかりやすくデザインする**にはどうすればよいかを見ていきましょう。

226ページの図5.3aでは、タイトル、グラフに加えられた文字、表とあちこちに数字が散らばっていました。これらすべてが必要とは思えません。まず「タッチポイントの合計数」について考えてみましょう。これはタイトルと左側のグラフ上にテキストで示されています。もしこの情報が必要なら、それだけを別のスライドに取り出してグラフにし、2年ぶんの数字だけでなく、もっと多くのデータを入れるべきでしょう。もしくは、文章でコンテキストを説明する形にして、グラフがごちゃごちゃするのを避けましょう。

表に注目すると、グラフですでに示されている情報しか表していません。ここにある数字は、左側のグラフの1月のデータと同じです。ですから、具体的な数字が必要なら、取り出して別に表示するよりも、グラフにラベルとして直接つけることをすすめます。しかしこの例では、この数字は重要ではないと判断しました。細かな点で迷ったら、「ストーリー」について考えてみると、データの違った面が見えてきます。どこに焦点を当てるべきか、伝えるべきストーリーはなにか、それを相手にはっきりとわかりやすく伝えるにはどうすればよいかがわかります。

つぎはこのデータをビジュアル化する別の方法を考えてみましょう。積み上げ棒グラフでは、簡単に比較できるのは、いちばん下の系列と合計（棒全体の高さ）だけです。いちばん下の系列の高さがそれぞれ違うので、積み上げられたデータ系列に興味深い点があっても、見つけるのはとても困難です。それぞれをもっと簡単に比較するには、積み上げた棒をばらばらにして折れ線グラフにするとよいでしょう。図5.3cを見てください。

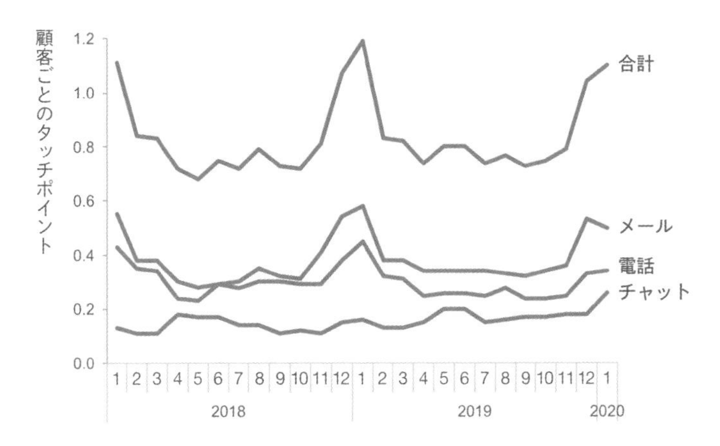

図 5.3c　データを折れ線グラフにする

図5.3cでは、積み上げていたカテゴリーをばらばらにして、メール、電話、チャットというタッチポイント別の折れ線グラフにしました。そこに合計を示す折れ線も加えています。合わせて、グラフから完全に色を取り去り、すべてのデータを見比べて、どこに注意をひいたらよいかを判断できるようにしました。のちほどまた少し色を加えていきます。

積み上げ棒グラフを折れ線グラフにすると、タッチポイントの推移に季節性があることがより鮮明になりました。季節性について（または季節性がないことについて）はっきり見せたいときは、横軸に1月から12月までのように1年分の月をとり、線グラフの線の種類を変えることで異なる年のデータを区別する方法があります。ただし、線の数が多くなってしまうので、複数のデータにこの方法を使うときは、グラフをいくつかに分ける必要があるでしょう。ですがここでは、データの量からすると1つのグラフでも表せそうです。図5.3dを見てください。

顧客ごとのタッチポイントの推移

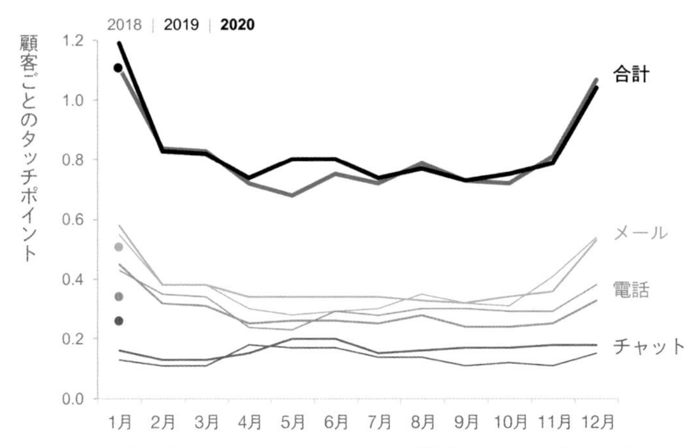

図 5.3d　横軸を 12 か月表示にし、季節性をわかりやすくしたグラフ

図5.3dでは、横軸を1月から12月の表示に変更し、年ごとに1本の折れ線となるようにプロットしました。各タッチポイントの色ごとに、細い線が2018年、太い線が2019年、左端の丸い点が2020年1月のひと月分だけのデータを示しています。タッチポイントの合計数でも、同じような季節性を示し、1月と12月が高く、残りの月では比較的低くなっています。もしこのグラフが気に入らなくても、つぎに進むための過程なので心配無用です。

まず、直近のデータポイントが2020年1月なので、現在の時点を2020年2月と仮定します。これに、1年を通したデータの形（年末年始が高く、その間が低い）をふまえて、横軸を調整します。まず典型的な暦年表示（1月から12月）よりも、直近数か月と前年同期を比較しやすいように、7月に始まり6月に終わる表示に変えます。するといくつかのデータを取りのぞくことができ、2020年のデータポイントがたった1つという不自然さが解決されて、「今期」と「前期」の2本の折れ線に集約できました。図5.3eを見てください。

顧客ごとのタッチポイントの推移

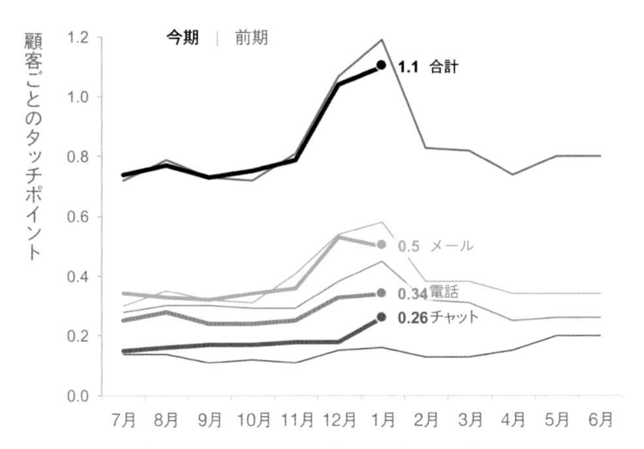

図 5.3e　横軸を 7 月から 6 月までの表示に変更

このグラフにすると、いままで気づかなかった点が目に入ります。まず、合計を見てください。今期のトレンドはほぼ前期と同じですが、1月は前期よりも低くなっています。下に目を移すと、メールと電話によるタッチポイントも前期と比べて今期は低くなっています。一方でチャットによるタッチポイントはほかと異なり、今期に入ってから継続して前期よりも高く、1月はとくに高くなっています。

図5.3eのラベルで示している、小数点以下の桁数が違う点に気づいた人もいるかもしれません。合計とメールについては数字の大きさから考えて、小数第1位まで四捨五入しました。ですが電話とチャットについては、小数第2位まで桁を増やしています。その理由は2つあり、小さいけれども意味のある違いがわかるようにするため、もう1つは高さが違う2つの点に同じ数字のラベルをつけると(この場合は0.3)、混乱を招くからです。

ステップ3：ここまでをすべてまとめて、説明のテキストを追加すると、最終的なスライドは図5.3fのような形になります。

タッチポイントの合計数は横ばい、チャットへの移行が見られる

顧客とのタッチポイントには明らかな季節性が見られ、**1月が最も高い。**
メールと電話は前期比で減少しているが、**チャットのタッチポイントは増加。**

検討事項：**このデータが示唆する内容から、今後の戦略や目標を検討する**

顧客ごとのタッチポイントの推移

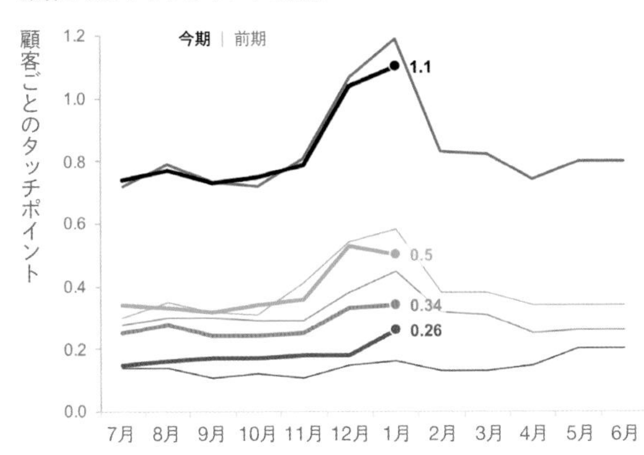

全体では、直近数か月のトレンドは前期とほぼ同じであるものの、1月はやや減少。

メールは依然としてタッチポイント全体で高い割合を占めるが、1月は前期よりわずかに減少（0.50対0.58）。

電話は顧客ごとのタッチポイントが0.34と、前期に比べやはり減少（前年同期は0.45）。

チャットによるタッチポイントは直近数か月で着実に増加。1月時点で0.26ではあるが、全体での割合を拡大しつつあり、前期比ではほぼ2倍。※ここにもっとコンテキストを加える（これは望ましいことだ、今後も継続するだろう、など）。

図 5.3f　デザインし直したスライド

もし私がこの情報をプレゼンする場合は、スライドで見せるのはグラフだけに絞り、1つひとつ口頭で説明するでしょう（そうした例を第6章と第7章で見ていきます）。しかし、このスライドだけで情報を伝えないといけない場合（このスライドが、より大きな資料に収められて回覧されるような場合）、すべてのテキストを入れて、相手に伝わるようにしておきます。私が加えた言葉のほとんどは説明的なものです。できればくわしいコンテキストや、グラフの結果がよいものなのか、予測していたものなのかといった解釈を伝えるとよいでしょう。また、テキストとそれが説明するデータを結びつけるために、色の類似を利用しました。そのため、テキストを読んだときに、そのエビデンスとしてデータのどこを見ればよいのか、データを見たときには、関連するテキストがどこにあるのかわかるようになっています。そして、控えめな色使い、サイズの違い、配置などを利用して、視覚的階層を作り、情報を読み取りやすくしました。

デザインをあらゆる面からよく検討すると、情報は理解しやすいものになり、メッセージもはっきりと伝わりやすくなります。

エクササイズ5.4：デザインのスタイルを取り入れる

デザインのスタイルに影響を与えるものに、「ブランド」があります。多くの企業はブランディングのために長い時間と多大な費用をかけ、ロゴ、色、フォント、テンプレートや、それに関連したスタイルガイドを作成します。データビジュアライゼーションにブランドを取り入れることは、必要だからという以上に、積極的な意味があります。見た目や印象にまとまりが出て、個性を感じられるようになるのです。では、グラフにブランドを取り入れる練習をしていきましょう。

つぎのグラフはエクササイズ3.1で見たものと同じです（註：このエクササイズでは、原著の内容をより適切に伝えるために原著の図を掲載します。日本語訳は126ページ参照）。この図5.4aは、ある製品についての市場規模の推移を示しています。前著『Google流 資料作成術』と本書の典型的なスタイルを取り入れています。フォントはArialです。タイトル類は左上寄せです。ほとんどの要素をグレーで表示し、注意をひきたい箇所だけに色を使っています（オレンジをマイナスの意味、青をプラスの意味に使っています）。

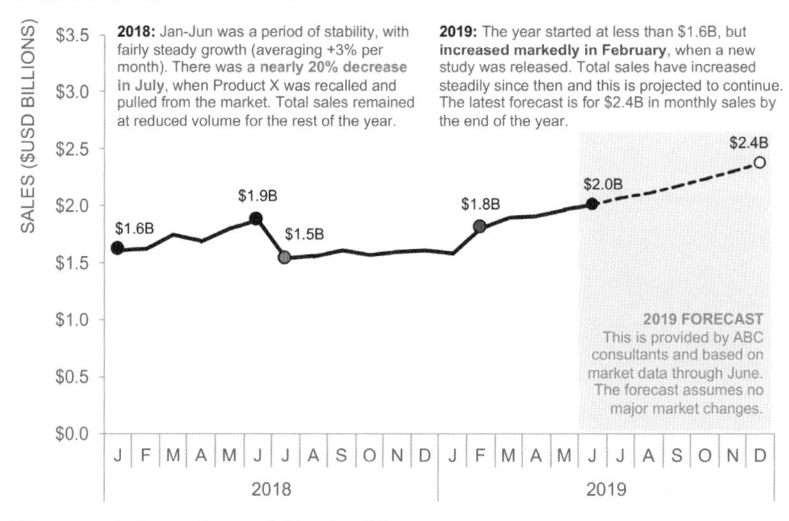

図5.4a　本書のスタイルを使ったグラフ

データとグラフをダウンロードして、つぎに進みましょう。

ステップ1：あなたはユナイテッド航空に似たブランドを持つ企業に勤務しており、市場規模の調査を含む年次報告をまとめることになったとします。まずは、リサーチをしてみましょう。ユナイテッド航空のウェブサイトを見たり、Google画像検索をして、関連した画像を眺めたりします。つぎにこのブランドを表現す言葉を10個書き出してください。見た目をユナイテッド航空のブランドに似たスタイルに変えて、図5.4aを作り直しましょう。そうすると、色やフォントの選び方がどのように変わるか、考えてみてください。ほかに、グラフのデザインに対してこのブランドがどんな影響を与えるでしょうか？

ステップ2：もう一度同じことをします。今度は、あなたがコカ・コーラのアナリストになったとしましょう。ステップ1の手順を繰り返し、まずリサーチをして、このブランドについて思い浮かぶ言葉や印象をリストアップしましょう。そしてリサーチしたブランドの特徴を取り入れて、もう一度グラフを作り直してください。どのように変更しましたか？　ブランドカラーである赤をデザインにどう反映しましたか？

答え5.4：デザインのスタイルを取り入れる

ステップ1：ユナイテッド航空のウェブサイトを見たり、Googleで関連した画像を検索したりして、私の頭に浮かんだ言葉は、「クリーン、クラシック、太い、青、空の旅、開放的、ミニマル、シンプル、真面目、組織的」といったものでした。ロゴの背景は濃い紺青色、文字は中央揃え、文字は白い太字で表記され、抑えた色合いの薄い青が少し使われています。こうした雰囲気や要素をグラフのデザインに取り入れてみました。図5.4bを見てください。

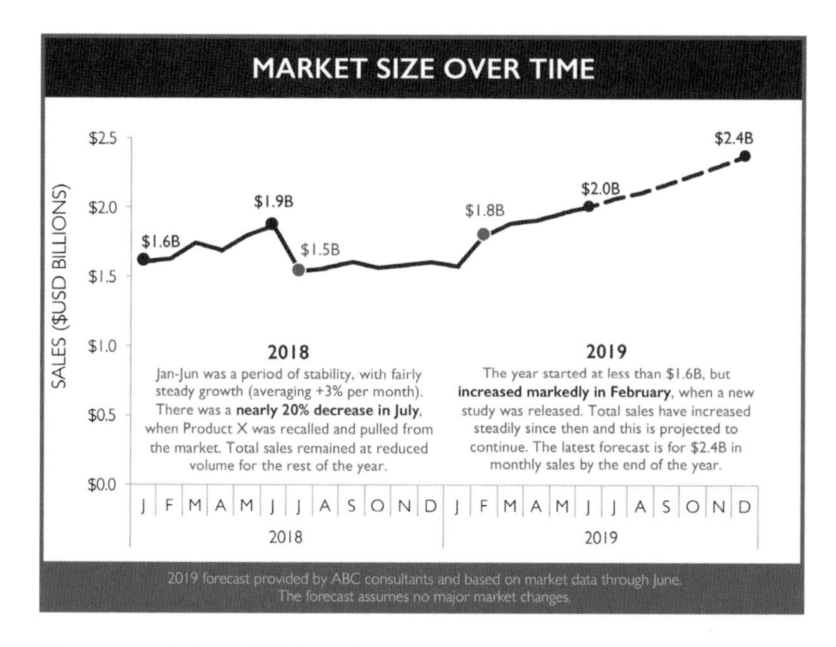

図 5.4b　ユナイテッド航空のブランドにインスパイアされたグラフ

おもな変更点は色とフォントです。グラフの軸以外は濃い青と薄い青を使いました。軸タイトルとラベルは黒、目盛はグレーにしています。選んだフォント（Gill Sans）はArialよりもほんの少し幅をとります。このフォントで折れ線の上部にテキストボックスを配置すると、ひどく混み合って見えます。そのため、テキストボックスをデータの下に移動させることにしました。縦軸を最大限に切りつめて折れ線を上に寄せ、その下にテキストボックスを置く場所を作りました。脚注はグラフの下部に移動しています。

また、ほとんどのテキストを中央揃えにしました（左揃えや右揃えを試したところ、端の並びがきれいに揃う点はよいのですが、グラフのほかの部分と何かが合わないように感じました）。ユナイテッドのロゴとブランドには、すっきりと秩序ある雰囲気が感じられるので、タイトルと脚注の背景に青い長方形の帯を、グラフの周囲には青い線を加えて、その雰囲気を表現しました。折れ線を太くしたのは、そのほうがタイトルの太文字とのバランスがとれるからです。こうした変更を加えたことで、ブランドを反映したグラフはもとの図5.4aとはすいぶん違うもののように感じられます。

ステップ2：つぎはコカ・コーラのブランドにインスパイアされたグラフです。缶やボトルのラベル、ロゴ、広告を改めてよく見てみました。このブランドから連想される言葉は、「赤、銀色、丸み、クラシック、大胆、甘さ、遊び心、国際的、多様性、濡れた（ポスターなどでは、よく缶の周りに結露がデザインされています）」といったものでした。観察してみると、背景には赤がふんだんに使われていて、白い文字とコントラストをなし、黒が控えめに使われています。テキストは基本的に中央揃えで、大きめの太字と、普通の太さで少し小さめの文字の組み合わせがよく使われています。言葉の使用は最小限に留められています。こうした要素をデザイン変更に取り入れました。図5.4cを見てください。

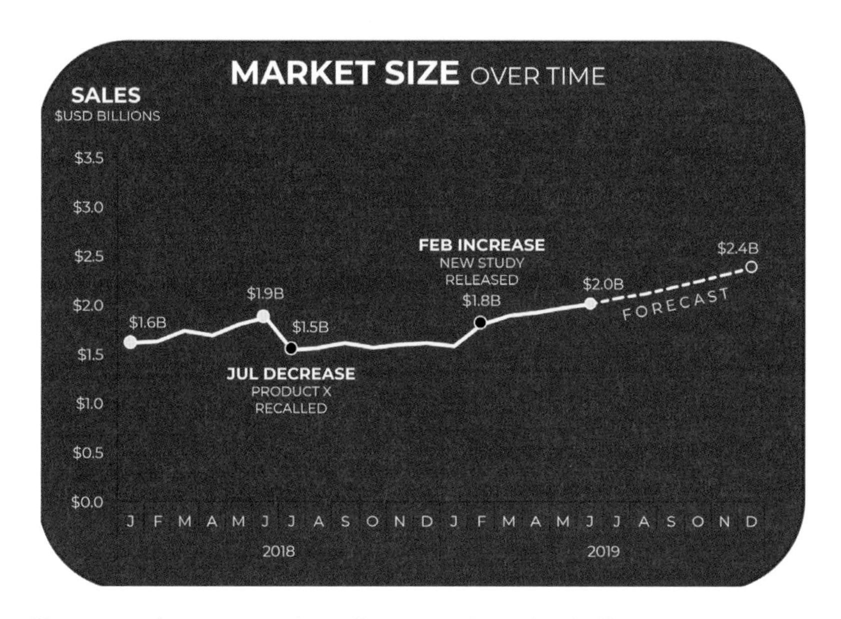

図 5.4c　コカ・コーラのブランドにインスパイアされたグラフ

コカ・コーラのブランドのうち、取り入れなかった要素は、ロゴに使われている筆記体のようなフォントです。ロゴに使うぶんにはよいですが、グラフ上のテキストでは読みやすさが重要です。

テキストは、読みやすい大きさと読みやすいフォントでなければいけません。私は、缶やボトルラベルの補足的なテキストで使っているものに似たフォントを選びました。ロゴから受ける丸みを帯びた雰囲気を取り入れるため、背景を角ばった長方形ではなく、丸みのある形にしました。

図5.4cの真っ赤な背景はかなり大胆です。見せるグラフがこれだけの場合や、スライドで1枚ずつ映されるのであれば、これでもかまわないでしょう。でも1ページにいくつもグラフがある場合や、相手がこれを印刷する可能性がある場合は、もう少し軽めの「ダイエット・コーク」バージョンがよいかもしれません。図5.4dを見てください。

図 5.4d　色使いを軽くした背景

図5.4dでは、コカ・コーラ製品のデザインで目にすることがある、銀色に似た薄いグレーの背景にしました。この薄い色の背景だと黒がはっきり目立つので、1つ前のバージョンより黒で表示する要素を少し増やしました。白は、赤い背景ではとても目立ちますが、グレーの背景には溶け込むので、軸のような要素に使います。ブランドカラーの赤を使う箇所は、グラフタイトルとデータのみに抑えました。

ブランドカラーの赤は、グレーや少なめの黒によく映え、図5.4dのように、とても洗練された見た目になります。一般的な色の解釈として、緑は「よいこと、ポジティブなこと」、赤は「悪いこと、ネガティブなこと」を表すのに使う傾向があります。この色の使い方は、色覚障害を配慮して本書ではすすめていませんが、赤をブランドカラーとしている企業や団体にも、おすすめしません。ブランドカラーが赤の場合は、赤をネガティブなことや悪いことと結びつけてはいけません。代わりに、赤をよいこと、黒を悪いことを示すのに使うのもよいでしょう。図5.4dでは、赤を良し悪しの意味合いではなく、全体的なデータを示すのに使い、黒を注意喚起に使いました。これも1つの選択肢です。

データコミュニケーションにブランドを取り入れることには、価値があります。企業や団体を相手に仕事をする際は、このエクササイズと同じようなリサーチをし、それをどうやってデザインに取り入れるかを考えてみましょう。多くの企業が誰でも使えるスタイルガイドを作成しており、ブランドに関する知識や使い方を知ることができます。これらをわずらわしい制約だとは思わずに、創造性を刺激し、データコミュニケーションに統一感を生み出すための手段と考えてみてください。

よくできたデータビジュアライゼーションを真似することは、とても勉強になります。そこでまず、真似をすることに重点を置いたエクササイズをしてみましょう。つぎに、引き続き直感的にわかるデザインをする練習として、グラフの改善に取り組みます。

エクササイズ5.5：観察して真似する

私はよく、「身のまわりで目にしたデータビジュアライゼーションの例を、よく観察してください」とアドバイスします。立ち止まって考えてみるのです。出来のよいものについては、真似できる点はどこか、よくないものについては、失敗してしまった原因は何だったのかを見極めます。ここでは、出来のよいものから学ぶエクササイズをしていきましょう。

ただよい点を見つけ出すだけでなく、そこから一歩進めてみましょう。自分のツールで同じものを作る時間をとり、よい例を真似て、伝わりやすいデザインをどう作成するのか学びます。このプロセスでは細部へのこだわりにも高いレベルが要求されるので、これまで以上に配慮が行き届くようになり、ビジュアルデザインの腕前やセンスも磨かれます。それでは練習です！

まず、ほかの人が作ったグラフやスライドで、よくできていると思うものを用意してください。同僚の作ったものでもよいですし、メディアやウェブサイトから見つけたものでもかまいません。1つ選んだら、つぎのことに取り組みましょう。

ステップ1：これまで見てきたデザインの4つのポイント、(1) アフォーダンス、(2) 審美性、(3) アクセシビリティ、(4) 受容について考えてください。そのグラフやスライドを作った人は、この4つのポイントをどう考慮してデザインしたと思いますか？　4つのポイントがどのように実現されているか、短い文章で説明しましょう。

ステップ2：全体的に見て、選んだ例は「なぜ」伝わりやすいのでしょうか？　ステップ1で述べた以外に、よく考えられている具体的なデザイン要素はありますか？　そうした点を自分のグラフにどう活かせそうですか？

ステップ3：選んだ例のなかで、あまりよくない点、自分なら別の方法を選ぶという点はありますか？　考えを書き出してみましょう。

ステップ4：好きなツールで、選んだグラフやスライドを作ってみてください。まず、細かい点をできるかぎり真似てみましょう（フォント、色、全体のスタイルなど）。

ステップ5：ステップ3であなたなら違う方法をとると考えた要素を全部取り入れた、別のバージョンを作ってください。ステップ4と5で作ったグラフを並べてみましょう。どちらがよいと思いますか？　それはなぜですか？

エクササイズ5.6：小さな違いで大きな効果を生み出す

データコミュニケーションで、すばらしい出来かそうでないかを決めるのは、たいていの場合、小さなことの積み重ねです。つまり、ビジュアルデザインをよりよくするうえで、小さな違いが大きな効果をもたらすのです。例を見ながら、小さな変更を積み上げて「まあまあ」のものを「すばらしい出来」にする練習をしていきましょう。

あなたは広告代理店の社員で、6週間にわたる広告キャンペーンの評価をするようにクライアントから指示されました。あなたが重視するデータはインクリメンタルリーチ（純増したリーチ）で、「1,000インプレッション（表示された回数）あたり」の単位で測定します。同僚が最近ほかのクライアントの案件で同様の分析を行なっていたので、あなたは同僚のグラフを自分のデータに更新するところからスタートしました。それを編集して、改善したいと考えています。

図5.6はあなたが作ったグラフです。細かい点までよく見て、つぎのステップに進みましょう。

1,000インプレッションあたりのインクリメンタルリーチ

テレビ広告への露出がなかったキャンペーン後半で、デジタルプラットフォームが新規閲覧者へのリーチに成功。

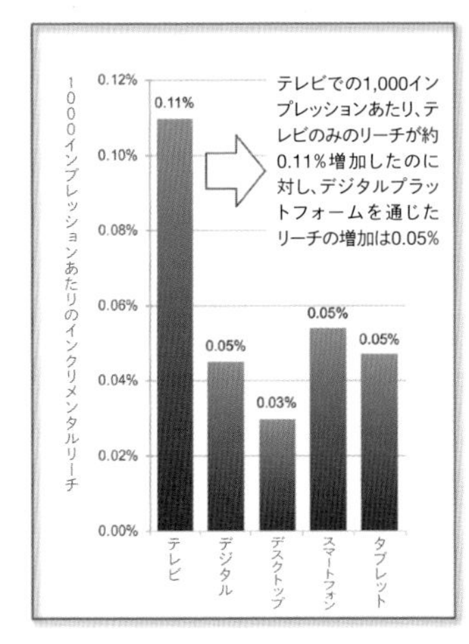

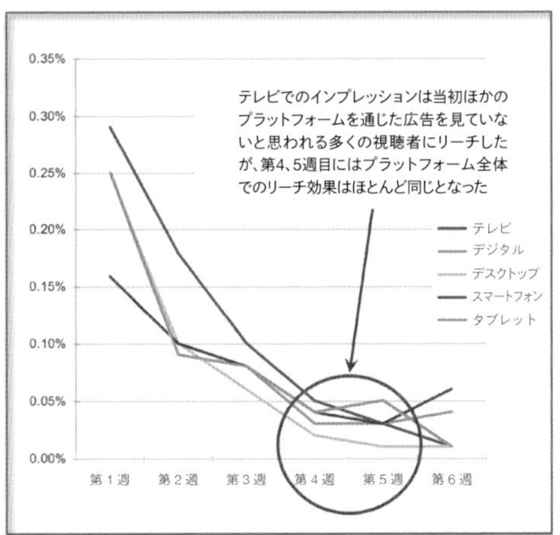

図 5.6　あなたが作ったスライド

ステップ1：まず、うまくいっている点について考えてください。現在のグラフで気に入っている部分はどこですか？

ステップ2：図5.6では注意をひいたり、説明を加えたりするために、多くの工夫がされています。何がうまくいっていますか？　修正するとしたら、どこをどのように直しますか？

ステップ3：クラターを取りのぞくとすればどこですか？　どの要素を目立たせないようにしますか？

ステップ4：この章で学んだことをふまえると、どのデザイン要素に疑問を感じますか？　どう変更しますか？

ステップ5：データとグラフをダウンロードしてください。好きなツールで、上のステップで挙げた変更を加えてグラフを改善してみましょう。

エクササイズ5.7：どう改善できるか？

エクササイズ5.3で、オンデマンド印刷会社のタッチポイントのデータを検討しました。あなたがその会社に勤務しているとします。すでに見た会社と顧客の接点は興味深いテーマですが、そのほかに、製品の市場勢力図というのも重要なテーマの1つです。このテーマについて、あなたの同僚が、主要な競合他社の市場シェアの推移について、データをまとめるように指示されました。

同僚は、図5.7のスライドを作り、あなたにフィードバックを求めてきました。

図5.7をよく見て、つぎのステップに進んでください。

競合他社は存在感を維持、なかでもXBXビジネスの利用が増加

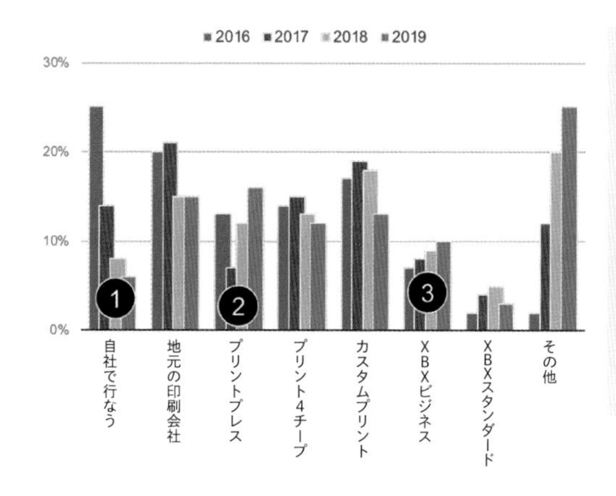

図5.7　どう改善できるか？

ステップ1：このスライドのデザインを改善するアイデアを、5つ挙げてください。その箇所を指摘するだけでなく、理由も示しましょう。そのアイデアによって具体的にどう改善されますか？

ステップ2：データをダウンロードし、好きなツールで、あなたが指摘したように変更してみましょう。

ステップ3：対面のプレゼンの場合、どのようにこの資料を説明するか考えてみてください。文書だけが回覧される場合とアプローチはどう変わりますか？　短い文章で説明してください。

エクササイズ5.8：ブランドを取り入れる

エクササイズ5.4で見たように、データコミュニケーションに企業や個人のブランドを取り入れる方法があります。フォント、色、そのほかの要素の選択で、簡単に実現できます。場合によっては、ロゴを入れたり、カスタマイズされたスライドやグラフのテンプレートを使ったりすることもあります。それでは、グラフにブランドを取り入れる方法を見ていきましょう。

あなたはペットフードメーカーに勤務しているとします。図5.8のグラフを見てください。これは「ライフスタイル」というキャットフードのシリーズ商品について、売上構成比の推移を示したものです。つぎのステップに進んでください。

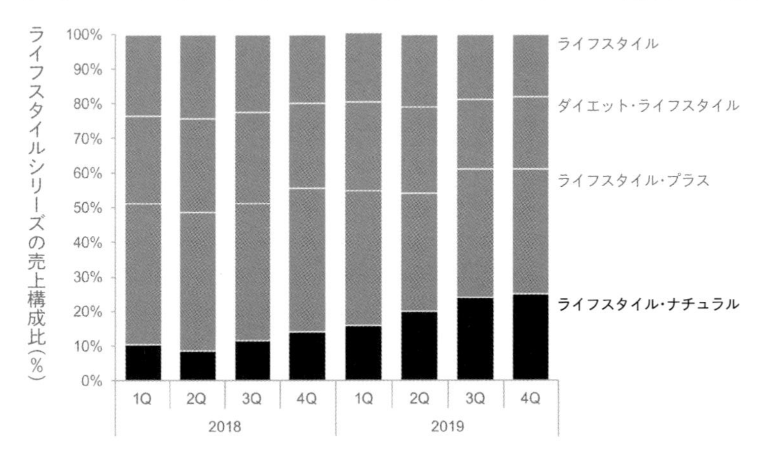

図5.8　ブランドを取り入れる

ステップ1：特徴のあるブランドを2つ挙げてください。この例とまったく関係ないものでかまいません。例えば特定の企業のブランドでも、スポーツチームのものでもよいでしょう。スタイルがまったく違う2つを選んだほうが、面白くてよい練習になります。選んだブランドに関する画像をリサーチして、それぞれの見た目や印象を表す言葉を10個挙げましょう。図5.8のグラフを2つ作り、それぞれ異なるブランドの要素を取り入れてください。

ステップ2：作った2つのグラフを見比べてください。どのように感じますか？　ステップ1で挙げた言葉をグラフにうまく表現できましたか？　一般的に、ブランドはデータコミュニケーションの方法にどう影響しますか？　そのよい点と悪い点は何でしょうか？　数行で書き出してみましょう。

ステップ3：あなたの会社や学校のブランドについて考えてください。どんな言葉を連想しますか？　もう一度、それに合わせてグラフを作り変えてください。つぎに、ブランドを取り入れたグラフを1枚のスライドに収め、そのスライドのタイトル、テキスト、ロゴ、色などにも同じブランドの要素を取り入れてみましょう。

ステップ4：データをビジュアル化して伝える際に、取り入れるべきブランドの要素について、一般的にどんなことが言えますか？　ブランドを取り入れるメリットは何ですか？　データコミュニケーションで、ブランドのスタイルに合わせないほうがよい場合がありますか？　あなたの考えを短くまとめてください。

アクセシビリティ、細部へのこだわり、受容―これらがうまくいけば、相手は時間をかけてグラフやスライドを見てくれます。あなたが望む行動をとってくれる可能性も高まるでしょう。実際のプロジェクトを取り上げ、デザイナーのように考える練習をしていきましょう。

エクササイズ5.9：言葉でデータをわかりやすくする

自分が作ったグラフを見るときは、どこに注意すればよいのか、どう理解するべきか、要点は何かといったことはすでにわかっています。しかし、相手も同じとはかぎりません。そこで言葉が大きな武器となります。言葉を上手に使えば、データが理解しやすくなり、潜在的な疑問に答え、あなたと同じ結論に至るように相手を導くことができます。

言葉はデータをわかりやすくする！

アドバイス：キーポイントを強調するためにテキストを使う

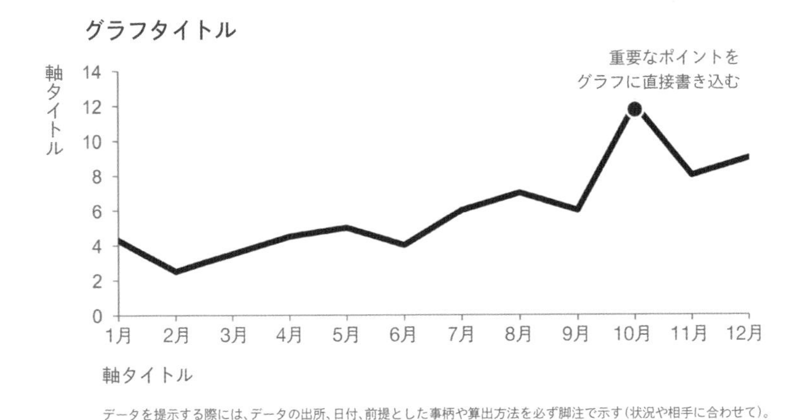

データを提示する際には、データの出所、日付、前提とした事柄や算出方法を必ず脚注で示す（状況や相手に合わせて）。

図5.9　言葉を上手に使う

どんなグラフにもグラフタイトルと軸タイトルを入れる必要があります。例外はほとんどありません（例えば、横軸が月を示しているなら、「月」といったタイトルは不要ですが、何年なのかは必ず明記してください）。軸タイトルはデフォルト設定でつけておき、相手が推測しなくて済むようにしましょう。同じデータを見ているからといって全員が同じ結論に至るわけではありません。ある結論を導き出してほしいなら（データを使って説明する場合は、つねにそうした結論があるはずです）、それを言葉で伝えましょう。無意識的視覚情報について学んだことを利用し、その言葉を大きくしたり、太字にしたり、ページタイトルなど重要度の高い位置に置くなどして目立たせましょう。

ページのタイトルは（図5.9で「言葉はデータをわかりやすくする！」と入っている部分です）、資料やスライドを見るとき、いちばん最初に目に入る一等地です。この一等地に説明的なタイトルを入れてしまうことがよくありますが、ここにはアクティブなタイトルを入れて、伝えたい要点を相手が見落とさないようにしましょう。そうすれば、ページのあとの部分の予告にもなり、何が続くのかわかります。要点を示すタイトル（テイクアウェイタイトル）のつけ方については第6章でくわしく取り上げます。

また、あるとよいけれども、注意をひく必要のないものについても考えてみましょう。例えば、データを提示するときは、出所、期間（またはデータを引用した日付）、前提事項、算出方法といった詳細の脚注があると便利です。データを解釈しやすくしたり、信頼性を高めたりするほか、あとでこのデータと同じようなものを作るときに参照できます。これらは大事なものですが、注意をひく必要はありません。こうしたテキストは、小さなグレーの文字にして、ページのいちばん下など重要度の低い位置に置くとよいでしょう。

グラフやスライドを作ったら、言葉をうまく使えているかどうか確認するために、つぎの質問に目を通してみてください。

- 要点は何ですか？　相手が見逃すことのないよう、言葉ではっきりと示しましたか？
- グラフにタイトルはついていますか？　データの内容を正しく予測できるよう

なタイトルになっていますか？

- 縦横の軸にはラベルとタイトルをつけましたか？　そうでない場合は、何を表しているかはっきり理解できるように対策をしましたか？

- 脚注を入れましたか？　これらの情報は重要ですが、目立つ場所に置く必要はありません。もし入れていない場合は、入れましょう。

- 一歩引いて考えてみましょう：コミュニケーションの方法を鑑みて、文字の分量は適切ですか？　一般的に、プレゼンで使うスライドでは文字の量は少なく、単独で回覧されるような資料では文字の量が多くなります。データを伝える状況と、文字の量のレベルは釣り合っていますか？

エクササイズ5.10：視覚的階層を作る

ビジュアルデザインのアフォーダンスとは、見せているデータに対して、相手がどう反応すればよいかをわかりやすく伝えることです。ある要素を強調し、そのほかの要素を目立たなくすることで、視覚的階層ができ、理解しやすくなります。ちょっとしたテストで、これがうまくできているかどうか確認してみましょう。目を細めて、グラフ全体の雰囲気を見てください。そうすると見え方が変わって、デザインを新たな目で見直すことができます。最も重要な要素が、最初に目に入り、いちばん目立って見えるようにしましょう。

視覚的階層を作るヒントは、前著の引用（リドウェル、ホールデン、バトラーの『Design Rule Index 要点で学ぶ、デザインの法則150』（ビー・エヌ・エヌ新社）からの要約）を読んでください。重要な要素を強調し、邪魔なものを取りのぞく方法がまとめられています。それでは、あなたが担当するプロジェクトで視覚的階層をどう活かせるか考えてみましょう。

重要な要素を強調する

- **太字**、*斜体（イタリック）*、下線：タイトル、ラベル、キャプション、短い文を目立たせられます。太字は、目立たせたい部分をはっきり強調できます。要素を加えないので斜体や下線よりも好ましいとされています。斜体も要素は追加しないものの、それほど目立たないうえに読みにくくなります。下線も要素が増えて読みにくくなるため、あまり使わないほうがよいでしょう。

- 大文字とフォント：英語の文章の場合、短い文が大文字になっていると目に入りやすくなるので、タイトルやラベル、キーワードなどに適しています。強調する方法として、1つの資料で異なるフォントを使うことはおすすめしません。全体の美しさを損なわずに、目立つほどの違いを出すのは困難だからです。

- 色：控えめに使えば、効果的に強調できます。太字などのほかの強調のテクニックともうまく併用できます。

- 反転：反転は注意をひくには効果的です。一方でデザインにノイズを増やすため多用しないほうがよいでしょう。

- サイズ：大きさを変えることは、情報の重要性を示し、強調するよい方法です。

邪魔なものを取りのぞく

- **すべてのデータが同じように重要なわけではない**：相手の注意をそらさないように、重要でないデータや要素は取りのぞき、スペースを上手に使いましょう。

- **詳細が必要でない場合は、まとめる**：自分自身は詳細を把握している必要がありますが、相手もそうとはかぎりません。要約しても問題ないかどうか、検討しましょう。

- **これを削除すると何か変わるだろうか、と自問する**：何も変わらないようであれば削除しましょう。がんばって作ったからという理由で、不要なものを残してはいけません。メッセージを補強しない要素は、必要ありません。

- **必要だけれども、メッセージに関連のないものは、無意識的視覚情報を使って目立たせないようにする**：グレーを活用しましょう。

エクササイズ 5.11：細部にこだわる

ビジュアルデザインを見たときの印象は、多くの要素が積み重なってできあがります。あるデザインは見やすくて洗練された感じを受けるけれど、別のデザインは見づらくて込み入った感じを受けたということはないでしょうか？　細部までよく注意を払って作られた資料は、相手に喜んで見てもらえる可能性も高まります。つぎに挙げるのは、そうしたデザインを作るために考慮すべきポイントです。グラフやスライドを作るときに、取り入れてみてください。

- **表記、文法、句読点、計算は正しく**。言うまでもないようなことですが、この種のミスをよく目にします。誤字・脱字のチェックは、ほかの人にフィードバックをもらうよい理由になります。私たちの脳は、自分の作業の間違いを自動的に修正してしまうので、自分のミスには気づけないのです（そうした他愛ない見過ごしが、意図せずに相手の注意をひいてしまうかもしれません）。以前耳にした表記のチェック法に、自分が書いたものを逆から読むという方法がありました。そうすると流し読みができないので、間違いを見つけやすいそうです。ひどく読みづらいフォントに変えてみるのも、似たような効果があります。また、数字を表示する場合は、検算しましょう。計算間違いほど信用を損なうものはありません。

- **要素を正確に整列させる**。できるかぎり、すべての要素が縦方向、横方向にきれいに並ぶよう心がけてください。斜めの配置は乱雑な感じを与え、文字も読みづらくなります。表を利用する、ツールでグリッド線やルーラーを表示するなどして、各要素を正確にきれいに並べましょう。すでに触れたように、私はグラフタイトルや軸タイトルを左上寄せにするのが好きです。それがグラフのフレームになってくれるからです。また、多くの人がZ形に情報を読み取っていくので、その配置を応用すれば、相手はデータを目にする前に、データをどう読めばよいかがわかります。

- **ホワイトスペースを有効に使う**。ホワイトスペースがあることを恐れず、何かで埋めたりしないでください。余白は、周りのものを引き立ててくれます。余白を、各要素の仕切りとして使いましょう。さらに各要素をきれいに並べれば、グラフやページに整ったレイアウトを作り出すことができます。

- **関連のある要素を視覚的に結びつける**。データを見たときに、テキストの関連情報がどこにあるのかがわかりやすいようにします。そしてテキストを読むときには、データのどこにエビデンスがあるのかがわかるようにします。第3章で学んだゲシュタルトの法則を思い出してください。エクササイズ3.2とその答えにくわしい説明があります。

- **できるかぎり一貫性を持たせる**。違いがあると、見る人はその違いの理由を考えてしまいます。そんな不必要なことに頭を使わせてはいけません。もし、同じような方法で複数のグラフを作ってもおかしくなければ、そうしましょう。ある場所に注意をひくために特定の色を使ったなら、ほかの場所でも同じ色を使いましょう。

- **グラフの全体的な「雰囲気」を見る**。客観的に見てみましょう。自分が作ったグラフを眺めて、どんな感じがしますか？　重苦しかったり、込み入った感じがしたりしますか？　どうすれば見やすくなるでしょうか？　よくわからなければ、ほかの人にフィードバックをもらってください。あなたのグラフをいくつかの形容詞で表現してもらい、必要なら修正しましょう。

エクササイズ5.12：アクセシビリティの高いデザインにする

つぎの内容は、エイミー・セザルがstorytellingwithdata.comのブログ（英語）にゲストとして寄せた文章から引用したものです。storytellingwithdata.comのウェブサイトで閲覧できる全文では、豊富な例が挙げられ、参考資料へのリンクもついています。タイトルは、「accessible data viz is better data viz（アクセシビリティの高いデータビジュアライゼーションは、よりよいデータビジュアライゼーションである）」です。

グラフを作るとき、自分自身を理想の読み手（グラフを見たり使ったりする相手）と想定してしまうことがあります。これが問題なのは、読み手よりも自分のほうがデータにくわしいから、というだけでなく、読み手のなかには自分と異なる制約を持つ人がいるかもしれないからです。

データビジュアライゼーションでは、インクルーシブなデザイン原則やアクセシビリティを考慮に入れることが大切です。そうすればどんな相手にも理解してもらえます。

読みやすいテキスト、見分けやすいラベル、また要点を認識するためのさまざまな方法をグラフに取り入れれば、障害がある人、ない人にも理解してもらいやすくなります。あなたのビジュアルコミュニケーションにアクセシビリティの原則を取り入れる簡単な方法があります。そのうちの5つを紹介します。

1. **altテキストを加える**。代替テキスト（以下、altテキスト）とは、画像が表示されないときに代わりに表示されるものです。スクリーンリーダーという、視覚障害がある人が利用する補助技術では、画像のある箇所ではaltテキストを読み上げます。「画像13.jpg」といった、画像の内容を理解するうえで役に立たないものでなく、意味のある名前にすることが重要です。スクリーンリーダーでは、ユーザーがaltテキストの読み上げ速度を速めたり、飛ばしたりできません。ですから情報は、説明的でありながらも簡潔にするよう心がけましょう。一文で、何についてのグラフなのかを伝えたり、視力が部分的にあるユーザーにはグラフの種類まで伝えられたりするのが、よいaltテキストです。またCSVなど、スクリーンリーダーが読み取れるデータ形式のファイルへのリンクもつけて、視覚に障害がある人でもグラフのデータを1つひとつ確認できるようにしましょう。

2. **要点を示すタイトル（テイクアウェイタイトル）にする**。ある研究によると、ユーザーはグラフタイトルを最初に読むそうです。また、グラフの意味を説明するよう求められると、そのタイトルをただ言い換えるだけという傾向があるそうです。グラフタイトルで要点を示せば、グラフを理解するための認知的負荷を減らせます。タイトルの要点から、そのデータのどこを見ればよいかがわかるからです。

3. **データに直接ラベルをつける**。認知的負荷を減らすもう1つの方法は、凡例を使わずに、データに直接ラベルをつけることです。色覚障害や視覚障害がある人は、グラフの中の色と凡例の色を見比べるのが困難なことがあるので、この方法はとくに役に立ちます。また、凡例とデータを見比べる労力も省けます。

4. **文字と色のコントラストを確認する。**色覚障害は、北欧系の人種では男性の8%、女性の0.5%に見られます。視力の低い人や、ほかにも視力にさまざまな問題を抱えた人のことも考慮に入れなければなりません。「ウェブコンテンツ・アクセシビリティ・ガイドライン（www.w3.org）」（英語）では、画面上での読みやすさに必要なコントラストや文字のサイズをくわしく説明しています。「Color Palette Accessibility Evaluator（カラーパレット・アクセシビリティ・チェッカー）」など、色のコントラストや文字サイズの基準に従うために利用できるツールがたくさんあります。

5. **ホワイトスペースを使う。**ホワイトスペースはあなたの味方です。情報がぎっしり詰め込まれたグラフは、ごちゃごちゃしていて、読みづらいものです。グラフ内の各セクションの間は、すきまを空けるとよいでしょう（例えば、積み上げ棒グラフの系列同士の間を白線で区切るなど）。ホワイトスペースをうまく使うことで、色だけに頼ることなくセクションを分けることができ、グラフが読み取りやすくなります。また、色を見分けやすくなり、アクセシビリティを高めることにもつながります。

ほんの一部ですが、データビジュアライゼーションを誰にでも簡単に理解してもらうための工夫を紹介しました。自分自身や、自分が理想とする読み手だけでなく、あらゆる人に理解してもらうことを目指しましょう。アクセシビリティについて考えることで、誰にとってもよいものが作れます。

つぎにあなたがデータを使ってコミュニケーションをとる必要があるときは、ここで紹介したヒントを参考にしてみてください。

エクササイズ 5.13：デザインを受け入れてもらうために

人は変化を嫌います。例えば、データを見せる方法が決まっていて、職場の誰もがそれに慣れ親しんでいる場合、違う方法を使うことをどうやって説得しますか？　相手の抵抗にあったとき、どうすればよいのでしょうか？

これは、チェンジマネジメントのプロセスです。第1章のエクササイズで、プレゼンの相手について考え、何が相手をやる気にさせるかを理解しようとしたと思います。ここでも同じことが言えます。ここでは、読み手が私たちの説得したい相手です。こちらのデザインを相手に受け入れてもらえるように説得したいなら、何より重要なのは「相手」に対して効き目のある方法を使うことです。

相手の気持ちを変えたいとき、まずいのはこんなやり方です。「最近この本を読んで、私たちは間違っていたことがわかったんです。本当はこんなふうにやるべきなんです」。ついそんなふうに言ってしまいそうですが、それでは相手の心を動かせないでしょう。あなたが上司で、みんながあなたに従わざるを得ないのでもないかぎり（たとえそうでも、もう少しやり方を考えたほうがよさそうですが)、ステークホルダー（関係者）や同僚に考えを変えてもらう努力が必要です。

つぎの戦略は、前著でも紹介した内容に、いくつか新しいアイデアを加えたものです。これを活用して、あなたが作るデザインを受け入れてもらいましょう。

- **新しい、または異なるデザインのメリットを明確に伝える。**なぜこれまでのやり方を変えるのか、その理由を明確にするだけで、人の抵抗が和らぐことがあります。データを別の視点で見ることによって、得られる新しいインサイトはないでしょうか？　もしくは変化を受け入れることで得られるほかのメリットはないでしょうか？

- **並べて表示する。**もし新しい方法が明らかにそれまでの方法よりも優れているのであれば、両方を横に並べて見せて、新しい方法のよさを証明しましょう。ビフォーアフターを見せつつ、なぜ新しい方法に変更したいか、理由を説明しましょう。

- **いくつかの選択肢を提示し意見をもらう**。デザインを決めてしまうのではなく、いくつか選択肢を作って、同僚や、相手にフィードバックを求め、どのデザインがいちばん彼らのニーズを満たせるかを検討してもよいでしょう。プロセスにステークホルダーを巻き込めば、最終的な決定への賛同も得やすくなります。

- **影響力のあるメンバーを巻き込む**。相手のなかで影響力のある人を見つけ、デザインの承認を得るために1対1で話しましょう。フィードバックを求め、それを組み込みましょう。自分の部署以外で、あなたのやりたいことを応援してくれ、ほかの人にも影響を与えてくれる支持者を見つけましょう。もし影響力のある人を数人賛成させることができたら、ほかの人もそれに続くでしょう。

- **慣れ親しんだものから始めて、そこから変えていく**。プレゼンができる状況であれば、これはとくに効き目のある方法です。まず相手が見慣れているデザインから始め、徐々に新しい見せ方に変えていきます。そのとき、以前のものとの繋がりを見せつつ、新しい見せ方で新たにわかるようになる点や、内容を説明するのにどう役立つかを示します。グラフの出来がよければ、グラフそのものについて多くを語る必要はなく、そのデータが示す内容に関する議論に時間を費やせます。そうすれば全体の会話がよい方向に進むでしょう。

- **変えるのでなく、つけ足す**。過渡的な手段ですが、何も変えず、すべて以前のままにします。そこに新しいスライドをつけ加えます。例えば、いつものレポート（報告資料）のデザインは変えずにそのままにしておき、新しいスライド数枚を冒頭につけ足すか、レポートを送るメールに添付します。それは、相手にこう伝えているようなものです。「私たちは何も変えていません。今回は要点をまとめた（前著やこの本で取り上げたレッスンを応用した）新しいスライドを作りましたので、よかったらどうぞこちらをご覧ください」。相手があなたを信頼し、正しいことをうまくやり遂げると思ってくれるようになれば、いままでのデータに執着しなくなり、やがてはいつものレポートそのものをなくせるかもしれません。

ここまで挙げたもののなかで、あなたの求める変化を起こし、ビジュアルデザインを受け入れてもらうために使えそうなものがあるか、考えてみましょう。より幅広く、どうすれば成功するかを考えてみてください。相手（デザインを受け入れてもらいたい人物）のことと、何が相手をやる気にさせるかがわかれば、進めやすくなります。相手が変わるべき理由ではなく、変わりたくなる理由を考えてください。何よりもまず、相手に対して効き目のある取り組みをしましょう。第1章のエクササイズが、相手を知るために役立つでしょう。

また、これまでのやり方を変えようとして周囲と争うときは、本当にそうする価値があるのか考えてみてください。初めから事を大きくしないことです。手が届く範囲にある成果を目指し、小さな勝利を得ることから始めましょう。だんだんと信頼を築き、同僚や顧客の尊敬を勝ち得ていけば、もっと大きな変化を起こしたいと思ったとき、おそらくずっとたやすくそれができるはずです。

エクササイズ 5.14：意見を交換する

第5章のレッスンとエクササイズに関するつぎの質問について考えてください。パートナーと一緒に、またはグループで意見を交換しましょう。

1. データビジュアライゼーションをわかりやすくするために言葉はどんな役割をしていますか？　どんなグラフにも必要な言葉とはどのようなものですか？　それに例外はありますか？

2. デザインのなかに視覚的階層を作るとき、重要な要素は強調し、ほかの要素は目立たないようにすることが大切です。グラフやスライドのなかで、目立たないようにしたほうがよいものは何ですか？　どんな方法で目立たなくしますか？

3. データビジュアライゼーションにおける、よく考えられたデザインとはどのようなものだと思いますか？

4. データを使ってコミュニケーションをする際のアクセシビリティとは何でしょうか？　デザインのアクセシビリティを高めるにはどんな方法があるでしょうか？

5. わざわざ時間をとって、グラフの見た目をきれいにする必要があるでしょうか？　イエスの場合も、ノーの場合も、それはなぜですか？

6. データコミュニケーションに個人や企業のブランドを取り入れると、どんな効果がありますか？　メリットは何ですか？　デメリットは何ですか？

7. グラフや、データをビジュアル化する方法を変えたいと思い、周囲の抵抗にあったことはありますか？　その時あなたはどうしましたか？　うまくいきましたか？　このようなことが起きたとき、相手にどんな方法で影響を与えますか？　つぎにそのような状況になったとき、どうしますか？

8. この章で述べてきた方法に関して、自分や自分のチームにとって具体的な目標を1つ立てるとしたらどんなことですか？　どうすれば自分（またはチーム）はそれを達成できるでしょうか？　誰にフィードバックを求めますか？

第6章

ストーリーを伝える

データやスライドをただ見せるだけでは、すぐに忘れられてしまいます。一方で、ストーリーは記憶に残ります。ストーリーと効果的なビジュアル表現を組み合わせれば、見たものだけでなく、聞いたことや読んだことも記憶に残るようになります。この章では、データを効果的に伝えるために、ストーリーを語る方法を検討します。

ストーリーを構成する要素は、第1章のコンテキストで紹介した内容に関連しています。そのときに紹介しなかったのは、コンテキストを先に考えておくことが大切だからです。まず、コンテキスト、相手、そしてメッセージについて考えます。そうすれば、最初からストーリーの形にしなくても、データを的確にビジュアル化できます。そして、データをよく知り、相手に何を理解してほしいかを見極めたあとに、再び全体像を見て、どう伝えるのがいちばんよいかを考えます。まさに、そのときこそストーリーの出番です。

言葉、緊張、ストーリーの弧（story arc）。これらは相手の注意をひき、信頼を築き、行動を呼びかけるストーリーの構成要素です。うまく使えば、ストーリーを記憶してもらい、さらには相手自身がメッセージを広めてくれる可能性さえあります。この章では、データをただ見せるのではなく、ストーリー全体の中心に置くことに焦点を当て、エクササイズをしていきます。

では、ストーリーを伝える練習をしていきましょう！

まずは、前著『Google流 資料作成術』第7章のレッスンの復習からです。

振り返ってみましょう

ストーリーを伝える

赤ずきん　実際の物語に見る、ストーリーの重要な要素

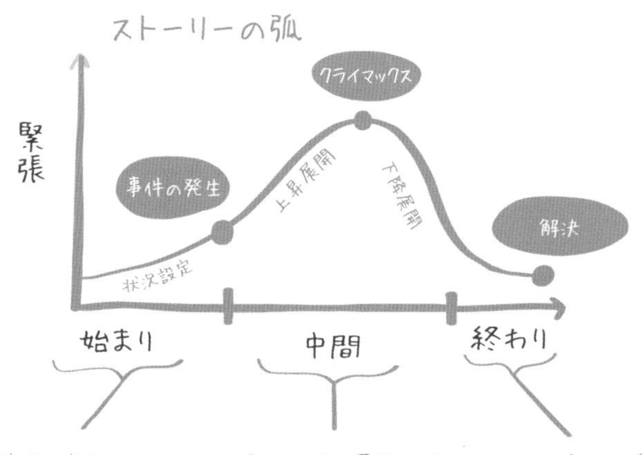

始まり
- 状況設定を伝える
- コンテキストを構築する
- 「なぜこれに注意を払うべきか？」を示す

中間
- 「どのような可能性があるか」を説明
  - 例を挙げて説明する
  - 問題を示すデータを入れる
  - アクションをとらないとどうなるかを明確に示す

終わり
- 行動への呼びかけ
- 伝えた知識をもとに相手に何をしてもらいたいかを明らかにする

ナレーション

口で語る言葉、書く言葉、
またはその組み合わせ。
相手にストーリーを伝え、
注意をひきつけるもの

ナレーションの流れ

ストーリーの順番であり、相手を導くもの

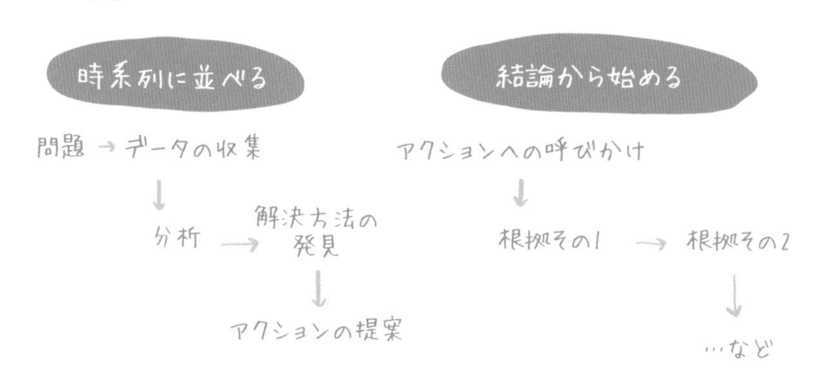

「文書」と「プレゼン」の違い

相手に担ってもらいたい役割を明らかにする

文書

プレゼン

相手が自分で内容を解釈しなければならない…結論を明確に書き示しておく

口頭で結論を明確に伝え、図表でそれを補強する

繰り返し

情報が短期記憶から長期記憶へ転送されやすくする

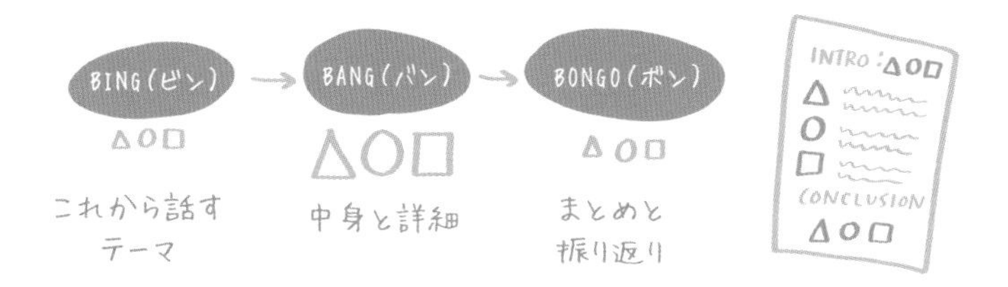

一緒に練習

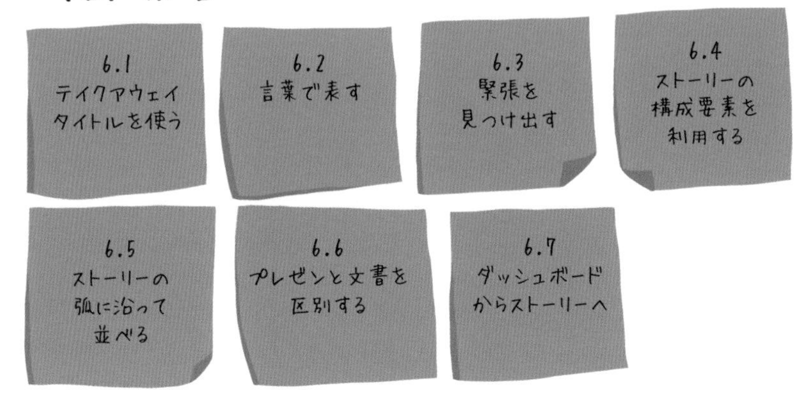

1人で練習

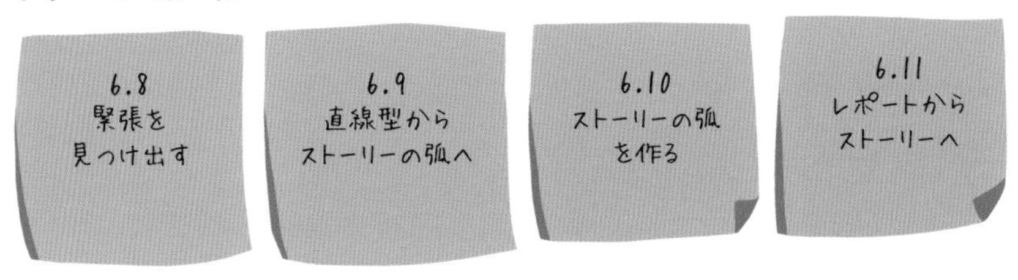

職場で実践

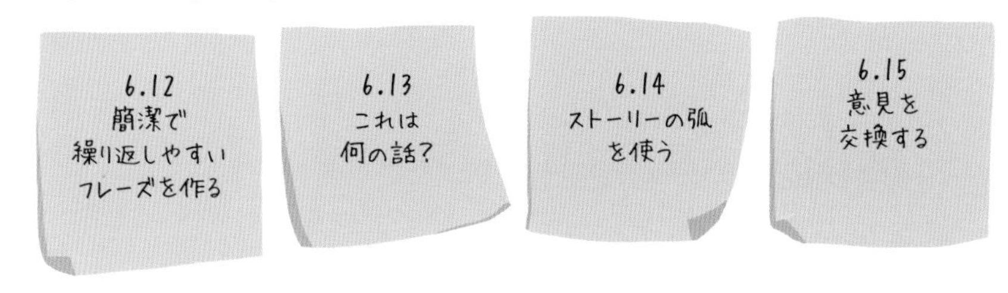

まず初めに、メッセージを明確な言葉にして伝える、2つの戦略を見ていきます。
つぎに、緊張について取り上げます。またストーリーを構築して伝えるうえで強力なツールとなる、ストーリーの弧を紹介します。

エクササイズ6.1：テイクアウェイタイトルを使う

第5章のエクササイズ5.1から5.9までで見た通り、データをわかりやすく伝えるうえで、言葉は重要な役割を果たします。スライドタイトルは、言葉を上手に使うべき大切なポイントですが、多くの場合は活かしきれていません。

1枚のスライドを思い浮かべてください。たいていページの上部にタイトルがあります。このスペースは一等地です。大きなスクリーンでもPCの画面でも、印刷された紙でも、ページを見るときにいちばん最初に目に入るからです。この一等地に説明的なタイトルをつけている例をよく見かけますが、私は行動を提案するタイトルをつけます。相手に重要なことを確実に伝えるためです。

いくつかの研究により、印象的なタイトルをつけると、グラフの内容を記憶しやすく、また思い出しやすくなることがわかっています。タイトルで要点を示せば、相手はおおよその内容を予測できます。

それでは、要点を示すタイトル（**テイクアウェイタイトル**）のつけ方を見ていきましょう。タイトルのつけ方を変えると、読み手の注意が向かうところがどのように変わるかを見ていきます。

図6.1は自社と、ライバルの上位数社に関するネット・プロモーター・スコア（NPS）を示しています。NPSとは顧客の声の分析によく使われる指標です。数値が高いほど高評価であることを表します。

これは何の話？

ネット・プロモーター・スコア(NPS)の推移

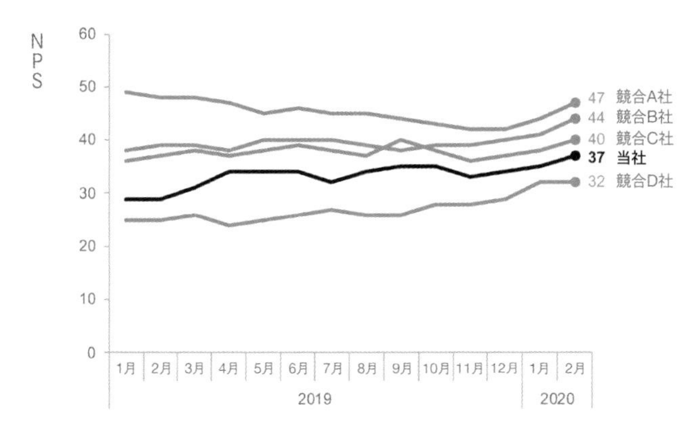

図 6.1　これは何の話？

ステップ1：図の上部の「これは何の話？」の代わりに、テイクアウェイタイトルを作り、書き出してみましょう。そのタイトルは、グラフのどこに注目を集めようとしていますか？

ステップ2：もう1つ別のテイクアウェイタイトルを作って、ステップ1の手順を繰り返しましょう。

ステップ3：あなたの作ったテイクアウェイタイトルは、相手に何らかの感情を引き起こすものになっていますか？　イエスの場合、どのような感情ですか？ノーの場合、ポジティブまたはネガティブなトーンを伝えるにはタイトルをどう変えますか？

答え 6.1：テイクアウェイタイトルを使う

「これは何の話？（What's the story?)」。これは、実際に話（ストーリー）について聞いているのではなく、「ポイントは何？」「要点は？」「何が言いたいの？」という意味です。データを見せて説明するときには、この質問への答えとなるいちばん大事なポイントをタイトルで明確に示しましょう。

ステップ1：まず、「NPSは増加傾向にある」というタイトルはどうでしょうか。このタイトルなら、相手はグラフの右肩上がりの折れ線を見るでしょう。それから、「当社」の文字に目をひかれ、タイトルで読んだ言葉を確認するでしょう。

ステップ2：もう1つのタイトルは「NPS：当社は競合のなかで第4位」とします。すると相手はグラフに目をやり、右側を数えて「当社」が4番目であることを確認するでしょう。タイトルでグラフの内容を予測させ、グラフはそのタイトルを裏付けることになります。

ステップ3：タイトルのつけかた次第で、「よい結果か、悪い結果か？」を、相手に先に伝えられます。先ほどの2つのタイトルではこれをしていません。でももし、「NPSは好調に増加している」とタイトルをつけたらどうでしょうか。「当社はいまだ上位3社に届かず課題が残る」とした場合に比べて、データの見え方がずいぶん違ってきます。データビジュアライゼーションで使う言葉は、非常に重要なのです。この力をうまく利用しましょう。

これと関連して、英語表記の場合の、大文字と小文字の使い方についての質問をよく受けます。スライドのタイトルでは、たいてい普通の文章のように、1文字目のみ大文字にし、残りは小文字にします。そのほうがよりアクションタイトルやテイクアウェイタイトルに適しているからです。一方で、全部の単語の最初の文字を大文字にするのは、説明的なタイトルのときが多いです（例：「NPS Over Time」）。大文字と小文字を選ぶ際はよく考え、統一感を持たせましょう。

言葉をうまく使いましょう！　テイクアウェイタイトルは、言葉を賢く使う方法の1つです。

エクササイズ6.2：言葉で表す

グラフを作ったら、その内容を説明する一文を考えておきましょう。要点が明確になり、よりよいデータの見せ方に気づく場合もあります。

実際に、その練習をしていきましょう。あなたは銀行員で、債権回収のデータ分析を担当しています。債権回収を行なう部署では、自動的に電話をかける自動ダイヤル装置がよく使われます。多くの場合、相手は出ませんが、もし応答があると、回収担当者に電話がつながり、返済の支払計画について話し合うことになります。そしてこの顧客は「対応済み」として記録されます。債権回収の架電においては、さまざまな指標が記録されますが、そのうちの「対応率」（架電した顧客全体のうち、話ができた顧客の割合）について見ていきます。

「対応済み顧客数」「架電した顧客数」「対応率」を示した図6.2aについて、グラフに続く各ステップの内容を検討してみましょう。

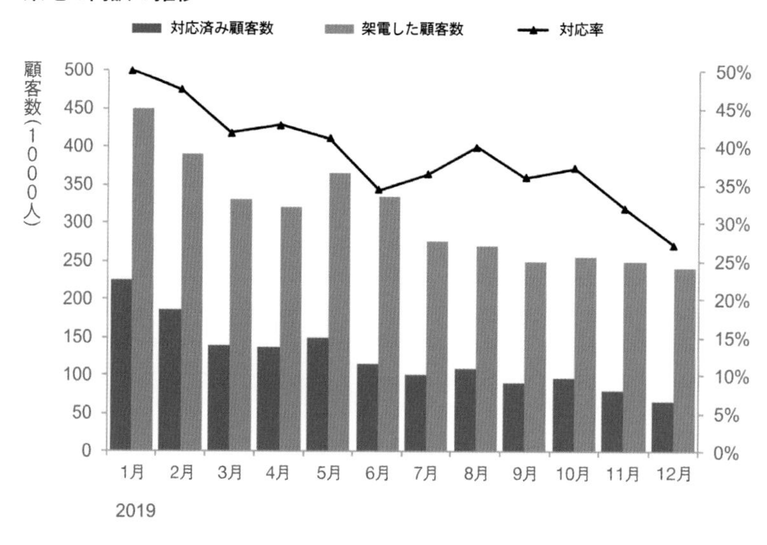

図6.2a　言葉で表す

ステップ1：このデータから読み取れる3つのことを、それぞれ一文で説明してください。その3つがこのデータで強調すべき要点の候補です。

ステップ2：あなたがこのデータを説明するとしたら、ステップ1で挙げた3つのうち、どれにフォーカスしますか？　それはなぜですか？　ほかの2つからも取り入れたい点がありますか？　どうやって取り入れますか？

ステップ3：フォーカスした点に相手の注意をひくため、グラフで変えたい箇所はありますか？　どのように変えるかを説明してください。

ステップ4：データをダウンロードして、好きなツールで、上のステップで考えたように変更してみましょう。

答え 6.2：言葉で表す

作ったグラフを言葉で説明するためには、データをよく見て、何が重要で、相手に何を伝えたいのかを真剣に考えることが必要です。

ステップ1：グラフのデータを見ると、年間を通して全体的に減少傾向にあることがわかります。ほかにも重要なことが読み取れないか検討しましょう。ここでは、データ系列が3つあるので、それぞれについて書いていきます。

1. 対応済みの顧客数は、動きはあるものの、この1年で全体的に減少している。
2. 架電した顧客数は1月から12月までで47%減少しており、12月は約25万件。
3. 対応率は1年で目に見えて落ちている。

ステップ2：私なら3の「対応率の減少」に注目します。対応率は、ほかの2つのデータ系列を反映したものだからです。とはいえ、ほかの内容も重要なコンテキストを示しているので、すべてが不要なわけではありません。例えば、架電した顧客数が減っているにもかかわらず、対応率も下がっているのは興味深い点です。架電件数が減れば、対応済みの顧客の割合は増えるようにも思えますが、明らかにそうではないようです。問題の少ない顧客（電話がつながりやすく、返済をする可能性が高い顧客）はすでに対応済みで、電話をかける必要のある顧客も、それに応える顧客も減ったということでしょうか？　とすると、問題の多い顧客が残っているということでしょうか？　これらは推測にすぎませんが、こうしたコンテキストこそ、データが示していることの原因を理解するために、ぜひもっとくわしく知りたいところです。

ほかの2つのポイントからは、いくつかの言葉を取り入れようと思います。例えば、ステップ1で2つ目に挙げた、「架電した顧客数は1月から12月までで47%減少しており、12月は約25万件」という文をコンテキストとして取り入れ、そのまま口頭で読み上げるか、グラフに書き込みます。こうすると、データを見せる別の方法が浮かんできます。このあと見ていきます。

ステップ3：つぎに、このデータの見せ方を変えましょう。現在のグラフは、全体的にすっきりしたデザインになっていますが、凡例が上部にあったり、右側に第2縦軸があったりするせいで、あちこちに目をやる必要があります。見る人の負担を軽減しましょう。すでに述べたように、グラフでは対応率にフォーカスし、ほかのコンテキストは言葉で説明します。

ステップ4：それでは、順を追ってこのグラフを変えていきましょう。まず、第2縦軸と、それと対になった対応率のデータ系列を取りのぞきます（対応率のほうはあとで戻します）。また、もとのグラフの「対応済み顧客数」は「架電した顧客数」の一部なので、一緒に示すことができます。そして、「架電した顧客数」「対応済み顧客数」という表現から、「対応済み」「未対応」に変えます。図6.2bを見てください。

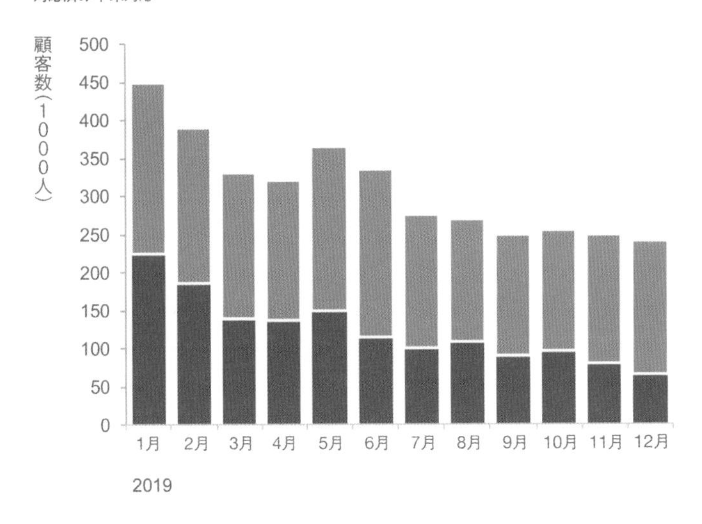

図 6.2b　積み上げ縦棒グラフに変える

図6.2bでは、棒全体の高さ（「対応済み」プラス「未対応」）は、架電した顧客の総数を示しています。前に触れたように、架電した顧客数の減少は言葉で説明するので、数は必ずしも直接見せる必要はありません。その場合、100%積み上げ棒グラフにするのも1つの選択肢です。架電した顧客数の減少は見えなくなりますが、未対応の顧客数に対する対応済み顧客数の割合、つまり対応率が再びはっきり見えるようになります。図6.2cを見てください。

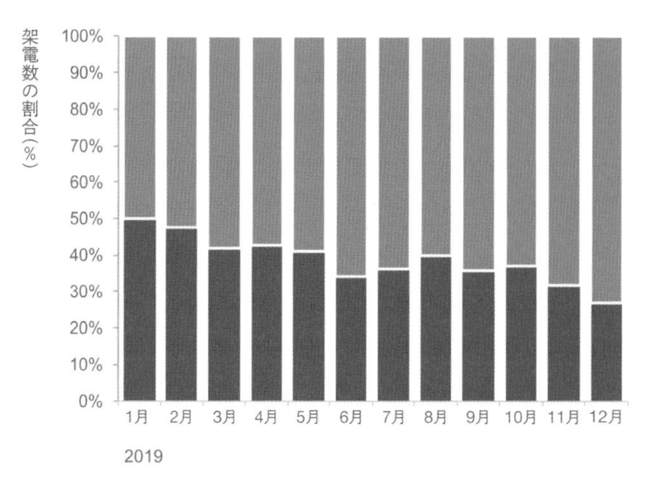

図 6.2c　100% 積み上げ縦棒グラフに変える

絶対値を示す棒グラフから100%積み上げ縦棒グラフに変えたことにより、対応済みの顧客の割合が見やすくなりました。さらに進めて、棒のあいだのスペースを取りのぞき、積み上げ面積グラフにしてみます。図6.2dを見てください。

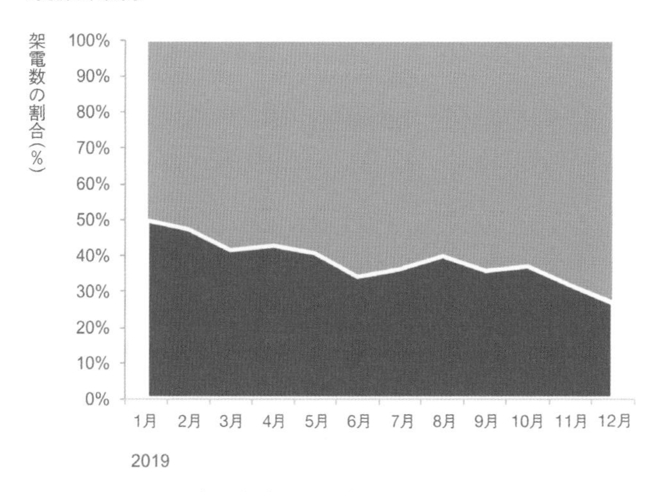

図 6.2d　積み上げ面積グラフに変える

私は、面積グラフをめったに使いませんが、稀に面積グラフが適しているときもあり、今回はその一例です。面積グラフを使わない理由の1つは、それぞれの系列を別々に読み取るべきなのか、いちばん下から累積されているものとして読み取ればよいのかがわかりづらいからです。ここでは100%の積み上げグラフなので、その点は問題ありません。

このグラフでは、対応済みの顧客の割合を色で強調し、フォーカスしていることがわかります。グレーの面と緑の面を隔てる白い線が対応率を表しています。

凡例とデータの間を行ったり来たりする目の動きは、凡例を左上のグラフタイトルのすぐ下に置いて解消します。この配置にすれば、どのようにデータを読めばよいかがわかります。ほかには、データに直接ラベルをつける方法もあります。この例でも、「未対応」と「対応済み」と白で書いたラベルを面積グラフの中の左側、または右側に置いてみました。ただどちらもうるさく見えたので、凡例は上の位置に置いたままにして、対応率だけに直接ラベルをつけました。

さらに、データのまわりに少し言葉を加え、最後のデータポイントを強調してみました。データが示していることの原因について、コンテキストは追加せず、完成させたものが図6.2eです。

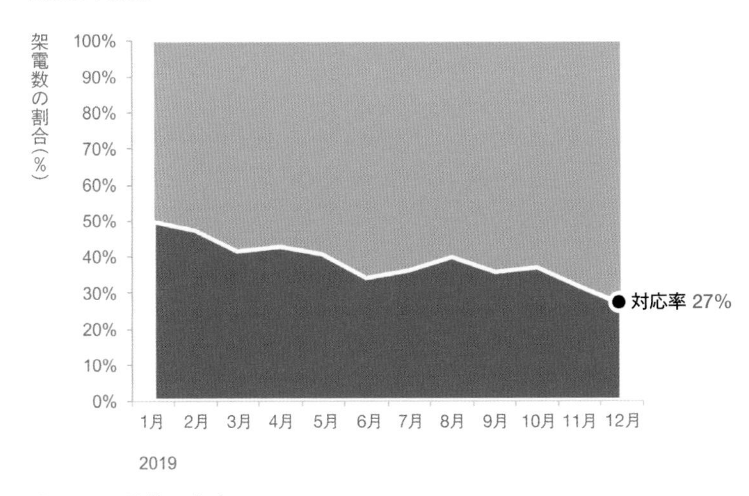

図6.2e　言葉で表す

この最後のグラフには賛否両論ありました。「100%の表示はわかりづらい」と言う人や、「絶対数もわかる積み上げ棒グラフのほうがよい」と言う人もいました。たしかに自分のアイデアに執着しすぎたかもしれません。そうしたフィードバックにもかかわらずここで取り上げたのは、普段選びがちな方法とは違う新しいアプローチに挑戦してもよいのだと伝えたかったからです。このグラフを実際に使う場合は、さらにフィードバックを募って、この方法を採用するか、変更するかを決めるでしょう。

このエクササイズのポイントは、グラフの内容を言葉で表すと、自分が何を見せたいのか、どのような方法が最適かがはっきりするということです。その言葉を直接グラフに添えれば、相手も理解しやすくなります。

エクササイズ6.3：緊張を見つけ出す

ここからは、データやグラフからいったん離れて、ストーリーの要素についてより深く見ていきます。

データコミュニケーションでは、「緊張」は重要な要素ですが、多くの人が見過ごしてしまいます。ワークショップでストーリーについて教える際に（とくに緊張について話すときに）、私はよくドラマチックな話し方をします。これは大事な点を強調するためですが、ストーリーの効果を出すために芝居がかったことをする必要はありません。

緊張はあえてつくり出すものではなく、そこに緊張がなければ、そもそも伝えるべきこともありません。やるべきことは、どのような緊張が存在しているのかを理解し、そこにどのように光を当てればよいかを解き明かすことです。これがうまくできれば、相手の注意をひき、行動を促しやすくなります。

第1章では、相手と相手にとって何が重要かを知ることを学びました。これは非常に大切なことです。自分自身の関心事にフォーカスするのは簡単ですが、それでは相手を動かせません。「相手にとって」どんな緊張が存在するかを考える必要があります。これは、前に触れたビッグアイデアの要素の1つ、「問題点は何か？」にもつながります。緊張を見つけ出したら、ストーリーではその緊張を解決する方法、つまり相手に起こしてほしい行動を伝えます（この考え方は、あとのエクササイズでくわしく説明します)。

それでは、緊張を見つける練習をしていきましょう。それぞれのシナリオについて、緊張を見つけ出し、その緊張を解くために相手がとることのできる行動を考えてください。

シナリオ1:あなたは小売店を全国展開する企業のアナリストです。近ごろ、新学期準備の買い物に関するアンケートを行ない、自社や競合他社の店舗を利用する顧客に対し、さまざまな面についての感想を尋ねました。

ポジティブな面に関しては、あなたの予想を裏付けるデータが見られました。例えば顧客は、我が社の店舗での体験をおおむね楽しんでおり、よいブランドイメージを抱いています。

一方、改善点として、店舗ごとに接客水準のばらつきがあることがわかりました。この解決策についてブレインストーミングを行ない、営業部長に具体的に提案することにしました。それは、店員研修を全店舗で実施し、よいサービスとはどういうものかという共通理解を生み出し、店員がみな模範的な顧客対応をできるようにすることです。

シナリオ2:あなたはある企業の人事部長です。その企業では、これまで部長級のリーダーには意図的に社内の人物を昇格させてきており、外部から採用することはありませんでした。最近、部長レベルの離職者が増えています。これを受けて、あなたは部下に、現在の社内の昇進、外部採用、離職の傾向を踏まえて、今後5年間の予測を立てるよう指示しました。あなたは、自社が今後も継続的に成長すると、対策をとらないかぎり将来的にリーダー人材が不足すると考えています。このデータを利用し、経営陣に対策を打つための議論を始めてもらいたいと思っています。対策の選択肢としてあなたが考えるのは、部長レベルの離職の原因を理解してその数を減らすこと、管理者の育成に投資して昇進のペースを早めること、戦略的買収を行なってリーダー人材を組織に迎え入れること、あるいはこれまでの採用方針を変えて、部長級のポジションに外部からの採用者を受け入れることです。

シナリオ3:あなたは地域の医療施設にデータアナリストとして勤務しています。全体的な効率、費用、医療のクオリティを改善する取り組みの一環として、近年、対面での診察の代わりに、医療従事者によるメール、電話、オンラインを通じたバーチャルコミュニケーションの利用拡大を推奨する動きがあります。あなたは、年次報告に盛り込む内容として、バーチャルコミュニケーションへの望ましい移行が起こっているかどうかのデータをまとめ、来年度の目標に関する提言をつくるように指示されました。報告する相手はおもに医療施設の上層部です。分析によると、初期診療と専門医療の両方で、バーチャルコミュニケーションの利用が、実際に増加していました。来年度もこの傾向は継続すると予測されます。上層部には、この最新のデータと予測を報告します。また、あなたは、過度に積極的な目標を立てて医療のクオリティ低下につながることのないように、医師などの意見も取り入れる必要があると考えています。

答え6.3：緊張を見つけ出す

それでは、それぞれのケースに対してどのように緊張と解決策を定義できるか見ていきます。もちろん、正解は1つではありません。

シナリオ1：

- 緊張：店舗ごとの接客水準にばらつきがある。
- 解決策：店員研修の計画、実施にリソースを投入する。

シナリオ2：

- 緊張：現在の傾向が続くと、将来的に部長レベルの人材が不足する。
- 解決策：管理者人材を確保するために、どのように戦略を変えるべきかを議論し、決断する。

シナリオ3：

- 緊張：効率と医療のクオリティの、どちらがより重要なのか？　バーチャルコミュニケーションへの移行は順調に進んでいるが、これをどこまで推し進めるべきか？
- 解決策：データとともに医師たちの意見も取り入れ、効率と医療のクオリティのバランスのとれた、合理的な来年度の目標を定める。

エクササイズ6.4：ストーリーの構成要素を利用する

私のストーリーへの取り組み方が最も大きく変わったのは、前著を書き終えてからでした。前著では、演劇、本、映画などストーリーを検討し、ストーリーは一般的に「始まり、中間、終わり」から構成されることを紹介しました。これはその通りなのですが、「**ストーリーの弧**」を検討してみると、もう一歩踏み込むことができます。

ストーリーには形があります。「状況設定」から始まり、緊張が導入されます。この緊張は「上昇展開」していき、「クライマックス」に到達します。そして「下降展開」していき、解決策とともに「結末」を迎えます。人が情報に接し、記憶しようとするときには、自然とこの構造になぞらえようとします。

ビジネスでのプレゼンは、この形になっていないことがほとんどです。一般的なプレゼンは直線的で、アップダウンがなく、一本調子に進みます。まず問題を提起して、データを説明してその分析を示し、最後にその結果と提案を述べます。第1章で紹介したストーリーボードもこうした直線的なものでした。このストーリーボードの要素を、ストーリーの弧に沿って考え直してみると、とても大きな効果があります。図6.4aは、ストーリーの弧を表したものです。

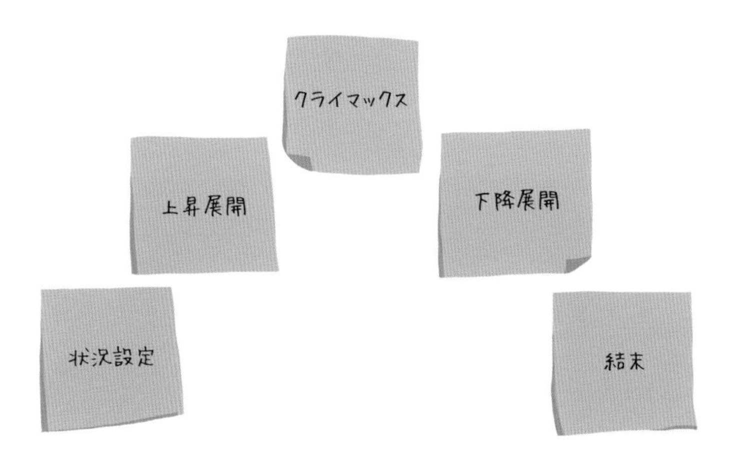

図6.4a　ストーリーの弧

前に作ったストーリーボードを振り返ってみましょう。エクササイズ1.7で新学期準備の買い物に関して作ったストーリーボードを見返してください。あなたが作ったものでも答え1.7の私の例でもかまいません。それらの要素を、ストーリーの弧に沿って並べるにはどうすればよいでしょうか？　並べ替えや追加、削除が必要になりますか？

ストーリーボードの要素を付箋に書き出してみると作業しやすくなります。弧に沿ってその付箋を並べ、必要に応じて考えを加えたり、取りのぞいたり、順番を入れ替えたりしてみましょう。

答え6.4：ストーリーの構成要素を利用する

図6.4bは、私がストーリーの弧に沿って新学期準備のシナリオの要素を並べたものです。

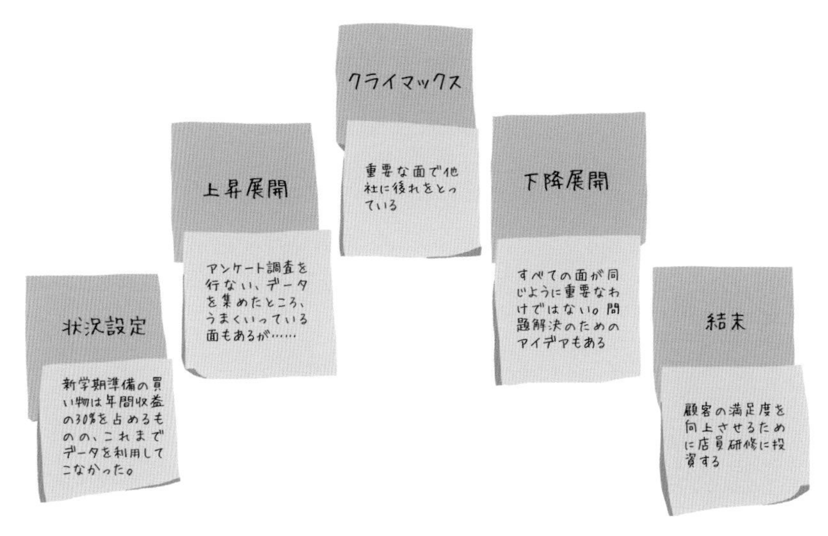

図 6.4b　新学期準備の買い物に関するストーリーの弧

まず「状況設定」の説明から始めます。これは、共通のコンテキストを与えて出発点としてもらうための基本情報（フレーミング）です。
「新学期準備の買い物は自社の事業にとって重要であるものの、これまでデータにもとづいた取り組みを行なってきませんでした」

つぎに、「緊張」を導入して「上昇展開」を作っていきます。
「アンケート調査を行ない、これまでで初めてデータをとったところ、ある面ではよい結果でしたが、重要な面で他社に後れをとっていることがわかりました！」
これが「クライマックス」で、緊張がピークに達します。ここで、後れをとっている面と、その結果として何が問題となるのかを具体的に述べます。つまり当社は競争に負けつつあり、変化を起こさないかぎり今後もそれが続いてしまうでしょう、ということです。

そして「下降展開」とともに少し調子を和らげます。
「すべての面が重要というわけではありません。私たちは集中すべきところを特定しました。さらに、問題解決のためのアイデアをいくつか検討し、最も効果の高いものに絞り込みました」

それから「結末」です。
「店頭での顧客体験（カスタマーエクスペリエンス）を向上させるために店員研修に投資し、次回の新学期準備シーズンには過去最高の売上を達成しましょう」

これが、私が明らかにした緊張に対する解決策です。

エクササイズ6.5：ストーリーの弧に沿って並べる

別の例で、ストーリーの弧に沿ってストーリーの要素を並べていきましょう。第1章で使ったシナリオを再び使います。

エクササイズ1.5に戻って、ペット譲渡会のシナリオを読み返してください（25ページ）。エクササイズ1.8（32ページ）でストーリーボードを作りましたか？　作っていなければ、いま作ってもよいですし、答え1.8（35ページ）の私の例を見返してみてもかまいません。ストーリーの弧を利用して要素を見直すにはどうすればよいでしょうか？

参考までに未使用のストーリーの弧を図6.5aで示します。ストーリーの各要素を小さな付箋に書いて、図6.5aの上か下に並べていくと作業がしやすくなります。付箋の内容は、もとのストーリーボードと同じにする必要はありません、この図を利用しながら自由に考えてみてください。クリエイティブに取り組んでみましょう。

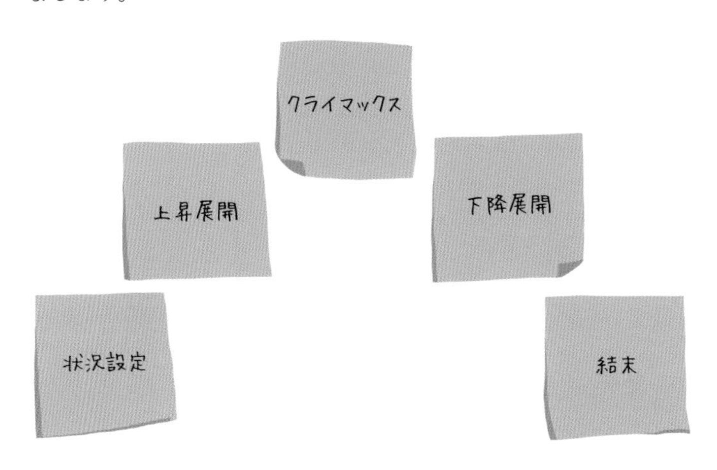

図 6.5a　ストーリーの弧

答え6.5：ストーリーの弧に沿って並べる

このシナリオでは、よくあるビジネスのプレゼンほど堅苦しくしないほうがよさそうです。しかし、（里親が見つかれば助かる）動物たちの命がかかっているので、相手を説得し、私たちが望む行動をとってもらうことは間違いなく重要です。エクササイズ1.5と1.8を振り返ってください。相手を動かすものは何でしたか？譲渡の目標数を達成することだったでしょうか？　それともさらに大きな目的について触れるべきでしょうか？　コンテキストや前提が違えば、アプローチも変わってきます。

私が作ったストーリーの弧は図6.5bのようになりました。

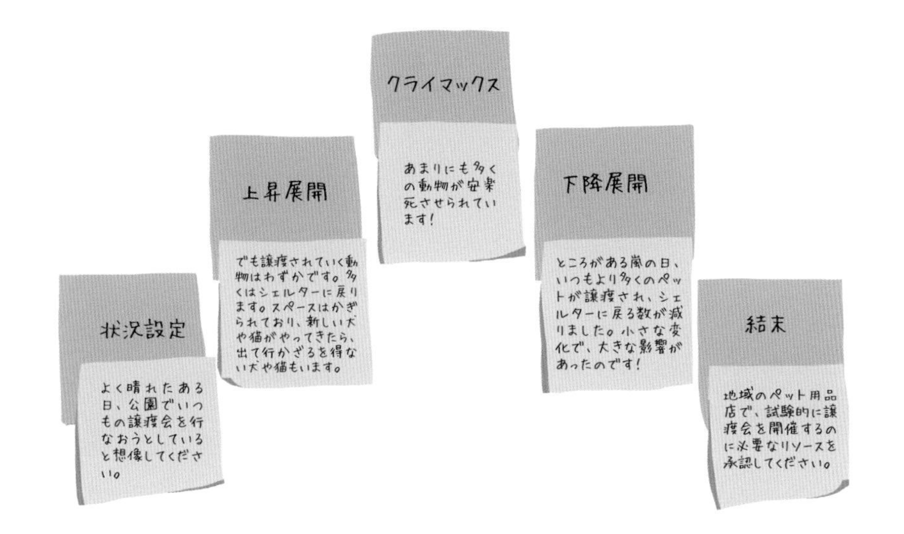

図 6.5b　ペット譲渡会についてのストーリーの弧

この例では少し冒険をして、いつも譲渡会を行なっている、公園でのさわやかな1日を描くことから始めました（状況設定）。

譲渡会があまり成功していないことを説明します（緊張）。

動物がシェルターに戻されてしまうというお決まりのコースを相手に描いて見せることで、この緊張が高まります（上昇展開）。

安楽死の危機にある罪のない動物たちについての話で、緊張がクライマックスに到達します（クライマックス）。

最近、悪天候のせいで急遽ペット用品店で譲渡会を行なうことになり、それが成功したことを説明して、クライマックスを和らげます（下降展開）。

そして、その再現に必要なわずかなリソースについてまとめます。相手は、試験プログラムへのリソース提供を承認すれば緊張を解決できます（結末）。

ここで大切なのは、考えうる要素も、順番もこれだけにかぎらないということです。この例は手元にある情報と私の推測をもとに、ストーリーの弧の利用方法を示したものにすぎません。別の例としては、話の最後まで相手の注意をひきつけておく自信がないときや、あっさり承認される見込みがあって、細かい点に時間をかける必要がない場合は、結論を最初に持ってくるかもしれません。その場合は、このように始めることもできます。「500ドルとボランティア1名のヘルプを3時間いただければ、譲渡数の増加が見込まれる試験的な譲渡会が始められます。くわしくお話ししますか？」（このセリフはエクササイズ1.5で作ったビッグアイデアにそっくりですね）

並べ替えたり、加えたり、省略したりする方法はいくらでもあり、よいコミュニケーションにつながるアプローチも何通りもあります。最も大切なのは、成功させるために、どんな方法がよいかをよく考えることです。

エクササイズ6.6：プレゼンと文書を区別する

データを説明するときには、おもに2つの状況が考えられます。1つは、会議や打合せなどのプレゼン（オンラインも含む）、もう1つは文書としてメールで送ったり、紙で出力して相手に渡したりする場合です。

実際には、これら両方のニーズを満たすように1つの資料を作ることもあります。前著でも触れた「**スライデュメント**（slideument）」です。プレゼンスライドとドキュメント（文書）を部分的に取り入れたもので、どちらのニーズも完全には満たせません。両方のニーズを満たそうとして作った内容は、プレゼンには文字が多すぎますし、口頭での補足説明抜きで単独で理解してもらうには詳細な内容が足りないという結果になりがちです。

私がよくすすめるアプローチは、プレゼン用に1つひとつ要素を組み立て、最後に説明を入れるものです。このコンセプトを説明しながら練習します。

あなたはコンサルタントで、人事の採用プロセスについて分析するためにX社に迎え入れられました。あなたの目標は2つあります。1つはこれまでの採用プロセスがうまく機能しているかを明らかにすること（過去にほとんど誰もこのデータに注目してこなかったため）、もう1つは、具体的な改善策を見つけ、X社の運営委員会の議論を促進することです。あなたはすでに運営委員会と何度か顔を合わせ、コンテキストについて理解を深めました。雇用に要する時間（求人が出されてから欠員が埋まるまでの日数）は委員会にとって関心の高い指標の1つで、このエクササイズでも注目していくポイントです。

図6.6aは、X社内部の人事異動と外部からの採用によって、欠員が補充される

までにかかる日数を示しています。このデータをよく見て、そのあとに続くステップに進んでください。

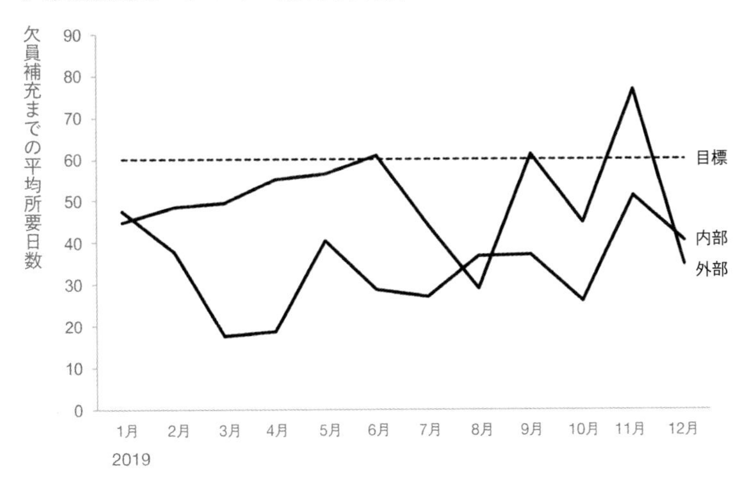

図 6.6a　欠員補充にかかる日数

ステップ1：近く、運営委員会とのミーティングがあり、そのなかの10分間でこの議題について話し合うことになりました。あなたは、最初の数分間で、図6.6aのデータを紹介してコンテキストを共有し、議論を促したいと考えています。対面でのプレゼンの利点を活かして、ただ単に図6.6aを見せるのではなく、要素を一度に1つか2つずつ表示する方法を考えてみましょう。箇条書きで、1つずつ見せていくものを書き出してください。自由に状況を想定してかまいません。

ステップ2：データをダウンロードして、好きなツールを使って、ステップ1で書き出したようにスライドを作りましょう。

ステップ3：ミーティングのあと、運営委員会はあなたの作ったグラフを欲しがりそうです。そこで、プレゼンで利用した段階的な見せ方ではなく、1枚にまとめたスライドを提出することにしました。そうすれば、プレゼンの記録代わりになりますし、ミーティングを欠席した人にも役立つでしょう。好きなツールで、このニーズを満たすグラフを作ってみましょう。

答え6.6：プレゼンと文書を区別する

ステップ1：私がこのグラフを段階的に見せるとすれば、つぎのようにします。

- まず、グラフの骨格を表示します。縦軸・横軸のタイトルとラベルはつけ、データは入っていないグラフです。これで土台ができました。
- 「目標」のラインを加えます。どのようにこの目標を設定したか、わかっているコンテキストを共有します。
- 「外部」の折れ線を少しずつ入れていきます。まず1月に最初のポイントを入れ、6月までのデータを加えていき、このトレンドの原因としてわかっているコンテキストを説明します。つぎに残りの線を徐々に伸ばしながら、強調したいデータに注意をひいていきます。
- 「内部」の折れ線を徐々に加えます。「外部」の折れ線の色をグレーにして目立たなくしてから、上と同じような方法で、大事なポイントを強調しながら「内部」の折れ線を伸ばしていきます。

ステップ2：実際にどのように表示していくかを、コメントも一緒に示していきます。便宜上、コンテキストに関しては自由に想定しています。

「採用にかかる時間に関して、最新のデータを簡単にご説明します。今後の方針について話し合うための材料として、このデータを用意しました」

「まず、データをお見せする前に、グラフについてご説明します。縦軸は、採用にかかる時間、つまりそのポストに欠員が生じてから採用が確定するまでの欠員補充にかかる平均日数を示しています。横軸には時期をプロットしました。これから表示するデータは2019年のもので、左から右へ、1月に始まり12月までとなります」（図6.6b）

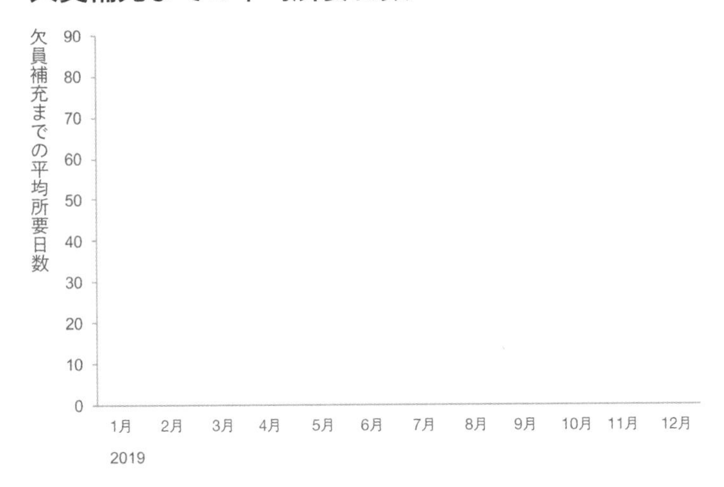

図 6.6b　グラフの設定

「60日以内に欠員を埋めるのが全社の目標です」（図6.6c）

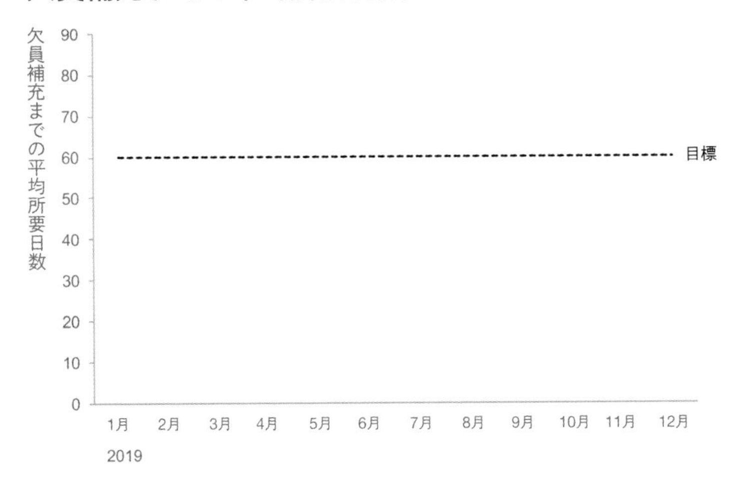

図 6.6c　目標値を入れる

「まず外部からの採用について見ていきます。1月時点で採用に要した平均日数は45日足らずで、60日の目標値を大幅に下回っています」(図6.6d)

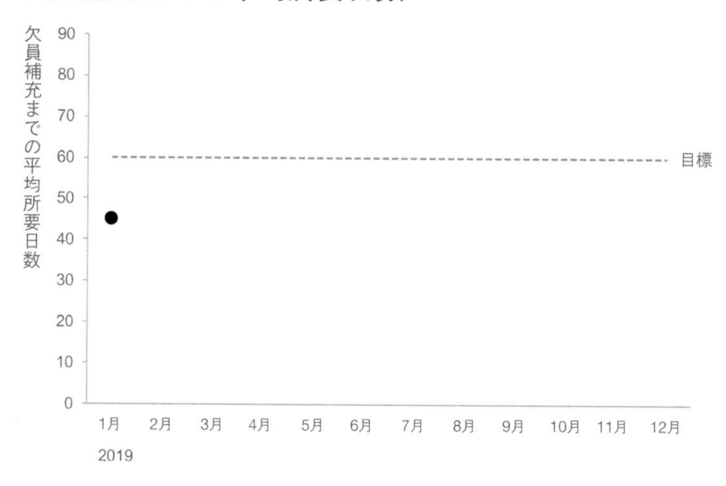

図 6.6d 「外部」の最初のポイント

「しかし、上半期にこの数字は徐々に増加します。これは、候補者1名あたりの平均面接回数が増加しているためです。おわかりのとおり、面接回数が増えれば選考過程が長引きます。その結果、6月には目標値をわずかにオーバーし、欠員の補充に平均61日を要しました」(図6.6e)

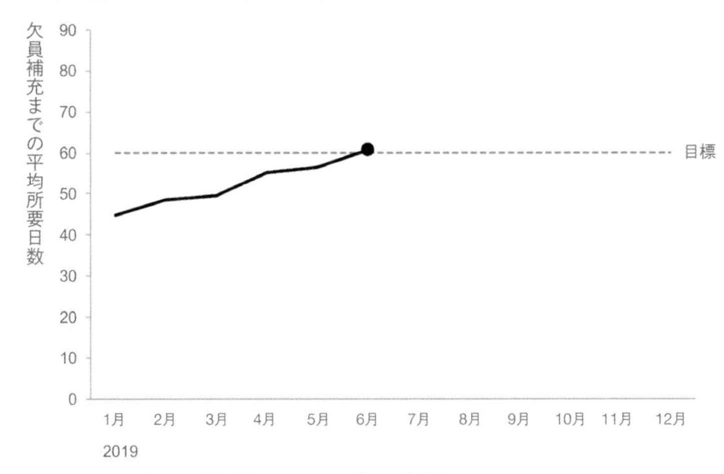

図 6.6e　上半期に「外部」の所要時間が増加

「下半期になると、平均所要日数は、月ごとに大きく変化しています。青いマーカーで示した、目標値を達成している月には、候補者1名あたりの平均面接回数が少ないことがわかりました。一方、オレンジのマーカーで示した、目標値を達成していない月は、面接回数の多さと面接担当者の休暇スケジュールに原因があると考えられます」（図6.6f）

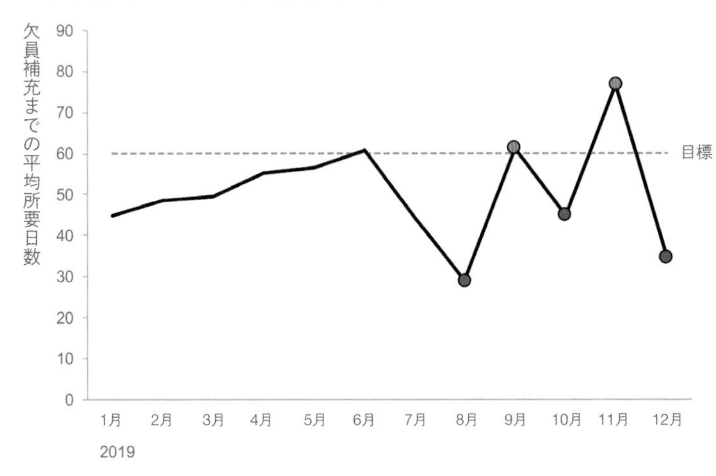

図 6.6f　下半期には「外部」の所要時間が変動

「つぎに、内部採用の所要日数を見ていきます。こちらは内部の人事異動によって欠員を補充した場合を表しています。1月は48日で目標を達成しています」（図6.6g）

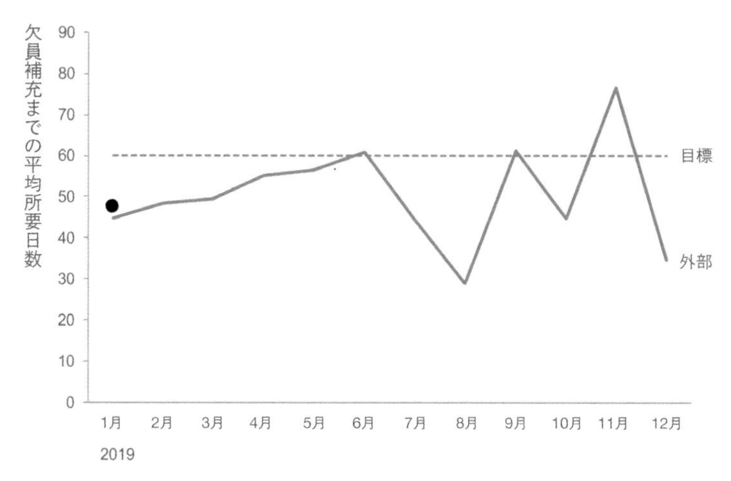

図 6.6g 「内部」の最初のポイントを加える

「内部の候補者によって欠員を補充する場合の所要日数は改善されていき、年初の数か月は減少傾向にありました。3月と4月には、内部候補者による欠員補充の所要日数は21日（3週間）を下回り、驚異的な早さでした」（図6.6h）

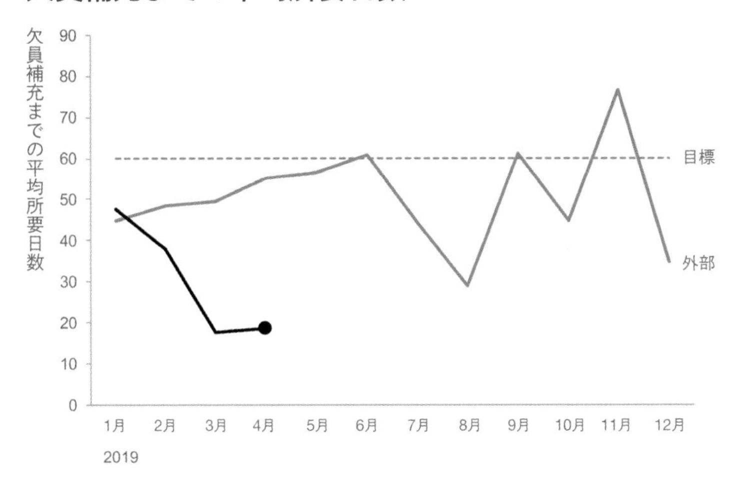

図 6.6h 「内部」の所要日数が短かった年初

「5月には所要日数が増加します。これは内部の人事異動の増加と一致しており、現状のプロセスでは多くの異動に効率的に対処できないことを示唆しています」(図6.6i)

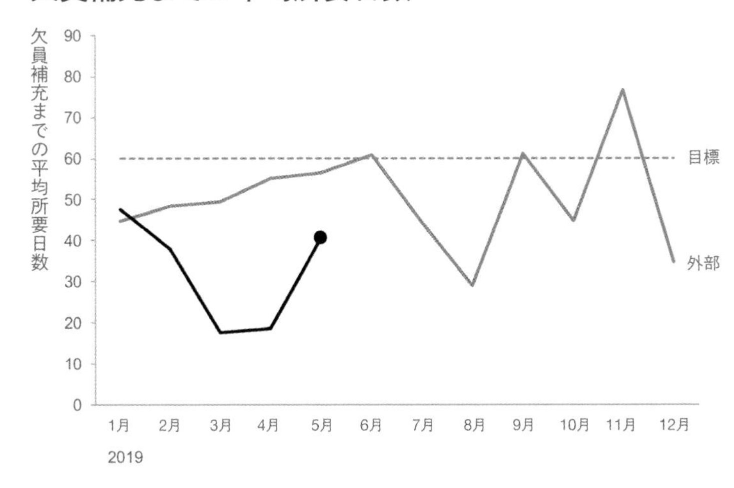

図 6.6i 4 月から 5 月にかけて増加

「5月以降、わずかに減少したのち、再び増加しました」（図6.6j）

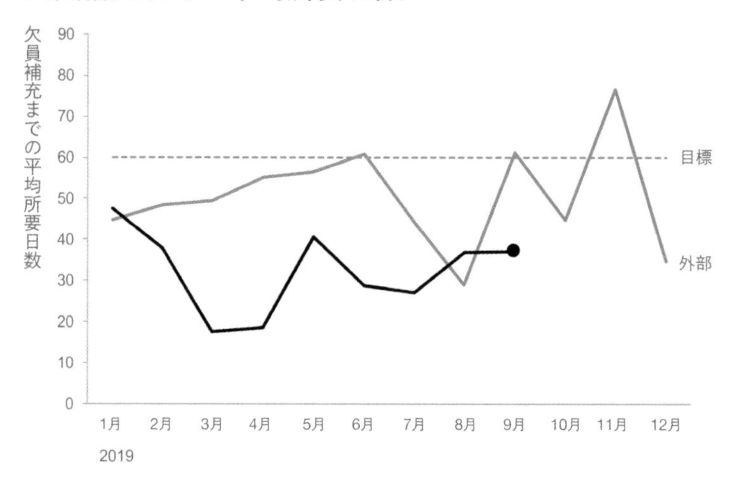

図6.6j　新たな減少と増加

「9月から11月にかけては再び減少と増加が見られます」（図6.6k）

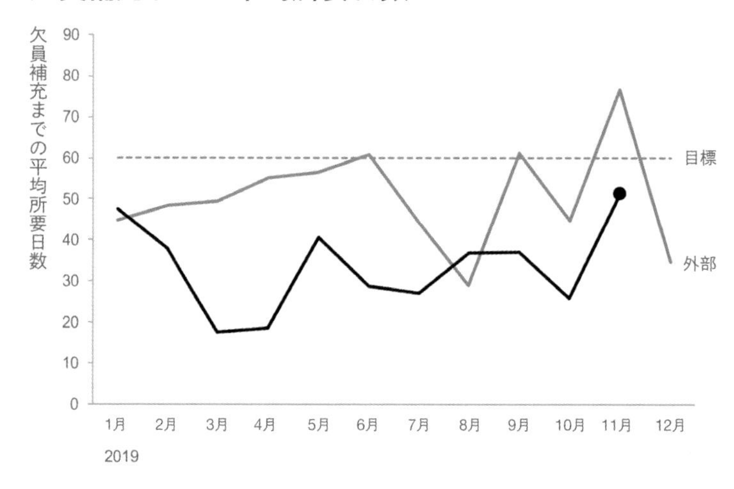

図6.6k　さらなる減少と増加

「11月から12月にかけては減少したものの、12月時点での内部採用の所要日数は、外部採用を上回りました。月ごとの変動はありますが、通して見ると下半期の内部採用の所要日数は増加傾向にあります」(図6.6l)

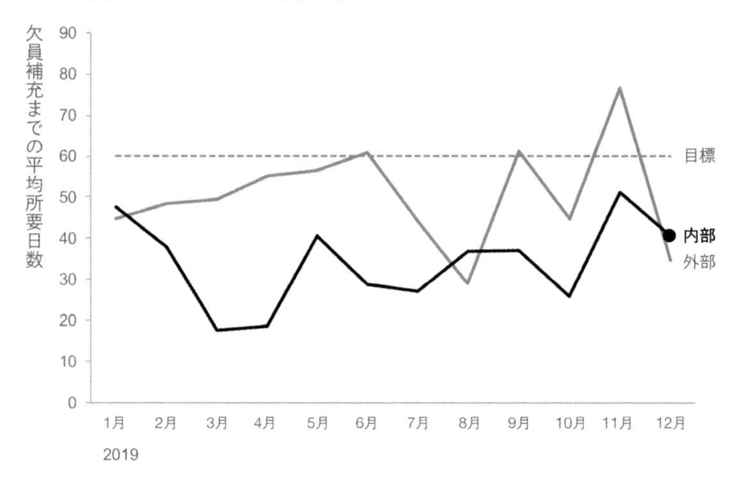

図 6.6l 年末に「内部」が「外部」を上回る

「全体像を見ながらここまでの話をまとめていきます。過去1年にわたり、外部採用、内部採用の欠員補充に要する日数は変動しています。両者とも年間を通じ、ほとんどは60日の目標値をクリアしていますが、2019年下半期には増加傾向が見られました。これはほぼ間違いなく面接回数の増加によるものと考えられます。担当者の休暇スケジュールも時間増加に関与しています。内部採用に関しては、内部候補者が多いときに時間が長くかかっており、多くの異動に対応するには、プロセスの改善が必要であることを示唆しています」

「以上のことから、来年はどのようにするべきでしょうか？　何らかの変更が必要でしょうか？」(図6.6m)

欠員補充までの平均所要日数

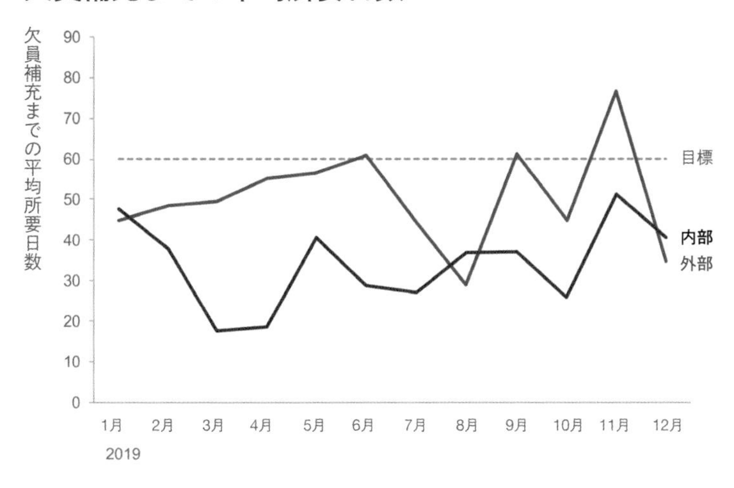

図 6.6m　今後の対応を議論しましょう

ステップ3：ステップ2で示した経過をまとめ、すべてテキストで示したものがつぎのグラフです。図6.6nを見てください。

欠員補充までの平均所要日数

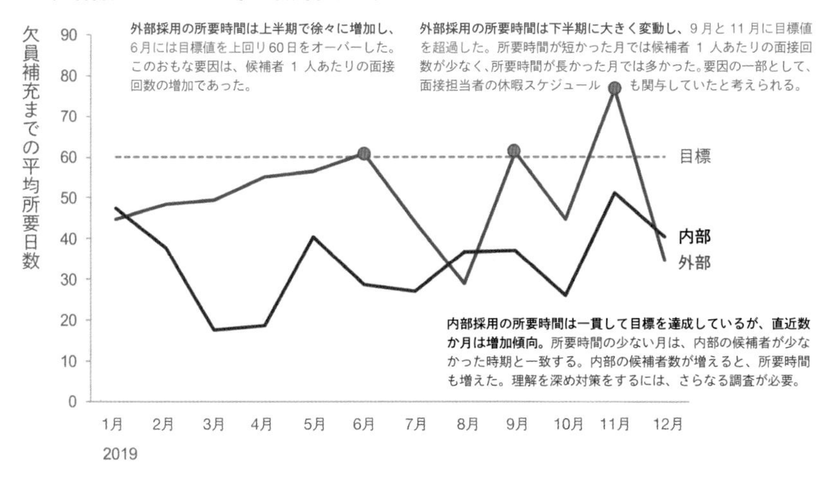

図 6.6n　回覧用に注記をすべて入れたグラフ

図6.6nならば、ミーティングに出席できなかった人や内容を振り返りたい人が見れば、私が口頭で説明したのと同じストーリーを読み取ることができます。

ここまで、順を追って段階的に話を進め、最後にすべての説明を入れた1枚か2枚のスライドを組み合わせる方法を説明してきました。あなたもデータでストーリーを伝える際に、この方法を活用できないかぜひ検討してみてください。

エクササイズ6.7：ダッシュボードからストーリーへ

前著の第1章で、探索的分析と説明的分析の違いを説明しました。
探索的分析とは自分がデータを理解するためのもので、説明的分析とはデータに関する何かをほかの誰かに伝えるためのものです。

ダッシュボード（計測表）はプロセス全体の「探索的」な部分で役に立つツールです。物事が予想通りに進捗しているかどうかを確認するために、定期的（週次、月次、四半期ごとなど）に見るべきデータがあります。ダッシュボードを使うと、どこで予想外のことや興味深いことが起こっているのかを見つけやすくなります。しかし、伝えるべきことを発見し、誰かにそれを伝えようとする場合には、ダッシュボードからそのデータを取り出して、ここまで学んできたことを適用する必要があります。

ダッシュボードの例を取り上げて、探索的なダッシュボードから説明的なストーリーへと変えていく方法を見ていきます。図6.7aを見てください。これはあるプロジェクトのダッシュボードです。さまざまなカテゴリー（地域や部署）についてのニーズとキャパシティの内訳が示されています。ダッシュボードのグラフ全体で使用されている指標は、プロジェクトの作業時間数です。

エクササイズ2.3と2.4でもこのデータを使ったので、見覚えがあるかもしれません。図6.7aをよく見て、そのあとのステップに進んでください。

プロジェクト・ダッシュボード
期間:2019年4月1日～2019年12月31日　指標:プロジェクトの作業時間数

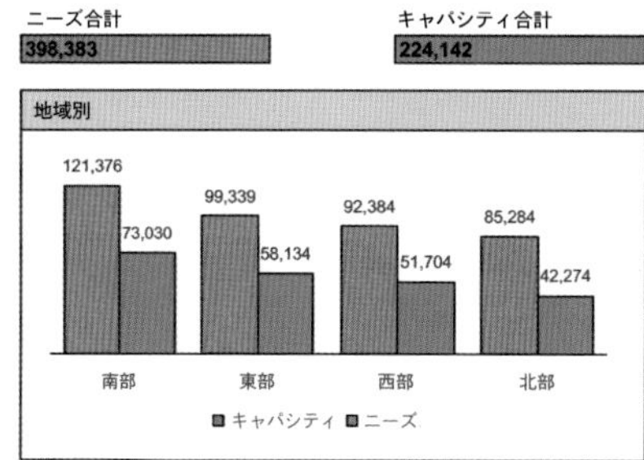

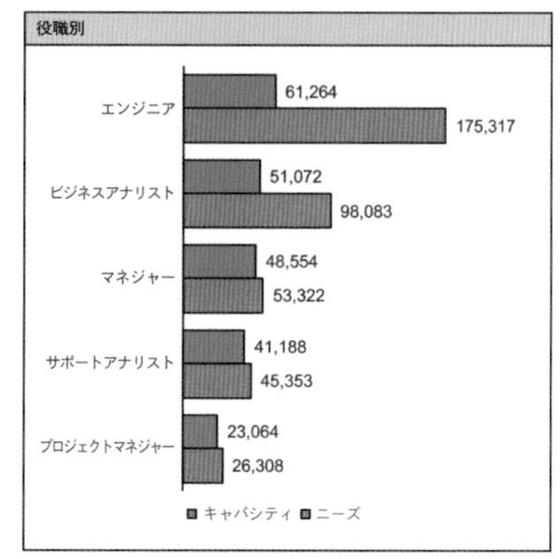

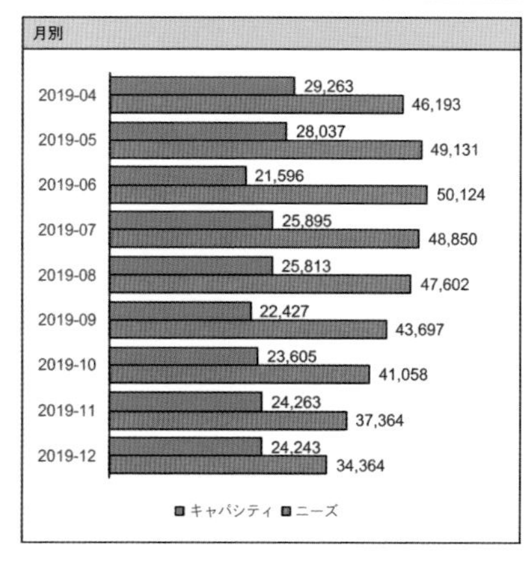

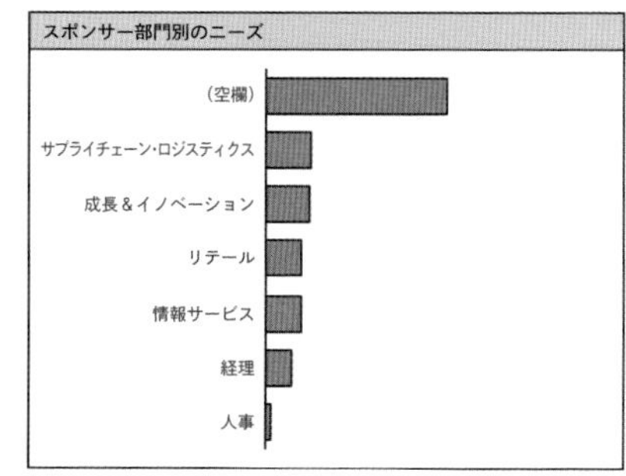

図 6.7a　プロジェクト・ダッシュボード

ステップ1：まず、言葉で表す練習から始めましょう。図6.7aのダッシュボードの各構成要素の要点を一文で書いてみましょう。

ステップ2：このデータは全部必要でしょうか？　データを探索するうえでは、さまざまな面から見ることが重要かもしれませんが、相手に伝えるうえでは、すべてのデータが一律に重要ではないはずです。ここにあるデータを使ってストーリーを伝える必要があると想像してみましょう。ダッシュボードのどの部分にフォーカスして、どの部分を省略しますか？

ステップ3：ステップ2で選んだ要素を使って、ストーリーを作ってください。必要に応じて、自由に状況を想定してください。データをどのように見せますか？どのように言葉を取り入れますか？　プレゼンをするのか、資料だけを見てもらうのか、あなたの決めたシナリオに合わせた方法をとりましょう。

答え6.7：ダッシュボードからストーリーへ

ステップ1：ダッシュボードの各構成要素をまとめると、つぎのようになりました。

- 上部にある統計：2019/4/1から2019/12/31の期間で、ニーズがキャパシティを著しく上回っている。
- 地域別：全地域にわたって、同じ程度の割合でニーズがキャパシティを上回っている。
- 月別：ニーズとキャパシティの差は、6月を最大として第2四半期から第4四半期を通じおおむね大きいが、年の後半で差が縮まっている。
- 役職別：ニーズがキャパシティを上回る割合がエンジニアで最も大きい。ついで大きいのがビジネスアナリスト。
- スポンサー部門別：ニーズの出どころに関しては多くのデータが不足している。もしくはすべてのプロジェクトにスポンサー部門があるわけではない可能性がある。

ステップ2：まず取り入れないものを決めることから始めます。内容にあまり変化がないグラフや、データが不足しているグラフは、結果が予想と異なっている場合をのぞいて、省略対象です。ここでは、コンテキストの詳細が不明で、さまざまな想定をもとに考える必要があります。実務では、ストーリーを作る際に、力を注ぐ場所、残すデータ、削除するデータを賢く選択するために、コンテキストを理解しておいたほうがよいでしょう。

私は、月別と役職別のグラフが興味深いと考えたので、それらにフォーカスします。データの見せ方については、差がだんだん縮小している点と、また役職別のキャパシティとニーズの差がよりはっきりとわかるように変えます。そしてデータの周りにもっと言葉を増やして、見ているものが何かを明確にし、ストーリーを伝わりやすくします。

ステップ3：私は、これは年末の報告の一部で、この情報は相手に送られるものだと仮定しました。図6.7bは、選んだ情報を1枚のスライドに収めたものです（便宜上、想像上のコンテキストも含まれています）。

ニーズに応えるために、継続的な努力が必要

経時的変化：差は縮まりつつあるが、いまだ存在

年末時点でも、ニーズがキャパシティを上回っている。2019年に、ニーズとキャパシティの差が大幅に縮まった。これは現在の人員構成とほかの優先事項を考慮し、抱えきれない未対応分のプロジェクトを清算したことがおもな要因。

役職別：2つの役職で最大のギャップ

キャパシティを最も大幅に超過しているのはエンジニアとビジネスアナリストの分野であった。
全体での差を縮小するためにも、これらの役職に絞った採用計画が望まれる。今後も観察と報告を継続する。

ニーズとキャパシティの推移
キャパシティ | 満たされていないニーズ

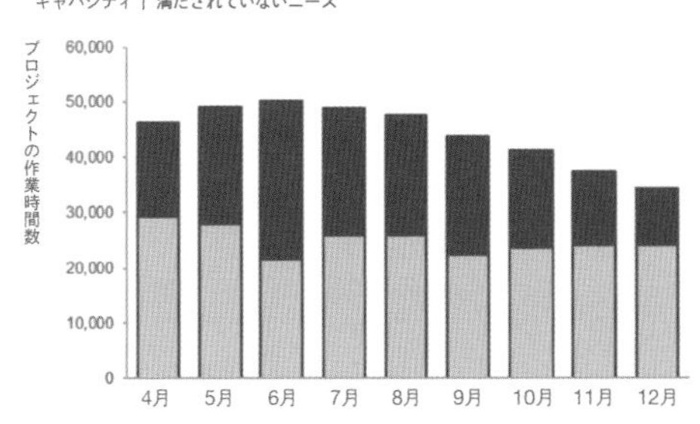

ニーズvsキャパシティ：役職別の内訳
プロジェクト作業時間数（千時間）

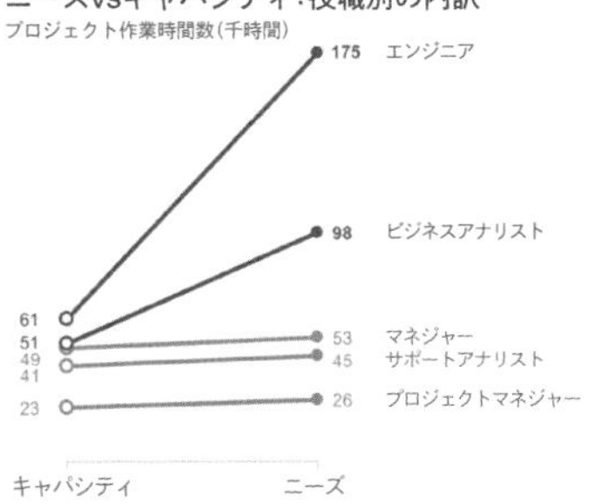

図6.7b　1枚のスライドに収めたストーリー

図6.7bのポイントについて説明していきます。いちばん上にテイクアウェイタイトルを入れ、データを見る前に、内容を予測できるようにしました。相手に送る資料として、2つのグラフを並べたレイアウトを選びました。1枚のスライドに複数のグラフを収めたい場合に、私はよくこの構成を使います。グラフが2つであれば、読むのに十分な大きさにできますし、文章でコンテキストを入れるスペースもあります（これ以上入れたいときは、スライドの枚数を増やすことをおすすめします）。

この例では、左側は色や言葉を使って、時間の経過につれて差が徐々に縮まっていることを見せています。エクササイズ2.4でいろいろなグラフを試したなかから、ここでは積み上げ棒グラフを選びました。このグラフであればキャパシティとニーズの両方を見せながら、「満たされていないニーズ」に注目を集めることができます。右側は役職別の内訳をスロープグラフで示しました。このグラフでは、色と言葉の使い方を工夫して、エンジニアとビジネスアナリストが注目すべき対象であることを示しています。

このシナリオの詳細は、便宜上、私が仮定したものです。内容も具体的な行動を促すものよりは、参考情報として相手に提供するものとしました。ですが、詳細の部分に別の解釈を加えれば、より的を絞ったものになるかもしれません。ここまで見てきたように、グラフを言葉で表し、何にフォーカスし、何を省くか検討し、色と言葉をうまく使いながらデータを表現する、という段階を経れば、探索的なダッシュボードを、説明的なストーリーに変えられるのです。

ストーリーを使ってうまくコミュニケーションをとるには練習が必要です。現実的なシナリオから緊張を見つけ出しましょう。そしてストーリーの弧を使って相手の注意をひき、納得させ、行動を促すエクササイズをしていきましょう。

エクササイズ6.8：緊張を見つけ出す

これまで見てきたように、緊張はストーリーの重要な構成要素です。また、エクササイズ6.3では緊張とその解決策を見つけ出す練習をしました。ここからは、あなた1人で練習してみましょう。

つぎの3つのシナリオを読んでください（前に出たものもあります）。それぞれについて、まず緊張を見つけ出します。つぎに、その緊張を解決するために相手ができることを考えてみましょう。

シナリオ1：あなたは小売店を全国展開する企業の最高財務責任者（CFO）です。このほど財務アナリストのチームが第1四半期のレビューを行なったところ、売上高と営業費用が最新の予測通りとなれば、今年度末は4,500万ドルの損失を計上する見込みになることがわかりました。近頃の景気停滞のせいで売上高は伸びそうもありません。そのためあなたは、損失を抑えるには営業費用を管理するほかなく、経営陣はすぐさまコスト管理方針（「コスト管理計画ABC」）を実施すべきと考えました。次の取締役会で第1四半期の決算報告をすることになっており、役員たちに向けたプレゼン（パワーポイントによる財務成績の概要説明）と提言の準備をしています。

シナリオ2：あなたはある医療グループに勤務しています。最近、あなたと同僚たちはXYZという製品分野を扱うサプライヤーのA社、B社、C社、D社を評価しました。データ分析の結果、医療施設によって過去の使用歴が大きく異なることがわかりました。ある施設はおもにB社を利用し、別な施設はD社という具合です（A社とC社の利用はごくわずかでした）。また、満足度に関しては全施設で最も高いのがB社でした。さらにすべてのデータを分析してみると、1社または2社と契約すれば支出を大幅に節約できることがわかりました。しかしこの事実を伝えれば、いくつかの医療施設はこれまで利用していたサプライヤーを変更することになります。あなたは運営委員会へのプレゼンを準備しており、この委員会の決議は多数決によって行なわれます。

シナリオ3：あなたの働く食品メーカーでは、クレーブベリー・ヨーグルトという新製品の発売を予定しています。あなたもメンバーである製品開発チームは、商品を市場に出す前に、最後にもう一度消費者心理をリサーチするために、試食会を行なうことを決めました。試食会では、甘さ、サイズ、使用する果物とヨーグルトの量、濃度など、製品のさまざまな面から参加者の好みに関するデータを収集します。その結果を分析したあなたは、製品を改善する必要があると考えました。小さな点ですが、市場での消費者の反応に大きな影響があるかもしれません。試食会の参加者は製品の濃度が濃く、果物の量も多すぎると感じています。そこで、甘さとサイズはそのままで、果物の量を減らしてヨーグルトの量を増やすことで、全体的な濃度を下げることを提案しようと考えています。あなたは製品開発部の部長とミーティングをすることになっており、この部長が、発売を遅らせて改善するか、現状のまま発売するか決断をします。

エクササイズ6.9：直線型からストーリーの弧へ

ストーリーの弧に沿って構成要素を並べる前に、まず直線状に並べるとやりやすい場合もあります。とくにビジネスのプレゼンでは時系列に沿って説明するのがお決まりのパターンです。問題提起に始まり、結論や行動の提案で終わる、一般的な分析のプロセスと同じなので、いちばん自然な順番です。

しかし、相手を行動に導くには、直線や時系列に沿った道筋が、必ずしもいちばんよいとはかぎりません。相手をリードする情報の並べ方を、慎重に考える必要があります。ストーリーの弧を使って考えるのもその1つの方法です。エクササイズ1.13（40ページ）で、大学の自治会選挙について検討したときの直線型のストーリーボードを見て、ストーリーの弧を利用してコミュニケーションの流れを見直す練習をしましょう。

自治会の仲間が、会長へのプレゼンのためにつぎのようなストーリーボードを作成しました（図6.9）。これを見て、つぎに続くステップに進んでください。

図 6.9　自治会選挙についての仲間によるストーリーボード

ステップ1：図6.9のストーリーボードに並んだ付箋を見比べて、ストーリーの弧の要素として並べるにはどうすればよいかを考えてみましょう。とくに、ストーリーの弧の各セクション（状況設定、上昇展開、クライマックス、下降展開、結末）をカバーするのにどれを使うかをリストにしてください。ストーリーボードにあるアイデア全部を使わなくてもかまいません。

ステップ2：ステップ1で考えたポイントを付箋に書き出し、ストーリーの弧に沿って並べてください。必要に応じて状況を想定しながら、ストーリーの要素の並べ替え、つけ足し、削除、変更を必要なだけ行なってみましょう。

ステップ3：ストーリーの弧に沿ってアイデアを物理的に並べ替えましたか？このプロセスによって、あなたのアプローチは変わりましたか？　このプロセスとそこから学んだことを、1つか2つの段落に書き出しましょう。今後、この方法を使ってみようと思いますか？　イエスの場合もノーの場合も、それはなぜですか？

エクササイズ6.10：ストーリーの弧を作る

再びストーリーの弧を使ってみましょう。今回はストーリーボードの段階は飛ばして、シナリオから直接ストーリーの弧を作ります。エクササイズ6.8の緊張を見つけ出す練習で使ったシナリオ3を使います（297ページ）。参照したうえで、それに続くステップに進んでください。

ステップ1：付箋に、このシナリオから、ストーリーに加えたいと思う要素（話の内容の一部）を書き出しましょう。

ステップ2：その付箋を、ストーリーの弧の構成要素（状況設定、上昇展開、クライマックス、下降展開、結末）に合わせて並べてみましょう。状況を想定しながら、必要に応じて自由につけ足し、削除、変更してください。

ステップ3：このプロセスを、エクササイズ6.9のプロセスと比べてみてください。ストーリーの弧に沿って要素を並べる際に、ストーリーボードから始めるのと、白紙の状態から始めるのとどちらが簡単でしたか？　今後の準備プロセスではどちらを使うと思いますか？　あなたの考えと学んだことを、文章でまとめましょう。

エクササイズ6.11：レポートからストーリーへ

ダッシュボードや、週次、月次、四半期ごとの定期レポートは、データを探索して、興味深い点、強調する価値のある点、深掘りすべき点をつかむために使うことができます。同時に、受け取った相手がデータをそれぞれ思うように利用できるという点にも大きな価値があります。受け取った相手がレポートを各自の疑問に対する答えを見つけるのに使うことができるので、あなた自身はもっと興味深い分析に時間をかけることができます。

しかし、本来は情報のどこに注目し、それをもとに何をすべきかを相手にはっきりと示すべきところで、探索目的のダッシュボードやレポートを提示してしまうケースもよく目にします。

図6.11を見てください。これは、チケットの量と関連する指標についての月次レポートの1ページです。あとに続くステップをやってみてください。

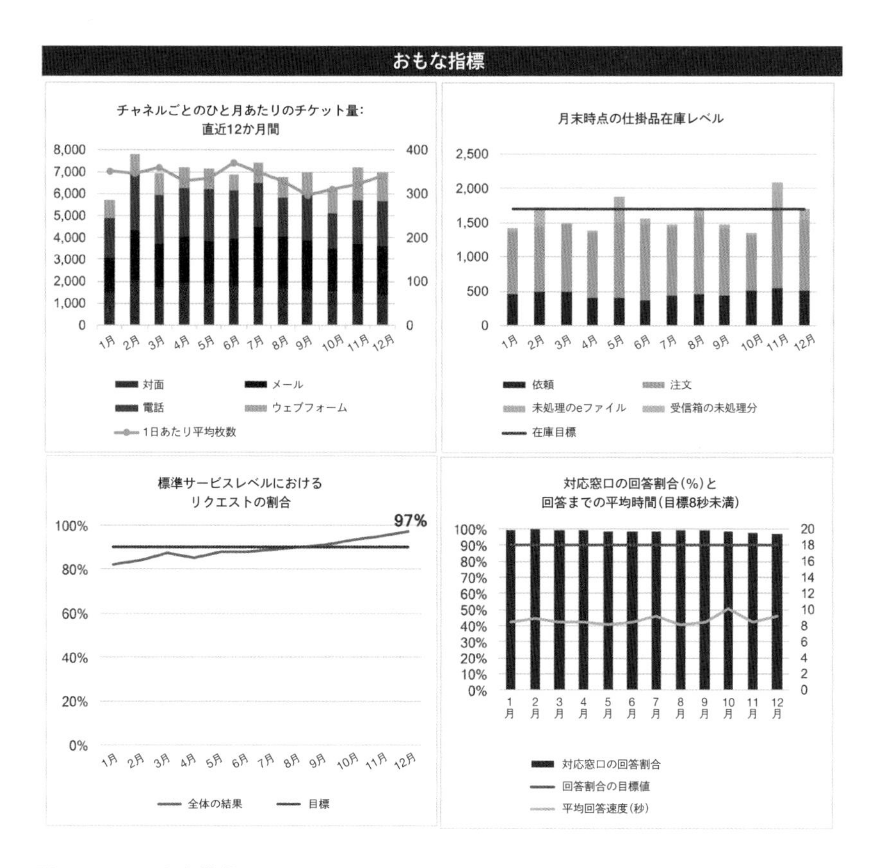

図 6.11　おもな指標

ステップ1：まず、言葉で表す練習から始めましょう。図6.11のレポートにある各グラフの要点を一文で書いてみましょう。

ステップ2：このデータは全部必要でしょうか？　データを探索するうえではすべてのグラフを見ることは重要かもしれません。しかし、相手に伝えるときにはすべてのデータが必要なわけではありません。このデータを使ってストーリーを伝える必要があると想像してみましょう。レポートのどの部分にフォーカスして、どの部分を省略しますか？

ステップ3：データをダウンロードし、ステップ2で選んだ要素を使ってストーリーを伝えるためのグラフやスライドを作ってください。データをどのように見せますか？　言葉をどのように取り入れますか？　あなたが思うようにグラフを作ってください。プレゼンをするのか、資料だけを見てもらうのかを決めましょう。エクササイズのために、必要に応じて状況を想定しながら、あなたの決めたシナリオに合わせた方法で作りましょう。

職場で
実践

データを使ったストーリーを伝えるために、3つのエクササイズをします：簡潔で繰り返しやすいフレーズを作る、「これは何の話？（What's the story?）」という質問に答える、ストーリーの弧を活用する。実際にやってみましょう！

エクササイズ6.12：
簡潔で繰り返しやすいフレーズを作る

繰り返しは短期記憶と長期記憶をつないでくれます。データを使ったコミュニケーションでは、簡潔な、繰り返しやすいフレーズで大事なポイントを強調しましょう。

進行中のプロジェクトを思いうかべてください。もうビッグアイデアは作りましたか？　まだならばエクササイズ1.20（50ページ）に戻って、作ってみてください。つぎにそのビッグアイデアを、簡潔で繰り返しやすいフレーズに変えてください。そうすれば、コミュニケーションの目標が明確になり、相手の記憶にも残りやすくなります。フレーズは、短く、キャッチーで、可能なら韻を踏んだものがよいでしょう。気の利いた言葉でなくてもかまいません。覚えやすいことが第一です（どうしても見本が見たいという人は、エクササイズ7.4、7.6とその答えを見てもかまいません。この考え方を使って練習をする機会があります）。

プレゼンは、まず簡潔で繰り返しやすいフレーズで始めるとよいでしょう。締めくくりや、プレゼンの途中にもその言葉を織り込みましょう。そうすれば、相手は何度もそのフレーズを耳にすることになり、その結果覚えて、ほかの人にも伝えてくれる可能性が高まります。

口頭ではなく何らかの資料を送る場合は、そのフレーズを文字で記しておきます。資料のタイトルやサブタイトルにしてもよいでしょう。または重要なスライドのテイクアウェイタイトルにも使えます。最後のスライドに入れてもよいでしょう。場合によっては、このいくつかを組み合わせましょう。話す場合でも書く場合でも、重要なポイントを明確にして覚えてもらいやすくするために、繰り返しを使いましょう。

今後、この簡潔で繰り返しやすいフレーズをどのように使えるか、じっくり考えてみてください。

エクササイズ6.13：これは何の話？

「これは何の話？」。データを見るとき、私たちはよく自分自身やお互いにこう尋ねます。そういうとき、たいていは話そのものではなく、要点やポイントを理解しようとしているのです。「これは何の話？」という質問への答えは、データを使って説明する際に最低限必要なものです。にもかかわらず、その答えを見つけるのを相手まかせにしてしまい、結果として、内容の理解も深まらないままに終わることがよくあります。

データコミュニケーションには2つのストーリーあります。「小文字で始まるstory（話）」と「大文字で始まるStory（物語）」です。この2つの考え方を、仕事で活かす方法についてのヒントとともに説明します。

小文字で始まるstory（話）

グラフやスライドを作るたびに、「大事なポイントは何？」と自分に問いかけます。そしてエクササイズ6.2、6.7、6.11、この先の7.5、7.6の練習のように、それを言葉で表します。ポイントがはっきりしたら、相手にそれが明確に伝わるように工夫します。スライドやグラフにはテイクアウェイタイトルを入れて、相手が内容を予測できるようにします（これについての説明と練習は、エクササイズ6.1、6.7を参照してください）。第4章で練習したように、必要なところに相手の注意をひきます。口頭でも文書でも、言葉を使って、相手に見てもらいたいものと、それが意味することを説明します。

決して相手に「これは何の話？」と思わせることなく、初めから答えを明らかにしておきましょう。

大文字で始まるStory（物語）

最も伝えたいこと（話）を明確にするのは、正しい方向へと進む第一歩です。しかしデータコミュニケーションにおいては、まったく別のレベルのストーリーも利用できます。それが「大文字で始まるStory」で、これは従来の意味でのストーリー（物語）です。状況設定で始まり、緊張が導入されます。緊張は上昇していき、クライマックスに到達します。そして下降し、結末へと向かいます。よくできたストーリーは私たちの注意をひき、記憶に残り、思い出され、語り継がれます。データコミュニケーションでも、この大文字のStoryを利用できるのです。

大文字のStoryを作るときにおすすめするツールがストーリーの弧です。この形に沿ってストーリーを考えると、必然的にしなければならないことがあります。

まずは、上昇展開を作るために、緊張を見つけ出すことです。前にも書きましたが、作り手にとっての緊張ではなく、相手にとっての緊張です。また、緊張は作り出すものではなく、そもそも緊張がなければ、伝えるものもないはずです。ストーリーの弧にあてはめてみることにより、1つのアイデアなり要素がつぎにどうつながるかを考えられるようになります。直線的に考えるときには見過ごされがちですが、つながりを意識すると、流れをスムーズにするために内容を追加したり、場面転換したりしたほうがよい箇所を見分けやすくなります。ストーリーの弧の形にすると、必然的に相手に説明する道筋を考えるようになります。

さらに、何よりも重要なのは、ストーリーの弧を使うと、より相手の視点から考えられるようになることです。これは、ビジネスにおける一般的なコミュニケーション方法や直線的なストーリーボードから、ストーリーの弧と大文字のStoryを使うようになったときに見られる最も重要な変化です。Storyを使う場合、自分視点から抜け出して、相手にとって役立つことを注意深く考えなければならないからです。

データコミュニケーションをするときには、「小文字で始まるstory」と「大文字で始まるStory」をどう使えるか考えてみてください。後者についてはつぎのエクササイズで具体的なステップを見ていきます。

エクササイズ6.14：ストーリーの弧を使う

私たちが本や映画、演劇などで出会うストーリーには流れがあります。それがストーリーの弧です。データをもとにストーリーを語るときにもストーリーの弧を有利に使うことができます。

図6.14がストーリーの弧の基本形です。

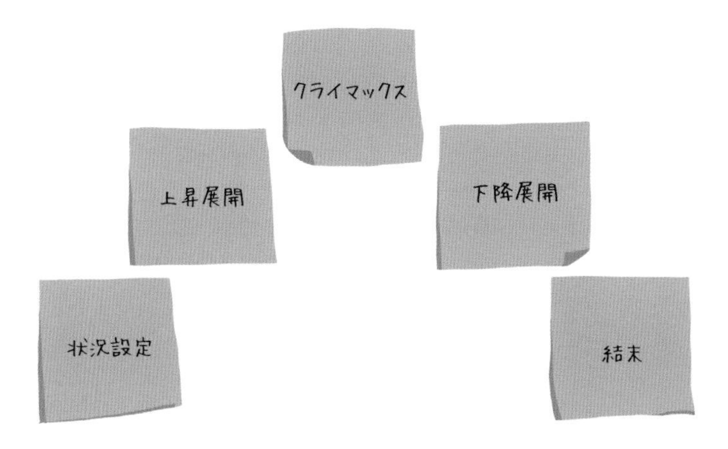

図 6.14　ストーリーの弧

ストーリーの弧の各構成要素についておさらいし、データコミュニケーションをするときに使える考え方や疑問点も一緒に見ていきましょう。

- **状況設定**：これから伝えることに対して、相手は、何を知っておく必要があるでしょうか？　状況の前提や理解を共有して始められるように、はっきりと伝えておいたほうがよい知識・情報を見極めます。
- **上昇展開**：相手にとって、どのような緊張が存在しているでしょうか？　どのようにそれに焦点を当て、状況に合った適切なレベルまで盛り上げていきますか？
- **クライマックス**：緊張の到達点はどこですか？　これはあなたにとっての緊張ではなく、相手にとっての緊張です。ビッグアイデアを振り返って、問題となっていたものを伝えましょう。相手の関心事は何ですか？　相手の注意をひきつけておくためにそれをどのように利用しますか？

- **下降展開**：ビジネスの場で応用するには、この要素がいちばん捉えどころがないかもしれません。この部分は、クライマックスという最高点からいきなり結末に向かわないようにするためのもので、急激な変化をやわらげる緩衝材です。データを使ったストーリーでは、追加情報や細かい内訳（製品ごと、地域ごとに見た緊張など）を示してもよいでしょうし、あなたが検討した選択肢や解決策を提示したり、相手に議論を促したりしてもよいでしょう。

- **結末**：これが最終的な解決策であり、行動への呼びかけです。あなたが指摘した緊張を解くために相手ができることです。しかし、それが「私たちはXを見つけました。ですからあなたたちはYをしてください」といった単純なものになることは、まずありません。データを使ったストーリーはもっと複雑なことが多いです。話し合いを求めるものであったり、いくつかの選択肢であったり、相手に情報を求めるものであったりします。いずれにしても、相手にとってもらいたい行動をはっきりさせ、説得力のあるものにする必要があります。

ビジネスの場では、ストーリーの弧の順番に完全に従っているかどうかは、それほど重要ではありません（この流れから外れて、突然過去の話をしたり、未来の話に飛んだりすることがよくあるものです）。大切なのは、各構成要素をきちんと用意していることです。とくに直線型の流れを使うときに忘れられがちなのが、緊張とクライマックスです。この2つはストーリーには欠かせない要素です。緊張やクライマックスがなければ、それを伝えるデータやストーリーも必要なくなってしまいます。

とはいえ、シナリオからストーリーの弧に一足飛びに移ることはなかなか難しいかもしれません。その場合は、ストーリーボードがよい橋渡しになるでしょう。ストーリーボードの作り方については、エクササイズ1.24（53ページ）を参照してください。ストーリーボードを作り終わったら、その要素をストーリーの弧の形に並べます。ストーリーの弧は、さまざまな場面で有利に使える、ツールの1つです。何か重要なことを伝えたいとき、その内容をストーリーの弧に沿って並べるプロセスを経ると、何かが欠けていたり、よく検討しきれていなかったりすると、それがはっきりわかります。

データを使ったコミュニケーションで、ストーリーの弧をどのように使えばよいかを考えてみましょう。そして、相手の注意をひき、信頼を築き、行動を促しましょう！

エクササイズ6.15：意見を交換する

第6章で学んだことやエクササイズに関するつぎの質問について考えてみてください。パートナーと一緒に、またはグループで意見を交換しましょう。

1. テイクアウェイタイトルとは何でしょうか？　説明的なタイトルとはどう違いますか？　いつ、どんな理由で、どこにテイクアウェイタイトルを使いますか？

2. データコミュニケーションで緊張が果たす役割は何ですか？　ある状況下の緊張をどのように見つけ出しますか？　手元にあるプロジェクトでの、緊張は何か考えてください。その緊張をどのようにストーリーに取り入れますか？

3. ストーリーの弧の構成要素は何ですか？　すべて挙げられますか？　データコミュニケーションでは、いつ、どのようにストーリーの弧を利用しますか？　わかりにくい構成要素がありますか？　もっとそれについて話したいことがありますか？

4. データをもとにしたストーリーの各要素を、どのように並べるとよいですか？　情報の並び順を決めるときに、何を考慮するべきですか？

5. 前著やこの章で説明したように、ストーリーを使って情報を伝えると、相手からの抵抗や、何らかの障害がありそうですか？　それにどう対処しますか？ストーリーを使って伝えるのに相応しくないのはどんなときですか？

6. データコミュニケーションのなかに、どんな方法で繰り返しを取り入れますか？　なぜ繰り返しを利用するのでしょうか？

7. プレゼンと、文書を送って相手に見てもらうことの違いは何でしょうか？スライドの作り方はどう変えるとよいでしょうか？　それぞれの方法を成功させるには、どんな戦略を使いますか？

8. この章で述べてきた内容に関して、自分や自分のチームにとって具体的な目標を1つ立てるとしたらどんなことですか？　どうしたら自分（またはチーム）はそれを達成できるでしょうか？　誰にフィードバックを求めますか？

第7章
さらに一緒に練習

ここまでの章では、それぞれのレッスンにフォーカスしてきました。この章では「データをもとにストーリーを語る」プロセスを総合的に見ていきます。実際のシナリオをもとに、具体的な質問を検討し、答えを出します。そして、私の思考プロセスとデザインの選び方を、順を追って説明します。

私はワークショップでたくさんのデータコミュニケーションを見てきました。参加者から事前に提出された資料をベースに、ディスカッションや練習をします。内容はさまざまなテーマや事業分野にわたり、その1つひとつから学びがあります。私のチームでは、前著『Google流 資料作成術』やこの本で紹介したテクニックを駆使してデータの批評、修正、共有、議論のスキルを磨いてきました。

この章では、あなたも私のチームの一員のように練習していきます。そして、ワークショップに参加しているかのように、順を追って解決策を見ていきます。

前著やこの本のレッスンでは、1つひとつのステップを紹介していますが、実際にデータからストーリーを作るプロセスは、もっと包括的なものです。この章のエクササイズでは、毎回すべての個別プロセスを取り上げるのではなく、違った要素に着目し、いろいろな問題や解決法を紹介します。さまざまなケーススタディとその解決策を取り上げますが、まずは簡単なグラフとスライドのデザイン修正から始め、全体を見ていきます。

それでは**一緒に練習をしていきましょう！**

まずは、ここまでのレッスンの復習からです。

Google流
資料作成術

振り返ってみましょう

「データをもとにストーリーを語る」プロセス

ステップ1：コンテキストを理解する

伝えるのか？

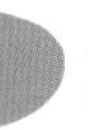

相手にしてほしいのか？

データを使えば要点が伝わるか？

ビッグアイデアを明確にする

ストーリーボードを作る

→ ブレインストーミングをする
→ 編集する
→ フィードバックをもらう

ステップ2：適切な表現を選ぶ

グラフを手で描く！

そして…ツールでそのグラフを作る

いろいろなグラフを試し、データの違う見え方を確認する

ほかの人からフィードバックをもらう

ステップ3：クラターを取りのぞく

不要な要素を見極めて取りのぞく

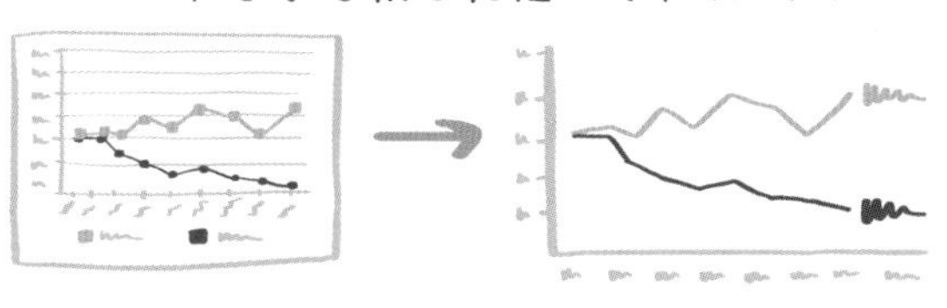

→ ホワイトスペースを利用する
→ 要素を整列させる
→ 斜めの配置は避ける

ステップ4：意図した場所に相手の注意をひきつける

位置、サイズ、色を使って、相手の注意をひきつける

「あなたの目がひかれるのはどこ?」テストを使う

ステップ5：デザイナーのように考える

その1 機能 → その2 形式

データをもとに、相手にどんな行動をしてほしいか考える

その行動を促しやすいグラフを作る

→アフォーダンス
→アクセシビリティ
→審美性
→受容

ステップ6：ストーリーを伝える

一度ストーリーボードに戻る

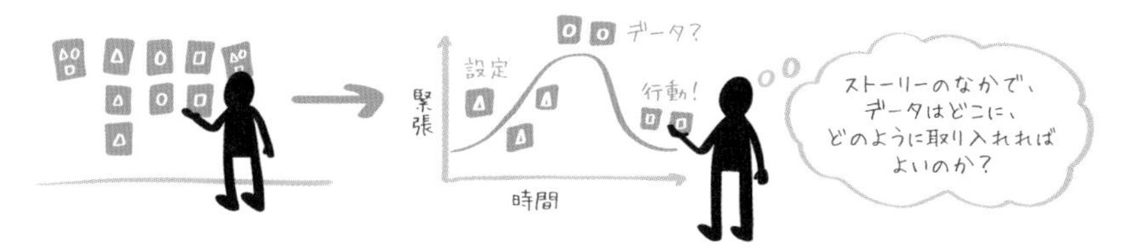

「ストーリーの弧」を使って計画を立て、簡潔で繰り返しやすいフレーズを作り、メッセージが記憶に残るようにする

さらに一緒に練習

7.1
新規広告主の
収益

7.2
販売チャネルに
関する報告

7.3
モデル
パフォーマンス

7.4
新学期準備の
買い物

7.5
糖尿病患者の
割合

7.6
ネット・
プロモーター・
スコア

エクササイズ 7.1：新規広告主の収益

あなたはデジタルマーケティングを行なう企業のアナリストです。2015年に、広告プラットフォームの新しい機能を公開しました。「機能Z」です。これを利用すると、クライアントの広告のクオリティが向上し、会社の新たな収益源となります。問題は、機能Zは使い始めが難しく、クライアントが活用しづらい面があることです。全体的には、時間とともに機能Zを使うクライアント数にも、そこからの収益にも改善が見られてきました。最近のミーティングで、顧客サポート担当者から、「新規広告主」（あなたの会社の広告プラットフォームを使って初めて広告を制作した企業）での機能Zの導入はどうなっているかという質問がありました。これまでその観点からデータを分析したことがなかったので、分析して、この質問に答えることにしました。

同僚が、図7.1aに示すヒートマップを作成しました。この図をよく見て、つぎのステップに進んでください。

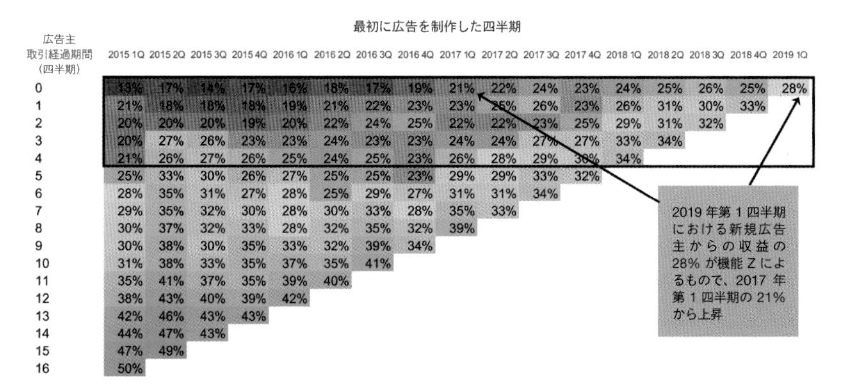

広告主取引経過期間（四半期） \ 最初に広告を制作した四半期	2015 1Q	2015 2Q	2015 3Q	2015 4Q	2016 1Q	2016 2Q	2016 3Q	2016 4Q	2017 1Q	2017 2Q	2017 3Q	2017 4Q	2018 1Q	2018 2Q	2018 3Q	2018 4Q	2019 1Q
0	13%	17%	14%	17%	16%	18%	17%	19%	21%	22%	24%	23%	24%	25%	26%	25%	28%
1	21%	18%	18%	18%	19%	21%	22%	23%	23%	25%	26%	23%	26%	31%	30%	33%	
2	20%	20%	20%	19%	20%	22%	24%	25%	22%	22%	23%	25%	29%	31%	32%		
3	20%	27%	26%	23%	23%	24%	23%	23%	24%	24%	27%	27%	33%	34%			
4	21%	26%	27%	26%	25%	24%	25%	23%	26%	28%	29%	30%	34%				
5	25%	33%	30%	26%	27%	25%	25%	23%	29%	29%	33%	32%					
6	28%	35%	31%	27%	28%	25%	29%	27%	31%	31%	34%						
7	29%	35%	32%	30%	28%	30%	33%	28%	35%	33%							
8	30%	37%	32%	33%	28%	32%	35%	32%	39%								
9	30%	38%	30%	35%	33%	32%	39%	34%									
10	31%	38%	33%	35%	37%	35%	41%										
11	35%	41%	37%	35%	39%	40%											
12	38%	43%	40%	39%	42%												
13	42%	46%	43%	43%													
14	44%	47%	43%														
15	47%	49%															
16	50%																

図 7.1a　広告主の習熟スピードが速まっている

ステップ1：ほかの人が作ったグラフや表の問題点を指摘するのは簡単です。でもまずは、よい点をフィードバックしましょう。このヒートマップでよい点はどこですか？　簡単に説明してください。

ステップ2：図7.1aで、改善したほうがよいのはどこですか？　書き出しましょう。

ステップ3：あなたならこのデータをどのように見せますか？　データをダウンロードして、好きなツールで自由にグラフを作ってみましょう。

ステップ4：このシナリオで緊張は何でしょうか？　この緊張を解決するために相手にどのような行動をとってほしいですか？

ステップ5：ストーリーを1枚のスライドにまとめるように頼まれました。好きなツールで、そのスライドを作ってみましょう。

答え 7.1：新規広告主の収益

ステップ1：この図には、よい点がいくつかあります。まず、言葉を全体的にうまく使っている点です。上部の要点を示すタイトル（テイクアウェイタイトル）がストーリーを示し、顧客サポート担当者からの質問の答えにも少し触れています。つぎに、縦軸と横軸に直接タイトルをつけています。それから、テイクアウェイタイトルの根拠となる注釈をグラフに直接入れている点（右側のグレーのテキストボックス）、その根拠となるデータと矢印で直接結びつけているので、探す必要がないのもよい点です。とはいえ、この矢印は見にくいですし、いくつかのデータに重なってしまっています。この点は、ステップ2で検討するので、つぎに進みましょう。

ステップ2：このグラフには、改善できそうな箇所がたくさんあります。おもな問題点はつぎの3つです。

- **表形式がわかりにくい**。表データは理解しにくいと感じました。ヒートマップにした点はよいのですが、それでもまだよく理解できません。

- **配色に問題あり**。赤と緑は、色覚障害がある人は見分けづらい配色です。それ以前に、赤と緑の両方が目をひくので、どちらにも集中できません。

- **並びが不揃い**。スライド上のさまざまな要素の並びが揃っておらず、左揃え、中央揃え、右揃えのテキストや数字が混在しています。そのせいで全体的にまとまりのない印象になっています。

ステップ3：このデータをいろいろな方法でグラフにし、見せ方によってどれほど違ったものが見えてくるか、試してみましょう。この例では、機能Zを使い始めてから経った期間を広告主取引経過期間として四半期（Q）ごとに表示されています。ということは、2つの異なる折れ線グラフで表せます。まず、ざっと簡単にグラフにしてみます（この段階ではデフォルトの設定のままです）。図7.1bを見てください。

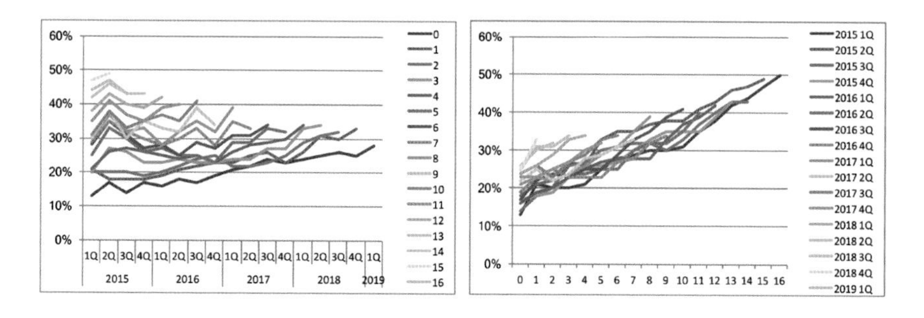

図7.1b　データを簡単にグラフ化したもの

図7.1bのグラフから何がわかるか考えてみましょう。どちらのグラフも、縦軸は機能Zから生じた収益の割合を示しています。

左側のグラフでは、横軸は機能Zを導入した時期を示し、それぞれの折れ線は、広告主取引経過期間を表しています。ここから、広告主がいちばん初めの四半期（0）の時点ではいちばん収益が低いものの（0四半期を示す濃い青の線がグラフのいちばん下にあり、収益率が最低）、年々改善していることがわかります（0を示す線が右肩上がりに上昇）。収益は取引経過期間が長くなるにつれておおむね増加し（長い期間を示す線ほどグラフの高い位置にある）、15期目の線がグラフの最も高い位置にあります（16期目の線が見えないのは、データポイントが1つしかなく、線が引けないため）。これを見ると、「頭がこんがらがりそう」と思うのも無理はありません。

右側のグラフは、横軸を広告主取引経過期間としています。それぞれの折れ線は最初に広告を制作した四半期を示しています。右に進むほど線が上昇しているのは、広告主取引経過期間とともに習熟度が向上していることを示します。グラフの上部にある折れ線ほど習熟度が速く進んでいることを示しており、最初に広告を制作した時期が現在に近い四半期ほど上にあります。

これは左側のグラフよりずっとわかりやすいです。データの全体像を示して伝えたいことを説明するにはこちらのほうが適しているようです。

とはいえ、まだ読み取らなければならないデータが多すぎます。全部必要でしょうか？　見せるデータを減らしてシンプルにできないでしょうか。

1つの方法は、表示する四半期のデータを少なくすることですが、2015年に機能Zが導入されたときと直近のデータの違いを比較したいので、期間を狭めたくはありません。

ほかにも選択肢がいくつかあります。例えば、最新のデータポイントが2019年第1四半期（1Q）のものであるため、各年の第1四半期だけを見せる方法です。もう1つはこのデータを1年ごとにまとめる方法です。図7.1bの右側のグラフを、2015年から2019年までの5本の線に簡潔にまとめれば、ポイントをはっきり伝えられます。つまり、最初に広告を制作した時期が現在により近く（グラフの上に進む)、広告主取引経過期間がより長くなる（グラフの右に進む）とともに広告主の習熟度が上がり、それにつれて多くの収益が早く出るようになるということです。

ステップ4：データから少し離れて、緊張と解決法を見つけましょう。私は、緊張をつぎのように捉えました。

「機能Zの導入と収益化については全体的に改善が見られるが、新規広告主での状況が把握できていない。順調なのか？　対応が必要な問題はないのか？」

その解決策は、「とくに問題はなく、緊急な対応は必要ない」というものです。私はよく、相手に取ってほしい行動を明確にできなければ、そもそも伝える必要があるのか考え直すべきだと言っています。しかしこの場合、相手から質問を受けたのですから、何も行動する必要がないからといって、答えなくてよいというわけではありません。相手に取ってほしい行動を明確にするなら、つぎのようになります。

「あなたはこのことを知っておく必要はありますが、いまは何もする必要がありません。私たちが引き続き状況を観察し、変化が起こったら報告します」

ステップ5：図7.1cはこれまでのストーリーを1枚のスライドにまとめたものです。このスライドと、あなたが作ったものを比べてみてください。共通点はありますか？　違うところはどこですか？　それぞれのよい部分に注目してみましょう。

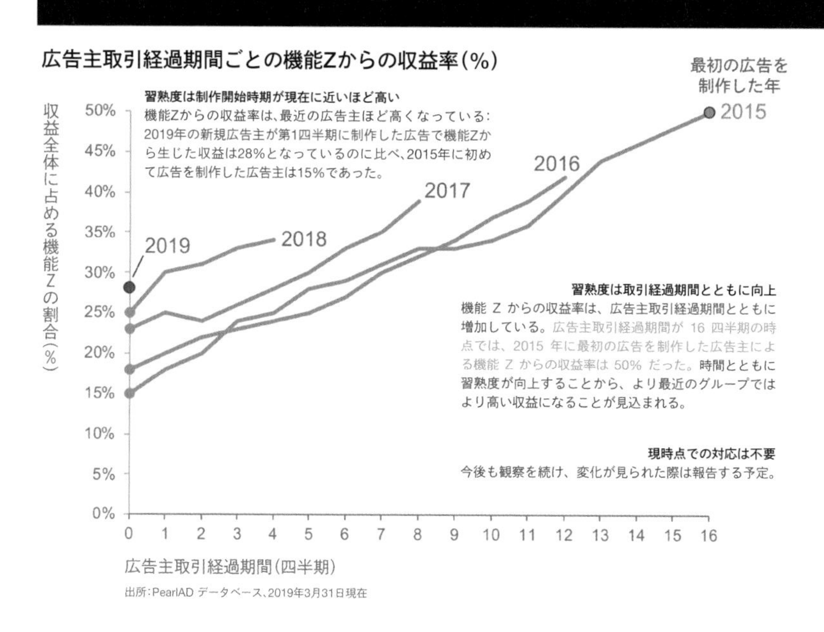

図 7.1c　習熟度は制作開始時期と取引経過期間に連動して向上

この答えにたどりつくまで、これまで学んだことをたくさん活用しました。すべてのデータが必要かどうか、つねに考えてください。見せたいものが伝わりやすいグラフを選び、見せ方を工夫しましょう。よく考えてデザインし、要素を整列させて、色を使う場所を限定して注意をひき、タイトルや注釈で言葉を賢く使ってデータをわかりやすくしましょう。

エクササイズ 7.2：販売チャネルに関する報告

つぎのスライド（図7.2a）は、ある製品の販売チャネルごとの販売数の推移を示しています。これをよく見て、つぎのステップに取り組みましょう。

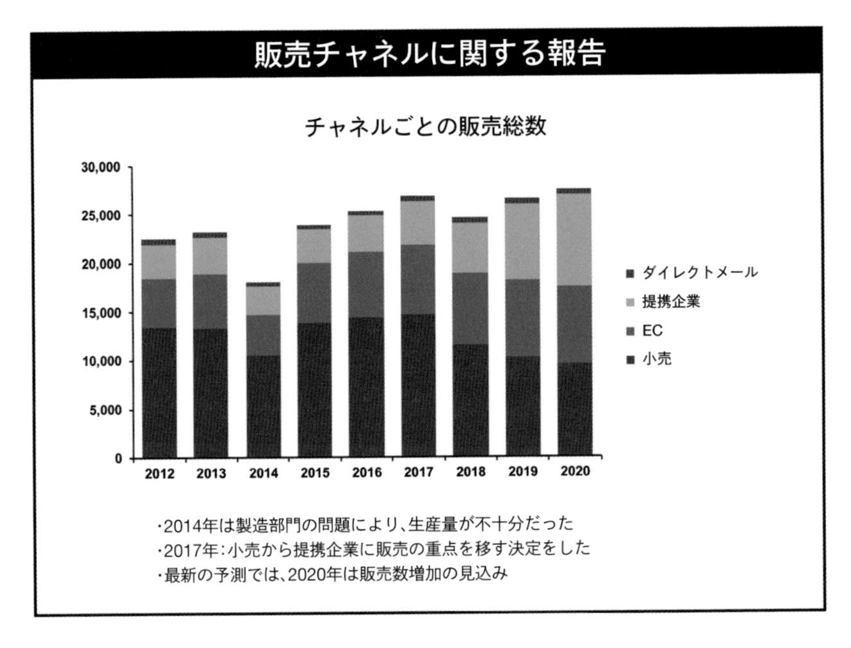

図 7.2a　販売チャネルに関する報告

ステップ1：まずは、このスライドのよい点を挙げてみましょう。

ステップ2：このグラフを使って、どのような問いに答えられそうですか？　その問いに答えるには、データのどこに注目すればよいですか？　質問に対してどれくらいうまく答えが出せそうですか？　短い文章で考えをまとめましょう。

ステップ3：これまで学んだことをふまえて、どんな改善をしますか？　短い文章か箇条書きで、改善すべき具体的なポイントと、解決法を書きましょう。

ステップ4：(1) ミーティングでプレゼンする場合と、(2) 資料を相手に送って見てもらう場合とで、アプローチがどう変わるか考えてみましょう。このグラフの作り方はどう変わるでしょうか？　あなたの考えを短い文章でまとめてください。好きなツールを使い、それぞれのグラフを作ってみましょう。

答え 7.2：販売チャネルに関する報告

この例では、1つのグラフであまりに多くの質問に答えようとしています。これでは、どの質問にも満足に答えられません。1つのグラフにたくさん詰め込むよりは、いくつかのグラフに分けたほうがうまくいきます。

ステップ1：このスライドでよいのは、大事なポイントをグラフの下に箇条書きしている点です。グラフ全体のデザインもとてもすっきりしています。データを見にくくするクラターもほとんどありません。

ステップ2：このグラフは、「販売総数はどのように推移したのか？」「チャネル別の販売総数の構成比は、どのように変化しているのか？」などの問いに答えられます。前者は棒グラフの先端を比べ、後者は積み上げられている部分を比べることになります。しかし、積み上げ棒グラフでは、高さが違うものの上にさらに高さが変化しているものを積むので、変化がわかりづらくなってしまいます。箇条書きの2つ目に、「小売から提携企業に販売の重点を移す決定をした」とあります。データからそれが読み取れますか？　このスライドはよい結果を伝えているのでしょうか？　それとも行動を呼びかけているのでしょうか？　この見せ方では判断できません。

ステップ3：修正する際に取り入れたいフィードバックのポイントは3つです。1つずつ説明していきましょう。

複数のグラフを使う。最も大きな修正点は、グラフの数を増やすことです。積み上げ棒グラフはスイス・アーミーナイフ（多機能ナイフ）のようなものです。1

つでいろいろなことができますし、条件によっては、使わざるを得ない場合もあります。でも、どんな作業も、それ専用の道具を使うほどうまくはできません。アーミーナイフについているハサミは、ほつれた糸を切るには十分ですが、それ以上のものを切るなら普通のハサミのほうがよいでしょう。積み上げ棒グラフの代わりに、2つのグラフを使って、それぞれがステップ2の問いに直接答えられるようにします。くわしくはステップ4で説明していきます。

テキストとデータを視覚的に関連づける。ステップ1で触れたように、要点を箇条書きで添えている点はよいと思います。しかし、スライドの下部にあるテキストを読んで、そのエビデンスがデータのどこにあるのかを探すのに時間がかかります。そこで、データと関連するコンテキストやポイントが、テキストのどこに書かれているかわかりやすくしましょう。データとテキストを関連づけるには、ゲシュタルトの法則を思い出してください（126ページ）。「近接」の法則を利用して、データとそれを説明しているテキストを近づけます。「接続」の法則を利用して、データとテキストを物理的に線で結びます。「類似」の法則を利用して、データとテキストを同じ色にします。修正版ではこうしたアプローチを取り入れていきます。

予測データを明確に区別する。箇条書きの3つ目を読むと、全部のデータが実績数値ではなく、最後の2020年のデータポイントは見込みのものとのことです。しかし、いまのデザインではそのことがまったくわかりません。これを変えて、どれが実績で、どれが予測なのかを明確にしたいと思います。

ステップ4：修正版では、ステップ3のフィードバックを取り入れていきます。最初の問いに取り組みましょう。販売総数はどのように推移したでしょうか？　図7.2bを見てください。

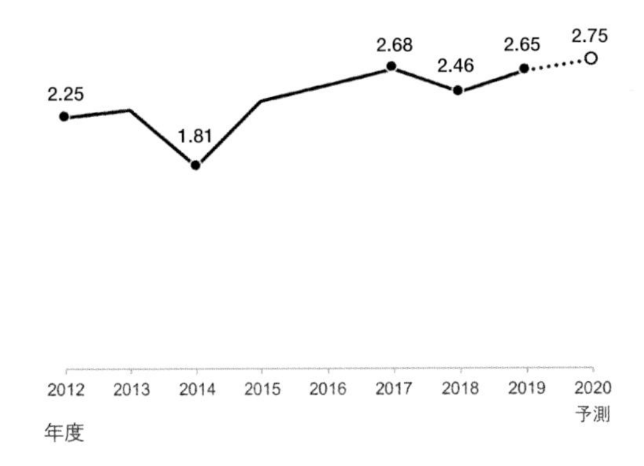

図 7.2b　販売総数の推移を折れ線グラフで示す

棒グラフから折れ線グラフに変え、データポイントをつないで推移をわかりやすくしました。縦軸を取りのぞき、いくつかのデータポイントにラベルをつけます。実績データ（実線、黒い丸）と予測データ（点線、白い丸）を視覚的に区別し、「予測」のテキストを、「近接」の法則を利用して横軸の2020年を示すラベルに添えました。

この情報をプレゼンする面白い方法があります。時間経過における推移を示すデータは、時系列のストーリーとしてストーリーを語ることができます。プレゼンでは、グラフを一部分ずつ組み立てていき、同時に関連するコンテキストを説明します。次ページ以降の図7.2cから7.2rで、そのやり方をナレーションと合わせて見ていきましょう。

「本日は販売総数の推移を見ていきます。まず2012年からスタートして2019年までの実績データを見たのち、2020年の予測を示します」（図7.2c）

販売総数(万個)

2012 2013 2014 2015 2016 2017 2018 2019 2020
予測
年度

図 7.2c　プレゼンでの進め方。最初にグラフを説明する

「こちらの製品は2012年に発売しました。初年度の販売総数は22,500個に上り、当初目標としていた18,000個を大きく上回りました」（図7.2d）

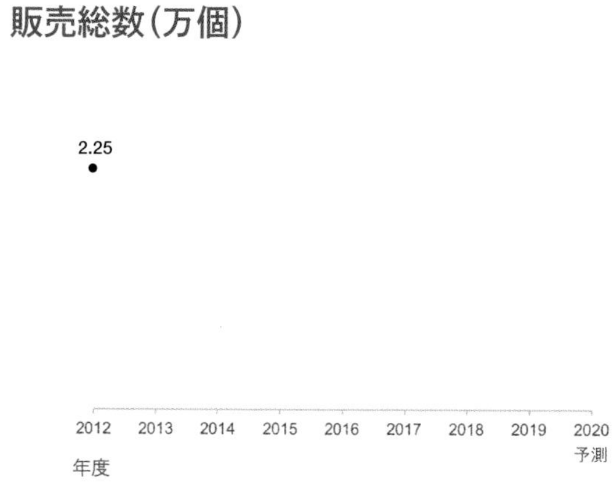

販売総数(万個)

2.25

2012 2013 2014 2015 2016 2017 2018 2019 2020
予測
年度

図 7.2d　プレゼンでの進め方

「2013年には少し増え、23,000個を超えました」（図7.2e）

販売総数（万個）

図7.2e　プレゼンでの進め方

「しかし2014年には製造部門で問題が発生。その結果、生産が需要に間に合わず、販売総数が落ち込みました」（図7.2f）

販売総数（万個）

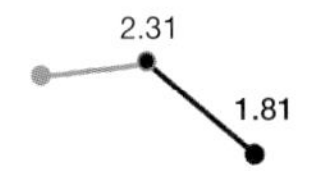

図7.2f　プレゼンでの進め方

「問題を解消後は急速に回復し、2015年には24,000個近くに達しました」（図7.2g）

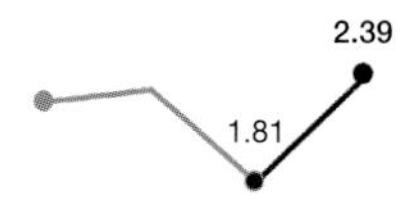

図7.2g　プレゼンでの進め方

「2016年、2017年と続けて増加します」（図7.2h）

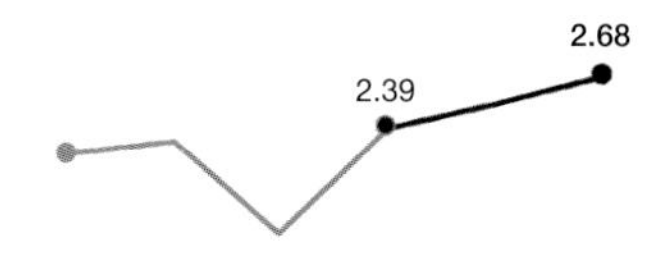

図7.2h　プレゼンでの進め方

「2017年には、小売から提携企業を通じた販売へと重点を移す決定をします。その結果、2018年には販売総数が落ち込みました」（図7.2i）

販売総数（万個）

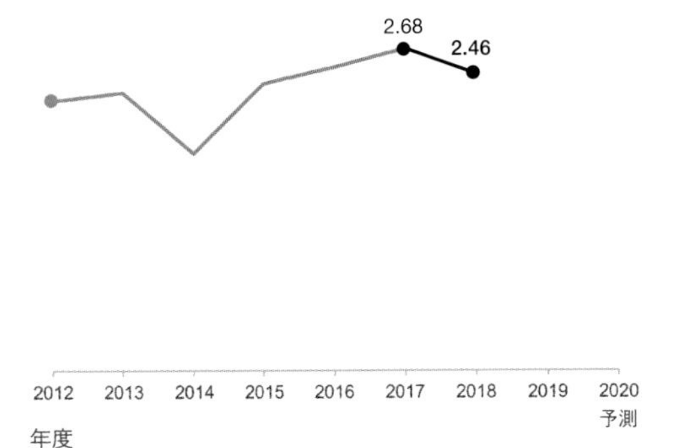

図7.2i　プレゼンでの進め方

「2019年にはこの落ち込みから回復します」（図7.2j）

販売総数（万個）

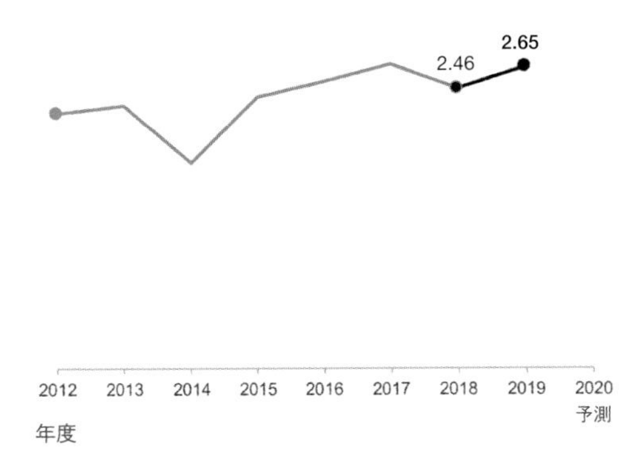

図7.2j　プレゼンでの進め方

「2020年もこの増加傾向は継続する見込みです」(図7.2k)

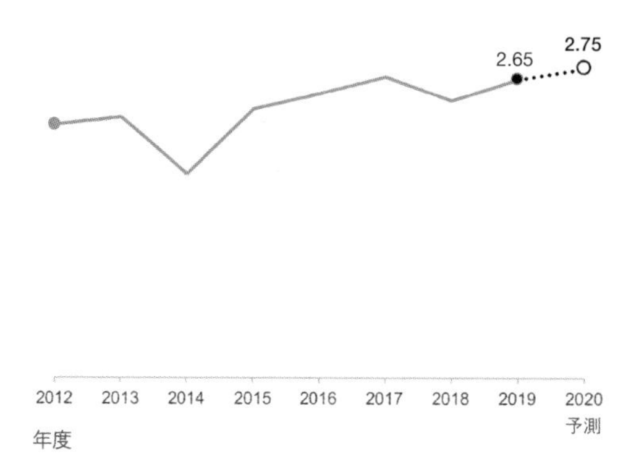

図7.2k プレゼンでの進め方

資料で伝える場合は、このコンテキストをグラフに注釈として入れ、相手が1人でそれを見ても、ライブで説明したのとほぼ同じストーリーがわかるようにします。図7.2lを見てください。

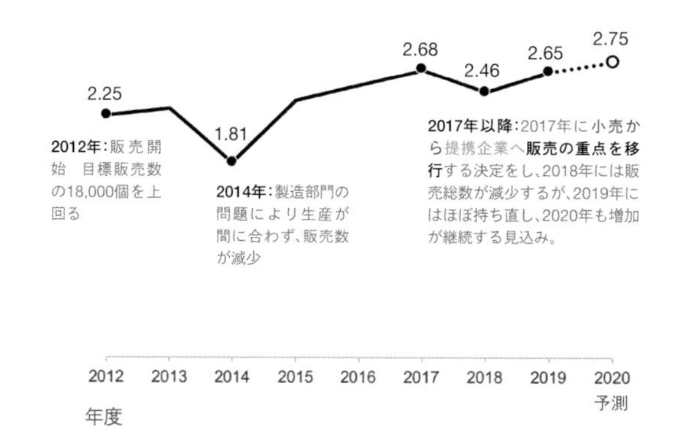

図7.2l 注釈を入れた折れ線グラフ

のちほど、この修正版のグラフをスライドにまとめる方法を見ていきます。その前に、どうやって販売数の構成比についての質問にプレゼンで答えるか考えていきましょう。今度は100%積み上げ棒グラフを使います。100%積み上げ棒グラフも、一般的な積み上げ棒グラフと同様に、中ほどのセグメントが比較しづらいというデメリットがあります。一方で、グラフの下部だけでなく上部にも基準線があるので、2つのデータ系列の推移がわかりやすくなるというメリットもあります。強調したいものに合わせて、データを並べる順番に気を配れば、うまく利用できます。再びプレゼンに戻ってみましょう。

「続いて、販売総数のチャネル別構成比をご覧ください」(図7.2m)

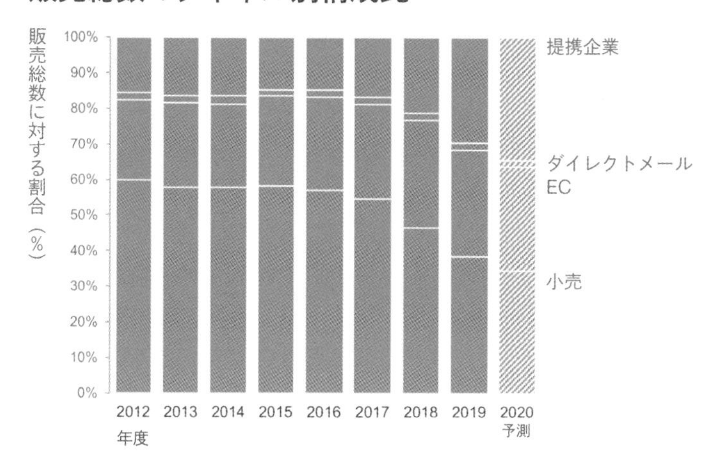

図7.2m　もう1つのグラフ：チャネル別構成比

「小売チャネルの構成比は年々減少しています」(図7.2n)

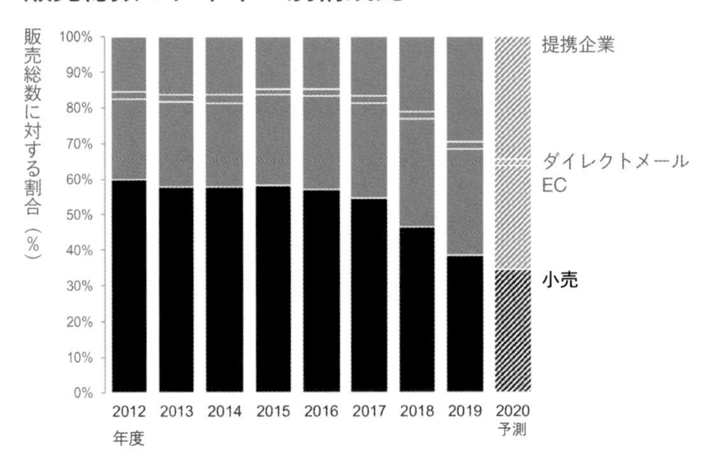

図 7.2n　小売に注目

「ECの割合は、販売開始以来、わずかに増加しているものの、ここ数年、ほぼ一定で、変化が見られません」(図7.2o)

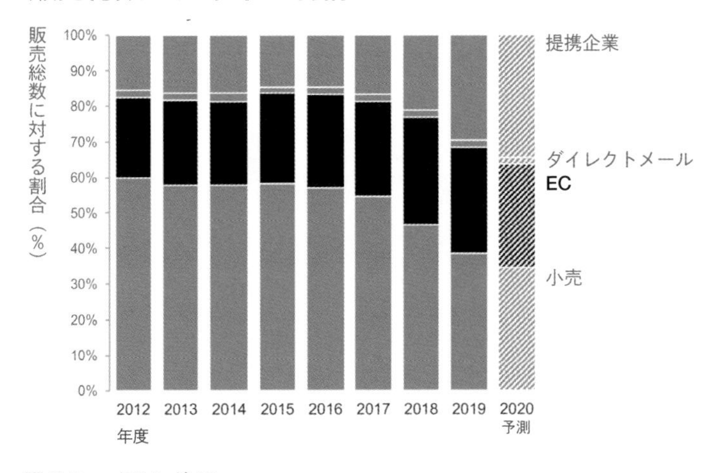

図 7.2o　EC に注目

「ダイレクトメールの割合は現在まで一貫してごくわずかで、今後も変わらないものと思われます」（図7.2p）

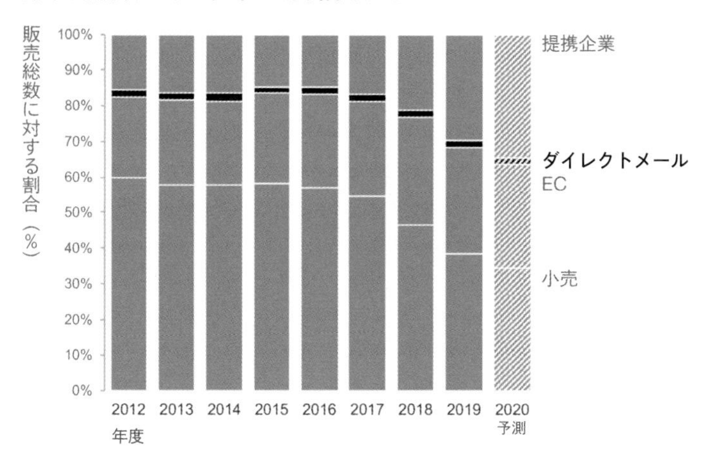

図7.2p　ダイレクトメールに注目

「提携企業の割合は、増加してきています」（図7.2q）

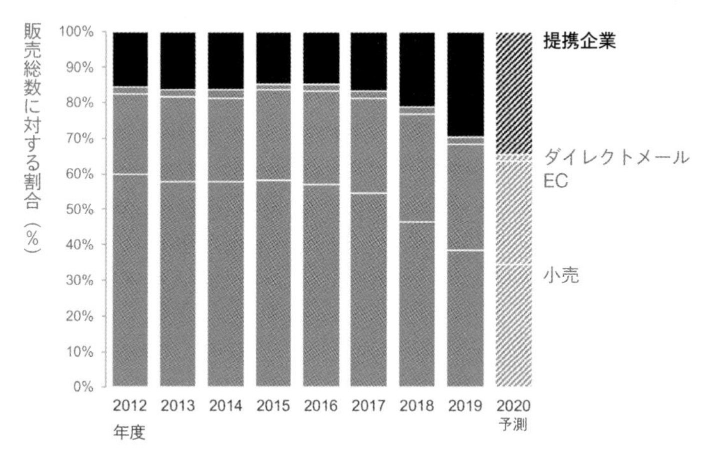

図7.2q　提携企業に注目

「注目すべきは、2017年に小売から提携企業へと重点を移すことを決定してから販売総数のチャネル別構成比が変化したことです。小売の全体に占める割合は減少傾向にある一方、提携企業のチャネルは増加傾向にあります。この状況は、2020年も継続する見込みです」（図7.2r）

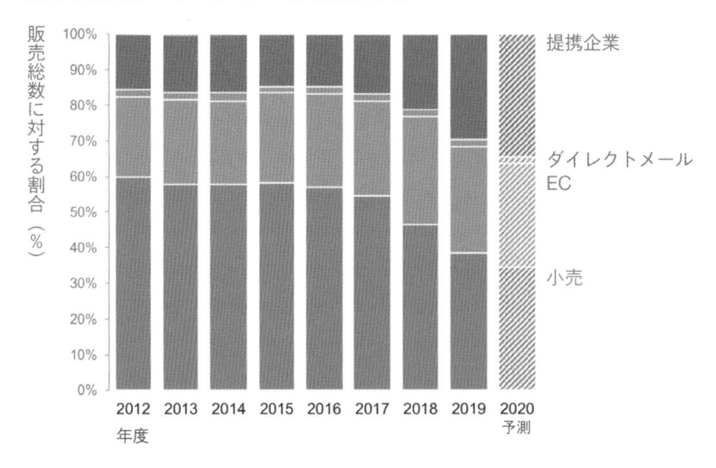

図7.2r　チャネル構成比に期待通りの変化が表れている！

これはよい報告でしたね。ここまでの内容をまとめて相手に送るなら、1枚のスライドにして、テイクアウェイタイトルを入れ、要素を整列させて、コンテキストを示す言葉をもっと入れます。図7.2sを見てください。

チャネルの移行に従って販売総数が増加

2020年には販売数増加の見込み

販売を開始した2012年の販売数は22,500個で、目標の18,000個を25%上回った。2014年には、製造部門の問題により生産が間に合わず、販売数が22%減少。その後2017年までは増加傾向が続き、小売から提携企業へと**販売チャネルの重点を移すことが決定**。その結果2018年に販売数は減少したものの、2019年はほぼ回復し、2020年もこの増加傾向は継続する見込み。

販売総数（万個）

販売チャネル構成の推移

販売チャネル別の構成比は年々大きく変化してきた。小売チャネルの販売数は、かつては全体の60%を占めていたが、2019年には38%に減少した。これは**提携企業**のチャネルへと計画的に移行したためで、提携企業の割合は販売開始当初の20%未満から2019年には30%へ増加した。今後もこの傾向は継続する見込み。

販売総数のチャネル別構成比

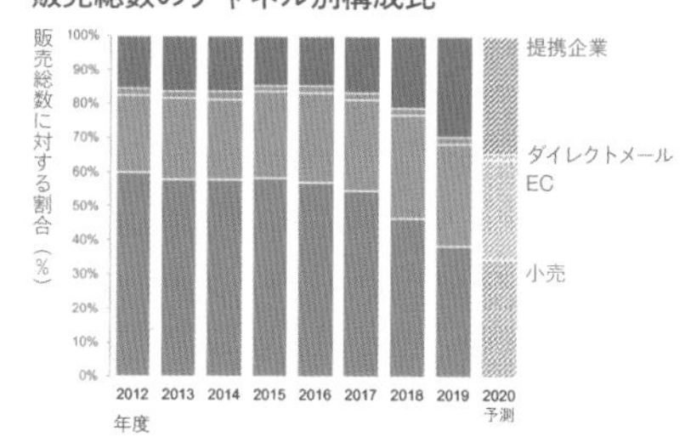

図 7.2s　回覧のため 1 枚にまとめたスライド

このようにグラフの数を増やせば、複数の問いにうまく答えることができます。上の図では、テキストを賢く使っている点にも注目してください。言葉とデータがさまざまな方法で視覚的に関連づけられています。テキストを読めば、データのどこに重要なポイントがあるかがわかり、逆の場合も同様です。このようにグラフの表現を変えることで、相手にとってこのデータが理解しやすくなるだけでなく、自身もより多くの情報を読み取ることができるようになります。

エクササイズ 7.3：モデルパフォーマンス

あなたはある大きな銀行の統計専門家チームの責任者です。毎週行なう面談でメンバーが次ページのグラフ（図7.3a）をあなたに見せ、フィードバックを求めてきました。このグラフをよく見て、つぎのステップに進みましょう。

LTVによるモデルパフォーマンス

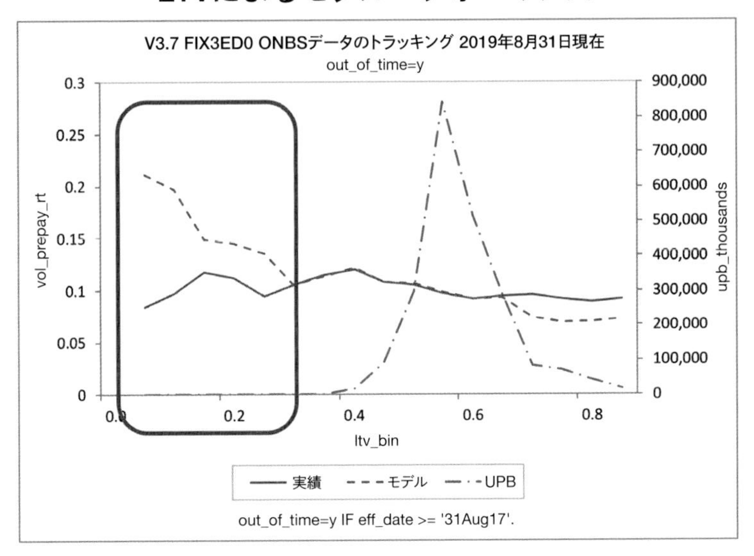

図 7.3a　LTV によるモデルパフォーマンス

ステップ1：このデータについてどんな質問がありますか？　リストアップしましょう。

ステップ2：これまで学んだことをふまえて、どんなフィードバックをしますか？「何を」だけでなく、「なぜ」変えるようにすすめるのかも合わせて考えをまとめましょう。原則にのっとったフィードバックをすることで部下の理解が深まり、このグラフを改善できるだけでなく、今後にも活かせるでしょう。

ステップ3：このグラフをどのように相手に伝えるようにすすめますか？　ストーリーはどのようなもので、ストーリーで伝えるにはどうすればよいでしょうか？　プレゼンにするのか、相手に資料を送るのかを想定し、その取り組み方へのアドバイスをまとめてください。好きなツールを使い、あなたのアドバイスに沿ったグラフを作ってみましょう。

答え 7.3：モデルパフォーマンス

ステップ1：これは難しい問題です。グラフ自体に多くの疑問点があり、データの全体像を理解しづらくなっています。まず、略語の意味は何なのか、縦軸や横軸は何を表しているのかを確認したいところです。グラフの右側にある第2横軸はどのデータに対応しているのでしょうか？　このような折れ線のスタイルにしたのはなぜでしょうか？　大きな赤枠は何を強調しているのでしょうか？

ステップ2：ステップ1で挙げた質問にメンバーに答えてもらったうえで、つぎのフィードバックをしたいと思います。

わかりやすい言葉を使う。このグラフはおそらく統計プログラミングソフト（SASなど）からのアウトプットのようです。自分が統計の専門家で、同じく統計の専門家の同僚にデータを伝えるのであれば、これでもまったくかまいません。しかし、もし「専門家でない誰か」に伝えたいのであれば、相手が理解できる言葉にする必要があります。例えば縦軸タイトルの「vol_prepay_rt」を、「期限前返済率（voluntary prepayment rate、期限前に融資の返済をする人の割合）」と言い換えます。このグラフが何を表しているのか、私が理解できたのは、以前クレジットリスクマネジメントのアナリストとして働いた経験があり、金融に関する専門知識があったからです。

文字は略さずに書いてわかりやすくしてください。略語の意味がわからない人がいた場合、たいてい恥ずかしくて聞けないか、間違った推測をする可能性があります。そうすると、すべての人に内容をきちんと伝えられません。各ページで少なくとも一度は、略さずに表記しましょう。その言葉を初めて使うときでもよいですし、脚注で略語や専門用語の定義を入れてもよいでしょう。これはレベルを下げるということではなく、必要以上にややこしくしないためです。ところで横軸の「ltv_bin」は総資産有利子負債比率（loan-to-value ratio）を表しています。これはよくLTVと表記され、資産評価額に対する融資の割合を意味します（一般的にはパーセンテージですが、ここでは小数で表示しています）。LTVが高くなると、資産価値に対する融資額の割合が高くなるためです。融資のリスクも高まります。UPBは元本残高（unpaid principal balance）という意味で、未払いの融資残高の合計を表します。

グラフのタイトルと下の部分にもまだ難解な言葉が並んでいます。このグラフを作った人は、すべての言葉の意味がわかっているでしょう。何とか解読してみると、グラフタイトルはプロダクト名と、モデルを検証するために使ったデータの種類を示しているようです。プレゼンの相手によって、この情報を目立たせるべきか、どのように伝えるべきかが変わってきます。上層部への報告であれば、こうした詳細を伝える必要はないかもしれません。ですが、技術的な詳細を気にする相手であれば、これらの情報も残しておく必要があるかもしれません。その場合でも、もとのグラフのように目立たせるよりは、脚注に入れたほうがよいでしょう。

線のスタイル選びは慎重に。点線はとても目をひく一方で、視覚的なノイズにもなります。点線は1つの視覚的要素（1本の線）をいくつもの欠片にバラバラにしたクラターと言えます。点線は不確実なもの（予測や目標）を示す場合にだけ使いましょう。その場合、点線や破線の視覚的な不安定さが、不確実性をよく表現でき、ノイズとなるマイナス面を補う以上の効果があります。図7.3aの、青の「モデル」の線が点線になっているのは完璧な使い方です。それに対して緑のUPBの線は、自分の銀行のポートフォリオの元本残高なので、すでにわかっている情報のはずです（自行の元本残高がわからず推測しているとしたらあまりにお粗末ですね）。実績データを示す場合は、太字や実線、黒丸などを使い、予測データを示すときは細字、点線、白丸などを使いましょう。

第2縦軸を取りのぞく。この例にかぎらず、第2縦軸は基本的に使わないようにしましょう。第2縦軸を使うと、どんなにわかりやすくタイトルやラベルをつけたとしても、どのデータをどちらの軸で読み取ればよいのかを判断しなければならず、負担となります。そこで、第2縦軸を見て読むはずのデータに直接タイトルやラベルをつけれます。ほかには、同じ横軸を使った2つのグラフを作る方法もあります。グラフを分ければ、それぞれ左側にタイトルとラベルが入るので、「左右どちらの縦軸を見るべきか」という疑問がなくなります。

図7.3aで第2縦軸を使って読むべきデータは元本残高です。この軸ラベルの桁数が大きすぎます。軸タイトルにthousands（千）とあるので、目盛りを100万単位にすれば、グラフは読み取りやすくなり、口頭での説明もしやすくなります。

この例では、具体的な数値よりもデータ全体の形のほうが重要なようです。これをふまえて、私ならグラフを2つに分ける方法を提案するでしょう。それが図7.3bです。

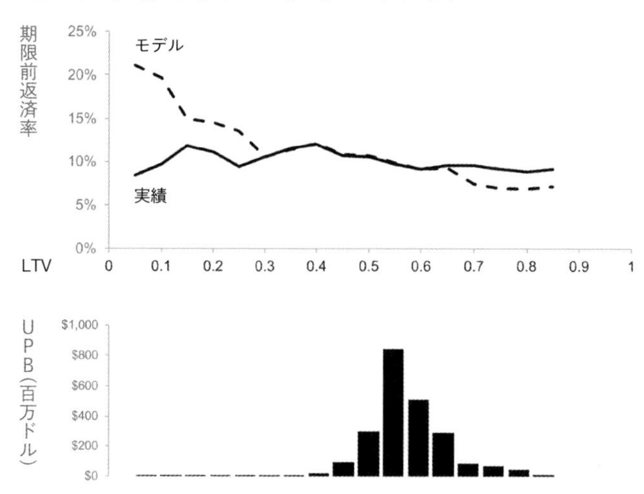

図7.3b　データを2つのグラフに分ける

図7.3bでは、データを分け、2つのグラフにしました。上のグラフは期限前返済率のモデルと実績データを示しています。中央部分にある、LTVを表す横軸は両方のグラフで使うことを想定しています（わかりづらいと感じるなら、下のグラフに同じ横軸を入れてもかまいません）。下のグラフは元本残高（UPB）の分布状況を示しています。このあと、このデータをほかの方法で表示することも検討しますが、ひとまずフィードバックのポイントに戻りましょう。

赤い枠が強調している箇所が正しくない。このグラフを作った人は、「ここに注目してもらいたい」と思い、赤い枠をつけたのでしょう。その努力は認めますが、残念ながら見当はずれです。

図7.3aの赤い枠では、何を見てほしいのでしょうか？　文章で答えられますか？

私ならこう答えるでしょう。
「私たちのモデルは低いLTVでの期限前返済率を多く見積もりすぎている」
しかし、それが論点でしょうか？　図7.3aを再び見てみましょう。低いLTVでは、ポートフォリオのなかに融資残高があるでしょうか？（ヒント：緑の点線を見てください）

答えはNoです。ポートフォリオのその部分には融資残高はありません。モデルがその部分でうまく機能していないのはおそらくそのためです。この範囲に、モデルの計算元となる融資残高がなかったのです。それ以前に、LTVが低ければ融資のリスクもほとんどありません。資産評価額に対する融資の額が少ないからです（そのため、返済が滞った場合、銀行は住居を差し押さえ、融資金額を取り戻すうえ、さらにいくらか残ります）。ですからおそらく問題にはなりません。とはいえ、この部分にはある興味深い点があります。それにはあとで触れましょう。

ステップ3：このデータをプレゼンする方法を説明していきましょう。前のエクササイズでも見たように、この方法だといくつか面白いデータの見せ方ができます。

まずはグラフの設定を説明します。
「これから、LTV、すなわち総資産有利子負債比率による期限前返済率のモデルと実績データを見ていきます。期限前返済率は縦軸で示し、LTVは横軸で示しています」（図7.3c）

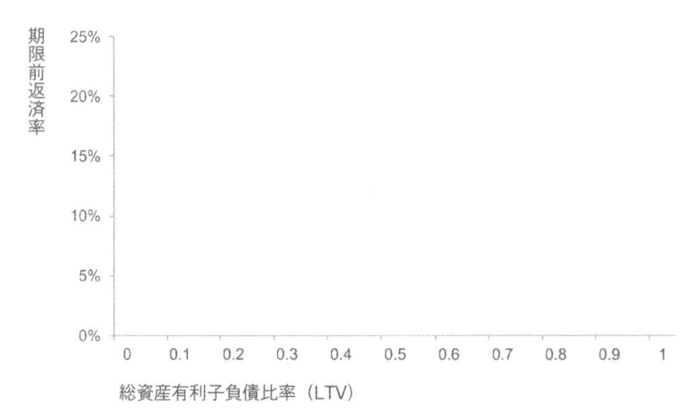

図 7.3c　ステージを設定する

「期限前返済率の実績データには、LTVによる変化はほとんど見られません。線はほぼ平坦です」（図7.3d）

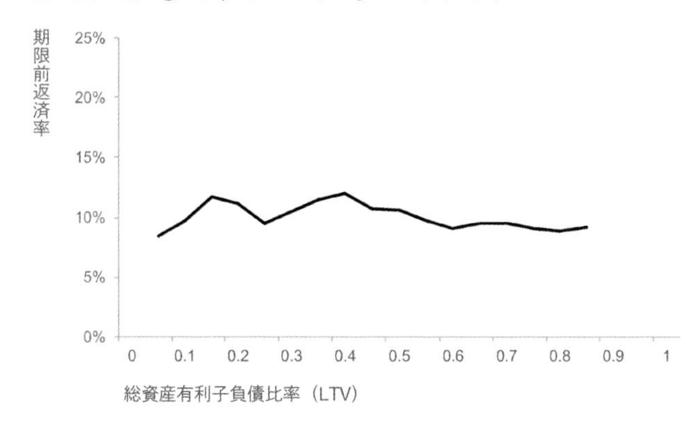

図 7.3d　実際の期限前返済率は LTV によって変化せず

「一方、モデルでは低いLTVでは過大に、高いLTVでは過小に期限前返済率を見積もっています」(図7.3e)

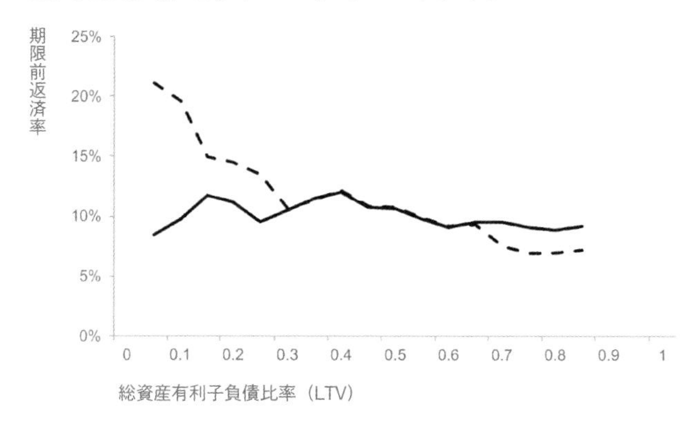

図7.3e　モデルは、低いLTVで過大に、高いLTVで過小に見積もっている

「つぎは、少し違うものをお見せします。『これはどれほどの問題なのか?』『ポートフォリオのなかでは融資残高はどこに集中しているのか?』といったことを疑問に思った方もいるでしょう。これから縦軸の期限前返済率をポートフォリオの元本残高に変えて、表示します。するとつぎのようになります」(図7.3f)

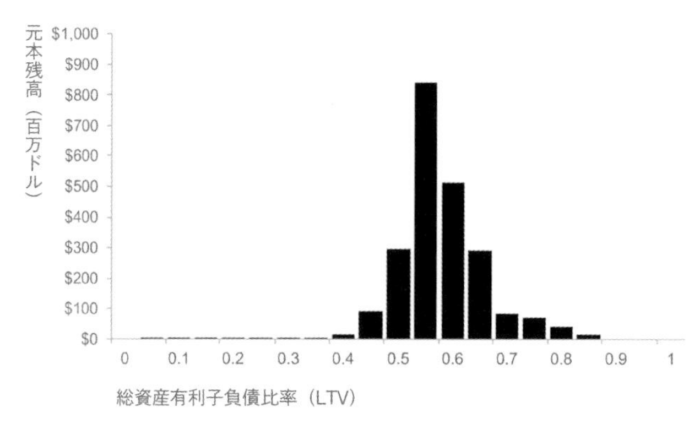

図7.3f　ポートフォリオのなかの融資残高分布

「こちらがポートフォリオ全体の融資残高の分布状況です。ここで縦軸の目盛りとそれに対してデータがどのように並んでいるかに注目してください。最大の部分で元本残高がおよそ8億ドルを示しています。とはいえ、具体的な数値よりも重要なのはデータ全体の形です。ですからつぎのステップではこの縦軸を取りのぞき、この棒グラフを期限前返済率のモデルと実績データのグラフの背景に表示します」（図7.3g）

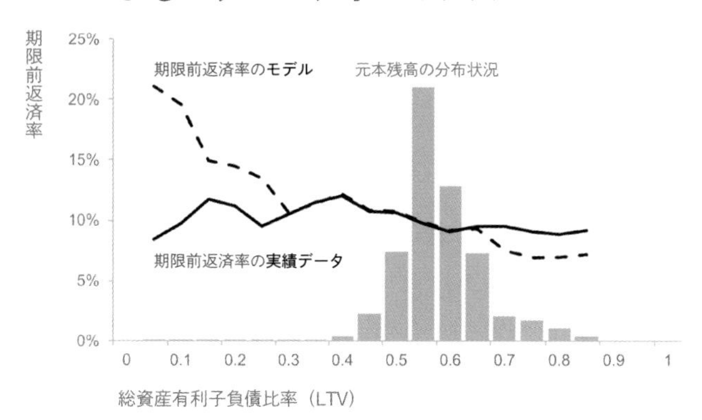

図7.3g　期限前返済率のグラフを加える

「LTVが低い位置では期限前返済率のモデルの見積もりが過大な値になっていますが、その部分には融資残高がほぼないことがわかります」(図7.3h)

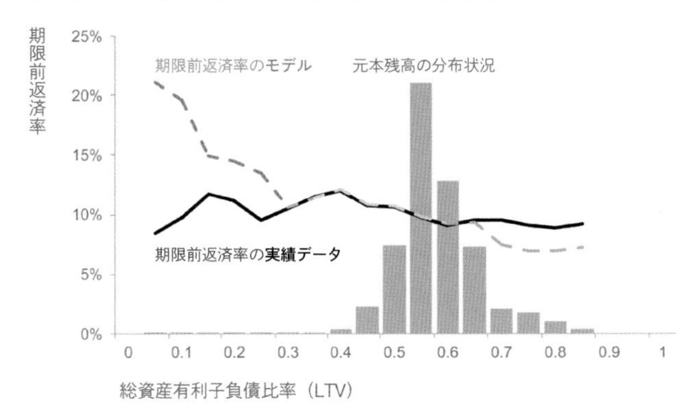

図7.3h　モデルではLTVが低いときに期限前返済率を過大に見積もっている

「一方、LTVが高いときに、モデルは期限前返済率を過小に見積もっています。ポートフォリオのその部分には融資残高があるので、こちらは今後も注視する必要があります」(図7.3i)

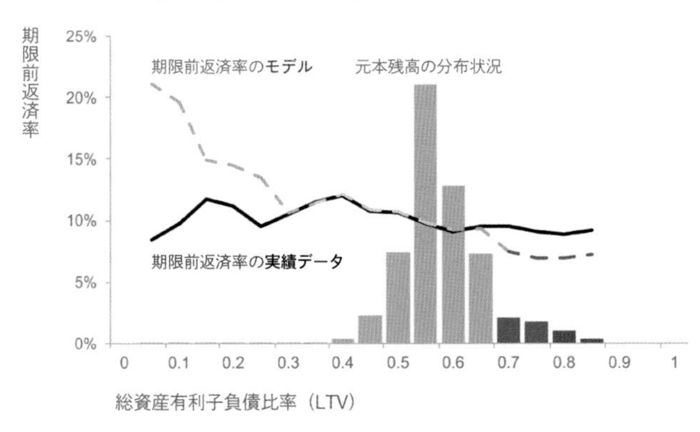

図7.3i　モデルではLTVが高いときに期限前返済率を過小に見積もっている

ここで紹介した連続する見せ方は、プレゼンならば効果的でしょう。ミーティングの備忘録として、あるいは出席できなかった人のために1枚にまとめたものが必要であれば、重要なポイントを注釈として直接スライドに入れます。そうすれば要点が相手にはっきりと伝わります。図7.3jを見てください。

期限前返済率のモデルの有効性検証

期限前返済率のモデルは当行のポートフォリオの融資残高が集中している LTV（総資産有利子負債比率）の範囲ではうまく機能している。

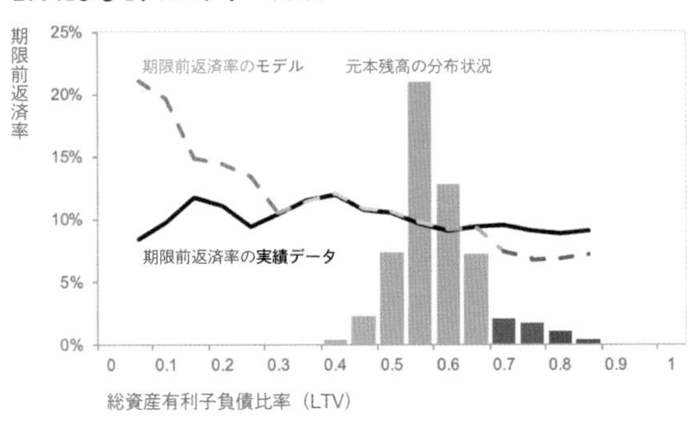

しかし、低い LTV では過大な見積もり、高い LTV では過小な見積もりとなっている。これはモデルの限界と言える。

対策：ポートフォリオ内で、LTV が低いまたは高い範囲に融資残高が集中することを避ける。

対象は住宅ローンのみ。元本残高（UPB）は2019年8月31日時点のもの。出所：融資組成時およびアクティブなポートフォリオファイル。
期限前返済率モデルの方法論に関する詳細は、クレジットリスク分析部まで。

図7.3j　重要なポイントについて、スライドに直接注釈を入れる

このように、わかりやすい言葉を使い、必要以上に難解にしないように心がけてください。重要なところだけ色で強調し、メッセージを明確にして相手が見落とすことのないようにしましょう。

エクササイズ 7.4：新学期準備の買い物

あなたはアパレルショップを全国展開する企業のデータアナリストとして、今年の新学期準備シーズンに向けて戦略を考えているところです。

あなたは、昨年の新学期準備シーズンに行なった、アンケート結果を分析しました。それは顧客体験を理解するために、顧客の気に入ったこと、気に入らなかったことについて調査したものです。そのデータ分析の結果、明らかな改善点が見つかったため、あなたはそれを全店舗に向けた今シーズンの戦略に活かしたいと考えています。

この例はエクササイズ1.2、1.3、1.4、1.7、6.3、6.4でも取り上げたので、もうおなじみだと思います。これらのエクササイズと答えを見返して、このシナリオでのプレゼン相手が誰だったか、ビッグアイデアやストーリーボードをどう作ったか、緊張や解決策は何で、ストーリーの弧はどう作ったかを思い出してください。そのあと図7.4aをよく見て、つぎに続くステップに進みましょう。

新学期準備の買い物に関するアンケート調査結果

店舗の状況	好意的な回答(%) 当社	全体
売り場が整理されている。	40%	38%
会計が簡単で早い。	33%	34%
店員がフレンドリーで気が利く。	45%	50%
割引率がよい。	45%	65%
探しているものが見つかる。	46%	55%
欲しいサイズが見つかる。	39%	49%
雰囲気がよい。	80%	70%
最新技術のおかげで買い物がしやすい。	35%	34%
セール価格がほかより安い。	40%	60%
品揃えがよい。	49%	47%
ほかにない商品がある。	74%	54%
流行を取り入れている。	65%	55%

図 7.4a　新学期準備の買い物に関するアンケート調査結果

ステップ1：ここでのストーリーは何でしょうか？　図7.4aのデータをビジュアル化して、この状況で集中すべき・着目すべきところはどこかを伝えるにはどうすればよいでしょうか？　ここまで学んだことをすべて振り返って、何を適用すればよいかを考えてみましょう。必要に応じて状況を具体的に想定してください。データをダウンロードし、グラフを作ってみましょう。

ステップ2：ミーティングで、このデータについて説明します。どのようにプレゼンしますか？　好きなツールで資料を作ってみましょう。

ステップ3：ミーティングのあとで、プレゼンの内容を送るように頼まれそうです。ミーティングの参加者には説明した内容の備忘録として、欠席者には議事内容を知らせるために送ります。この目的に合わせて、どのようにグラフやスライドをデザインしますか？　好きなツールで作成してみましょう。

答え 7.4：新学期準備の買い物

ステップ1：このデータをいくつか異なるグラフにしたものを見てみましょう。グラフがうまくできたときのひらめき（「アハ体験」）が感じられるのはどれでしょうか？　まず散布図から試してみます。図7.4bを見てください。

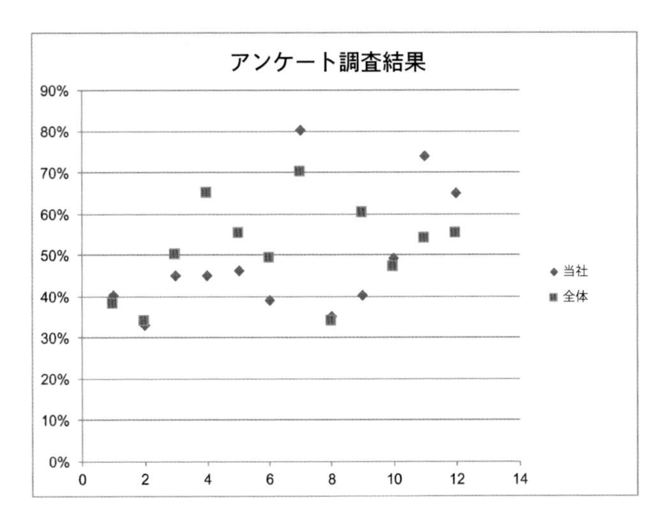

図 7.4b　散布図

散布図では、わかることよりもわからないことのほうが多くなりそうです。このデータには向いていません。折れ線グラフを試しましょう。図7.4cを見てください。

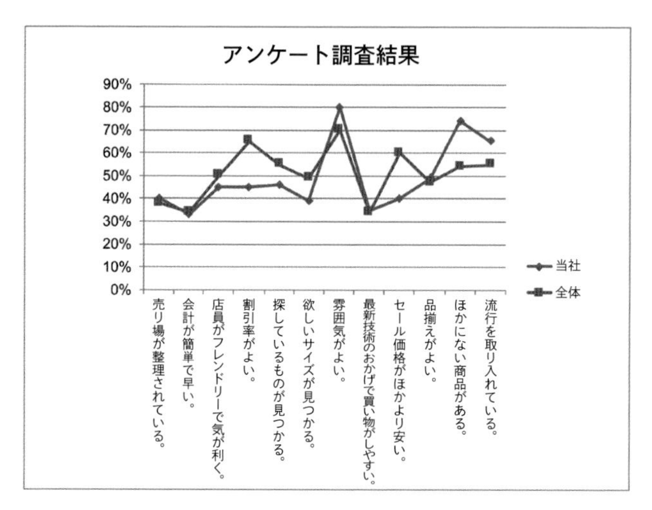

図 7.4c　折れ線グラフ

折れ線グラフは適しているでしょうか？　散布図よりはグラフの高低が見やすくなりました。しかし、カテゴリーが異なるデータを線でつないでも意味がありません。カテゴリー別のデータの場合は、棒グラフを試してみましょう。図7.4dを見てください。

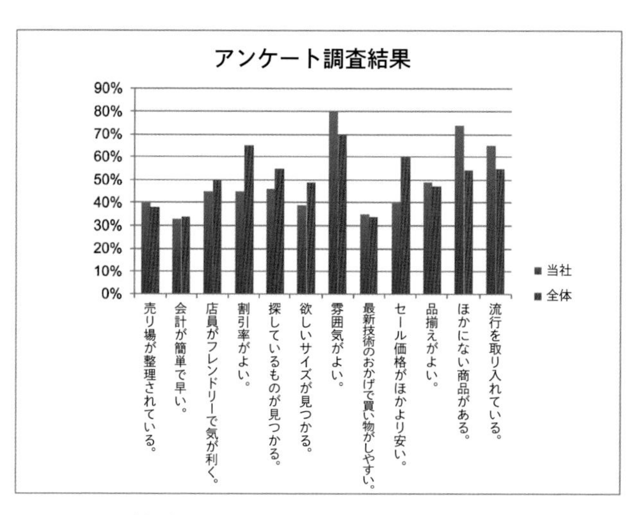

図 7.4d　縦棒グラフ

私がスタンダードな縦棒グラフを横棒グラフに変えるときのいちばんの理由は、軸ラベルを入れるスペースがとりやすいからです。修正方法は簡単です。縦棒グラフを90度回転させると横棒グラフになり、カテゴリー名を表示するスペースが増えて、読みやすくなります。図7.4eを見てください。

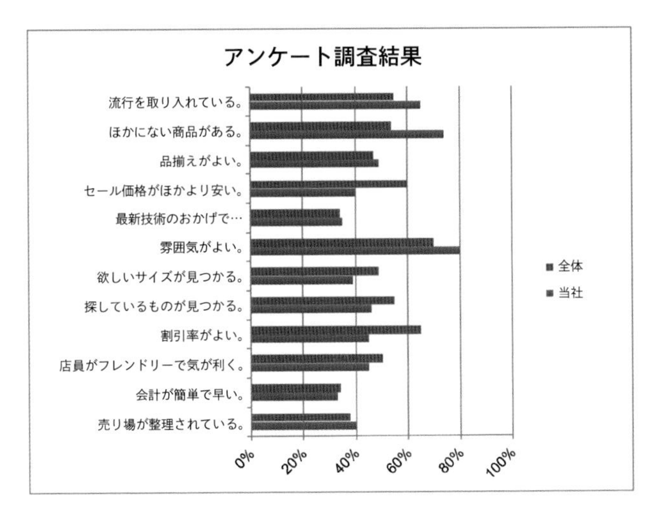

図7.4e　横棒グラフ

データを見せるときには、つねにデータの順番に注意を払いたいところです。場合によっては、カテゴリー自体に自然な順番があって、それを尊重したほうがよいこともあります。そうでないならば、意味のある順番にしたほうがよいでしょう。そのときには、Z形の視線の流れを思い出してください。視覚的な手がかりがなければ、人は左上から読み始め、ジグザグに目を動かしながら情報を読み取っていきます。グラフの左上部分を最初に目にするので、数値が低いものが重要ならば、それを上部に置きましょう。図7.4fを見てください。

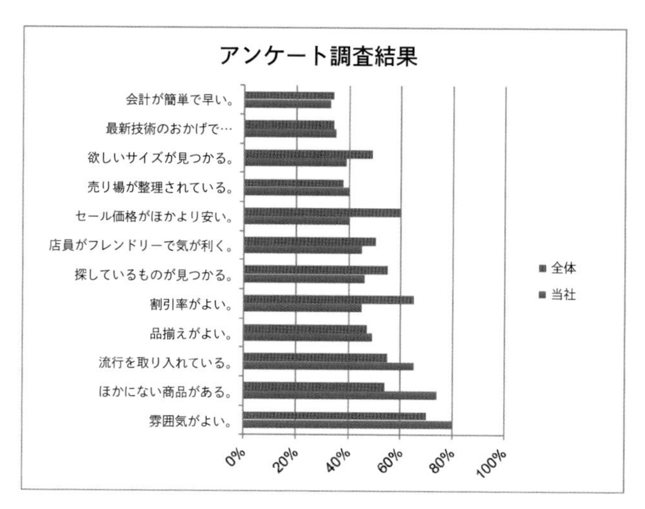

図 7.4f　昇順に並べ替え

しかし、少し落ち着いてストーリーの展開を考えてみると、最も成績の悪いものから始めるのは、単刀直入すぎるかもしれません。おそらく成績のよいものから始めて、改善点に進むのがよいのではないでしょうか。その場合は評価の高いカテゴリーを上部に置き、降順に並べます。図7.4gを見てください。

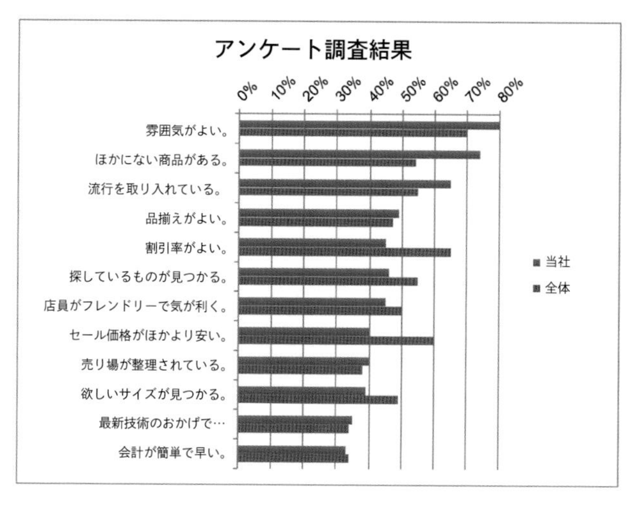

図 7.4g 降順に並べ替え

図7.4fを降順に並べ替えたときに、エクセルが勝手に横軸まで上部に移動させてしまいましたが、私は気に入りました。データを見る前に、データの読み取り方がわかるからです。

これまで学んだことをほかにも使ってみましょう。つぎはクラターを取りのぞきます。まず図7.4gをよく見てからこの先を読んでください。どのクラターを取りのぞきますか？　ほかにどんな点を変えれば読みやすくなりますか？

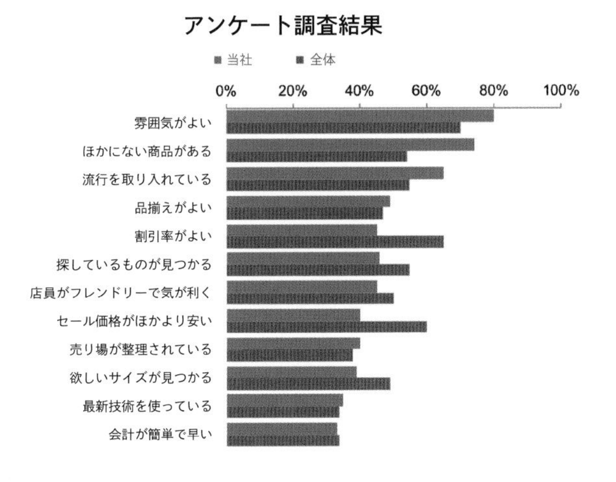

図 7.4h　グラフのクラターを取りのぞく

図7.4hはクラターを取りのぞいたグラフです。グラフを囲んでいた枠と目盛線を削除し、棒を太くしました。横軸を最大の100%まで増やし、横軸ラベルを20%区切りにして、水平に表示しました。縦軸の線と目盛を取りのぞきました。縦軸ラベルの句点を削除し、最後から2番目のラベル「最新技術のおかげで…」を縮めて、1行に収めました。凡例はグラフの上部に置いて、データを見る前に目に入れるようにし、色の類似を利用してデータと視覚的に関連づけました。

先に進む前に、図7.4hをもう一度見てください。目はどこにひかれますか？

「とくにどこにもひかれない」という答えなら、私と同じです。このグラフは無意識的視覚情報をうまく利用していないからです。では、色とコントラストの使い方をもっとよく考えてみましょう。図7.4iを見てください。

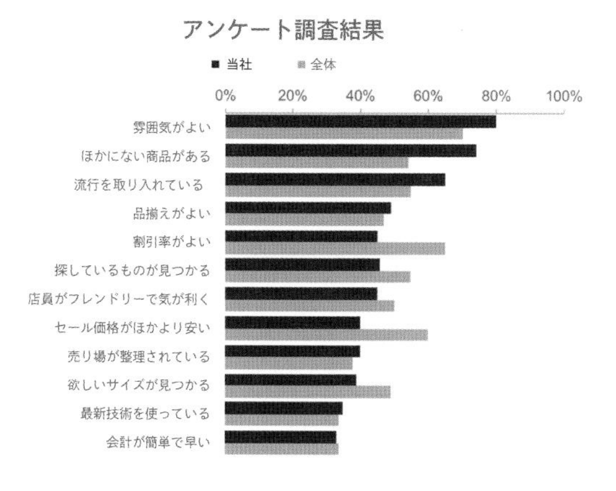

図 7.4i　注意をひく

図7.4iでは、グラフのほとんどの要素をグレーにして目立たなくしました。「当社」のデータは濃い青にして、注意をひいています。このあと、プレゼンで段階的にストーリーを伝える際には、また別の場所に注意をひいていきます。その前に、必要な言葉を加えてデータをわかりやすくします。図7.4jを見てください。

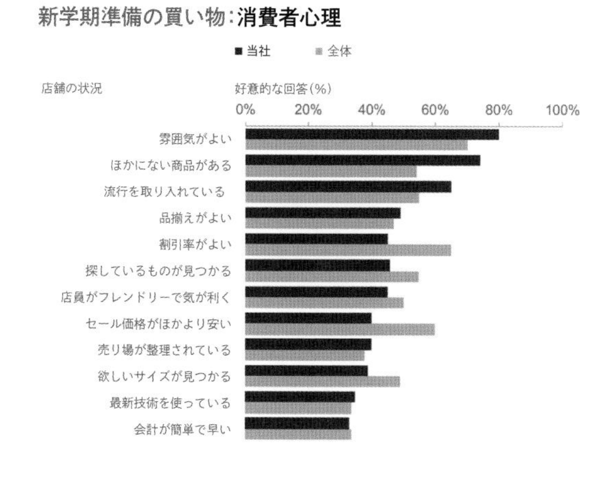

図 7.4j　言葉を加える

ストーリーには言葉が必要です。少なくとも、グラフはグラフタイトルと軸タイトルにつける言葉で説明してわかりやすくする必要があります。さらに、言葉を使ってストーリーを伝えましょう。つぎはそれをやってみましょう。

ステップ2：プレゼンをする場合は、つぎのような順で進めていきます。

「本日は1つご提案があります。店舗の接客改善のために、店員研修に投資しましょう、という提案です」（図7.4k）

図 7.4k　ビッグアイデアを要約した、簡潔で繰り返しやすいフレーズ

「あらためて、状況をご説明します。新学期準備のシーズンは、当社の年間収益の30%を占めるため、会社全体の業績がかかっています。ですがこれまでデータにもとづいた取り組みをしてきませんでした。店舗レベルで、よい評価や悪い評価にその都度対応して物事を決めるのがこれまでのやり方でした。事業が小規模なときはそれで問題ありませんでしたが、現在の規模には釣り合いません。そこで、この重要なシーズンに向け、データにもとづいた準備をしようと考えました。昨年の新学期準備のシーズンに、当社の顧客と、競合他社の顧客にアンケート調査を実施しました。収集したデータによって、店舗のさまざまな面で当社がどのような状況にあるのか、また競合他社と比較した場合はどうなのか、重要なインサイトが得られました」（図7.4l）

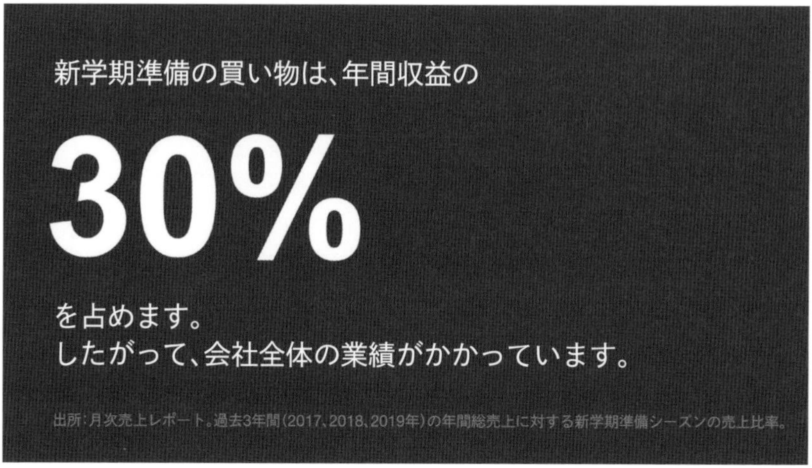

新学期準備の買い物は、年間収益の

30%

を占めます。
したがって、会社全体の業績がかかっています。

出所：月次売上レポート。過去3年間（2017、2018、2019年）の年間総売上に対する新学期準備シーズンの売上比率。

図 7.4l 背景の説明と状況設定

「本日はそのアンケート調査の結果を紹介し、それをふまえた具体的な提案をします。先ほどすでに申し上げた通り、店舗での顧客体験を改善するために、店員研修に投資しましょうという提案です」（図7.4m）

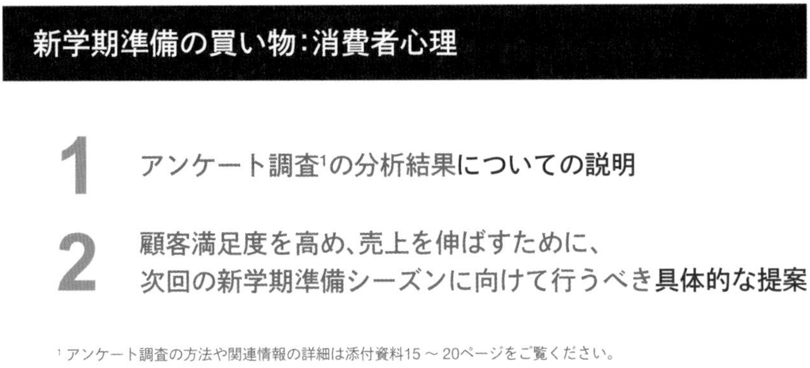

新学期準備の買い物：消費者心理

1 アンケート調査[1]の分析結果についての説明

2 顧客満足度を高め、売上を伸ばすために、次回の新学期準備シーズンに向けて行うべき具体的な提案

[1] アンケート調査の方法や関連情報の詳細は添付資料15 ～ 20ページをご覧ください。

図7.4m　本日の内容

「データをお見せする前に、調査内容について説明します。調査では、顧客に対して、買い物体験のさまざまな面について質問をしました。『雰囲気がよいか』『ほかで買えない商品があるか』『流行を取り入れているか』といった内容です。こうした各質問に対する好意的な回答の割合をパーセンテージで表示し、高いものから順に並べます」（図7.4n）

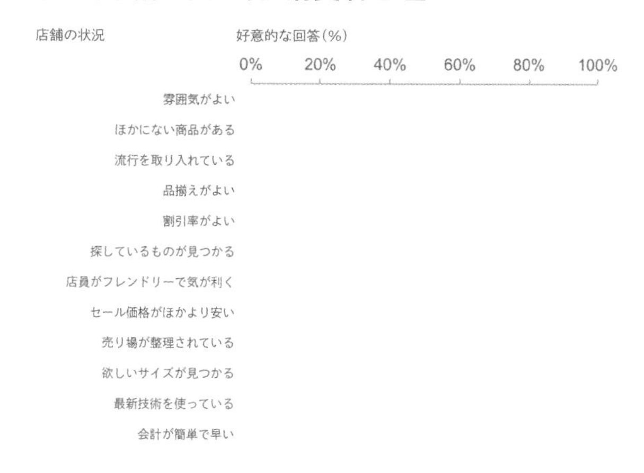

図 7.4n　グラフの説明

「当社についての回答を見てみましょう。項目によって、評価に差があることがわかります」（図7.4o）

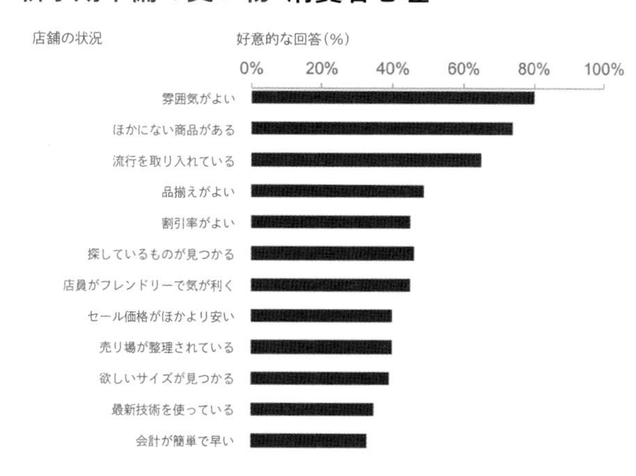

図 7.4o　当社に注目

「まず、よい評価の項目を見ていきます。高いスコアが出たのは、『雰囲気がよい』『ほかにない商品がある』『流行を取り入れている』の3項目でした。アンケートのコメントもこれらのポイントと共通しており、顧客は当社店舗での買い物を楽しみ、ポジティブなブランドイメージがあることがうかがえます」（図7.4p）

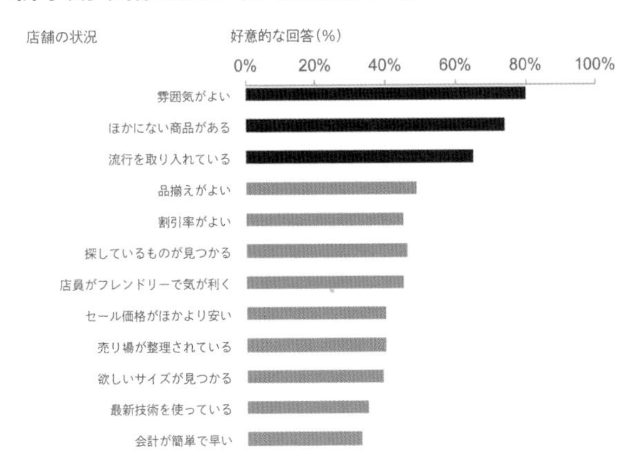

図7.4p　スコアの高い項目に注目

「その一方で、スコアが低い項目もありました」（図7.4q）

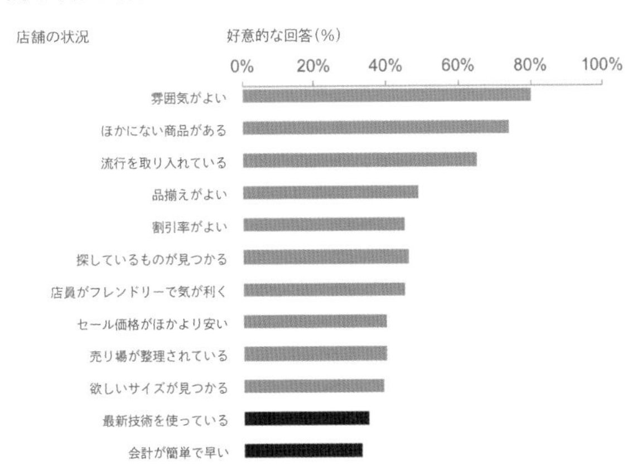

図7.4q　スコアの低い項目に注目

「つぎに競合のデータをグレーの棒グラフで重ねてみます。すると面白いことに、スコアの低い項目では競合とほぼ横並びの状態です。ですから、私たちが力を入れるべきなのはここではありません」（図7.4r）

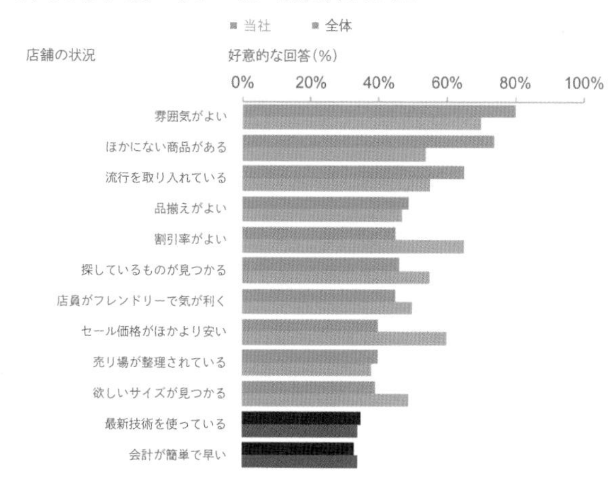

図 7.4r　競合のデータを加える

「しかし、当社のスコアが競合を下回っている項目があります」（図7.4s）

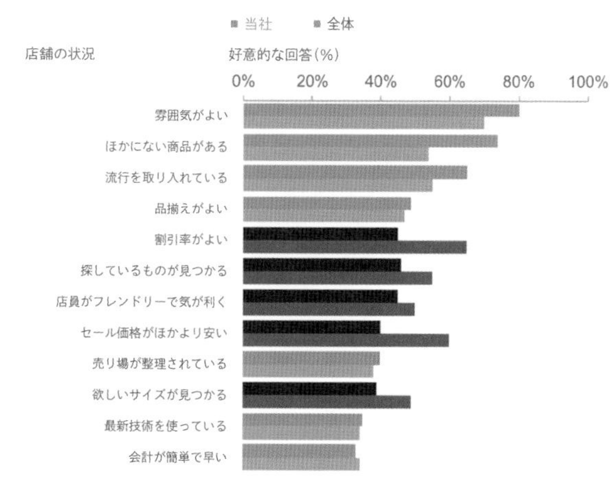

図 7.4s　競合を下回っている項目を強調

「つぎに、データを別の方法でグラフ化したものをお見せします。好意的な回答の割合をプロットする代わりに、競合との差分をグラフ化しました。左側は競合より劣っている項目、つまりスコアがより低い項目を示しています。右側は競合より優れている項目、つまりスコアがより高い項目を示します」（図7.4t）

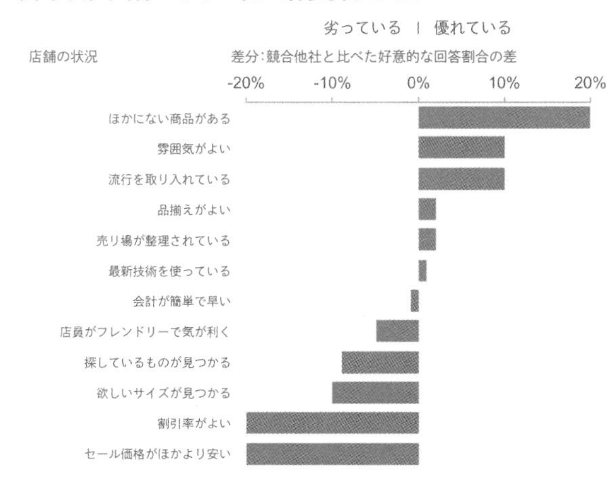

図7.4t　絶対値ではなく差分に注目

「再びデータに注目しましょう。まずよい面からです。競合より優れている3つの項目は『ほかにない商品がある』『雰囲気がよい』『流行を取り入れている』で、絶対値を示したグラフで高いスコアを得ていたものと同じです」（図7.4u）

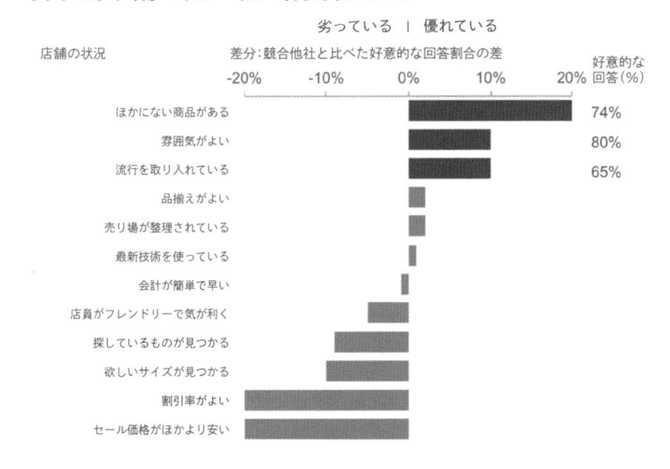

図 7.4u　優れている項目に注目

「しかし、競合より劣っている項目もあります」（図7.4v）

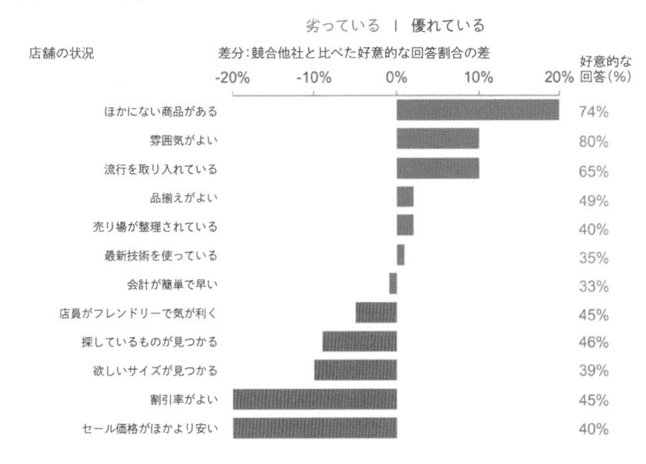

図 7.4v　劣っている項目に注目

「割引率とセール価格の項目で最も差が開いてますが、これは、ブランド価値を下げてしまう恐れから、これまで意図的に避けてきた分野です。ここに力を入れるべきではありません」(図7.4w)

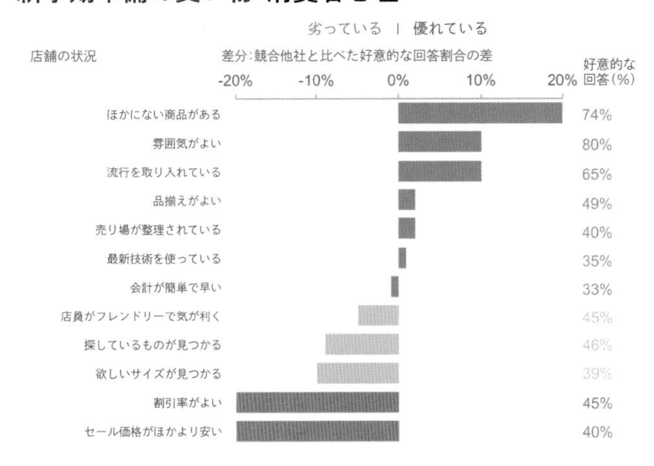

図 7.4w 価格面で最も差が開いている

「それよりも、そのほかの劣っている項目に注目しましょう。『店員がフレンドリーで気が利く』『探しているものが見つかる』『欲しいサイズが見つかる』、こうした点で他社に後れをとっているのは問題です。しかし幸いなことに、これらはどれも接客に関する項目で、当社店舗の店員が鍵を握るものと言えます」(図7.4x)

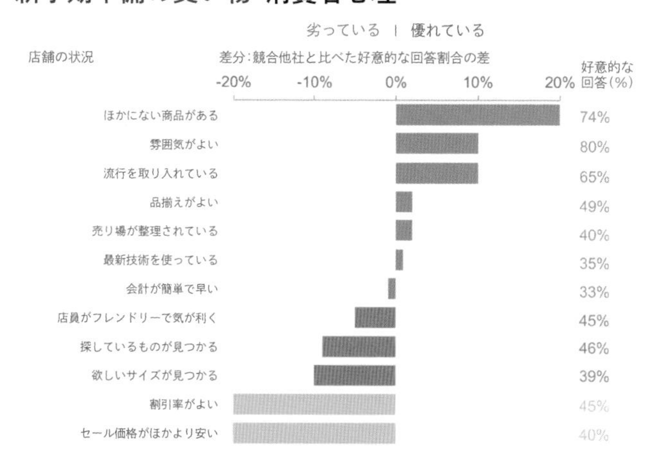

図 7.4x　自分たちが変えられる分野に力を入れるよう提案する

「みんながよいサービスを理解できるように、店員研修に投資しましょう。店舗での接客を改善して、次回の新学期準備シーズンは過去最高売上を達成しましょう！」(図7.4y)

図 7.4y　ビッグアイデアを簡潔で繰り返しやすいフレーズに要約し、繰り返す

ステップ3：プレゼンのあとで、まとめた資料を送る必要がある場合は、1枚のスライドにすべての注釈を入れたものを作成します。そうすれば、それを見る人は、口頭で説明したのと同じストーリーを理解できます。図7.4zを見てください。

店員研修への投資が必要

新学期準備の買い物：消費者心理

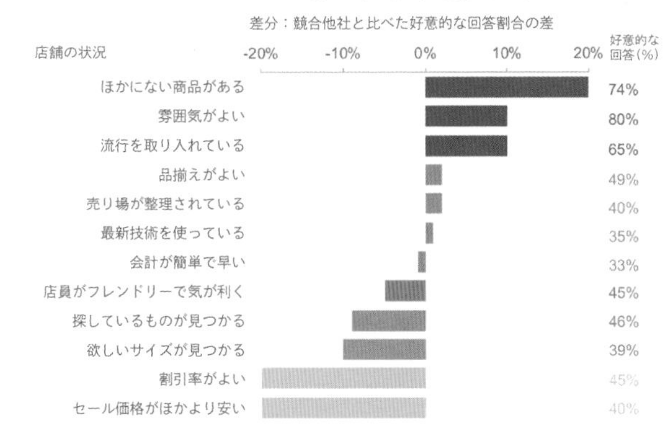

他社より優れている点：ほかでは見つからない流行のスタイルや店舗の雰囲気では競合より優れている。

改善点：当社のスコアが低く、他社に後れをとっているのは、店員のサービスと顧客の探しているものが見つけづらい点。値引きや販売価格の面でも他社よりスコアが低いが、そこへの注力はここではすすめない。

提案：店舗の接客改善のために、店員研修に投資すべき

出所：2019年に行なった、新学期準備の買い物に関するアンケート調査（回答者：21,862名）

図7.4z　最終的な注釈入りバージョン

この例では、これまで学んできたことを多く取り入れ、その効果を実感できたのではないでしょうか（コンテキストを理解する、相手に伝わりやすい表現を選ぶ、不要な要素を見極めて取りのぞく、相手の注意をひきつける、デザイナーのように考える、ストーリーを語る）。データを見せるだけではなく、ストーリー全体のなかの重要なポイントとして扱いましょう。

エクササイズ7.5：糖尿病患者の割合

つぎのケーススタディとその答えは、storytelling with dataのチームメンバーであるエリザベス・ハードマン・リックスが作成したものです。

あなたは複数の州の医療センターを運営する大きな組織のアナリストをしています。あなたの仕事は、データを利用して患者たちの傾向を理解し、その結果を上層部が意思決定に活用できるよう報告することです。分析により、ある地域のすべての医療センター（A-M）で、近年、糖尿病患者の割合が上昇していることが判明しました。この傾向が現在のペースで進むと、各センターの人員が不足し、適切な水準の医療が提供できなくなる恐れがあります。具体的には、今後4年にわたり毎年14,000人の患者が増加するとの試算が出ています。あなたは上層部にこの糖尿病患者の増加傾向を理解してもらい、追加の人員が必要かどうかの意思決定に活かしてもらいたいと考えています。

次回のミーティングでこの分析結果を伝える予定です。あなたは、図7.5aのように、糖尿病患者の割合を伝える4通りのグラフを作成しました。このデータをよく見て、つぎのステップに進んでください。

各医療センターの糖尿病患者の割合：同じデータを使った４通りのグラフ

オプションA：棒グラフ

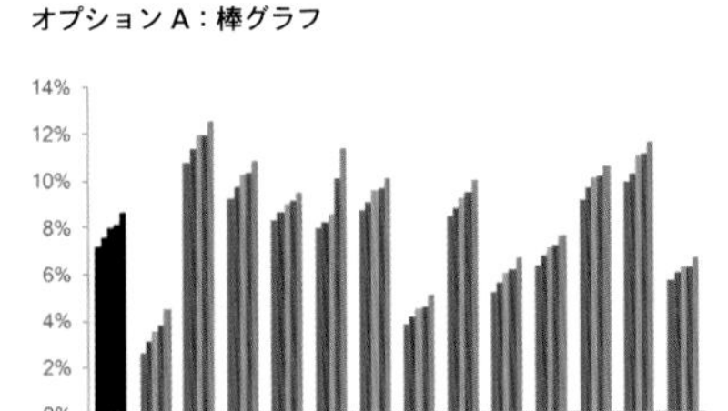

オプションB：個別の折れ線グラフ

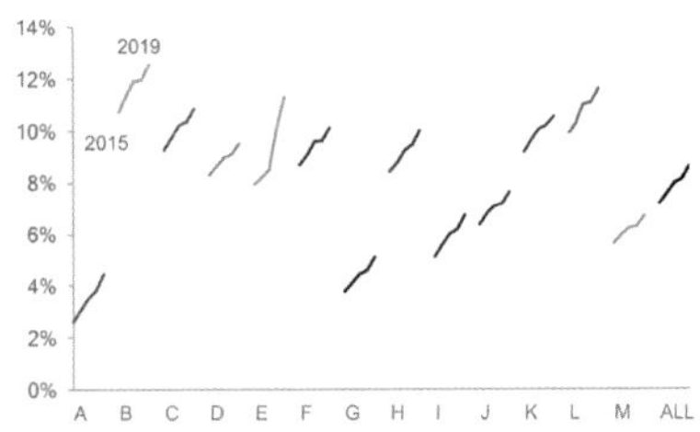

オプションC：スタンダードな折れ線グラフ

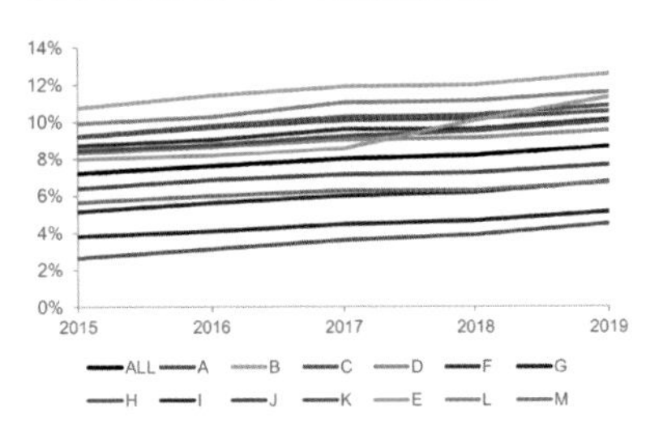

オプションD：スロープグラフ

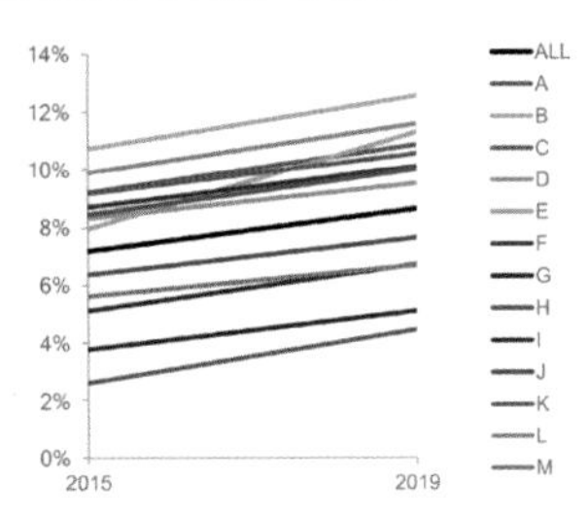

図 7.5a　各医療センターの糖尿病患者の割合

ステップ1：まず、プレゼンの相手について考えましょう。意思決定者は組織の上層部です。この例では、特定の相手のニーズを満たすことを目指すのではなく、より一般的な観点から、上層部の人をやる気にさせるものを考えてみましょう。夜も眠れないほど気になっているものは何でしょうか？　駆り立てるものは何でしょうか？　ブレインストーミングをして、リストアップしましょう。

ステップ2：ビッグアイデアを作ってください（エクササイズ1.3のビッグアイデア・ワークシートを参照）。必要に応じて自由に状況を想定してください。

ステップ3：ストーリーの弧を考えましょう。相手にとってどんな緊張がありますか？　分析結果によると、何を提案すればこの緊張を解決できますか？　どんな内容を相手に伝える必要がありますか？　これらを念頭に置いて、ストーリーボードを作り（エクササイズ1.23、1.24を参照）、ストーリーの弧に沿って構成要素を並べてみましょう（エクササイズ6.14を参照）。

ステップ4：前ページ図7.5aの4つのグラフを見てください。それぞれのグラフから何が読み取れるかを考えてください。各グラフについて、考えを一文で書いてみましょう。ステップ2で作ったビッグアイデアを振り返り、あなたのメッセージが最も強く伝わるのはどのグラフかを考えてみてください。

ステップ5：分析結果を伝えるまでに、時間があまりないとします。重要なステークホルダーの1人が、今日中に報告をするよう求めています。ステップ4であなたが最も効果的だと考えたグラフを見てください。グラフのレイアウトを変える時間はありません。要点を明確にするには、色や言葉をどう使えばよいでしょうか？　データをダウンロードして、あなたが選んだグラフを変えてみましょう。

ステップ6：ステップ5で提出したグラフがよい評価を得ました（よかった！）。次回のミーティングで上層部がこのデータについて議論することになり、上司が分析結果の全容と、糖尿病患者の増加が続くという予測についてプレゼンすることになりました。上司がデータにもとづくストーリーを伝えられるように、好きなツールで資料を作りましょう。スライドの各ページに発表者のためのナレーションも入れてください。

答え7.5：糖尿病患者の割合

ステップ1：相手の関心事についてブレインストーミングするため、私はタイマーを5分にセットして思いつくかぎりアイデアを書き出しました。書き終えたリストを見て、全体を5つのカテゴリーに分けられることに気づきました。

1. **財政面**：運営費を抑える、収益目標を達成する
2. **人材面**：人員を採用する、人材を維持、管理し、クオリティの高い医療を提供する
3. **認可や基準**：一定の基準を満たす、政府の規制のもとで組織を運用する
4. **サプライヤー**：保険収入を維持する、契約交渉をする、医療機器を購入する
5. **競合**：ほかの施設や選択肢と比べて、患者ケアや費用の面で優位な水準を維持する

ステップ2：ステップ1で相手を動かすものをリストアップしてから、ビッグアイ

デア・ワークシートに取り組んだことで、この状況で相手にとって問題となることを絞り込めました。上層部は、患者の治療が一定水準に達しなくなると、収益（保険収入）を失い、認可基準を満たせなくなってしまいます。このリスクを抑えるため、人員を増やし、増大する糖尿病ケアの需要を満たすことを提案したいと考えました。

ビッグアイデアはつぎのようなものです。

「国の認可基準を維持しつつ収益を確保するために、予測される糖尿病患者の増加に備えて、新たな人員の雇用を検討しましょう」

ステップ3：緊張が生じそうな点はいくつかありますが（ステップ1のリストを見ると、上層部が夜に眠っていられるのが不思議なくらいです）、財政面に強い緊張があると考えました。収益が途絶えれば、やがて組織は立ち行かなくなります。分析結果が示している1つの解決策は、適切な水準の医療を提供するのに十分な人員を配置することです。

私が初めに作ったストーリーボードは図7.5bの通りです。付箋を時系列に並べている点に注目してください。これは分析のプロセスをそのままたどっているので、私にとっては、いちばん自然な流れに感じられます。

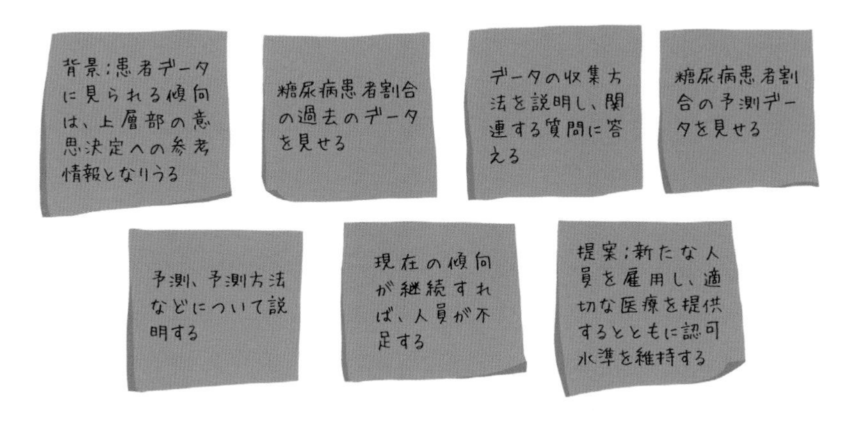

図 7.5b　最初のストーリーボード

ここで、上層部の視点からも検討したいと思います。そのためにストーリーの弧を使って付箋を並べ替え、このデータがどのように相手の緊張を解決するかという流れを作りました。それが図7.5cです。

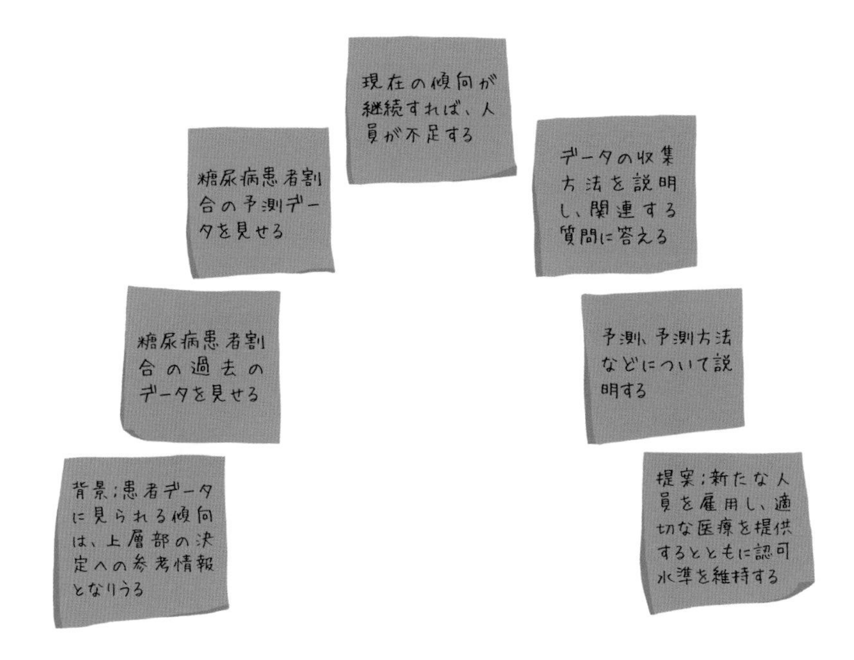

図 7.5c　ストーリーの弧に沿ってストーリーボードを並べ替え

ステップ4：図7.5aの4つのグラフを見ると、興味深いのは、グラフによってデータの違った面が浮き彫りになることです。各グラフについて書いた一文はつぎの通りです。

1. オプションA：センターAの割合が最も低く、Bが最も高い。
2. オプションB：すべての折れ線が右上がりだが、変化の程度は異なる。
3. オプションC：すべての折れ線が右肩上がりだが、センターAが最も低く（約3%）、センターEは2017~2019年のあいだで大きく増加している（約8%から11%へ）。
4. オプションD：センターEの増加が最も大きく（2015年の約8%から2019年の11%）、センターAは最小の割合を維持（2019年にわずかに4%を超える）。

私のビッグアイデアを理解してもらうのに最も役立つグラフはどれでしょうか？　私はオプションCのスタンダードな折れ線グラフを選びました。それには3つの理由があります（もちろんプレゼンの前にデザイン、とくに色とクラターに関しては変えたいと思います）。

1つ目は、このグラフを見ればこれまでのコンテキストが十分わかります。過去に起こったことと、それが今後の予測にどう関係するかを理解するために、相手に見ておいてほしいからです。

2つ目は、このデータは推移を示しているので折れ線グラフが適していますし、相手も見慣れているので、簡単に理解できそうだからです。

3つ目は、最後のスライドで、全医療センターの糖尿病患者割合を示す折れ線を強調し、この先の予測を見せたいと考えているからです。このグラフであれば、少し変更を加えれば、簡単に予測を見せられます。

ステップ5：本当に時間がありません。大至急提出するよう催促が来てしまったため、最大のインパクトを得られる点だけ変えることにしました。グラフのレイアウト変更は諦め、色と言葉の使い方だけを変えます。図7.5dがその結果です。

糖尿病患者の割合が増加
認可水準を維持するために増員が必要か？

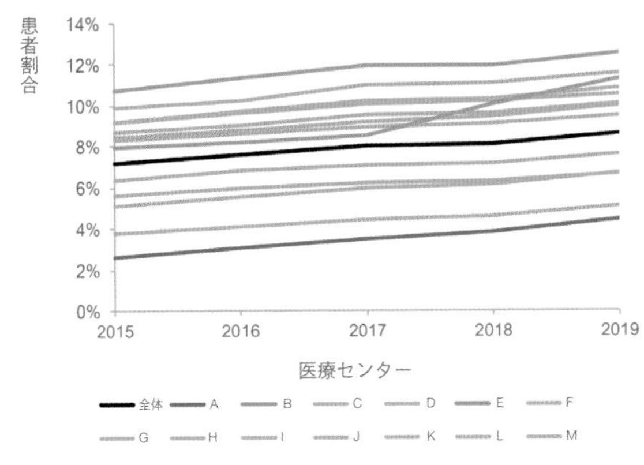

懸念点：センター Bが最も高い割合（12.5%）となっており、センター Eは過去4年で増加率が最大。ネクストステップとして、医療センターレベルで、人口統計学的分析を通じて詳細を調査し、アクションプランを策定する。

全体：医療センター全体の糖尿病患者割合は年々増加し、2019年には8.6%に達した。このペースが持続した場合、今後4年間、毎年14,000人ずつ糖尿病患者が増加すると推定される。

良い点：センター Aの糖尿病患者割合は最低を維持している。ネクストステップとして、治療水準を比較し、他のセンターにも活かせることを見つけるため、さらに分析をする。

図 7.5d　大至急提出の催促に応じて作成したグラフ

ここでは、ネガティブなことを強調するのにオレンジを使いました。糖尿病の割合が最も高いセンターと、増加率が最大のセンターの部分です。タイトル（「糖尿病患者の割合が増加」）と、その内容を表す「全体」を示すデータを黒で関連づました。サブタイトルは緊張を明らかにするとともに相手に解決方法も提案しています。青を使ってポジティブな点を目立たせ、暗い見通しばかりではないことを示しました。右側のテキストで（近接と色の類似を利用してデータと関連づけています）、コンテキストをつけ足し、注意を喚起した理由をわかりやすくしています。

時間がないなか、ステップ1とステップ2でコンテキストについて考えたことが役に立ちました。このデータで伝えたいことを考えておいたおかげで、図7.5dのグラフを、15分で作成できました。

ステップ6：図7.5eから7.5pは、プレゼンのための資料と上司がプレゼンで使用するナレーションです。

「本日は、この14,000という憂慮すべき数字についてお考えいただきたいと思います。この数字は、医療センター全体における現在の糖尿病患者数の増加傾向が続くと、今後1年あたりに増加することになる糖尿病患者数です。どのようにしてこの数字にたどり着いたかは、のちほどくわしくご説明します。本日の目的は、この患者数の増加予測を踏まえて、認可基準を満たす適切な治療を継続するために、新たな人員を雇用すべきかどうか議論することです」（図7.5e）

検討すべき問題

現在の人員数で、今後4年にわたり

年間14,000人ずつ増加する糖尿病患者

に対応できるのか？

図7.5e　検討すべき問題

「初めにこれまでの傾向をご説明します。医療センターごとに見た患者数全体に占める糖尿病患者の割合を、2015年から2019年まで表示します」（図7.5f）

グラフについての説明

医療センターごとの糖尿病患者割合

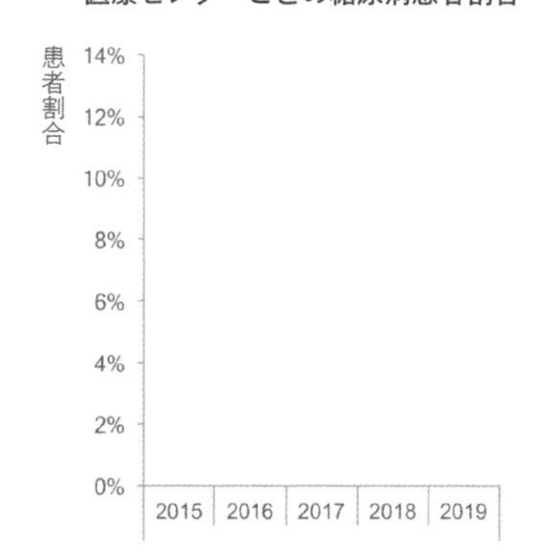

図7.5f　グラフの説明から始める

「医療センター全体の数字から見ていきます。患者数全体に占める糖尿病患者の割合は2015年には7.2%でした」（図7.5g）

医療センター全体としての割合は、2015年に7.2%

医療センターごとの糖尿病患者割合

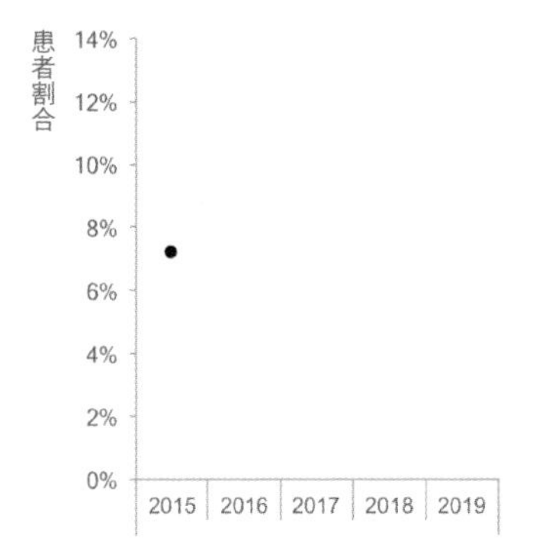

図 7.5g　全体での糖尿病患者割合は 2015 年には 7.2%

「当時この割合を上回っていたのは8施設です」（図7.5h）

8施設が全体平均を上回っていた

医療センターごとの糖尿病患者割合

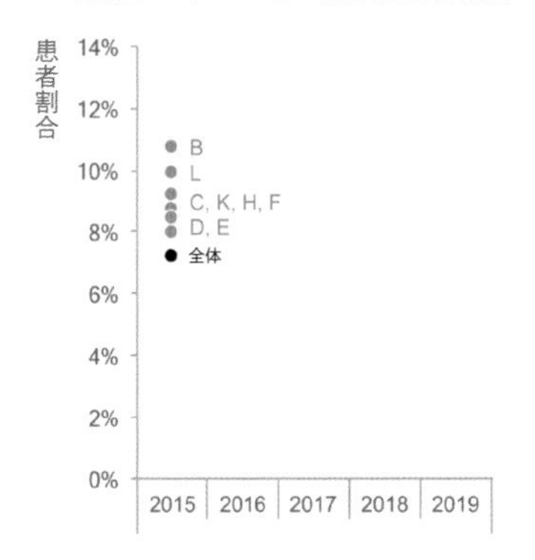

図 7.5h　8 施設が全体平均を上回っていた

「そして、下回っていたのは5施設でした」（図7.5i）

5施設が下回っていた

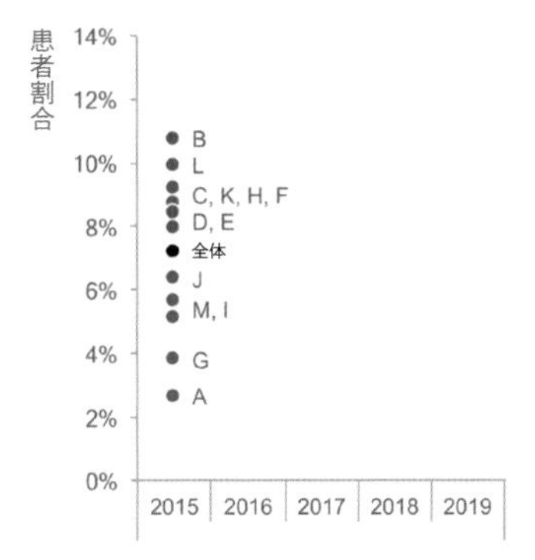

図7.5i　5施設は比較的糖尿病患者の割合が低かった

「過去5年間で全体の糖尿病患者割合は年々増加していき、現在では8.6%となっています」（図7.5j）

医療センター全体での割合は、現在8.6%

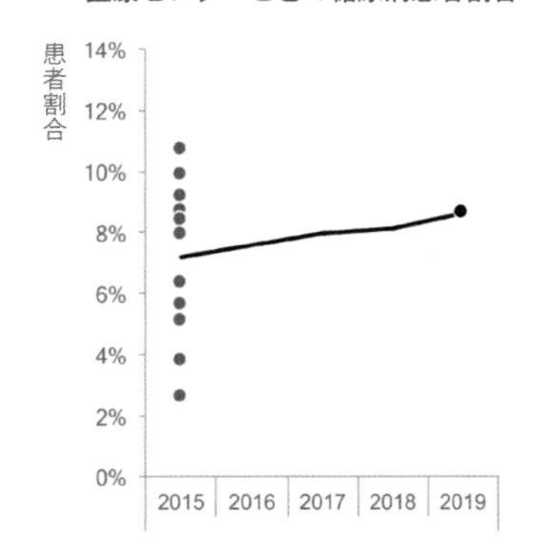

図7.5j　医療センター全体の糖尿病患者割合は、2019年には8.6%

「この間、糖尿病患者割合の高かった8施設すべてで数値が増加しました」（図7.5k）

糖尿病患者割合の高いセンターの数値は増加

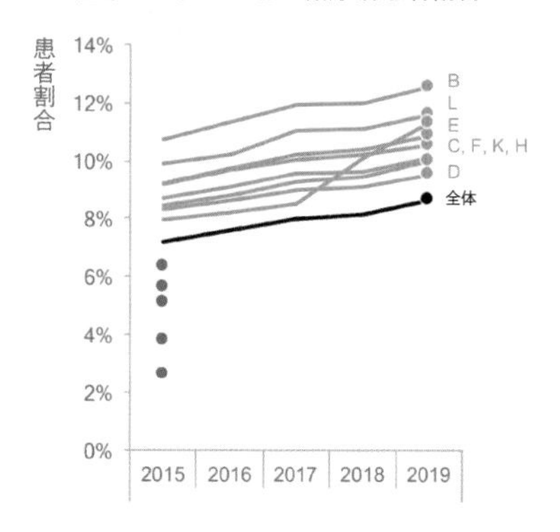

図 7.5k　糖尿病患者割合の比較的高かった医療センターで数値は増加

「糖尿病患者割合が比較的低かった医療センターもすべて数値が増加しました」（図7.5l）

糖尿病患者割合の低いセンターでも数値は増加

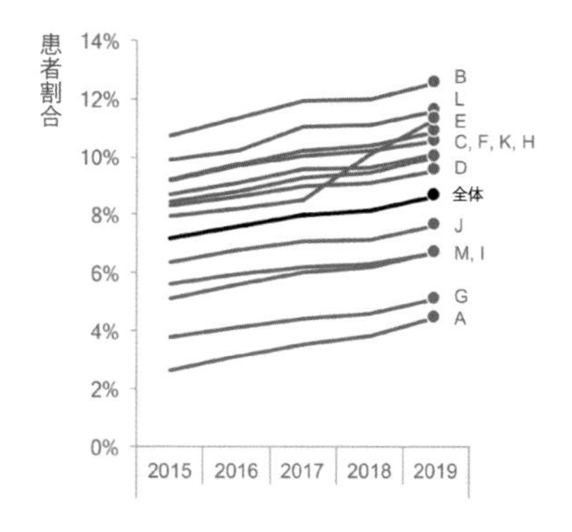

図 7.5l　糖尿病患者割合が低かった医療センターでも数値は増加

「全体での割合は1年あたり約0.5ポイントずつ増加しています」（図7.5m）

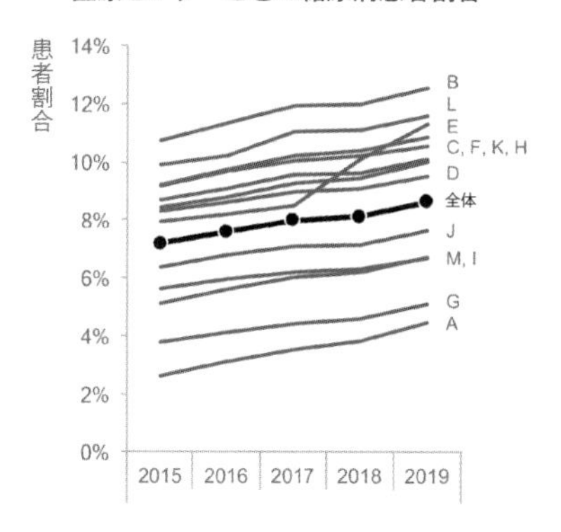

図7.5m　1年あたり0.5ポイントのペースで増加

「医療センターごとの糖尿病患者割合の予測もしており、関心をお持ちの方には算出方法について、よりくわしくお話をさせていただきます。ここで大事なのは、このままのペースで増加が続くと、医療センター全体での糖尿病患者割合が2023年には10%に達すると思われることです。つまり、10人に1人が糖尿病患者ということになります」（図7.5n）

2023年には10%に達すると予測

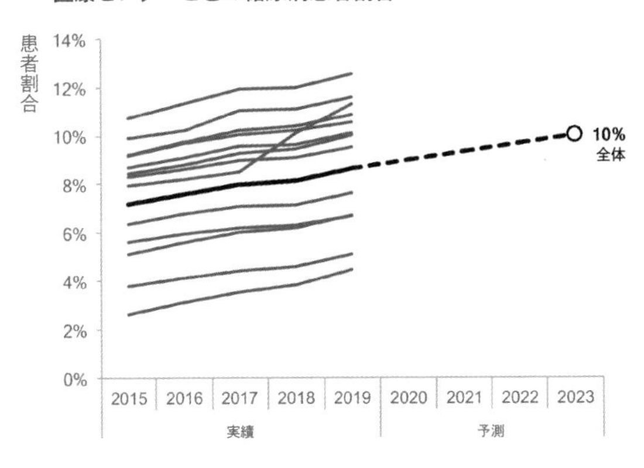

図 7.5n　増加が続くと予測

「今後4年のあいだに、年間14,000人ずつ糖尿病患者が増える計算になります。こうした予測をふまえ、どのような備えをするべきでしょうか？　私たちの提案は、スタッフを増やすというものです。これは、治療の水準を落とすことなく患者の増加に対応するためです。ほかにどのような対応策が考えられるでしょうか？　それについて議論できればと思います」（図7.5o）

年間14,000人の患者数増加を予測

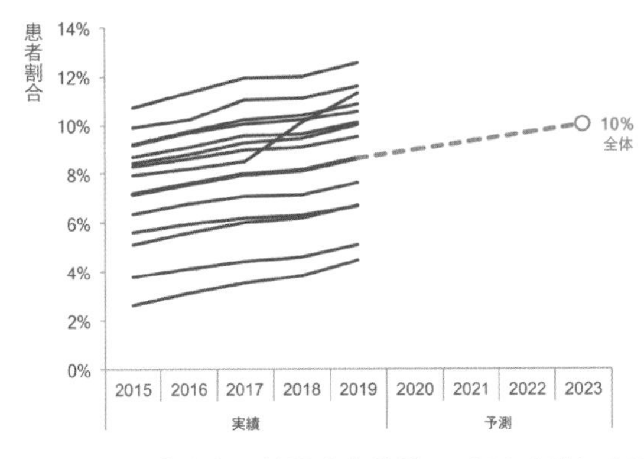

図 7.5o　1 年あたり糖尿病患者が 14,000 人増加すると予測

資料を相手に送る必要がある場合、それを見ただけでポイントがわかるようにすべての注釈をつけたスライドを1枚作ります。図7.5pがその例です。

増加する糖尿病患者比率:スタッフを増やすべきか?

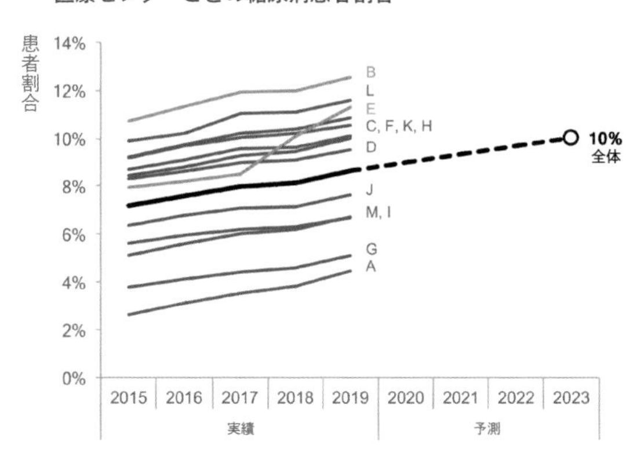

糖尿病患者の構成比はセンター Bが最も高く(12.5%)、2017年(8.5%)から現在(11.3%)の間にセンター Eも大きく増加している。この要因になっているものは何か?

医療センター全体の糖尿病患者割合は2015年の7.2%から2019年の8.6%に増加している。現在のペースでは、2023年には10%に増加する見込み。今後4年で、年間14,000人の患者が増えると予測される。

よい知らせは、患者割合が最も低く、トップの患者治療実績を誇る**センター Aからその要因を学べること。**ネクストステップ:その学びを全体で広く応用できないか検討する。

図7.5p　相手に送るために注釈を入れたスライド

このシナリオでは、第1章、第2章、第4章、第6章での学びを活かして相手に訴える説得力のあるストーリーを作り、行動に向けた話し合いに導くようにしました。

エクササイズ 7.6：ネット・プロモーター・スコア

あなたは、ある企業の顧客インサイトチームのアナリストです。その企業の主要なプロダクトは3つあります。毎月、プロダクトチームがそのうちの1つについてデータを検討するミーティングを開いています。あなたのチームは、その月に取り上げるプロダクトに対する顧客の声について、15分でプレゼンします。その際、「カスタマーフィードバック分析」という資料を使用します。これはいつも同じフォーマットで、タイトルページ、データ、調査方法、分析、結論の流れでそれぞれ1ページを割いています。

顧客インサイトのデータについて簡単に説明すると、顧客はプロダクトを5段階で評価します。1~3点と評価した顧客は「批判者」(周囲にプロダクトをすすめそうにない顧客)、4点は「中立者」、5点は「推奨者」(周囲にプロダクトをすすめそうな顧客）とカテゴライズします。おもに注視している指標はネット・プロモーター・スコア（NPS）で、推奨者のパーセンテージから批判者のパーセンテージを引いた数値で表します（%でなく数字で表記)。あなたはいつも、特定のプロダクトについて、NPSの推移や競合他社との比較を観察しています。プロダクトの段階評価をした顧客は、コメントを残すこともでき、チームではそれをテーマごとに分類しています。

あなたがモニターしているプロダクト（あるアプリ）が今月の議題です。データを更新したところ、興味深いことに気づきました。NPSはおおむね上昇傾向にある一方で、フィードバックの内容が両極化している点です。全体に占める推奨者と批判者の両方の割合が増加しているのです。顧客のコメントを分析したところ、批判者のあいだではレイテンシー（通信の遅延時間）と速度に不満があるようです。あなたはこの問題を伝え、それをもとにプロダクトのレイテンシー改善を優先させる提案をしたいと考えました。

図7.6aは、いつもの資料の「分析」のページに表示するグラフです。ここまでのシナリオを念頭に置いて、つぎのステップに進みましょう。

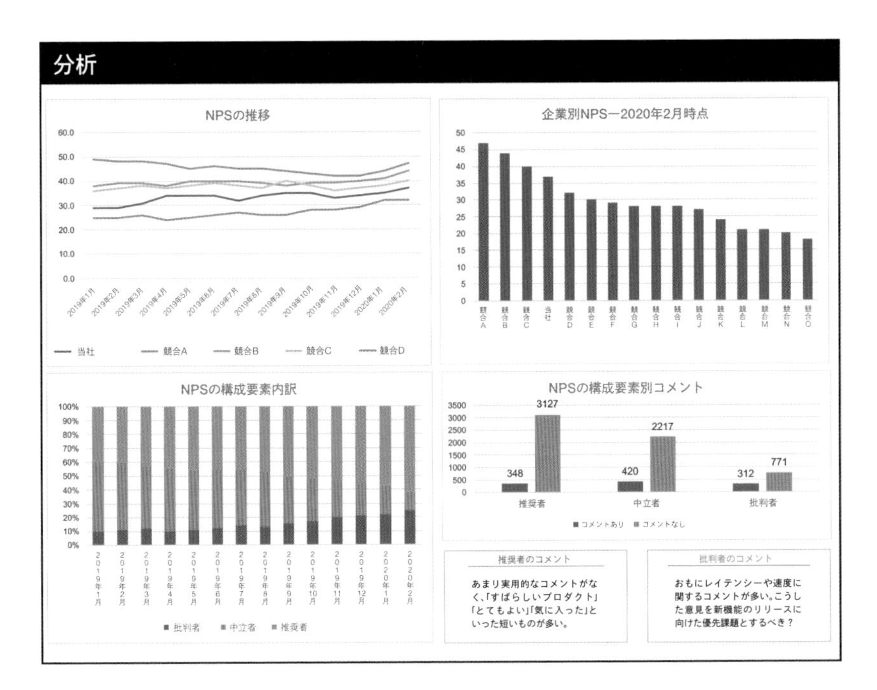

図 7.6a　月例ミーティングで使ういつものグラフ

ステップ1：この状況に合ったビッグアイデアを作りましょう。ビッグアイデアの要素は、「意見にオリジナリティがある」「問題点を伝えている」「完全な文章である」の3つでした。ビッグアイデアを書いて、できればほかの誰かに相談し、さらによいものにしてください。そのビッグアイデアをもとに、簡潔で繰り返しやすいフレーズを作ってみましょう。

ステップ2：データをよく見てください。各グラフについて、短い文章で要点を書き出しましょう。

ステップ3：付箋を用意してください。この例のコンテキスト、ステップ1で作ったビッグアイデア、ステップ2でまとめた要点をふまえて、プレゼン資料に入れる内容についてブレインストーミングし、付箋に書き出しましょう。それが終わったら、ストーリーの弧に沿って付箋を並べてください。相手にとって緊張は何でしょうか？　どんなことをすれば解決できるでしょうか？

ステップ4：グラフをデザインします。もとのグラフとデータをダウンロードしてください。もとのグラフを変えてもよいですし、新しく作ってもかまいません。適切なグラフの選び方、クラターの取りのぞき方、注意を引く方法について学んできたことを実践しましょう。全体のデザインをよく考えて作りましょう。

ステップ5：好きなツールで、プレゼンに使う資料を作りましょう。1ページごとにナレーションもまとめておきましょう。できれば、あなたの友人や同僚に、この資料を見せ、データを使ったストーリーをプレゼンしましょう。

答え 7.6：ネット・プロモーター・スコア

ステップ1：私のビッグアイデアはつぎのとおりです。
「プロダクトのレイテンシーを改善しなければ、ユーザーが減少する可能性があります。つぎの新機能リリースでは、これを優先課題としましょう」

簡潔で繰り返しやすいフレーズについては、プレゼンする相手や、月例ミーティングであることも意識して、シンプルで、あまり押しつけがましくないものにしたいと思います。また、ほかのコンテキストも考慮しこの提案が最善なのかプロダクトチームと一緒に検討することになります。それをふまえ、今回は「批判者から学びましょう」といったフレーズにしようと思います。資料のタイトルや、行動への呼びかけに織り込んでいきます。

ステップ2：図7.6aの各グラフの要点をまとめた文章はつぎのとおりです。

- 左上：この数か月間はNPSが上昇しており、2020年2月現在では、直近14か月で最高の37に達した（前年同月では29で、NPSの計測を開始してから最低であった）。
- 右上：競合15社との比較では、第4位につけている。競合のNPSは、最高が47（A社）、最低が18（O社）。
- 左下：推奨者、中立者、批判者の構成割合が変化している。中立者の割合が減り、推奨者と批判者の割合が増え、両極化が進んでいる。
- 右下：批判者の多くがコメントを残しており、おもな不満はレイテンシーに関するもの。

ステップ3：図7.6bはこのシナリオに合わせた基本的なストーリーの弧です。

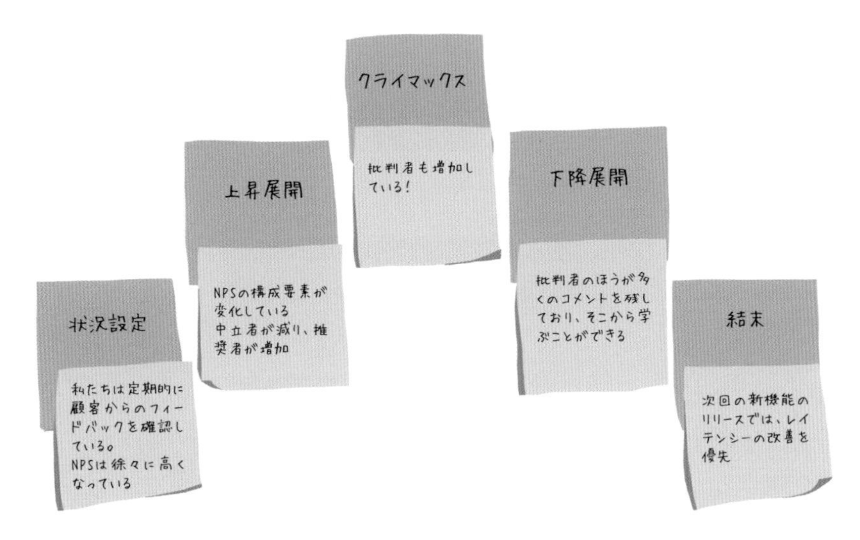

図7.6b　ストーリーの弧

ステップ4および5：つぎに、すべてをまとめて、データをもとにストーリーにしたものを、段階ごとに示していきます。グラフのデザインを工夫し、前著やこの本で学んだレッスンを活かしています。

「今日は、ある報告をしたいと思います。最近の顧客フィードバックの分析結果です。少しネタばらしをしますと、タイトルにもある通り、低い評価をした顧客、つまり批判者が重要な役割を果たします。これらの顧客から、当社プロダクトの今後の戦略に影響を与えうることが学べるのです」（図7.6c）

批判者から学ぼう

月例NPS報告

発表者：顧客インサイトチーム
実施日：2020年3月1日

図7.6c　タイトルスライド

「今日は2つの目標があります。1つ目は、最近の顧客フィードバックと関連データの分析からわかったことの報告です。NPSだけでは、全体像を把握することができません。じつは現在、批判者が増加してきています。2つ目は、批判者からのフィードバックをもとに、彼らの不満に応える方法を議論することです。これはプロダクト戦略に関わる可能性があり、次回の新機能リリースにも影響を与えるかもしれません」(図7.6d)

本日の目標

1
最近のフィードバックに関する共通理解の構築
NPSは横ばいから上昇傾向にあるものの、構成要素を分析すると顧客基盤が両極化しており、**とくに最近は批判者が急増していることがわかった。**

2
批判者のフィードバックに基づくプロダクト戦略の再検討
批判者のコメントが集中していたテーマは、レイテンシーであり、これはプロダクトの改良計画の優先順位に影響を与えはずである。
変更すべきかどうか、またどのような変更をするかを見極める。

図 7.6d　本日の目標

「データをご覧ください。NPSは全体的に上昇しており、過去4か月間は上昇し続け、先月時点で37に達しました」(図7.6e)

NPSは横ばいから上昇へと推移

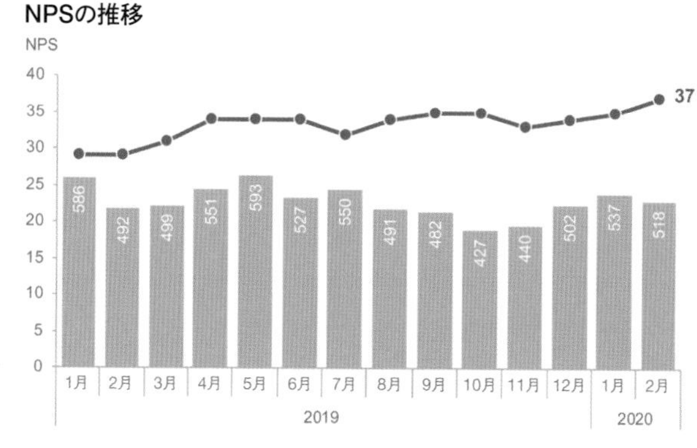

図 7.6e　NPS は横ばいから上昇へと推移

「この37というスコアは、競合他社との比較では第4位になります。批判者から学び、その不満に対処していけば、結果としてこの順位も上昇するでしょう」（図7.6f）

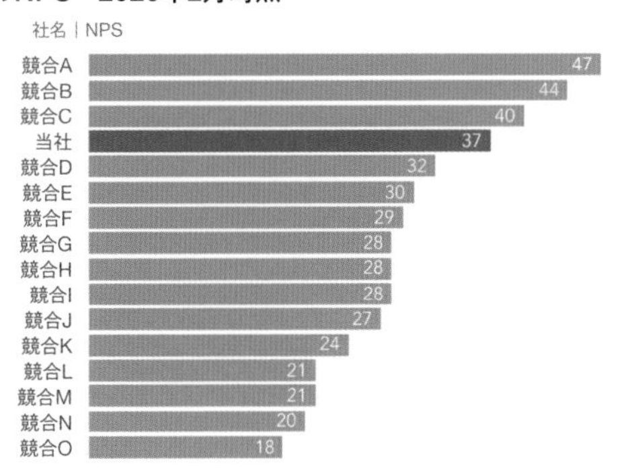

図 7.6f　競合他社との比較で第 4 位

「しかし、先ほどお話ししたように、NPSだけでは全体像がつかめません。その構成内容を見てみましょう。プロダクトに対する評価によって顧客をカテゴライズしています。1~3点と評価した顧客は『批判者』（周囲にプロダクトをすすめそうにない顧客）、4は『中立者』、5は『推奨者』（周囲にプロダクトをすすめそうな顧客）に分類しています。NPSは、推奨者のパーセンテージから批判者のパーセンテージを引いたものです。その数値は参考になりますが、その構成要素の変化についてまではわかりません。そこで、つぎはその構成要素の内訳を見ていきます」

「まずグラフについてご説明し、そのあとデータをお見せします。縦軸は、構成要素である批判者、中立者、推奨者のそれぞれの割合を示します。横軸は時間を示し、左の2019年1月から始まり、右の2020年2月が最新のデータです」（図7.6g）

NPSの構成要素の推移を確認

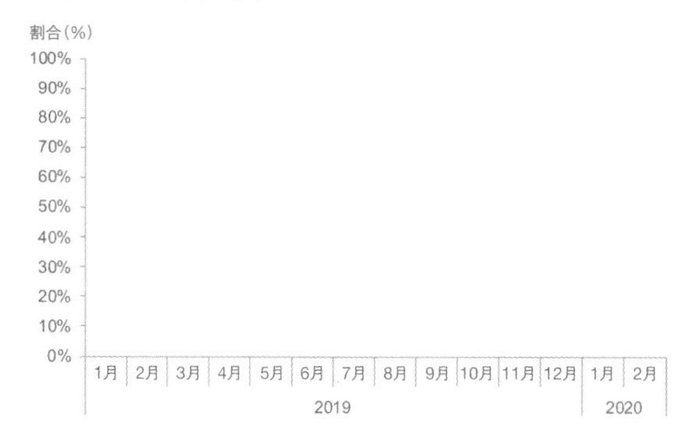

図 7.6g　NPS の構成要素

「少し変わった方法ですが、グラフの中間部分から表示していきます。このグレーの棒は中立者の割合を示しています。中立者の割合が大幅に減少しているのがわかるでしょうか。棒がどんどん短くなっていきます」(図7.6h)

中立者の割合は減少している

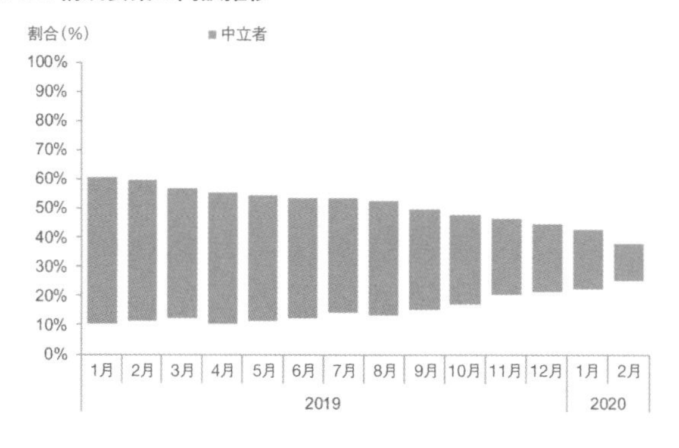

図 7.6h　中立者の割合は減少している

「この変化はある面ではよいニュースです。中立者の減少に伴い、推奨者の割合が増えています。上部の濃いグレーの棒が時間とともに長くなっています」（図7.6i）

推奨者の割合は増加している

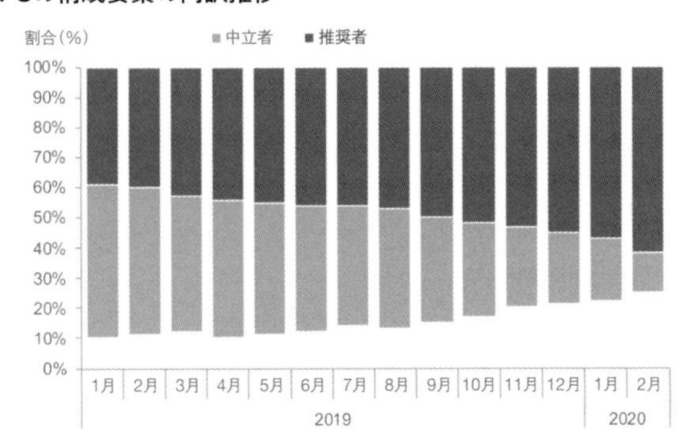

図 7.6i　推奨者の割合は増加している

「しかし、ここまでの私のコメントやグラフの空いている部分を見て予想されているかと思いますが、批判者の割合も増加しています」（図7.6j）

批判者の割合も増加している

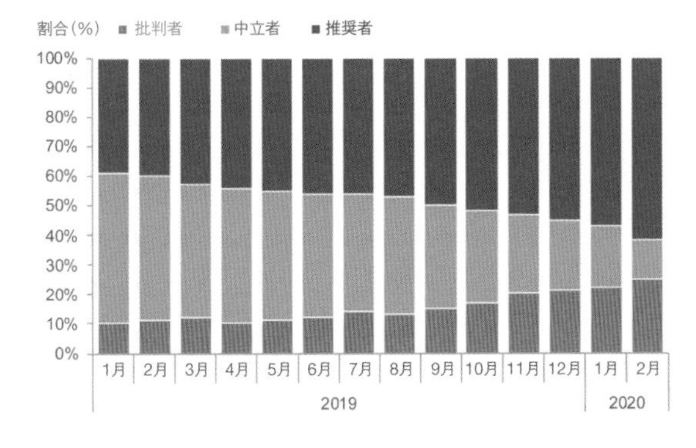

図 7.6j　批判者の割合も増加している

「ここで、批判者の割合がどのくらい増加しているかを実感していただくために、グラフにいくつか数字を入れてみます。2019年初めにはフィードバックを送った顧客全体の10%でした。この数字は少しずつ上昇し、昨年上半期を終えた頃には13%になりました。その時点から、批判者の割合はほぼ2倍に増え、今年2月時点では、フィードバックを送った顧客全体の25%に上っています」（図7.6k）

批判者の数は2019年8月からほぼ2倍に増加

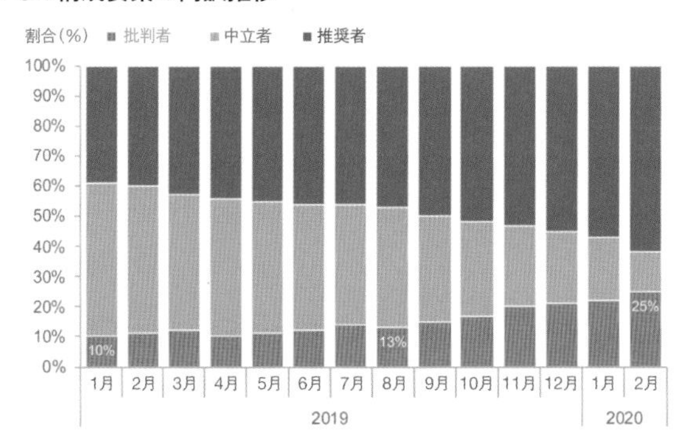

図7.6k　批判者は2019年8月からほぼ2倍に増加

「顧客は、点数評価に加えてコメントを残すこともでき、そこからさらに理解を深めることができます。プロダクトを評価した顧客全体の15%がコメントを残しています。コメントを残す推奨者の数は比較的少なく、その内容は『すばらしい！』『とても気に入った！』など、一般的であまり改良には活用できないものです。一方で、批判者のコメントからは、非常に参考になる情報が得られます。コメントを残す割合も比較的高く、1~3点と評価した顧客のうち29%がその理由を書いています」（図7.6l）

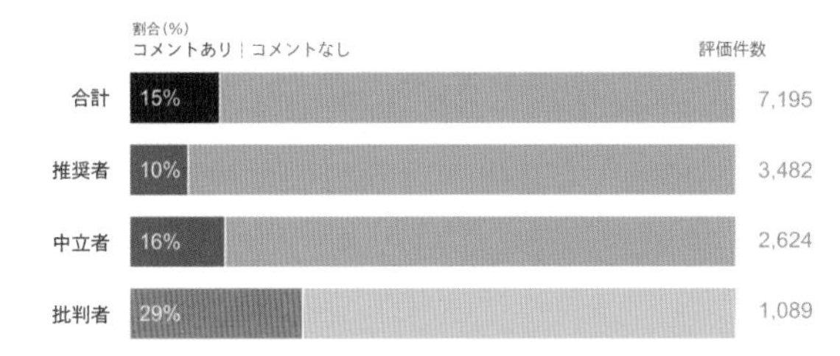

図7.6l　批判者は比較的多くのコメントを残す

「批判者のコメントは、ある1つのテーマに集中しています。それは速度とレイテンシーについての不満です」

「参考までにあるコメントをそのまま読み上げます。『私のイライラを一言で表すなら、待ち時間です。アプリの立ち上がりが恐ろしく遅いのです。いったん起動すれば、すばらしいアプリなのに。いつもあまりにも長い時間、いったいいつ読み込みが終わるのだろうかと待ってます。しかも開くときによくフリーズします』」

「このようなコメントを読むのはとても残念です。私たちはこれまで、新機能の追加に注力してきましたが、基本機能がスムーズに動くように努力することのほうが重要かもしれません」(図7.6m)

コメントは問題点へのインサイトを与えてくれる

1/3 批判者からのコメントの3割以上は速度とレイテンシーへの不満

これがコメントの中でも最大のテーマとなっている。
2番目は予期せぬ再起動で、批判者のコメントのうちわずか6%。

図7.6m　コメントは問題点へのインサイトを与えてくれる

「さて、このほかにも考慮すべきコンテキストがあることは十分認識していますが、この顧客インサイトをぜひみなさんにお伝えし、プロダクト戦略でこの点も加味していただきたいと考えました。レイテンシーを改善すれば、批判者が減り、プロダクトに満足するユーザーが増えます。ここまでお伝えしたことは、プロダクト戦略や次回のリリース計画にどのように反映させられるでしょうか?　それについて議論できればと思います」(図7.6n)

提案:
このフィードバックを踏まえて
プロダクトと新機能のリリース戦略を見直し、
レイテンシーの改善を優先する、
ということについて議論しましょう

図7.6n　提案

ここまで見てきたプレゼンの流れが、このシナリオの冒頭で説明した「調査方法―分析―結論」というよくある直線的なアプローチと、どのように違っていたか考えてみましょう。データをもとにストーリーを語れば、相手の注意を最後までひきつけ、データにもとづいた生産的なディスカッションを促すことができます。ミーティングが終わって部屋を出るときには、あなたの分析結果が意思決定に影響を与えたことがわかるでしょう。

相手はいつもあなたの望みどおりに行動してくれるわけではありません。ほかにも優先事項はあるでしょうし、アプリのスピードを速めるのは実際のところ非常に複雑な問題かもしれません。それでも大事なのは、提案をまとめて、ミーティングの出席者に具体的に示し、反応を促すことです。それが議論のきっかけになり、新たなコンテキストが見つかります。データをもとにしたストーリーをプレゼンするからといって、あなたがすべての詳細や答えを知っているわけではありません。しかし、データと、それを伝える方法を深く掘り下げて考えていることは事実です。よく考えて賢く提案すれば、実りある議論や賢明な決断につなげることができるのです。

ここまで、データをもとにストーリーを語る全体的なプロセスを、いくつか一緒に練習しました。つぎの章では、また別の例やケーススタディが出てきますので、今度はあなた1人で取り組んでみましょう。

第8章

さらに1人で練習

第7章ではエクササイズと答えを紹介しましたが、第8章では解答例のないエクササイズを紹介します。答えは、自分自身で考えてください。

この章のエクササイズは、授業の課題として出したり、プロジェクトとして取り組んだり、試験の問題としても使えます。もちろん、「データをもとにストーリーを語る」練習をもっとした場合にも役立つでしょう。

この章のエクササイズは、進むにつれてより複雑に難しくなっていきます。自分の仕事に直接的には関係がなさそうなテーマやデータでも、エクササイズをやってみることをおすすめします。練習を重ねることでスキルを磨けます。また、いつもと違うコンテキストで練習すれば、日々の制約に縛られず、よりクリエイティブなアプローチを思いつくかもしれません。エクササイズを1つ終えたら、フィードバックをもらい、自分の仕事でどう活かせるかを考えてみましょう。

このあとのエクササイズでは、あなたが考えた提案や解答を、好きなツールで実際に作ってみましょう。データのビジュアル化とデータをもとにストーリーを語るスキルに磨きがかかるでしょう。

この章のエクササイズを課題として使う場合は、内容を自由に変えてもらってかまいません。さまざまな例で、具体的な論点や指示を混ぜたり組み合わせたりすれば、かぎりない数の課題が作れるでしょう。また、あなたが作ったグラフに入れ替えたりして、カスタマイズしたエクササイズを作ることもできます。

それでは、**さらに1人で練習**をしていきましょう！

その前に、データビジュアライゼーションについてよく耳にする神話を検証しておきましょう。

Google流
資料作成術

振り返ってみましょう

データビジュアライゼーションに関する神話

神話：
線グラフは連続を表すデータにしか使えない

点同士を結ぶ線には意味がなくてはならない

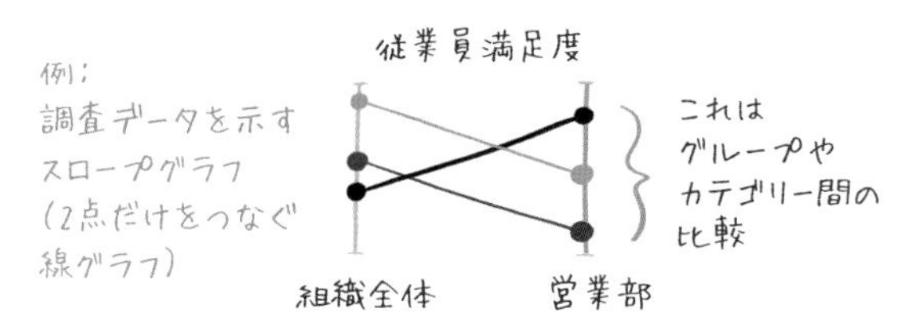

神話：
棒グラフにしておけば問題ない

手始めに棒グラフを使うのはよいが、
必ずしも最適とは限らない

「相手に何を見てほしいのか？」を考える

ほかのグラフも試してみて、ニーズに合うものに決める

神話：
グラフ※の基準線はゼロから始めるべき

※棒グラフについては正しい

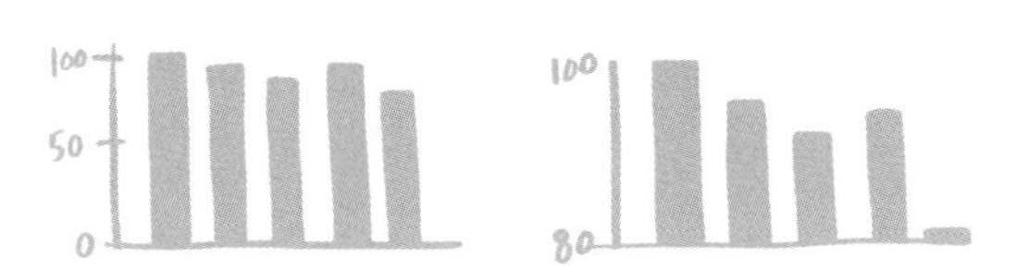

神話：
円グラフは役に立たない

円グラフを使うときは、理由を明確に

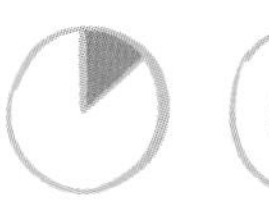
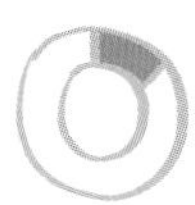

研究によると、
円グラフやドーナツグラフで
人が比べるのは
角度ではなく面積

データや見せる相手にとって円グラフがよいと思うならば、
試しに作ってみよう！

神話：
バイアスのないデータは存在する

データを分析するすべてのプロセスで先入観が入る

ルール！ データで嘘をついてはいけない

何を計測するか

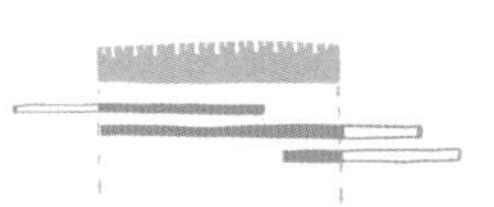

どのように集計して比較するか

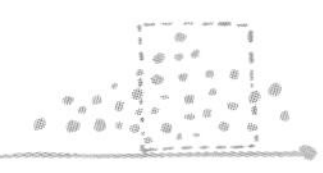

どのように見せるか

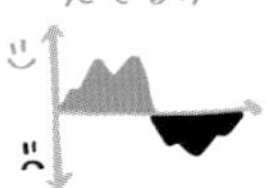

神話：
データはつねに多いほどよい

多くのデータを集める前に、「そのデータで何ができるのか、どんな決定ができるのか」を考える

プレゼンの相手とコンテキストが、必要なデータの量を決める

神話：
データを要約するときは平均値をとればよい

分布、広がり、ばらつきを理解する必要がある

年ごと

月ごと

日ごと

平均値でデータの広がりを隠してしまうと、誤って解釈してしまうことがある

神話：
データをビジュアル化するときには唯一の正しい答えがある

データを見せるとき、「何が目的なのか？」をつねに考える

さらに1人で練習

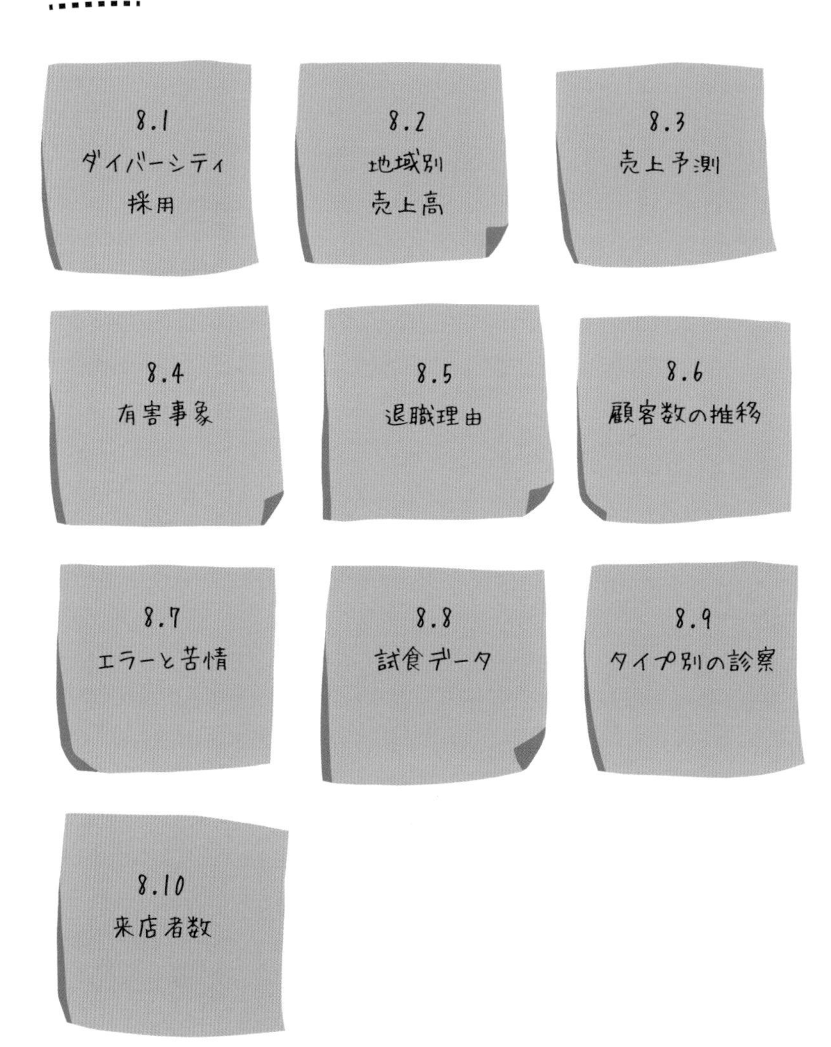

8.1
ダイバーシティ採用
8.2
地域別売上高
8.3
売上予測
8.4
有害事象
8.5
退職理由
8.6
顧客数の推移
8.7
エラーと苦情
8.8
試食データ
8.9
タイプ別の診察
8.10
来店者数

エクササイズ8.1：ダイバーシティ採用

あなたの所属する組織では、最近、「ABCプログラム」で多様な人材の採用に取り組みました。この取り組みの成果を検証したいと考えています。図8.1は、そのデータのスライドです。よく見て、つぎのステップに進みましょう。

2019年「ABCプログラム」の採用活動のハイライト

採用活動の概要ー2019年 新規採用のインターンとアナリスト

ABCプログラム全体で131名を採用。GPA（成績平均値）3.60の目標をわずかに上回った

2019年 事業部門別、職位別の採用者数

プログラム	インターン	アナリスト	インターン MBA	フルタイム MBA	小計	採用者全体に占める割合
ABXL	40	36	8	3	87	66%
ARC	20	5	2	0	27	21%
EMA	6	5	0	0	11	8%
REP	4	0	0	0	4	3%
QB	2	0	0	0	2	2%
Total	72	46	10	3	131	100%

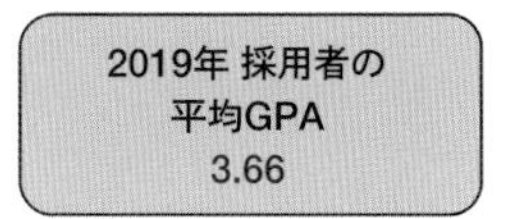

ダイバーシティ採用の概要ー2019年 新規採用のインターンとアナリスト

女性の採用目標値である25%は上回った（26%）。人種多様性の目標値30%は達成したものの、5名の候補者が辞退。ダイバーシティ採用と非ダイバーシティ採用の比率は1:1

カテゴリータイプ	採用人数	採用者全体に占める割合
エスニック 女性	12	9%
エスニック 男性	30	22%
非エスニック 女性	23	17%
非エスニック 男性	66	49%
採用未決定	0	0%
オープン	0	0%
辞退	5	4%
合計	136	

2019年 事業部門別、職位別のダイバーシティ採用者数

プログラム	EF	EM	NEF	ダイバーシティ採用者数	割合	Non-Div	% Non-Div
ABXL	7	25	15	47	54%	40	46%
ARC	2	3	6	11	41%	16	59%
EMA	2	1	1	4	36%	7	64%
REP	1	0	1	2	50%	2	50%
QB	0	1	0	1	50%	1	50%
Total	12	30	23	65	50%	66	50%

ダイバーシティカテゴリータイプ略語一覧：EF＝エスニック 女性、EM＝エスニック 男性、NEF＝非エスニック 女性、Non-Div＝白人男性

図8.1　プログラムの採用ハイライト

ステップ1：まず、よい点から見ていきましょう。このスライドのどこがよいと思いますか？

ステップ2：改善が必要な箇所はどこですか？　書き出してみるか、パートナーと話し合いましょう。

ステップ3：おもな要点は何ですか？　これはよい結果の報告ですか？　それとも行動への呼びかけですか？　このデータをプレゼンするとしたら、どこに（1つまたは複数に）フォーカスするか、短い文章にまとめてみましょう。

ステップ4：このデータをプレゼンする際に、表（1つまたは複数の表）を使うよ

う指示されたとします。この条件のもと、あなたがステップ3でまとめた要点に注意をひくために、データの見せ方で改善できる箇所はありますか？　新しい表を手で描くか、データをダウンロードしてツールで作り、どこにどのような方法で注意をひくかを示しましょう。

ステップ5：表以外の形式も自由に使えるとします。このデータをどのようにプレゼンしますか？　ABCプログラムのダイバーシティ採用について、データをもとにしたストーリーをどのように語りますか？　あなたの考えたアプローチをまとめ、好きなツールで理想の資料を作りましょう。

エクササイズ8.2：地域別売上高

あなたはある企業の、北西地域を統括する営業部長です。月次レポートからスライド（図8.2）を抜き出し、営業チームのオフサイトミーティングで取り上げたいと考えています。その内容を部長補佐と準備しているところです。つぎの2通りのシナリオについて考えてみましょう。

シナリオ1：ミーティングは明日です。あなたも部長補佐も、それまでにやるべきことが、資料の準備以外にもたくさんあります。図8.2のグラフを大幅に修正する時間はなく、せいぜい5分ほどしかかけられません。その場合、何をしますか？　この情報をどのようにプレゼンしますか？

シナリオ2：オフサイトミーティングまでに1週間あり、部長補佐が図8.2のグラフを修正することになりました。その前に、あなたにフィードバックを求めています。いまのグラフで、変えずに残しておいてほしい点はどこですか？　これまで学んだことをふまえて、どこを変更するようにアドバイスしますか？

考えを書き出すか、パートナーと話し合ってみましょう。

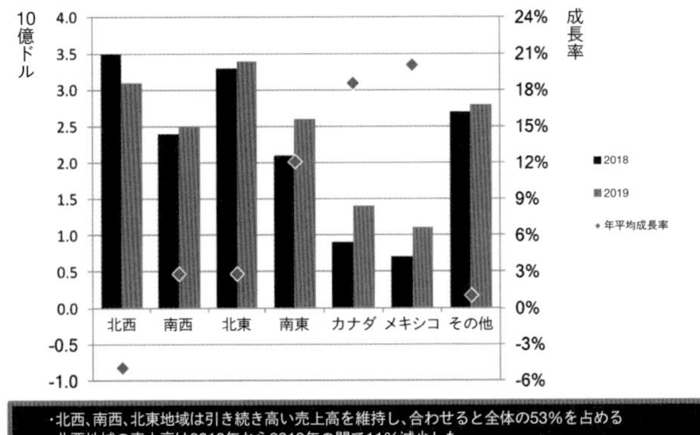

図 8.2　地域別売上高

エクササイズ 8.3：売上予測

図8.3は総売上と純売上（正味売上）の推移を示しています。これをよく見て、つぎのステップに進みましょう。

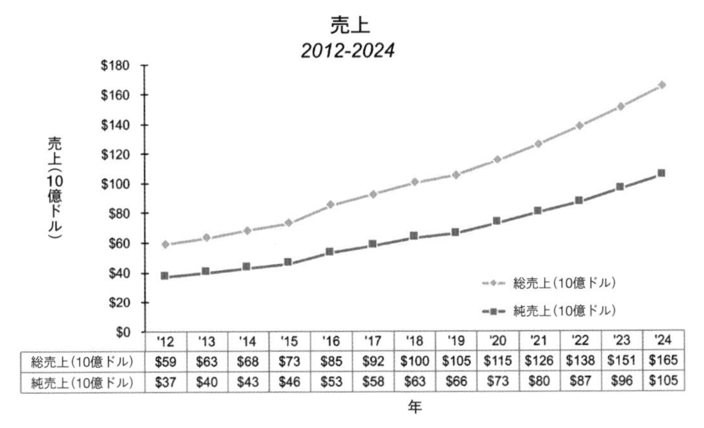

	'12	'13	'14	'15	'16	'17	'18	'19	'20	'21	'22	'23	'24
総売上（10億ドル）	$59	$63	$68	$73	$85	$92	$100	$105	$115	$126	$138	$151	$165
純売上（10億ドル）	$37	$40	$43	$46	$53	$58	$63	$66	$73	$80	$87	$96	$105

図 8.3　売上予測

ステップ1：このグラフのよい点はどこですか？

ステップ2：表の使い方を考えてみましょう。これはわかりやすいと思いますか？　そう思う場合は理由を説明しましょう。わかりづらいと思う場合、どのように見せ方を変えますか？

ステップ3：ほかには何を変えますか？　書き出すか、パートナーと話し合ってみましょう。

ステップ4：このデータを伝える状況を、(1) プレゼンする場合、(2) 相手にメールで送る場合、の2通りでイメージしてみましょう。それぞれの状況で何を変えますか？　つぎにデータをダウンロードして、好きなツールで思い通りのグラフを作ってみましょう。必要に応じて自由に状況を想定してかまいません。

ステップ5：これまで使ったことのないツールを選んでください（イントロダクションで、ツールをいくつか紹介しています）。そのツールで、先ほど作ったグラフと同じものを作ってみましょう。どんなことがわかりましたか？　気づいたことを文章でまとめてみましょう。

エクササイズ8.4：有害事象

あなたは医療機器メーカーに勤務しています。同僚が、最近の研究のポイントをまとめたつぎのスライド（図8.4）を作り、フィードバックを求めてきました。このスライドを見て、つぎのステップに進みましょう。

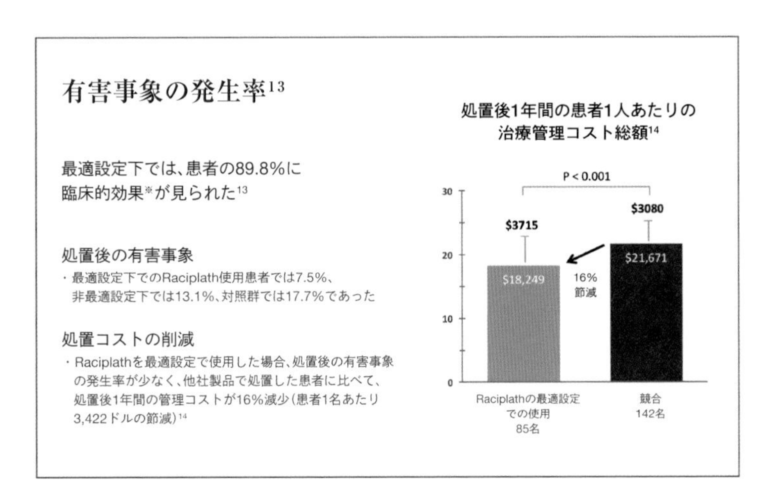

図8.4　有害事象

ステップ1：改善に向けた批評をする前に、まずはよい点を挙げましょう。このスライドのよいところはどこですか？

ステップ2：同僚にどんな質問をしますか？　リストアップしましょう。

ステップ3：これまで学んだことをふまえて、どんな点を変えるようアドバイスしますか？　変えたほうがよい点とその理由もあわせて考えましょう。

ステップ4：この情報を伝える相手に専門知識がない場合、アドバイスはどう変わりますか？

ステップ5：データをダウンロードし、好きなツールで、前のステップでまとめた変更点を取り入れたスライドを作ってみましょう。

エクササイズ8.5：退職理由

あなたは大企業の最高マーケティング責任者（CMO）の補佐を務めています。上司であるCMOから、人事面でのビジネスパートナー（HRBP）と協力して、マーケティング業界における退職理由を調査し、結果をプレゼンするよう指示を受けました。HRBPはデータを精査し、つぎのグラフ（図8.5）をメールで送ってくれました。

このデータをよく見て、つぎのステップに進みましょう。

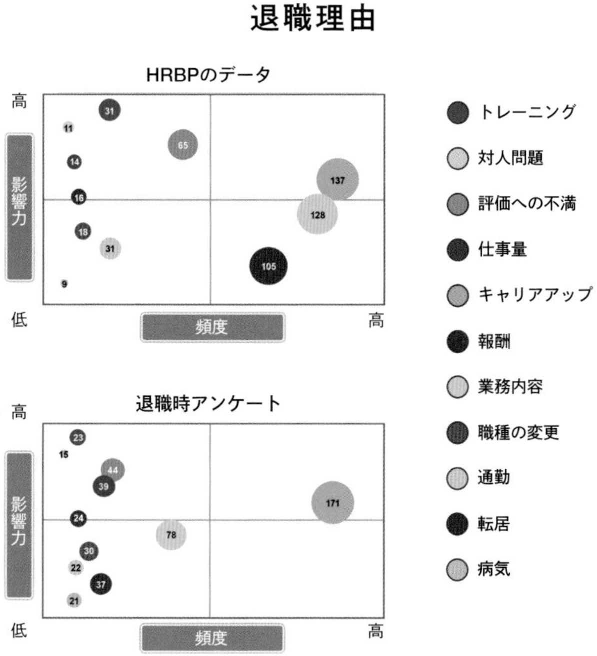

退職理由

図8.5　退職理由

ステップ1：これは何を示していますか？　このデータの要点を短い文章で説明しましょう。このグラフはどう解釈すればよいのでしょうか？　必要に応じて状況を想定して考えてみてください。

ステップ2：このグラフでわかりづらい点や改善すべき点はどこでしょうか？

HRBPにはどんな質問やフィードバックをしますか？　なお、HRBPはこのグラフを作るのに長い時間をかけていたとします。相手の気持ちを害さないようにフィードバックするにはどうすればよいでしょうか？

ステップ3：このデータをグラフにする方法を、3通り考えて、紙に描いてみましょう。それぞれの長所と短所は何ですか？　リストアップしましょう。どのグラフがいちばん気に入りましたか？　それはなぜですか？

ステップ4：データをダウンロードし、好きなツールで思い通りのグラフを作りましょう。

ステップ5：このデータをCMOに伝えます。プレゼンするのか、送付して見てもらうのか、どちらかの場合を想定し、好きなツールで資料を作りましょう。

エクササイズ 8.6：顧客数の推移

あなたはある製品を販売する組織のアナリストです。最近実施したキャンペーンについて、目標とする顧客数増加に対する進捗状況を評価してまとめるよう指示されました。2019年9月までの実績データと、2020年12月までの予測データがあります。同僚がつぎのグラフにまとめ、フィードバックを求めてきました。このグラフを見て、つぎのステップに進みましょう。

市場モデル:顧客数と市場カバレッジ

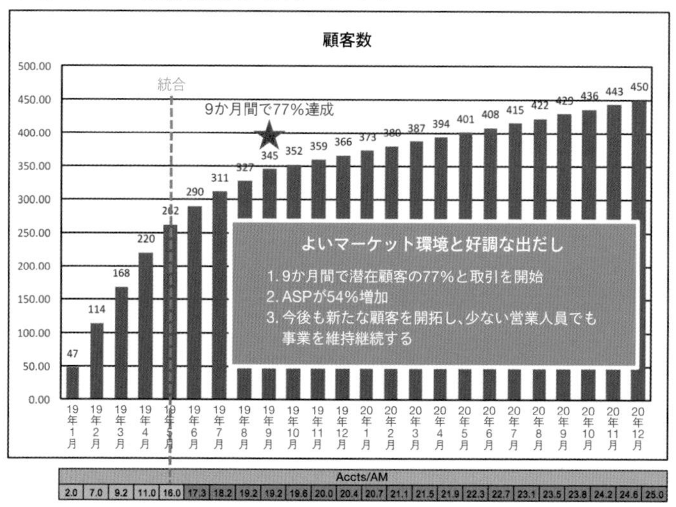

図 8.6　顧客数の推移

ステップ1：このデータについてどんな質問がありますか？　リストアップしましょう。

ステップ2：取りのぞきたいクラターはどれですか？　リストアップしましょう。

ステップ3：これはよい結果の報告でしょうか？　それとも行動への呼びかけでしょうか？　このシナリオでの緊張は何でしょうか？　この緊張を解決するために相手に取ってほしい行動は何でしょうか？

ステップ4：このデータの見せ方についてどんなアドバイスをしますか？　あなたの思い通りのデザインを、紙に描くか、データをダウンロードし、好きなツールで作ってみてください。

ステップ5：このデータをプレゼンする場合と、相手に資料で見てもらう場合とで、アプローチはどう変わりますか？　短い文章で考えをまとめましょう。そのうえで、それぞれのケースに合わせて、好きなツールでグラフを作り変えてみましょう。

エクササイズ 8.7：エラーと苦情

あなたは全国展開する銀行に勤務するアナリストです。毎年初め、あなたのチームは各ポートフォリオに関して、年度末時点でのレビューをまとめます。レビューは、融資の組成から回収に至るプロセスの、さまざまな段階のデータを含みます。あなたは住宅ローンのポートフォリオにおけるクオリティと満足度についてデータを分析し、資料を作成するよう指示されました。あなたはまず、前年のレビューで使ったスライドを利用し、今回のデータに更新するところから始めました。そうしてできたグラフが図8.7です。

今回はグラフをただ載せるのではなく、データをもとにストーリーを語ることにしました。

次ページの図8.7をよく見て、つぎのステップに進みましょう。

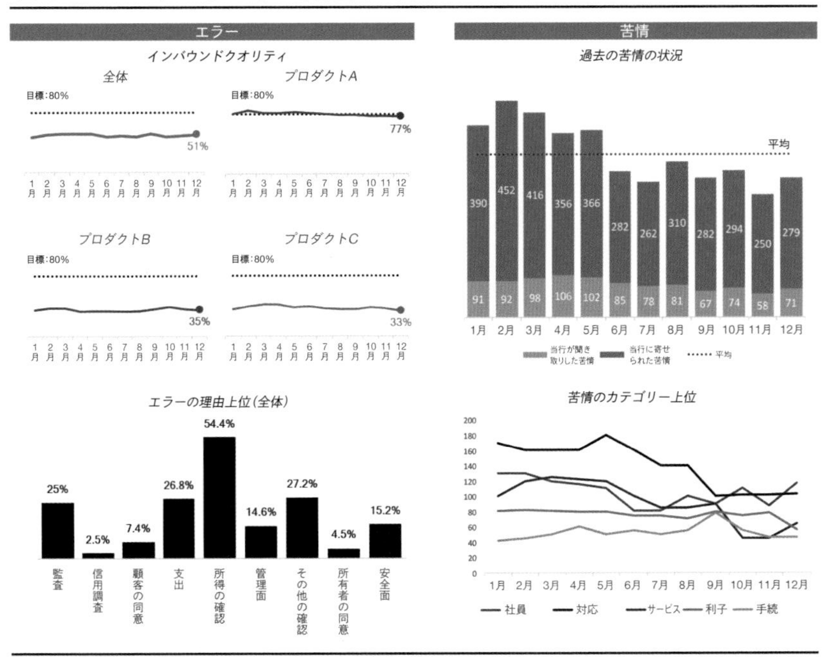

図 8.7　エラーと苦情

ステップ1:このデータについてどんな質問がありますか？　リストアップしましょう。必要に応じて状況を具体的に想定しながら、その質問に答えましょう。

ステップ2:それぞれのグラフの要点を短い文章でまとめましょう。

ステップ3:ここではどんなストーリー（1つまたは複数）にフォーカスしますか？　どのデータを使いますか？　使わないデータはありますか？　1枚のスライドですべて説明できますか？　それとも複数のスライドを使ったほうがよさそうですか？　あなたのアプローチを紙に描いてみましょう。

ステップ4:この状況で、注目すべきポイントを明確に示すためには、図8.7のデータをどのようにビジュアル化すればよいでしょうか？　ここまで学んだことを思い返し、活かしてみましょう。データをダウンロードして、ストーリーを語るための資料を好きなツールで作りましょう。

ステップ5：スライドのドラフトを作りました。しかし上司からは、「プレゼンの相手はこれまでのようなグラフだけのページを期待しているだろう」というフィードバックがありました。あなたならどう反映するか、考えを書いてみましょう。

エクササイズ8.8：試食データ

勤務先の食品メーカーでは、クレープベリーというヨーグルトの新製品を発売予定です。あなたもメンバーとなっている製品開発チームは、製品を発売する前に、いま一度消費者心理をリサーチするために、試食会を行ない、その結果を分析しました。いまは、製品開発部の部長とのミーティングで、発売前に製品の変更をするかどうかを話し合う準備をしています（このシナリオは、第6章のストーリーの弧の話のなかでも取り上げました）。

同僚が、試食会の結果をまとめたつぎのグラフ（図8.8）を作り、あなたにフィードバックを求めてきました。これをよく見て、つぎのステップに進みましょう。

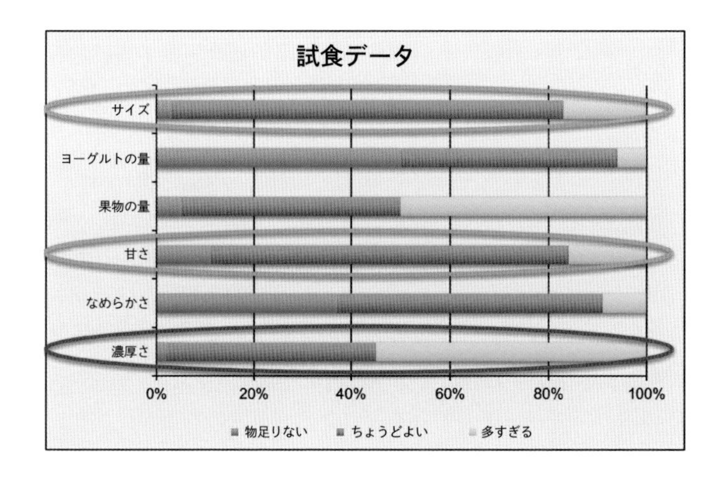

図8.8　試食データ

ステップ1：このスライドのどこがよいでしょうか？

ステップ2：これまで学んだことをふまえて、どんなフィードバックをしますか？　変えたほうがよい点とその理由もあわせて考えをまとめましょう。

ステップ3：グラフからいったん離れて、ストーリーについて考えてみましょう。ストーリーの弧の構成要素（状況設定、上昇展開、クライマックス、下降展開、結末）を思い出してください。このシナリオからそれぞれの構成要素に該当する内容をリストアップしましょう。できれば、ストーリーのポイントを付箋に書き出し、ストーリーの弧に沿って並べてください。必要に応じて内容を編集し、このデータをもとに語るストーリーをまとめましょう。緊張は何ですか？　解決するために、相手はどんなことができるでしょうか？

ステップ4：データをダウンロードしましょう。好きなツールを使い、ステップ3でまとめた、データをもとにしたストーリーを作りましょう。製品開発部長にプレゼンする際のナレーションもまとめておきましょう。

エクササイズ8.9：タイプ別の診察

つぎのシチュエーションは、エクササイズ6.3で取り上げたものと同じです。いま一度読み直し、データをよく見てからつぎのステップに進みましょう。

あなたは地域の医療施設にデータアナリストとして勤務しています。全体的な効率、費用、医療のクオリティを改善する取り組みの一環として、近年、対面での診察の代わりに、医療従事者によるメール、電話、ビデオを通じたバーチャルコミュニケーションの利用拡大を推奨する動きがあります。あなたは、年次報告に盛り込む内容として、バーチャルコミュニケーションへの望ましい移行が起こっているかどうかのデータをまとめ、来年度の目標に関する提言をつくるように指示されました。報告する相手はおもに医療施設の上層部です。分析によると、初期診療と専門医療の両方で、バーチャルコミュニケーションの利用が、実際に増加していました。来年度もこの傾向は継続すると予測されます。上層部には、この最新のデータと予測を報告します。また、あなたは、過度に積極的な目標を立てて医療のクオリティ低下につながることのないように、医師などの意見も取り入れる必要があると考えています。

図8.9はあなたがストーリーを作るために使うデータです。

タイプ別の診察の推移 患者1,000人あたり							
		2015	2016	2017	2018	2019	2020（予測）
対面	合計	3,659	3,721	3,588	3,525	3,447	3,384
	初期診療	1,723	1,735	1,681	1,586	1,526	1,500
	専門医療	1,936	1,986	1,907	1,939	1,921	1,884
電話	合計	28	39	138	263	394	535
	初期診療	26	34	125	212	295	375
	専門医療	2	5	13	51	99	160
オンライン	合計	0.3	0.5	1.6	2.8	3.4	4.5
	初期診療	0.2	0.3	0.4	0.8	1.2	2.0
	専門医療	0.1	0.2	1.2	2.0	2.2	2.5
メール	合計	1,240	1,287	1,350	1,368	1,443	1,580
	初期診療	801	831	852	856	897	950
	専門医療	439	456	498	512	546	630
総計	合計	4,927	5,048	5,078	5,159	5,287	5,504
	初期診療	2,550	2,600	2,658	2,655	2,719	2,827
	専門医療	2,377	2,447	2,419	2,504	2,568	2,677

図 8.9　タイプ別の診察の推移

ステップ1：表だとデータの変化がわかりづらいので、まずグラフにすることから始めましょう。紙に描くか、図8.9のデータをダウンロードして、好きなツールでグラフを作ってください。データについてよく知り、そこから何が読み取れるか理解できます。その際に、つぎの質問について考えるとよいでしょう。

(A) 診察数の総計は時間とともにどう変化しているか？

(B) 診察の内訳はどうなっているか？　バーチャルなチャネル（電話、オンライン、メール）への望ましい移行は起きているか？

(C) バーチャルなチャネルの使用は、初期診療と専門医療で差があるか？

(D) このデータのみを参考に、初期診療と専門医療のバーチャルな診察についてそれぞれ目標を立てるとすると、どのような目標にすべきか。

ステップ2：このシナリオのコンテキストと、ステップ1でわかったことをよく考えてみましょう。あなたはこのデータについてプレゼンをすることになりそうです。まず、アナログな方法でストーリーの概要を作りましょう。1枚の紙に要点を箇条書きにしてもよいですし、これまで見てきたように、付箋やストーリーボード、ストーリーの弧を活用してもよいでしょう。ほかの方法でもかまいません。あなたにいちばん合った方法で、ストーリーのプランを立てましょう。

ステップ3：ステップ2で立てた、データをもとにしたストーリーを、好きなツールで作りましょう。

ステップ4：プレゼンのほかに、ミーティングを欠席した人への配付用や出席した人の備忘録として、内容を1枚にまとめたものが必要になります。好きなツールで、この資料を作りましょう。

エクササイズ8.10：来店者数

あなたは国内で小売店を展開する大手企業のアナリストで、最近の来店者数と購買動向の分析を終えたところです。データをビジュアル化し、伝えるべき説得力のあるストーリーを見つけました。

昨年から、各地域の来店者数が減少しています。最も減っているのは北東地域ですが、昨年この地域でいくつか店舗を閉鎖したこともあり、当然の結果です。閉店した店舗に通っていた顧客は、現在は競合店を利用しています。来店者数の減少は、あなたの会社が「スーパーショッパー」と呼ぶ、最も重要な顧客グループでより際立っており、前年との差はここ数か月で広がっています。しかし来店者数は問題全体の一部にすぎません。来店者数の変化が売上の変化（経営陣が深い関心を寄せる部分）にどう反映されるかを理解するためには、店舗での購入金額も考慮する必要があります。あなたはこれを、購入商品数と商品単価から成る「バスケット」として計測します。

データによると、顧客、とりわけスーパーショッパーは全体的に購入する商品数が減ってはいるものの、購入した商品の平均価格は上昇していることがわかりました。昨年行なった高級ブランドの限定セールが原因だと考えられます。セールがよい結果につながったことをふまえ、あなたは経営陣に対して、スーパーショッパーを対象としたセールの経済的な効果を、さらに調査するよう提言したいと考えています。これはあなたの仮説を検証するためでもあり、さらにはデータから読み取れた望ましくない傾向を巻き返したいという希望でもあります。

この分析の過程で作ったグラフについて、上司に説明しました。すると、ストーリーを見つけ出すために使ったグラフでは、ステークホルダーにその情報をうまく伝えられないことがわかりました。上司は、グラフを作り直し、分析結果と提言を経営陣に伝えるための短いプレゼン資料を作るように、あなたに指示しました。あなたは全体を見直し、この機会を、前著や本書を通して学んださまざまなレッスンを活かすチャンスだと考えました。

図8.10はあなたが作ったもとのグラフです。これらをよく見て、つぎのステップに進みましょう。

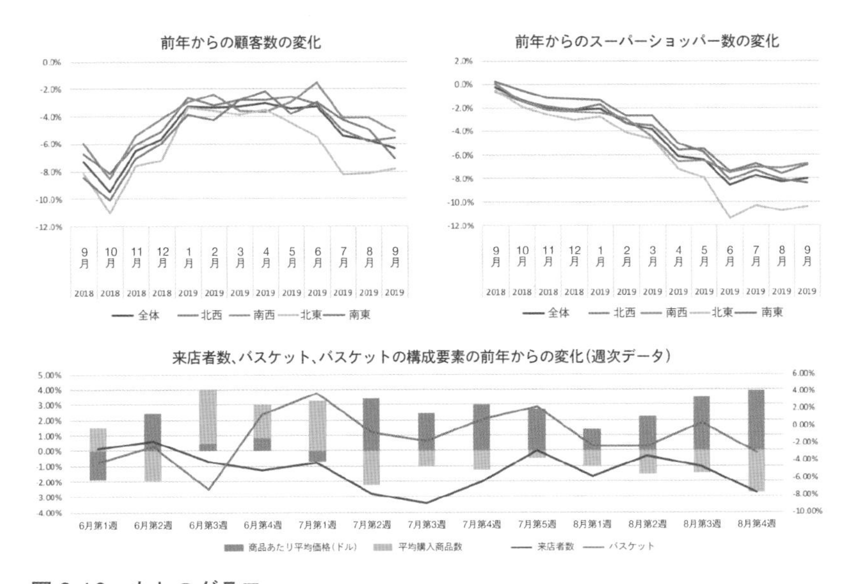

図 8.10　もとのグラフ

ステップ1：このシナリオのビッグアイデアを作りましょう。ビッグアイデアの要素は、「意見にオリジナリティがある」「問題点を伝えている」「完全な文章である」の3つでした。必要ならば、21ページのビッグアイデア・ワークシートを使ってください。作り終わったら、ほかの誰かと話し合い、よりよいものにしましょう。ビッグアイデアをもとに、簡潔で繰り返しやすいフレーズが作れそうですか？　エクササイズ6.12を参考に、1つ作ってみましょう。

ステップ2：データをよく見て、各グラフの要点を短い文章でまとめましょう。

ステップ3：付箋を用意してください。このシナリオでのコンテキスト、ステップ1で作ったビッグアイデア、ステップ2でまとめた要点をふまえて、プレゼン資料に取り入れる内容についてブレインストーミングしましょう。それが終わったら、ストーリーの弧に沿ってその内容を並べてください。緊張は何ですか？解決するために、相手はどんなことができるでしょうか？

ステップ4：つぎに、データをよく見てグラフをデザインしましょう。もとのグラフと、そのデータをダウンロードしてください（ほかにも役立ちそうなデータを用意しています）。グラフを数種類は試す必要があるでしょう。そうした試行錯誤やブレインストーミングの過程で浮かんだアイデアを紙に描きだしてみましょう。適切なグラフの選び方、クラターの取りのぞき方、注意のひき方について学んできたことを実践し、全体のデザインをよりよいものにしましょう。

ステップ5：好きなツールで、プレゼンに使う資料を作りましょう。1ページごとに、あなたが口頭で伝えるナレーションもまとめてください。あなたの友人や同僚に、この資料でプレゼンできれば、さらによい練習になるでしょう。

ステップ6：少し時間をとって考えてみましょう。もとのグラフと、あなたが作ったグラフを比べてみてください。自分が作ったもののほうが伝わりやすいと思いますか？　それはなぜですか？　ここまでの全体のプロセスはどう感じましたか？　どの部分が最も役立ちましたか？　それはなぜですか？　このエクササイズで実践したことを、仕事でどのように応用できそうですか？　考えを、文章でまとめてみましょう。

お疲れさまでした。たくさんの例で練習を重ね、あなたは多くを学びました。データをもとにストーリーを語るためのスキルも磨かれたはずです。よくがんばりました！　職場で実践する準備はすっかり整っています。さっそく始めてみましょう。つぎの章では、日々の仕事のなかで、データをもとにストーリーを語るためのスキルと自信を育てる、最後のエクササイズをしていきます。

第9章

さらに職場で実践

この章では、「データをもとにストーリーを語る」のレッスンを仕事でどのように取り入れるかを説明します。プロジェクトに取り組むときには、ここまで紹介したアドバイスを振り返ってください。この章の最初のエクササイズで、これまでの「職場で実践」のエクササイズをリストにしていますので、参考にしてください。

また、「データをもとにストーリーを語る」プロセスを、日々の仕事にさらにしっかりと取り入れるためのアドバイスも紹介します。前著『Google流 資料作成術』とこの本を通して学んできたことを、総合的に実践するのに役に立つでしょう。ほかにはグループ学習やディスカッションに役立つリソースやガイド、グラフを評価する際に使える評価表も用意しています。フィードバックの重要な役割、フィードバックをし合う方法、そして「データをもとにストーリーを語る」スキルを磨くための目標の立て方や、ほかの人が目標を立てるのを手伝う方法も確認していきます。この分野で完璧な「エキスパート」は存在しません。スキルのレベルにかかわらず、成長の余地はつねにあります。誰もが、能力を磨き続け、よりうまくデータを伝えられるようになれるのです。

ここまでのエクササイズをすべてやり遂げた人は、称賛に値します（まだ全部を終えていなくても問題ありません。まだできることがたくさんあるということです！）。それでは、**さらに職場で実践**してみましょう！

まずはあなたとあなたのチームを成功に導くアイデアをいくつか振り返っておきましょう。

振り返ってみましょう

チームを育てる

自分は何をするか？

誰も1人では働けない

マネジャーやリーダーは、
チームの「データをもとにストーリーを語る」
能力を高めると、恩恵を受けられる

周りにいる人たちに影響を与え、
行動してもらいたいと
思っているプレイヤーも同様

一般的なチーム構成

部署横断型グループ

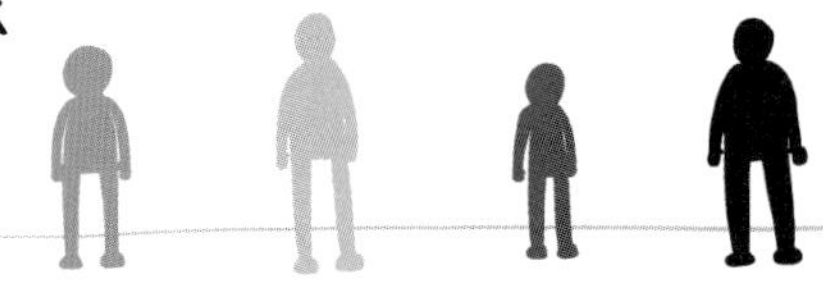

ほとんどのチームにデータビジュアライゼーションの専門家はいない。多くの場合、アナリストの役割

戦略とテクニックのバランス

「データをきれいに見せる」以上の意味がある

どんなにすばらしい分析結果も、わかりやすく伝えられなければ無駄な努力

マネジャーは……

学びのカルチャーを育てる

データビジュアライゼーションとコミュニケーションを分析的な業務の一環として位置づける

性格が合っていて、関心のある人を見つけ出し、成長をサポートし、エキスパートに育てる

小さなチームは……

制約を逆手にとる

クリエイティブな解決策へのニーズ

チームの規模

→ 新しいアプローチを実践したり試したりすることを奨励する

→ オンラインの無料で使えるリソースを活用する

→ 外部に指導やアドバイスを求める

プレイヤーは..

よい仕事をする

フィードバックを求める

押しつけずに、コツを教え合う

小さな成功の積み重ねで信頼と自信を育てる

さらに職場で実践

9.1
作戦を
立てる

9.2
目標を
定める

9.3
よいフィードバック
の与え方・
もらい方

9.4
フィードバックの
カルチャーを作る

9.5
「データをもとに
ストーリーを語る」
プロセスを参考に

9.6
評価表を
活用する

9.7
ビッグアイデアの
プラクティス
セッションを開く

9.8
ワーキングセッションを
開催する

9.9
ストーリーを
うまく伝えるために

9.10
意見を
交換する

エクササイズ9.1：作戦を立てる

第1章から第6章までで、たくさんの「職場で実践」エクササイズを見てきました。下にすべてリストアップしています。データを伝えたり、ストーリーをプレゼンしたりする必要があるときは、このリストを眺めてみましょう。あなたの目的にいちばん合うエクササイズを見つけて、やってみましょう！

1.17　相手を知る
1.18　ターゲットを絞り込む
1.19　目的とする行動をはっきりさせる
1.20　「ビッグアイデア・ワークシート」に記入する
1.21　ビッグアイデアへのフィードバックを求める
1.22　チームでビッグアイデアを作る
1.23　頭のなかのアイデアを絞り出す
1.24　ストーリーボードをまとめる
1.25　ストーリーボードへのフィードバックを求める
2.17　グラフを描いてみる
2.18　ツールで試す
2.19　自問自答する
2.20　声に出す
2.21　フィードバックをもらう
2.22　データライブラリーを作る
2.23　ほかのリソースを探す
3.11　1枚の紙から始める
3.12　それは本当に必要？
4.9　目をひかれるのはどこ？
4.10　ツールを習得する
4.11　注意をひくべき箇所を見極める
5.9　言葉でデータをわかりやすくする
5.10　視覚的階層を作る
5.11　細部にこだわる
5.12　アクセシビリティの高いデザインにする
5.13　デザインを受け入れてもらうために

6.12　簡潔で繰り返しやすいフレーズを作る
6.13　これは何の話？
6.14　ストーリーの弧を使う

エクササイズ9.2：目標を定める

目標を設定することは大切です。望むことを明確にして、実現させるために必要なステップを計画すれば、その望みの実現可能性が確実に高まるからです。よい目標を立てれば、「データをもとにストーリーを語る」スキルを磨きやすくなります。

目標設定の方法はシンプルです。自分が伸ばしたいスキルやポイントをはっきりさせます。それを実現するための具体的な行動をリストアップします。行動には期限を設けて、緊張感を高めましょう。いつでも思い出せるように、見えるところにこのリストを貼っておきましょう。そして、上司や同僚にも宣言しましょう。完了させた行動をリストから消して目的に近づいていくことを実感するのは、楽しいものです。

これから紹介する方法がすばらしいのは、最初の目標を達成すると、さらに高い目標を立てるので、スキルがさらに磨かれ、専門的な知識が増えていく点です。もっとも、もしいまのやり方でうまくいっているのであれば、それを続けてください。私の会社では、年に一度、全体の目標を私が立てます。四半期ベースでは、私を含めた社員全員が、私がGoogleで学んだフレームワークに沿って目標設定をします。あなたが目標を立てるときや、チームの目標設定をサポートする際に役立つよう、そのプロセスをお伝えしましょう。

私たちは、四半期ごとの**目標と成果指標**（**OKR**:Objectives and Key Results）を記録し、測定して、目標に対する集中力と責任感を持続させています。まず「目標」として、それぞれの社員が達成したいことを明確に示します。この目標の条件は、結果が目に見え、行動で示せるものであることです。「成果指標」ではその目標を達成する方法を示します。成果指標はアグレッシブかつ現実的、測定可能なもので、数値化し、期限を設定する必要があります（目標回数や達成期限など）。1人につき、四半期ごとに大体3~5個の目標を設定し、それぞれにつき2~3

個の成果指標を考えます。わかりやすいように、目標と成果指標の例を挙げましょう。

目標：試験プログラムXYZのプレゼンのストーリーを念入りに構成し、プログラムの公表と拡大に必要なリソースへの承認を得る。

- **成果指標1**：1月31日までに、2つのプロジェクトで、本書のエクササイズ1.17、1.20、1.21、1.23、1.24、6.12、6.14を完成させる。
- **成果指標2**：1月15日までに、プレゼンとメールで送る場合のそれぞれの資料を作成する。1月31日までに、主要なステークホルダーであるA氏からフィードバックをもらい、取り入れる。
- **成果指標3**：この四半期中に、同僚に向けてプレゼンの練習を3回する。フィードバックをもらって、内容、流れ、プレゼンスタイルを改善する。

各社員のOKRが完成すると、それを発表し、ほかのチームにも共有します。各自が何を達成しようとしているのかをお互いに知っていると、成功確率が高くなります。

四半期が終了した1週間後に、前四半期のOKRの**レビューをして、評価をします**。OKRの最も重要なステップの1つが評価です、レビューを通じて、成功を祝ったり、計画した進展が見られなかった点を評価します。これによって振り返りのレベルがさらに一歩進みます。0から10までのスコアでシンプルに評価し、0はまったく進展がなかったこと、10は成果指標が完全に達成できたことを表します（例えば、新しいツールで12個のグラフを作るという成果指標なら、すべて作れれば10、半分しか作れなかったなら5といった具合です）。

スコアで評価すると、自分に対して謙虚になり、結果をきちんと受けとめられます。「もっとできたはず」と言うのは簡単ですが、自分に0点や2点（例えばですが）をつけると、振り返りがもっと深いものになります。
例えば、「なぜもっとやらなかったのだろうか？」「優先順位が変わってしまったのだろうか？　それでよいのか？」「よくないなら、できなかった理由は何だろう？」「この先それをどう変えていけばよいだろうか？」などと考えるからです。OKRについて、私も内省したり（同じくGoogleで働いていた夫も一緒に考えてくれ、目標達成を応援してくれます)、社員たちと各自のOKRについて話し合ったりします。目標に対する成果指標のスコアを平均して、各目標のスコアをまとめます。各目標のスコアを平均すれば、四半期全体の総括になります。四半期のOKRとそのスコアについてレビューし、うまくいっていること、優先順位、課題、解決策の選択肢などをよく話し合うことができます。それが新しい四半期のOKRの設定プロセスにつながり、また繰り返していきます。

私がスキルを磨き、事業をスタートさせ、ここまで広げて来られたのは、OKRプロセスのおかげです。自分を律して、周囲に宣言するのも効果的だと感じます。OKRは、いつの時点でも、自分がどこまで進んだのか、何が足りていないのか、何がうまくいっているのかの進捗を計る指標となるのです。会社が成長するなかで、何が重要かを各自が理解し、全員が足並みを揃えて同じゴールに向かって進むことにもつながっています。

さあ、**つぎはあなたの番です！**　データをわかりやすくビジュアル化したり、伝えたりするスキルを養ううえでの、具体的な目標を書いてみましょう。その目標を達成するための成果指標を2つか3つ考えましょう。それについて、あなたの上司と相談してみましょう。よく目がいく場所にそれを貼っておきましょう。最初のOKRを書いたなら、あとは実践するだけです！

一般的な目標設定やOKRプロセスの詳細については、storytelling with dataのポッドキャスト（storytellingwithdata.com/podcast）のエピソード13をチェックしてください（英語）。

エクササイズ9.3：
よいフィードバックの与え方・もらい方

スキルを磨いていくうえで、フィードバックをもらって修正することはとても大切です。それはわかっていても、人の批評を実際に受け入れるのは難しいものです。つい弁解したくなってしまうでしょう。ここでは、もっとうまくフィードバックをもらったり、フィードバックをするアイデアを紹介します。今度誰かの意見が必要になったときには、ここを読み返してみましょう。

誰に聞くか決める。どんな人にフィードバックをもらうのがいちばんよいか、よく考えましょう。最初に思い浮かべるのは、その状況をよく知っている人ですが、本当に自分に必要なのはどんなフィードバックなのか、よく検討してください。コンテキストを知らない人に聞くほうが、新しい視点が見つかるかもしれません。とくに、プレゼンする相手がその内容にくわしくない場合には好都合です。わかりづらい用語や、無意識に立てている前提、見慣れないタイプのグラフ、といったコミュニケーションを妨げるポイントを指摘してくれるでしょう。一方で、内容にくわしい人からもフィードバックをもらっておくと安心できるケースがあります。例えば、プレゼンの相手に専門的な知識があり、その指摘を想定してよく準備しておく必要があるときや、ある程度の知識がなければ有益なフィードバックができないときなどです。

フィードバックをもらうタイミングを計る。タイミングは、あなた自身にとっても、フィードバックのために時間をとってくれる相手にとっても重要です。

フィードバックをもらうのは、早ければ早いほどよいでしょう。早い段階であればまだ作業につぎ込んだ時間が短く、思い入れもそれほどないので、方向転換しやすいからです。とくに強力な意見を持つステークホルダーがいる場合には、フィードバックを早めにもらったほうが、プロジェクト全体を通してやり直しの回数を減らせるでしょう。とはいえ、手描きや仮ごしらえの図より、完全な形のスライドのほうが評価しやすい面もあるので、重要なプロジェクトでは要所要所でフィードバックをもらうと安心です。

フィードバックしてくれる人のスケジュールを尊重し、相手の都合に合わせてフィードバックの期限を決めましょう。必要なときまでにフィードバックをもらうのが難しそうな場合は、ミーティングを設定し、その場で説明して、フィードバックをもらうとよいでしょう。フィードバックをくれる相手には、感謝の気持ちを伝えましょう。

焦点を明確に。あなたが知りたいのは、グラフが読み取りやすいかどうかですか？　ポイントがうまく伝わるかどうかですか？　ほかのことですか？　何についての意見がほしいのか、できるだけ具体的にしておきましょう。そうすれば的確なフィードバックがもらえます。そのためには、プレゼンの相手が誰なのか、相手の関心事は何か、相手にはどんな知識があるのか、といったコンテキストを伝えましょう。

さらに、資料を作るプロセスでどんな制約があったのか、あるいはフィードバックを取り入れるうえでどんな制約があるかを伝えましょう。例えば期限が迫っていて、ある部分についてセカンド・オピニオンがほしいだけの場合、つぎのようにはっきり伝えましょう。「これについてどう思いますか？　今日先方に送る必要があるのですが、わかりにくい点や問題点があればすぐに修正して、午後5時までに送りたいと思っています。それをふまえて、もしお気づきの点があればお知らせいただけませんか？」。逆に時間に余裕があるなら、フィードバックのリクエストにも幅を持たせられるでしょう。例えば、「本当に、どんなことでもかまいません。うまくいっている部分はどこか、よりよくするにはどうすればよいか、どんなことでも教えてください」と伝えましょう。

話さずに聞く。誰かが建設的な意見をくれたときに、自分が作ったスライドを正当化し、そこに至った理由を挙げて反論したくなる気持ちはよくわかります。でも、それでは会話が成立しません。ぐっと我慢して、フィードバックの正否を判断することなく、オープンマインドで話を聞きましょう。メモを取って、きちんと聞いていることを態度で示しましょう。そしてフィードバックをくれている人に話し続けてもらいましょう。自分とは違う視点をよく理解できるよう、質問しましょう。会話を進めるためのヒントを紹介するので、参考にしてください。

話を聞いたら、質問をする。ひと通り聞いたあとに、もっとフィードバックがほしいときは、つぎのような質問をして引き出しましょう。

- このページのどこに最初に目がいきましたか？
- いちばんのポイントやメッセージは何だと感じましたか？
- このグラフをどのように読み取りましたか。まずどこに注目しましたか？　そのつぎは？
- あなたなら見せ方・伝え方をどう変えますか？　それはなぜですか？
- メッセージから注意をそらしてしまうものがありますか？
- 資料を見ずに、このプレゼンの要点やストーリーを言ってもらえますか？　ほかにどんなことを覚えていますか？

もらったフィードバックを検討する。どのフィードバックにも同じ価値があるわけではなく、ときには逆効果なアドバイスもあります。取り入れるかどうかは、多くの場合、フィードバックをくれた相手によって決まります。とはいえ、否定的な意見をもらったときは、自分が作ったものに執着せずに、客観的に、どこがいけないのかを考えましょう。フィードバックを取り入れるべきか迷うときは、別の人に意見を求めましょう。その人も同意見なら、問題はフィードバックをくれた人の主観によるものではなく、デザイン自体にあるはずです。それを見つけ、根本にある問題に対処しましょう。

人にフィードバックをする。人にうまくフィードバックができるようになると、自分が人からフィードバックをもらうのもうまくなります。また、考えが研ぎ澄まされ、自分のスキルの研鑽にもつながります。物事を、正誤や善悪で単純に決めつけることは控えましょう。

人にフィードバックするときは、言葉づかいに気をつけましょう。その人は、多くの時間をかけて資料を作ったのでしょうし、また人からフィードバックをもらうときは弱い立場になるものです。あなたにはわからない制約のもとで作っている可能性もあります。まず相手に、何についてのフィードバックが必要かを確認し、それに応じたコメントをしましょう。

フィードバックをする対象はあくまで成果物そのもので、人ではありません。変えたほうがよい点を伝える前に、うまくできている部分を伝えましょう。ちなみに、あるチームで互いにフィードバックをやりとりするときには、つぎの言葉を順番に使うそうです。「私がよいと思うのは……」「私が質問したい点は……」「私の提案は……」。ほかに似たようなフィードバックの仕組みとして、「分析―議論―提案」型というものがあります。まずグラフ、スライド、プレゼンなどの分析から始め、それが終わると、つぎに議論し、最後に提案をするという流れです。

即興のアドバイスも有効に取り入れる。フィードバックをもらうプロセスは、形式に則って行なう場合もありますが（例えばエクササイズ9.4ではグループでのフィードバックセッションについて説明しています）、いつもそうだとはかぎりません。うまくできているか迷うときは、プリントアウトしたり、パソコン画面を直接見てもらったりして、同僚に意見を求めましょう。このような即興のフィードバックであっても、このエクササイズのアイデアを活かせます。周りの人からフィードバックをもらい、試行錯誤を重ねて、「よい」から「すばらしい」ものに磨き上げましょう。

エクササイズ9.4：
フィードバックのカルチャーを作る

これまで見てきたように、うまくいっている点や、改善が必要な点を知るために、誰かにアドバイスをもらうことは、データをもとにストーリーを語るスキルを磨くうえで非常に大切です。そのためには、チームや組織全体で、フィードバックのやりとりが当たり前というオープンなカルチャーを作ることが重要で、しばしば、そのカルチャーを意図的に養っていくことが必要です。

フィードバックの必要性をただ伝えるだけでは、活発にフィードバックをやりとりできるカルチャーは作れません。カルチャーが育っていなかったり、フィードバックをうまく伝えられなかったりすると、建設的な意見というより、個人攻撃のように受け取られることもあり、かえって害になりかねません。とはいえ、あなた自身やチームが、カルチャーを変えるためにできることはたくさんあります。みんながフィードバックをやりとりして、自信を持てるようにしていきましょう。そのためのアイデアを挙げておきます。

- **いつものミーティングに「プレゼン＆ディスカッション」の時間を設ける。**いつものミーティングで時間を10分ほどとり、誰か1人に、現在取り組んでいる、または最近完成させたグラフやスライドなどについて発表してもらいます。それについて、各自がよいと思った点を述べ、さらによくするための提案をします。毎回、順番で発表します。

- **「フィードバック・バディ」を決める。**誰かとペアを作り、プロジェクトのどの時点でフィードバックをやりとりすればよいか、または一定の期間内で何回ぐらいやりとりをするかを決めましょう（1か月間に週2回ずつなど）。上司は、個別の面談やプロジェクトの進捗報告会などで、各自がもらったり取り入れたりしたフィードバックについて質問し、しっかりと実行できているかを確認します。あらかじめ決めた期間（1か月または四半期）が経過したら、パートナーを入れ替えます。そうすれば、チーム内またはチーム間の結束も強まり、フィードバックの習慣も根づくでしょう。

- **「お見合いパーティ」形式のフィードバックセッション。**グラフやスライドについてフィードバックを求めている人を集めます。グラフなどは、プリントアウトして持ってくるように伝えておきます。2人1組が顔を見合わせるように、机を向かい合わせに並べます。セッションの進行役となるタイムキーパーを用意します。「始め！」の声を合図に、各ペア同士が持ち寄ったグラフなどのプリントアウトを交換し、1分間静かに眺めます。ついで、1人2分間ずつ質問したりアドバイスをしたりします（タイムキーパーが時間を計り、交替するタイミングを伝えます）。1つのペアでの作業時間は合計5分間になります（グラフを見るのに1分＋Aさんへのアドバイスに2分＋Bさんへのアドバイスに2分）。5分経ったら、片側の全員が隣の席に移動します（いちばん端にいた人は、向かい側の列の空いている席に移動します）。そうやって全員がペアとなるか、時間がなくなるまで続けます。あなたのいる組織で、ランチミーティングなどの気楽な集まりを開催しているなら、チーム内やチーム間でこうした活動を取り入れるのもよいでしょう。

- **正式なフィードバックセッションを開く**。1時間予定します。各自、フィードバックを必要とするもの（ストーリーボード、グラフ、スライド、プレゼン資料など）をプリントアウトしたものを持ち寄ります。セッションの目的と、上手にフィードバックする方法についてのアドバイスを伝えます（エクササイズ9.3を参照）。参加者を3人ずつのグループに分けます。その3人のなかで、まず1人が、持って来たもののコンテキストと具体的にどんなフィードバックがほしいかを5分間で説明します。その後10分かけて、グループのなかでディスカッションとアドバイスをします。グループの全員が自分の作ったグラフやスライドについて説明し、フィードバックをもらうまでこれを繰り返します（15分×3回で、Aさん、Bさん、Cさん、それぞれにまわります）。最後は、全体でよかった点や、また参加したいかどうか、次回はどんなふうにしたいかなどの意見を集めましょう。これは、独立した催しとしてもよいですし、チームがオフサイトで行なう取り組みとしてもよいでしょう。

また、仕事が中心ではない集まりを設けて、プレゼンをしたりフィードバックをしたりするのも役に立つでしょう。そのような場であればプレッシャーをあまり感じることなく、お互いに気楽に批評できます。負担の少ない環境でフィードバックをやりとりすることに慣れていけば、仕事のなかでもその習慣が身についてくるでしょう。いままでオープンにフィードバックをやりとりしづらかった環境でカルチャーを変えていこうとする場合には、このやり方はとくにスマートな方法です。これに関するアイデアをつぎで紹介します。

- **いつものチームミーティングに「レビュー＆批評」の時間を設ける。** 先述した「プレゼン＆ディスカッション」のアイデアに似ていますが、こちらは仕事からではなく、一般的に入手できるものを使う方法です。そうすればプライドを傷つけることもなく、批評を個人攻撃と受け取ることもありません。あらかじめチームのメンバー1名に、グラフやスライド、データビジュアライゼーションなどを1つ見つけておくように伝えます。数分かけてその説明をしたあと､1人ずつそのグラフのよい点と、改善点について意見を述べていきます。素材選びの担当は毎回交替するようにしましょう。つい出来のよくない例を選びがちになってしまいますが、よい例をこの方法で評価することも、実りのある会話を引き出し、きめ細かいフィードバックにつながります。

- **チーム独自のマンスリーチャレンジを開催する。** 私たちが開催しているマンスリーチャレンジについては、エクササイズ2.16またはつぎのリンクを参考にしてください（community.storytellingwithdata.com/challenges、英語）。開催中のチャレンジにチームで参加したり、アーカイブから課題を選んだりしてもよいですし、オリジナルの問題を作ってもよいでしょう。月の1週目に特定の課題を出し、参加者に仕事とは関係のないデータを見つけてもらいます。その月の2週目以降で、各自または各ペアは、それぞれデータビジュアライゼーションに取り組み、月末に直接、もしくはバーチャルで集まります。それぞれが作ったものを発表し、ほかの参加者からフィードバックをもらいます。このアイデアは、サイモン・ボーモント氏（ジョーンズ ラング ラサールのビジネスインテリジェンス・グローバルディレクター）にインスパイアされたもので、彼も自分のチームで同様のことをしているそうです。ボーモント氏によると、徐々にデータビジュアライゼーションが改善され、チーム全体でのフィードバックのやりとりが、より生産的になったそうです。また、ウェブを介したフィードバックセッションを録画して社内で公開し、ほかの社員たちも見て学べるようにしたそうです。

フィードバックのカルチャーを養うことがチームにとって有益そうなら、どのような方法で進めるのがいちばんよいでしょうか。これまでに挙げたアイデアのどれが役立ちそうか考えてみてください。現在の環境をふまえて、あなたのチームにとってうまくいきそうな方法を自由に計画してみましょう。フィードバックを促すにはどうすればよいか、学びながら何度も試し、時間をかけて取り組んでいきましょう。うまくいけば、みんなが自分のスキルを磨き、よりよいデータコミュニケーションができるようになります。

エクササイズ9.5：
「データをもとにストーリーを語る」プロセスを参考に

この本では、データコミュニケーションを成功させるための6つのレッスンを取り上げました。実際のプロジェクトを念頭に置いてレッスンを振り返りましょう。これまで取り上げたレッスンを思い出し、目の前のプロジェクトについて考える糸口にしてください（各番号は、章の番号と対応しています）。説明や例については各章の「一緒に練習」のパートを、各レッスンを応用するうえでのアドバイスについては「職場で実践」のパートを参考にしましょう。

（1）**コンテキストを理解する**。伝える相手は誰ですか？　相手をやる気にさせるものは何ですか？　相手に何を伝えたいですか？　**ビッグアイデアを明確にしましょう**。ビッグアイデアの要素は、「意見にオリジナリティがある」「問題点を伝えている」「完全な文章である」の3つです。相手が状況を理解し、行動をとれるように、伝えたい内容で**ストーリーボードを作りましょう**。最適な順番を決めるために、付箋を並べ替えてみて、ストーリーの流れを考えましょう。これで計画は完成です。できればこの時点で、クライアントやステークホルダーからの意見をもらいましょう。

（2）**相手に伝わりやすい表現を選ぶ**。相手に何を伝えたいですか？　要点を見極め、相手が理解しやすい方法でデータを示すにはどうすればよいかを考えましょう。そのためには試行錯誤を繰り返し、いくつもの方法でデータを見てみる必要があります。まず、**描いてみましょう！**　そして描いたものを実現するには、どんなツールで、誰に助けを求めればよいかを考え、実際に**作ってみましょう**。誰かにフィードバックを求めて、作ったグラフが目的を果たしているかどうか、やり直しが必要な箇所はないか、を教えてもらいましょう。

(3) クラターを取りのぞく。クラターはありませんか？　**不要な要素を見極めて、取りのぞきましょう**。認知的負荷を減らすために、関連する要素を視覚的に結びつける、ホワイトスペースを設ける、各要素を整列させる、斜めの配置を避ける、といった点を心がけます。視覚的なコントラストは、控えめに、戦略的に使うようにして、メッセージがクラターに埋もれないようにしましょう！

(4) 注意をひきつける。相手にどこを見てほしいですか？　位置、サイズ、色を利用して、見てほしい箇所に相手の注意をひく方法を考えましょう。色はよく考えて控えめに使い、濃淡、ブランド、色覚障害についても考慮します。**「目がひかれるのはどこ？」テストをして**、無意識的視覚情報を有効に利用しているか確認しましょう。

(5) デザイナーのように考える。言葉はデータをわかりやすくします。グラフにはタイトルを、縦軸・横軸にはタイトルとラベルをつけましょう。**テイクアウェイタイトル（要点を示すタイトル）を活用して**、「So What（だから何）?」という質問に答えましょう。**各要素に視覚的階層を作って**、ビジュアルコミュニケーションを読み取りやすく、理解しやすくしましょう。そして、**細かい部分まで注意を払いましょう**。些細な問題で、あなたのメッセージに対する信頼を損ねてはいけません。グラフをわかりやすくデザインしましょう。デザインの隅々まで時間をかけて作れば、相手も評価し、コミュニケーションが成功する確率も高まります。

(6) ストーリーを伝える。ビッグアイデアに立ち戻り、そこから**簡潔で、繰り返しやすいフレーズを作りましょう**。また、ストーリーボードを振り返り、その構成要素を**ストーリーの弧**に沿って並べます。緊張は何ですか？　どうすれば相手はそれを解決できますか？　ストーリーのなかで、データはどこにどのように取り入れればよいでしょうか？　プレゼン用の資料と、相手に送って見てもらう資料とでは、どのような違いがありますか？　相手の注意をとらえ、活発な議論を促し、行動につながるようなストーリーを作りましょう！

レッスンをうまく活用できているかどうか知るにはどうすればよいでしょうか？　つぎのエクササイズにある評価表を参考にしてください。

エクササイズ9.6：評価表を活用する

私は普段、データコミュニケーションに関して評価表を使いません。人はルールを好み、繊細な判断が必要な場合でも、すぐ型にはまったアプローチに頼ってしまいがちです。とはいえ、自分やほかの人の作ったグラフについて、その出来具合を評価する方法がほしいと思うのもわかります。そうしたときに、まず手始めとして図9.6の評価表（427ページ）を使ってみてください。

使い方については、あえて私から決まり事は言いません。いくつか選択肢を紹介しますが、状況によって、どう使うのが合理的かを自身で考えてください。あなたは上司の立場で、部下にフィードバックをするのでしょうか？　クラスの講師で、生徒の課題に評価をつけたいのでしょうか？　あるいは自分の仕事の出来を判断したいと思っているのでしょうか？

単純に自分やほかの人の作ったものを評価する体系的な方法がほしいのであれば、つぎに紹介する表をチェックリストとして使うか、簡単な記号で評価してもよいでしょう（私は「◎」「○」「△」の3段階でよく評価します。場合によっては「×」といった4番目の評価をつけてもよいでしょう）。複数の人に評価をつける場合や、時間経過による進歩を見たい場合（成績の評価など）には、点数をつけてもよいかもしれません。上で挙げた記号を数字に置き換えたシンプルな3段階の評価にしてもよいでしょうし、もっと細かく評価したり、より直感的にしたい場合は、10段階評価にしてもよいでしょう。

評価表は、グラフ、スライド、プレゼン資料全体など、評価するものによって調整してください。状況によっては、適さない項目もあるでしょうし、また付け加えるべき項目もあるでしょう。あなたのニーズに合うように変えてください。最後の数行は意図的に空欄にしていますので、あなたが評価するものに合わせて、吟味した項目を追加してください。

こうした評価表では、評価するのが難しい点や、目には見えないものがいくつもあります。それぞれは小さなことですが、積み重なると結果を左右します。資料がどのようにして作られたかも、全体の出来に関わってきます。例えば、内容の重要性に応じて、時間をかけられたかも検討すべきポイントです。データと向き合うたびに、「データをもとにストーリーを語る」プロセスのすべてを当てはめる必要はありません。必要最小限の作業で最大の効果を得るために、どの部分でどのようにこの本で学んだことを使うのか、考えてください。そうした効率や優先順位も考慮する必要があります。

プロジェクトに取り組む際は、「データをもとにストーリーを語る」プロセスをまとめたエクササイズ9.5をぜひ利用してください。そしてひと通り終わったところで、この評価表を使って、すべての要素に対応したかどうかチェックしましょう。

9ページのURLからこの評価表をダウンロードできます。

項目	評価
グラフの読み方が理解できる	
グラフの選び方は、データと伝えたい内容に合っている	
データ、集計方法、背景について、 適切な分量のコンテキストが示されている	
タイトル、ラベル、注釈、説明で言葉をうまく使っている	
視覚的なクラターが最小限である、またはまったくない	
最初に注目すべき箇所が明確である	
色をうまく使っている	
誤字・脱字、文法や計算の間違いがない	
全体的なデザインがうまく構成されている （各要素が整列していて、ホワイトスペースの使い方が適切）	
伝える順番に筋が通っている	
メッセージや行動への呼びかけが明確である	
資料の作り方が、プレゼンの方法に合っている	
全体的な完成度が高く、当初の目的を果たしている	

図 9.6　評価表の例

エクササイズ9.7：ビッグアイデアのプラクティスセッションを開く

データのビジュアル化や、内容の制作に時間を費やす前に、一度立ち止まってコンテキストを理解し、相手について考え、メッセージを練りましょう。時間をかけて考えることで、しっかりと相手のニーズをとらえ、自分のメッセージを伝え、相手に望む行動をとってもらえる可能性が高まります。チームでこのプロセスを取り入れるには、ビッグアイデアのプラクティスセッションを開催するとよいでしょう。

ここで参加者にビッグアイデアのコンセプトを紹介し、エクササイズを進めるためのガイドを紹介します。このガイドの目的は、参加者がビッグアイデアの作成に取り組み、それを改善するためのフィードバックのやりとりをサポートすることです。

準備：あらかじめしておくこと

このガイドを最後まで読み、第1章のビッグアイデアに関するエクササイズを見直しましょう。そして誰かにビッグアイデアについて説明し、質問してもらいます。そうすれば、余裕を持ってビッグアイデアのコンセプトを説明できるようになり、グループの進行役を務める準備ができます（できれば別の人と数回練習しておくとよいでしょう）。

プラクティスセッションの計画としては、まず参加者を決めておきます。部屋を予約し、参加者に1時間のセッションの案内を送ります。全員が同じ部屋に集まれれば理想的ですが、それができない場合は、リモートでの参加者をペアにして、初めの説明と最後の意見交換のときは全員がメインルームの内容に参加するようにします。ビッグアイデア・ワークシートの用紙を全員に配ります（エクササイズ1.3からコピーするか、9ページのURLからダウンロードしてください）。参加者たちがパソコンを使いたがったら、ペンを握らせましょう。このエクササイズはアナログな方法でやるのがいちばんです（参加者にはノートパソコンは置いてくるように伝えておきましょう！）。

スケジュールの例
00:00 - 00:10 ビッグアイデアについての紹介、1つ例を挙げて説明する
00:10 - 00:20 エクササイズの実施（ビッグアイデア・ワークシート）
00:20 - 00:30 1人目のパートナーとのディスカッション
00:30 - 00:40 2人目のパートナーとのディスカッション
00:40 - 01:00 グループディスカッション

ビッグアイデアを紹介するためのシナリオ
まずビッグアイデアの3つの要素を紹介します。覚えていますか？

1. 意見にオリジナリティがある。
2. 問題点を伝えている。
3. 完全な文章である。

説明のために、まずつぎのシナリオを紹介します（前著から抜粋）。そしてビッグアイデアの例を見てもらいます。つぎのシナリオ以外にも、第1章の「一緒に練習」のパートから、シナリオとそれに合ったビッグアイデアを選んで使ってもかまいませんし、独自に作ったものを使ってもよいでしょう。

シナリオ：理科の担当教員らで、ある問題について話し合いました。問題とは新4年生の生徒たちが最初の授業ですでに、「理科は難しそうで好きになれないだろう」というイメージを持ってしまっていることです。そのイメージを克服するために、毎年かなりの時間を費やしています。そこで、生徒たちを理科にもっと早くふれさせておいたらどうかと考えました。そうすることで生徒たちの理科に対するイメージを変えることはできないでしょうか？　そこで試験的な学習プログラムを昨夏実施しました。小学2、3年生の生徒たちを招待し、参加してもらいました。目標は、生徒たちに早めに理科にふれてもらい、よい印象を持たせることでした。プログラムの結果を評価するために、プログラムの前後で生徒にアンケートを実施しました。結果は、大成功と言えるものでした。プログラムの参加前には、理科に対して40％もの生徒が「普通」と感じていたのに対し、プログラムのあとには約70％が興味を持つようになり、多くの生徒の理科に対するイメージが改善しました。私たちは、このプログラムを継続するだけでなく、今後さらに拡大すべきだと考えています。

この例では、プログラムの継続に必要な資金を提供できる予算委員会をターゲットとして考えます。ビッグアイデアはつぎのようなものです。
「夏の試験的学習プログラムによって、生徒たちが理科に対して抱いていたイメージを変えることに成功しました。この重要なプログラムを継続するために、ぜひ予算を承認してください」

このビッグアイデアは、
1. 意見にオリジナリティがある（この重要なプログラムを継続するべきだ）
2. 問題点を伝えている（生徒たちが理科に対して抱いていたイメージ）
3. 完全な文章である
という要素を満たしています。

ビッグアイデアを紹介し、例について説明したら、つぎは参加者に練習してもらう番です。

エクササイズの実施：ビッグアイデア・ワークシート
それぞれの参加者に、プロジェクトを1つ思い浮かべてもらいます。誰かに何かを伝える必要のあるプロジェクトなら何でもかまいません（ただし、あとでほかの参加者とそれについて話すので、オープンにして差し支えないものにします)。ビッグアイデア・ワークシートを配り、参加者に、思い浮かべたプロジェクトについて、そのシートを埋めるように指示します。

これに約10分かけます。参加者が取り組んでいるあいだ、部屋のなかをまわって、進み具合を見たり、質問に答えたりしましょう。10分経過するか、ほぼ全員がビッグアイデアを書き終えたら（少なくとも書き始めるところまで進んでいたら)、パートナーとのディスカッションを始めてもらいます。

パートナーとのディスカッション
全員が完全にビッグアイデアを書き終えていなくても、パートナーと話し合いながら作っていけるので大丈夫です。2人ずつペアになり、交互にビッグアイデアについて話す役とフィードバックをする役になってもらいます。この際、私はよくつぎのような指示を出します。

- 参加者のなかで、これから話すプロジェクトについて比較的よく知っている人と、あまり知らない人がいるなら、あまり知らない人とまずパートナーを組みましょう。立ち上がって移動する必要があれば、そうしてください。

- フィードバックをする側の役割はとても重要です。ビッグアイデアを読み上げた相手に、メッセージが明確で簡潔になるように、たくさん質問をしましょう。

この最初のパートナーとのディスカッションは**10分**です。部屋のなかをまわり、質問が出たら答えていきます。つぎに、ビッグアイデアを伝えてフィードバックをもらう役を交替するよう、各グループに伝えます。約5分が経過したら、すべてのグループで2人目の発表が進んでいることを確認しましょう。

約10分が経過したら、参加者たちに新しいパートナーと組んで、同じプロセスを繰り返すよう指示します。また5分の間隔で、各グループでビッグアイデアを伝えてフィードバックをもらう役が交替しているか確認します。この2回目のディスカッションにも10分かけます。それが終わったら、参加者たちに集まってもらい、グループでのディスカッションを始めます。

グループディスカッションのファシリテーション

プラクティスセッションの内容を振り返り、エクササイズで生じた疑問や問題に答えるためにも、このグループディスカッションは重要です。

つぎに挙げるのは、ディスカッションを促すための質問です。各質問のあとに時間をとり、自然な意見交換を促しましょう。また、会話のなかで強調すべきポイント（次ページ）も活用してください。

- このエクササイズは簡単でしたか？　難しかったですか？
- このエクササイズの難しかった点はどこですか？
- どうやって1つの文章にまとめましたか？
- パートナーからのフィードバックが役に立ったと思う人はどれくらいいますか？　挙手してください。
- パートナーからのフィードバックのどこが役に立ちましたか？

会話のなかで強調すべきポイントはつぎのものです。

- **一文にまとめるのは難しい**。深く関わっている仕事ほど、簡潔にまとめるのは難しくなります。細かい点も捨てがたいからです。しかし、あなたが伝えるのはビッグアイデアだけではありません。資料の内容が情報を補足してくれます。

- **一文にまとめるのにはさまざまな方法がある**。まずいくつか文章を書き出して、そのあとで削るとやりやすい場合があります。ビッグアイデア・ワークシートを使うのも、さまざまな要素を分けて1つずつ考えることができるので役に立ちます。すべてを書き終えるころには、パーツが出来上がっているので、あとはパズルのように組み合わせて、意味の伝わる文章にすればよいのです。

- **一文にまとめることが重要**。文章の数についての制限は絶対的なものではありませんが、短くするのには理由があります。短くしようとすると、細部のほとんどを切り捨てることになります。表現の工夫も必要になるでしょう。これが重要なのです。言葉の使い方を工夫するなかで、考えも明確になっていきます。

- **声に出すとよい**。自分の声を聞くことで脳の違う部分が働きだします。ビッグアイデアを読み上げたときに、どこかでつまずいたり、何かが違うと感じたりしたら、そこが修正すべき箇所だという可能性があります。このことから、たとえ1人でもビッグアイデアを声に出してみるのは有効です。もしほかの誰かが聞いて反応してくれるなら、なおよいでしょう。これはつぎのポイントにもつながります。

- **パートナーからのフィードバックは不可欠**。ある仕事に深く関わっていると、暗黙知が増えていき、自分は知っているけれども、ほかの人は知らない（専門用語や前提、当たり前と思ってしまうもの）ということを忘れてしまいます。パートナーに話すと、この問題に気づいて、修正できます。パートナーと話すことで、あなたが重点を置きたいポイントがはっきりし、それを明確に伝える言葉も見つかるでしょう。

- **パートナーに予備知識は必要ない**。パートナーは、何もコンテキストを知らないほうがよいときがあります。それによって出てくる質問が有益だからです。「なぜ？」といったシンプルな質問は、自分にとっては当然でもほかの人にはそうではないことを明らかにし、また、その質問に答えるための、わかりやすいロジックを考えさせてくれます。プレゼンの相手は、あなた以上にその内容を知っているはずはありません。その内容にくわしくない誰かからフィードバックをもらうのは、あなたの伝えたいポイントをわかりやすく、理解しやすくするうえで、とても効果があります。

- **ビッグアイデアを明確にすれば、プレゼン資料を作成しやすくなる。** 1つの文章で要点を明確に伝えられないのに、プレゼンや報告書で要点を明確に伝えることができるでしょうか？　多くの人は、はっきりとしたゴールも決めないままに、すぐツールでグラフやスライドを作り始めてしまいます。ビッグアイデアは、そのゴール、道しるべとなる北極星です。ゴールを作ったなら、次はそれに向かって補助的な内容を組み立てていけばよいのです。ビッグアイデアは、資料に入れるべき内容を判断するためのリトマス試験紙の役割を果たします。つまり、「これはビッグアイデアを伝えるのに役立つだろうか？」と考えればよいのです。

ビッグアイデアのプラクティスセッションがうまくいきますように！

エクササイズ9.8：
ワーキングセッションを開催する

私はよく「データをもとにストーリーを語る」のワークショップを開催したあとに、チームと一緒にワーキングセッションをします。少しの時間とアナログな道具で、これほど人が進歩するのかと、いつも驚かされます。同僚を数人つかまえ、前著とこの本を読み、つぎに続くガイドを使って、あなた独自の「データをもとにストーリーを語る」ワーキングセッションを開催しましょう。

準備：あらかじめしておくこと

メンバーに、3時間のセッションの案内を送り、たくさんの机とホワイトボードのある会議室をおさえます。さらにつぎのものをふんだんに用意します：数色のマーカーやペン、フリップチャート、さまざまなサイズの付箋（A5サイズのものは標準的なスライドの大きさと近く、アナログな方法でプレゼン全体のモデルを作ってみることができるので便利です。また、ストーリーボードを作って、詳細に取り組む前に全体的なトピックや流れを検討したい人のために、少し小さめの付箋も用意しておきましょう）。

つぎに挙げる指示とエクササイズ9.5の「データをもとにストーリーを語る」プロセスをもとに、参加者たちが時間とスペースを使って、学んだことを実践し、プレゼンしたりフィードバックをもらったりできるワーキングセッションを開催しましょう。

ここで紹介するスケジュールの例は、8~10人のグループに合わせたものですが（全員がプレゼンをして、フィードバックのやりとりができる時間）、それより多い人数ならば、プレゼンとフィードバックの部分の時間を増やしましょう（1人または1グループあたり約6~7分）。参加者への指示は後述します。

実施に当たっては、タイムキーパー役を誰かに頼んでおきましょう。タイムキーパーは、全員がプレゼンのための資料を作り終えられるよう、作業時間のあいだ、時計を確認し、予定時間の半分になったときと、残り時間が20分になったときに伝えます。

プレゼンとフィードバックのパートでは、時計を見ながら必要に応じてディスカッションを前に進ませ、全員が発表してフィードバックをもらえる時間を確保するようにします。

スケジュールの例
00:00 - 00:15 レッスンの復習、ディスカッション／Q&A、ワーキングセッションの目的を伝える
00:15 - 01:30 各自のプロジェクトに取り組む
01:30 - 01:45 休憩
01:45 - 02:45 プレゼンおよびフィードバック
02:45 - 03:00 報告、ディスカッション／Q&A、まとめ

参加者へのインストラクションはつぎの通りです。

プロジェクトに取り組む：時間の使い方
今日取り組むプロジェクトを選んでください。1人でも、グループでもかまいません。「データをもとにストーリーを語る」プロセスに目を通してください。

「データをもとにストーリーを語る」のレッスンを実践するために、これからの75分間をどのように使うかを考えましょう。時間をとって、プランを作りましょう。

つぎに挙げるのは、時間の使い方を考えるうえでのヒントです。

レッスン1：コンテキストを理解する
ビッグアイデアを明確にする、またはストーリーボードを作りましょう。

レッスン2：適切な表現を選ぶ
データを表すためのさまざまなグラフを描いてみて、要点がいちばんよく伝わるのはどれか考えましょう。

レッスン3：クラターを取りのぞく
意味のないクラターはありませんか？　不要な要素を見極めて、取りのぞきましょう。

レッスン4：注意をひきつける

相手に見てほしい箇所を、どのように示しますか？　位置、サイズ、色などを使って戦略的に相手の注意をひくために、コントラストをつける方法を考えましょう。

レッスン5：デザイナーのように考える

最後にツールで仕上げるので、手描きのデザインは大雑把でもかまいません。ただし、要素をどのようにレイアウトし、どのように言葉を使えばデータがわかりやすくなるかを考えてみましょう。

レッスン6：ストーリーを伝える

ストーリーの構成要素をストーリーの弧に沿って並べます。どの位置で、どのようにデータを取り入れますか？　緊張や衝突を使って、相手の注意をひきつけておくには、どうすればよいですか？　あなたのメッセージを相手の記憶に残すための、簡潔で繰り返しやすいフレーズはどんなものにしますか？

あくまでアナログな方法を使いましょう。ペン、紙、付箋はたくさん用意しておきます（ノートパソコンは閉じたままにしておきましょう）。必要なときには、部屋にいる同僚と一緒にブレインストーミングしたり、フィードバックをもらったりしてください。クリエイティブに楽しみながらやりましょう。

プレゼンおよびフィードバック：グループの前で発表

グループの前で、あなたが作ったものやプランを立てたものを発表する時間が約5分あります。ここでもアナログな方法を使います。プレゼンの内容をサポートするグラフなども、手描きで作りましょう。

プレゼンとフィードバックにはつぎの点を取り入れましょう：

1. **背景についての短い説明**。そのなかで、プレゼンをする相手、全体の目的、決定すべきことについて説明し、どうなれば成功と言えるかを伝えましょう。

2. **プロジェクトのなかで、「データをもとにストーリーを語る」レッスンをどのように応用したか**。あなたはつぎのどれかに取り組むはずです：ビッグアイデア、ストーリーボード、データをビジュアル化する最適な方法、グラフの見た目を変える方法、注意をひく方法、全体的なストーリー。これらをすべて実行する必要はありません。どのように変えるつもりか、どのようなアプローチをとるかということがはっきり伝えられればそれでかまいません。ペン、紙、付箋を利用して、あなたが思い描いていることが皆に伝わるようにしましょう。よりよいものにするために、どんなフィードバックがほしいのかを具体的に伝えましょう。

結果報告：ディスカッション／Q&A

全員がプレゼンをしてフィードバックをもらうことができたら、数分をかけ、つぎの点について話し合いましょう。

- このワーキングセッションについてどう感じましたか？　時間は有効に使えましたか？
- 何がいちばん役に立ちましたか？
- 今後またこのセッションを開く場合、変えたほうがよい点はありますか？
- 「データをもとにストーリーを語る」レッスンを取り入れるうえで、どんな課題があると思いますか？
- データコミュニケーションの方法を向上させるために、ほかにどんなことができると思いますか？

このワーキングセッションの結果を、（同じくセッションに参加したり、資料を受けとったりして）恩恵が受けられそうなほかのチームや、上層部にも伝えて、サクセスストーリーを共有しましょう。ワーキングセッションで、期待通りにいかなかった面があれば、原因を見つけて調整しましょう。

誰かがデータコミュニケーションのために時間をかけて計画し、新しい方法を取り入れようと努力しているとき、皆がそれを認め、サポートするように全力を尽くしましょう。よく出来たデータの力を広めるため、協力してくれる人を増やしましょう。そうすれば、プレゼンを準備するプロセスが重要だという認識が広まり、この先あなたやチームのメンバーが時間やリソースをかけることも認められていくでしょう。

エクササイズ9.9：ストーリーをうまく伝えるために

データをもとにしたストーリーを語るときに、うまく伝えるよい方法があります。つぎに、データをもとにしたストーリーを作って伝える際に考慮すべきポイントをまとめておきます。

新しいことはリスクの少ない環境で試す。つぎの取締役会や役員会議で、「今日はいつもと趣向を変えて、ストーリーをお伝えしようと思います」などといきなり言ってはいけません。とくにあなたの組織で型破りに思われる方法や、過去のやり方と大きく違うような方法は、リスクの低い状況でまず試してみましょう。学んで改善し、フィードバックをもらいましょう。小さな成功を積み重ねるうち、大きな変更に向け、自信がついて周りの信頼も高まっていくでしょう。

順番についてよく考える。コミュニケーションにおいて、内容を伝える順番は何通りもあり、正解は1つではありません。グラフの要素であれ、スライドのなかのオブジェクトであれ、プレゼン資料のスライドであれ、相手を動かすには、どのような並び順にすればよいか、よく考える必要があります。内容をあまり知らない人からフィードバックをもらえば、その順番であなたの望む成果を得られるかを判断できるでしょう。

資料の作り方を、伝える方法に合わせる。プレゼンの場合には、それに適したストーリーの組み立て方があります。その方法の1つは、グラフを部分ごとに見せていく方法です。相手に資料を送って見てもらう場合には、説明するテキストを入れたスライドを1枚か2枚つけ足せば、プレゼンで説明するのと同じストーリーを相手に伝えられます。データを伝える方法を具体的に考えて、それに合う形で資料を作りましょう。

問題を想定しておく。物事が思わぬ方向に進む可能性があるのはどんなときでしょうか？　もしそれが起こった場合の対策として、どんな準備ができるでしょうか？　あなたが立てた前提や仮定を確認し、誰かに反論してもらいましょう。ほかの可能性についても検証しましょう。同僚に頼んで、悪役になって、あら探しをしてもらったり、短気で嫌味な人を演じてもらいましょう。質問を予測し、答える準備をしっかりしておきましょう。時間を使って思わぬ事態への対応を考えておけば、実際に遭遇したときにも臆することなく対処できるでしょう。

「So What（だから何）?)」という質問に答える。プレゼンの相手に、「なぜこれを見せられているんだろう？」と考えさせないようにしましょう。なぜ相手はここにいるのか、あなたは何を伝えたいのか、なぜあなたの話を聞く必要があるのか、目的を明確にしましょう。相手の注意をひき、信頼を築き、実りある会話や決断へ導くために、これまで学んできたことをどのように活用すればよいか、検討しましょう。

柔軟性を持つ。計画通りに物事が進むことはほとんどありません。状況が自分でコントロールできる範囲を超えて進みそうだったら、あなたのアプローチと資料を整理して、どう対処できるかを考えておきましょう。柔軟な対応をとり、相手に合わせる態度を示せば、相手と信頼関係を築き、悪夢になりかねない状況を成功へと変える道が開けます。

フィードバックをもらう。これまで、ストーリーの準備段階でのフィードバックについて話してきましたが、プレゼン後にフィードバックをもらうことも大切です。プレゼンの相手や同僚から、うまくいった点や、将来的に相手のニーズを満たす（ひいてはあなたのニーズも満たす）うえで直したほうがよい点について意見をもらいましょう。

成功と失敗から学ぶ。レポートを送ったり、プレゼンを終えたりするごとに、その結果を振り返りましょう。成功した場合は、うまくいった理由と、今後に活かせそうな点を考えます。うまくいかなかったケースからも、より多くを学べることがあります。問題の原因は何か？　今後あなたが変えられそうな点は何か？ほかの人たちも同じように学べるよう、成功体験や失敗談を共有しましょう。そうすれば、お互いが成長できます。

これまでに挙げたアドバイスに共通しているテーマは、よく考えるということです。どうなれば成功かよく考え、それが実現できる態勢を整え、あなたが伝えるストーリーでインパクトを与えられるようにしましょう。

エクササイズ9.10：意見を交換する

この本で見てきたすべての学びを自分の仕事に応用するためにも、つぎの質問について考え、パートナーやチームと意見を交換しましょう。チームのメンバーとこの本のエクササイズをしていたなら（そうでなかったとしても）、つぎの内容は「データをもとにストーリーを語る」レッスンを全員の仕事に取り入れる方法について話し合うよい機会になるでしょう。

1. 今後、これまでとやり方を変えると決めたことを1つだけ挙げてください。

2. 前著とこの本で取り上げたレッスンを振り返ってみましょう。(1) コンテキストを理解する、(2) 相手に伝わりやすい表現を選ぶ、(3) 不要な要素を見極めて取りのぞく、(4) 相手の注意をひきつける、(5) デザイナーのように考える、(6) ストーリーを伝える。これらのうち、あなたが仕事で成果をあげるうえでいちばん重要なのはどれですか？　それはなぜですか？　あなたやあなたのチームはどれにいちばん取り組む必要がありますか？　そのためにはどうすればよいでしょうか？

3. それぞれのレッスンを、どのように応用するか考えてみましょう。うまくいかなそうな部分はどこですか？　それに対してどう備え、どんな対策をとりますか？　ほかにはどんな問題が予想されますか？　それをどう克服しますか？

4. データをわかりやすくビジュアル化して伝えるうえで、ほかに役立ちそうなリソースはありますか？

5. この本から得た最大の収穫は何ですか？　日々の仕事で、どのように活かせますか？

6. データをもとにストーリーを語ることについて、現在の取り組み方とあなたが理想とする取り組み方ではどのような違いがあるでしょうか？　その差を埋めるにはどうすればよいでしょうか？

7. あなたがやり方を変えたいと思うことに対して、まわりからの抵抗にあうと思いますか？　誰が抵抗すると思いますか？　それを乗り越えるにはどうすればよいでしょうか？

8. 仕事をするうえでは制約がつきものです。どんな制約がありますか？　それは「データをもとにストーリーを語る」レッスンを取り入れる場面や方法に、どう影響しますか？　こうした制約を受け入れて、クリエイティブな解決策を生み出すにはどうすればよいでしょうか？

9. チームのメンバーや、組織に所属する人たちに、データをもとにストーリーを語ることの価値を認めてもらい、そのスキルを向上させるにはどんな方法がとれそうですか？

10. この本で述べてきた方法に関して、自分や自分のチームにとって具体的な目標を立てるとしたらどんなことですか？　どうしたら自分（またはチーム）はそれを達成することができるでしょうか？　どのようにして成功したかを判断しますか？

第10章
最後に

データを効果的に伝えることは、ジグソーパズルを完成させるのに似ています。パズルのピースに当たるのは、ありとあらゆる検討材料で、具体的には、プレゼンの相手、コンテキスト、データ、前提、先入観、信頼関係、プレゼンの方法、プレゼンの場所、プリンターやプロジェクター、相手との関係、相手にとってもらいたい行動などです。これだけのものを、うまくはめ込む必要があります。さらに複雑なことに、パズルのピースは毎回変わってしまうのです。

しかし、ジグソーパズルと違うのは、完成させる方法が1つだけではないことです。唯一正解のデザインやテクニックはありません。そのことに不満を感じる人もいます。でも、それはすばらしいことではないでしょうか？　見方を変えると、うまくいく方法がたくさんあるということです。これまで見てきたレッスン内容や戦略と、あなた自身の工夫を組み合わせれば、うまくいきそうな答えが数かぎりなく見つかるのです。面白いと思いませんか？

ここまでたくさん練習をしてきましたが、データビジュアライゼーションの学びには、終わりがありません。続けることで、より細やかなニュアンスでストーリーを語れるようになり、相手をインスパイアできるようになります。

ぜひあなたにそうなってほしいと思います。あなたが学んだことを実践し、ほかの人と共有してください。データをもとにストーリーを語って、ポジティブな変化につなげていきましょう。

私はこれからもあなたを応援し、サポートしていきます。community.storytellingwithdata.comでは、つぎの段階の学習について情報を伝えています。

これからも一緒に練習を続けていきましょう！

最後のまとめ

まずは身近なところから

「データをもとにストーリーを語る」ことを日常の一部にしよう

「データをもとにストーリーを語る」
アイデア＆チャンス

リスク

小さな積み重ねが
やがて大きな成果に

ここから始める!

努力

小さなことを確実に：

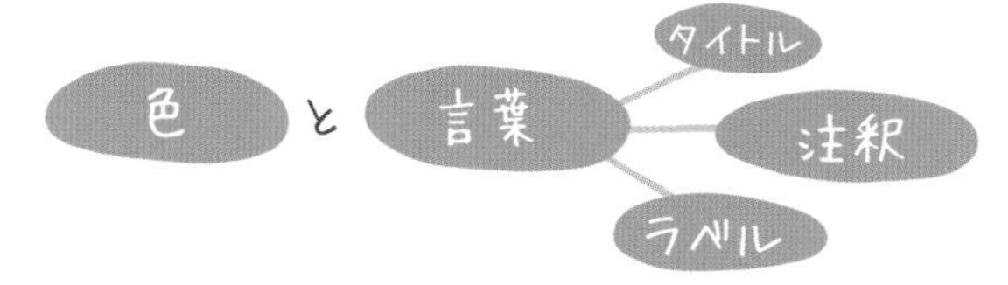

練習して積極的に使う

ガイドラインを学ぼう

（よく考えて、必要なときは
違う方法を選んでもよい）

そして一段階上に！

単なる「情報伝達」から
「影響を与える手段」に

よく考えて
変化を促そう

プレゼンターとしての自分を鍛える

ストーリーを伝えるための
力をつけるには
時間がかかる

データについて知る

ストーリーに自信を持つ

気持ちを落ち着ける
練習をする

このための計画を立てる

想像以上に
時間がかかる

storytellingwithdata.com（英語）
で情報を得よう

カバーデザイン：西垂水敦（krran）
翻訳協力：インターブックス
DTP：初見弘一（TOMORROW FROM HERE）

コール・ヌッスバウマー・ナフリック
銀行やプライベートエクイティでの分析業務で活躍後、Googleに入社。Googleに約5年間在籍し、「ビジュアライゼーション」の講座を担当、世界各国のGoogleで教えてきた。ただのデータを「情報」に変え、本質を見抜き、アクションへとつなげる手法を説く。ワシントン大学で応用数学の学士とMBAを修得。2013年、Googleを退社。ブログstorytellingwithdata.comを立ち上げ、人気を博す。「ひどいパワーポイントを世界からなくす」をミッションに、企業や非営利団体でビジュアルコミュニケーションの研修やワークショップを行なう。著書に『Google流 資料作成術』(日本実業出版社)がある。

村井瑞枝（むらい　みずえ）
MMコンサルティング代表。世界トップクラスのアートスクールで学び、JPモルガン、ボストンコンサルティンググループにてキャリアを積んだ異色のコンサルタント。辻調理師専門学校にて調理師免許取得後、米国ブラウン大学に入学、アートを専攻する。在学中、イタリアボローニャ大学、「美大のハーバード」と呼ばれるRhode Island School of Design(RISD)に留学し、アートを学ぶ。大学卒業後は、JPモルガンを経て、ボストンコンサルティンググループに入社。10,000枚以上のプレゼン資料を作成し、図解技術を習得。訳書に『Google流 資料作成術』(日本実業出版社)、『ウォールストリート・ジャーナル式　図解表現のルール』(かんき出版)、著書に『図で考えるとすべてまとまる』(クロスメディア・パブリッシング)などがある。

超実践（ちょうじっせん） Google（グーグル）流（りゅう）資料（しりょう）作成術（さくせいじゅつ） ワークショップ

2021年 1月 1日　初版発行

著　者　コール・ヌッスバウマー・ナフリック
訳　者　村井瑞枝
発行者　杉本淳一

発行所　株式会社日本実業出版社　東京都新宿区市谷本村町3−29 〒162−0845
大阪市北区西天満６−８−１ 〒530−0047
編集部 ☎03−3268−5651
営業部 ☎03−3268−5161
振　替　00170−1−25349
https://www.njg.co.jp/

印刷・製本／木元省美堂

ISBN 978-4-534-05826-3 Printed in JAPAN